세상의 속도를
따라잡고 싶다면

# Do it!

**코딩 초보도 끝까지 따라 하는 실습형 입문서**

# C 언어
# 프로그래밍
# 입문

조성호 지음

**이론 - 실습 - 문제** 까지 **3단계 로드맵**으로 배운다!

**140**
140개
예제

**200**
200개
복습&시험 문제

**25**
25년
교육 노하우

이지스 퍼블리싱

세상의 속도를 따라잡고 싶다면 **Do it!**
변화의 속도를 즐기게 됩니다.

# Do it!
## C 언어 프로그래밍 입문
Do it! C Programming for Beginners

초판 발행 • 2025년 11월 30일

지은이 • 조성호
펴낸이 • 이지연
펴낸곳 • 이지스퍼블리싱(주)
출판사 등록번호 • 제313-2010-123호
주소 • 서울특별시 마포구 잔다리로 109 이지스빌딩 3층 (우편번호 04003)
대표전화 • 02-325-1722 | 팩스 • 02-326-1723
홈페이지 • www.easyspub.co.kr | Do it! 스터디룸 카페 • cafe.naver.com/doitstudyroom
인스타그램 • instagram.com/easyspub_it | 엑스(구 트위터) • x.com/easys_IT
페이스북 • facebook.com/easyspub

총괄 • 최윤미 | 기획 • 신지윤 | 책임편집 • 이인호 | 기획편집 2팀 • 신지윤, 박재연, 이소연, 신수경
교정교열 • 박명희 | 표지 디자인 • 김근혜 | 본문 디자인 • 김근혜, 트인글터 | 일러스트 • 공오 | 인쇄 • 미래피앤피
마케팅 • 권정하 | 독자지원 • 박애림, 이세진, 김수경 | 영업 및 교재 문의 • 이주동, 김요한(support@easyspub.co.kr)

- '세상의 속도를 따라잡고 싶다면 Do it!'은 출원 중인 상표명입니다.
- 잘못된 책은 구입한 서점에서 바꿔 드립니다.
- 이 책에 실린 모든 내용, 디자인, 이미지, 편집 구성의 저작권은 이지스퍼블리싱(주)와 지은이에게 있습니다.

 이 책을 저작권자의 허락 없이 무단 복제 및 전재(복사, 스캔, PDF 파일 공유)하면 저작권법 제136조에 따라 **5년** 이하의 징역 또는 **5천만 원** 이하의 벌금을 부과할 수 있습니다. 무단 게재나 불법 파일 등을 발견하면 출판사나 한국저작권보호원에 신고해 주십시오(불법 복제 신고 www.copy112.or.kr).

ISBN 979-11-6303-788-0 13000
가격 26,000원

## 리뷰어의 한마디

# 처음엔 낯설었지만, 이제 C 언어가 재밌어요!
## 이 책으로 '프로그래밍의 벽'을 넘을 수 있습니다

### ✦ 낯설던 C 언어, 이 책 덕분에 쉽게 이해했어요!

C 언어의 기초 개념을 하나하나 짚어 주어 헷갈리던 부분이 정리됐습니다. 예제와 실습을 함께 제공해서 프로그래밍 경험이 없는 사람도 쉽게 따라갈 수 있고, 메모리를 직접 다루는 과정에서 프로그래밍의 원리를 이해할 수 있었습니다. 기초를 다지고 싶은 분에게 꼭 추천하고 싶은 입문서입니다.
— 취업준비생 강지현 님

### ✦ 학생들이 끝까지 완주할 수 있는 진짜 '친절한' 교재

여러 C 언어 교재를 경험했지만, 입문자에게 이만한 책은 없었습니다! 기초 문법부터 프로젝트까지 단계별로 친절하게 구성되어 있고 귀여운 캐릭터와 풍부한 실습이 학습 흥미를 높여 줍니다. C 언어를 처음 배우는 학생들에게 더할 나위 없는 훌륭한 가이드입니다.
— 융합소프트웨어과 교사 한종천 님

### ✦ 처음 배워도 깊이 있게 배울 수 있는 입문서

'프로그래밍 입문'이라는 제목에 걸맞게 기초부터 핵심까지 알차게 담겨 있습니다. C 언어뿐만 아니라 다른 언어에도 통하는 핵심 문법을 함께 다루고 있어 프로그래밍의 근본 구조와 원리를 이해하는 데 큰 도움이 되었습니다. 첫 C 언어 교재로 적극 추천합니다!
— 컴퓨터공학과 Zoe 님

### ✦ 혼자서도 끝까지! 자기주도형 C 언어 입문서

혼자 공부해도 막히지 않게 도와주는 C 언어 교재입니다. 복잡한 개념은 그림으로 쉽게 설명하고, 잦은 실수는 오류 메시지로 짚어 줍니다. 실생활 예제와 실습, 마무리 문제까지 체계적으로 구성해 독학용·수업용 모두 활용도가 높은 입문서입니다.
— 코딩학원 '코방' 원장 황혜림 님

### ✦ 막막했던 C 언어가 이제 재미있어요!

처음에는 막막했지만, 이 책 덕분에 C 언어 공부가 훨씬 쉬워졌습니다! 기초 문법부터 실습 예제까지 깔끔하게 구성되어 있어 처음 배우는 사람도 한 단계 한 단계 따라 하면 저절로 이해됩니다. 친절한 설명과 실습 중심의 구성 덕분에 프로그래밍 기초를 탄탄히 다질 수 있었습니다.
— 프런트엔드 개발자 이든 님

### ✦ 배우는 흐름이 막힘없이 이어지는 이론 + 실습 완벽 조합

프로그래밍 입문자가 알아야 할 기초 개념부터 환경 설정, 이론, 실습, 마무리 문제까지 체계적으로 설계된 점이 돋보입니다. 이론과 실습을 균형 있게 구성해서 학습 흐름이 자연스럽고 강의용 교재로도 활용 가치가 높아 C 언어를 처음 배우는 학생이나 가르치는 교강사에게 강력히 추천합니다.
— 산학협력교수 정길화 님

> **머리말**

## 코드를 이해하는 힘, C 언어에서 시작합니다!
### 이론으로 깨닫고, 실습으로 '진짜' 내 것으로 만든다

### ✦ 기초가 탄탄해야 '진짜' 개발자가 됩니다!

C 언어는 모든 프로그래밍 언어의 뿌리이자 컴퓨터의 원리를 이해하는 첫걸음입니다. 《Do it! C 언어 프로그래밍 입문》은 단순히 문법을 익히는 데서 그치지 않고, **'생각하는 프로그래머'로 성장할 수 있는 기초 체력을 쌓는 데 목적이 있습니다.**

저는 '신소프트웨어 대상'을 수상한 개발자로서, 그리고 대학에서 C 언어, 운영체제, 컴퓨터 네트워크, 자바, 웹프로그래밍 등을 가르치며 수많은 초보 개발자들을 만나 왔습니다. 그 과정에서 얻은 확신은 단 하나였습니다.

"C 언어의 기본기가 탄탄한 사람은 어떤 프로그래밍 언어를 배우더라도 두려워하지 않는다!"

C 언어가 세상에 나온 지 50년이 넘었지만, 여전히 대부분의 컴퓨터 관련 학과에서 1학년 1학기 필수 과목으로 가르치는 이유가 여기에 있습니다. C 언어를 제대로 이해하는 사람은 C++, 자바, 파이썬 등 어떤 언어도 자연스럽게 다룰 수 있지만, C의 원리를 모른 채 다른 언어를 배운 개발자는 한계에 부딪히기 쉽습니다. 이 책은 C 언어의 기본기를 체계적으로 익히고 싶은 분들을 위해 기획했습니다.

### ✦ 프로그래밍의 첫 단추, C 언어로 확실히 배우자!

**1~5장에서는 C 프로그래밍의 기초 개념**을 다룹니다. 변수, 자료형, 연산자 등 어려워 보일 수 있는 문법을 실생활 비유로 풀어내어, C 언어를 처음 배우는 사람도 쉽게 이해할 수 있도록 구성했습니다.

6장~11장까지는 조건문, 반복문, 함수, 배열, 포인터, 문자열 등 **C 언어의 핵심 문법을 실습 중심으로 학습**합니다. 단순히 '어떻게 쓰는가'에 그치지 않고, '왜 그렇게 동작하는가'를 함께 이해하여 프로그래밍의 원리를 깨달을 수 있습니다.

**12장~16장**은 구조체, 파일 입출력, 전처리, 이중 포인터, 동적 메모리 할당 등 **실제 프로그램을 개발할 때 필요한 심화 주제**를 배웁니다. 각 장이 끝날 때마다 배운 내용을 점검할 수 있는 **'마무리 문제'** 그리고 실무 감각을 키울 수 있는 예제가 함께 구성되어 있습니다.

### ✦ 프로그래밍은 '읽는 공부'가 아니라 '해보는 공부'입니다!

이 책의 모든 예제는 따라 하기 쉽게 설계했으며, 코드를 실행한 결과를 눈으로 직접 확인할 수 있습니다. 단순히 코드를 외우는 것이 아니라 '왜 이렇게 동작하지?'를 고민하는 과정에서 실력이 쌓입니다. 실생활 문제를 해결하는 과정에서 'C 언어로 생각하는 방법'을 자연스럽게 익힐 수 있습니다. 본문에서는 **풍부한 그림과 캐릭터**가 어우러져 꼭 알아야 할 개념을 쉽고 재미있게 설명합니다. 또한 각 장의 마지막에는 **'실력 향상 프로젝트'**를 마련해 **학습한 내용을 실전 프로그램으로 완성**해 봅니다. '움직이는 경마게임', '유효 암호 검사', '회전하는 광고판', '정렬 프로그램' 등 흥미로운 주제의 프로젝트를 직접 구현하면서 배우는 즐거움과 성취감을 함께 맛볼 수 있습니다. 중간중간 제시한 **'핵심 한 줄'**은 **학습한 내용을 간결하게 정리하고 되짚어** 볼 수 있도록 돕습니다.

### ✦ 이 책은 이런 분들께 추천합니다!

- ✓ 프로그래밍을 처음 배우는 **전공 1학년 또는 입문자**
- ✓ 파이썬, 자바 등을 배우기 전에 프로그래밍의 원리를 확실히 다지고 싶은 **학습자**
- ✓ 코딩 테스트나 개발 취업을 준비하며 C 언어의 개념을 체계적으로 복습하고 싶은 **취준생**

### ✦ 감사의 말

코드 하나하나까지 직접 실행해 보며 꼼꼼하게 살펴주신 이인호 팀장님께 고마움을 전합니다. 또한 책의 편집과 제작을 맡아 주신 최윤미 본부장님과 이지스퍼블리싱 관계자 여러분께도 감사의 인사를 전합니다.

이 책은 단순한 문법서가 아닙니다. '프로그래밍 사고의 기초 교과서'이자, 여러분이 프로그래머로 성장하는 데 든든한 길잡이가 될 것입니다. 지금은 어려울 수 있는 코드 한 줄이 여러분의 머릿속에서 논리로 연결되고, 그 논리가 완성된 프로그램으로 나타나는 순간, 여러분은 이미 개발자가 되어 있을 것입니다. 이 책을 통해 C 언어의 깊이와 매력을 느끼고, 더 넓은 프로그래밍 세계로 자신 있게 나아가길 진심으로 응원합니다.

조성호 드림

## 이 책의 특징

# 배우는 순서 그대로 실력이 쌓이는 3단계 학습!

이 책은 **개념 설명 → 실습 → 복습 문제**로 이어지는 3단계 학습 구조로, 처음 배우는 사람도 자연스럽게 코딩 감각을 익히고 실력을 쌓을 수 있도록 설계했습니다. 이 책으로 복습하는 사람에게는 '**실력 향상 프로젝트**'나 '**개발 지식 더하기**'로 실력을 확장할 수 있도록 구성했습니다.

### STEP 1  기초 완성
개념을 배우고 코드를 직접 실행하며 확실하게 이해합니다.

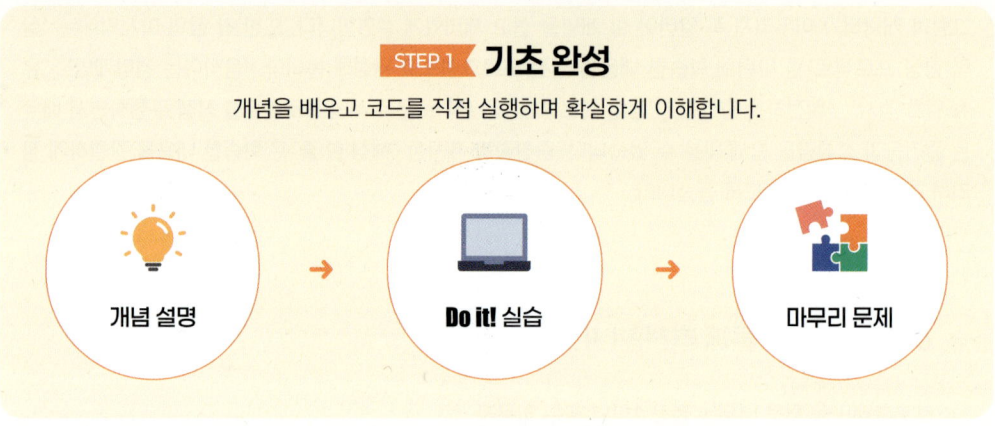

개념 설명 → Do it! 실습 → 마무리 문제

↓

### STEP 2  실력 확장
다양한 예제와 프로젝트로 C 언어 실력을 한 단계 높입니다.

심화 학습 + 실력 향상 프로젝트 + 개발 지식 더하기

↓

### STEP 3  C 언어 정복!
실무 감각과 응용력을 갖춘 개발자로 성장합니다!

## 이지스 독자 지원

### 📥 실습 파일 내려받기

이 책에서 사용하는 예제 파일은 이지스퍼블리싱 홈페이지에서 내려받을 수 있습니다.

✦ 이지스퍼블리싱 홈페이지 www.easyspub.co.kr → [자료실] 클릭 → 이 책 제목으로 검색

### 🎨 강의 자료 신청하기

이 책을 교재로 채택하고 싶은 분들에게는 **검토용 도서**를, 이 책으로 강의하는 분들에게는 **강의 자료**를 제공합니다. 모두 이지스퍼블리싱 홈페이지에서 신청할 수 있습니다.

✦ 이지스퍼블리싱 홈페이지 www.easyspub.co.kr → [교·강사 전용] 클릭 → 정보 입력

### ☁️ 이지스 플랫폼   연결하면 더 큰 가치를 만들 수 있어요!

**유튜브 채널 구독하고 IT 강의를 무료로 수강해요!**

▶ 유튜브
youtube.com/easyspub

**온라인에서 함께 공부해요!**

☕ 네이버 카페 'Do it!' 스터디룸
cafe.naver.com/doitstudyroom

**SNS 팔로우하고 이벤트 소식을 확인하세요!**

인스타그램 instagram.com/easyspub_it
✕ 엑스(구 트위터) x.com/easys_IT

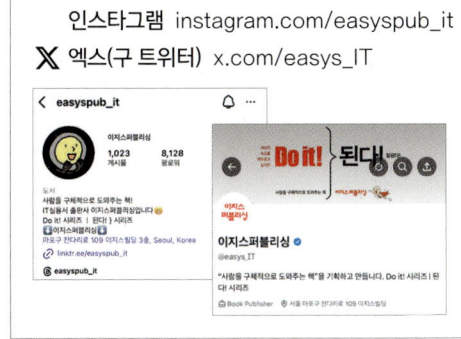

**독자 설문에 참여하면 6가지 혜택을 한 번에!**
QR코드를 스캔해 의견도 보내고, 선물도 받고!

❶ 추첨을 통해 소정의 선물 증정
❷ 이 책의 업데이트 정보 및 개정 안내
❸ 저자가 보내는 새로운 소식
❹ 출간될 도서의 베타테스트 참여 기회
❺ 출판사 이벤트 소식
❻ 이지스 소식지 구독 기회

## 학습 계획표

### ✦ 프로그래밍 학습이 처음이라면 30일 학습 계획표 ✦

프로그래밍을 처음 시작한다면 **하루 2~3시간씩 C 언어를 꼼꼼히 공부**할 수 있는 30일 코스를 추천합니다. 코드를 손으로 직접 입력하며 모든 내용을 깊이 있게 이해하는 것을 목표로 합시다!

| 1일 차 | 2일 차 | 3일 차 | 4일 차 | 5일 차 |
|---|---|---|---|---|
| 01장 | 02장 | 03-1 | 03-2~마무리 문제 | 04-1~04-2 |
| 6일 차 | 7일 차 | 8일 차 | 9일 차 | 10일 차 |
| 04-3~마무리 문제 | 05-1~05-2 | 05-3~마무리 문제 | 06-1 | 06-2~마무리 문제 |
| 11일 차 | 12일 차 | 13일 차 | 14일 차 | 15일 차 |
| 07-1~07-2 | 07-3~마무리 문제 | 08-1~08-2 | 08-3~마무리 문제 | 09-1~09-2 |
| 16일 차 | 17일 차 | 18일 차 | 19일 차 | 20일 차 |
| 09-3~마무리 문제 | 10-1~10-3 | 10-4~마무리 문제 | 11-1~11-2 | 11-3~마무리 문제 |
| 21일 차 | 22일 차 | 23일 차 | 24일 차 | 25일 차 |
| 12-1~12-2 | 12-3~마무리 문제 | 13-1 | 13-2~마무리 문제 | 14-1 |
| 26일 차 | 27일 차 | 28일 차 | 29일 차 | 30일 차 |
| 14-2~마무리 문제 | 15-1 | 15-2~마무리 문제 | 16-1 | 16-2~마무리 문제 |

### ✦ C 언어 복습이라면 16일 학습 계획표 ✦

C 언어를 복습하거나 다른 언어를 사용해 본 경험이 있다면 조금 속도를 내어 16일 코스로 공부해 보세요! 기초 문법을 다루는 **01~09장까지는 책을 따라 빠르게 학습**하고, **10~16장은 완벽히 이해할 수 있을 때까지 차근차근 실습**하며 개념을 이해하고 응용력을 키워 보세요.

> 빠르게

| 1일 차 | 01장 프로그래밍 준비하기 | 9일 차 | 09장 배열 |
|---|---|---|---|
| 2일 차 | 02장 프로그래밍 시작하기 | 10일 차 | 10장 포인터 |
| 3일 차 | 03장 변수에 데이터 담기 | 11일 차 | 11장 문자와 문자열 |
| 4일 차 | 04장 자료형의 종류와 특징 | 12일 차 | 12장 구조체 |
| 5일 차 | 05장 연산자 | 13일 차 | 13장 파일 입출력 |
| 6일 차 | 06장 조건문 | 14일 차 | 14장 전처리와 다중 소스 파일 |
| 7일 차 | 07장 반복문 | 15일 차 | 15장 이중 포인터와 함수 포인터 |
| 8일 차 | 08장 함수 | 16일 차 | 16장 동적 메모리 할당 |

> 차근차근

## 차례

### 01장 프로그래밍 준비하기

**01-1 컴퓨터에 작업을 지시하는 방법** ... 14
사람이 사용하기 쉬운 언어로 명령하세요 | 프로그래밍 언어 3대장 — 파이썬, C, C++ | 프로그래밍을 배울 때 C 언어로 시작하면 좋은 점

**01-2 프로그램 개발 과정과 기초 용어** ... 17
프로그램을 만들고 실행하는 과정 | 프로그래밍에서 사용하는 기초 용어 — 코드, 오류, 디버깅

**01-3 프로그래밍 환경 설정** ... 19
윈도우에서 C 프로그래밍 준비하기 | macOS에서 C 프로그래밍 준비하기 | 웹 브라우저에서 C 프로그래밍 준비하기

**01-4 첫 번째 프로그램 만들기** ... 24
1. 비주얼 스튜디오에서 프로젝트 만들기 | 2. C 소스 파일 만들기 | 3. C 코드 작성하기 | 4. 컴파일하기 | 5. 실행하기 | 6. 오류 해결하기

마무리 문제 ... 32

### 02장 프로그래밍 시작하기

**02-1 C 프로그램의 기본 구조** ... 34
기본 구조 살펴보기 | 코드를 작성할 때 기본 규칙 | 주석 작성하기 | 함수와 라이브러리

**02-2 출력 함수 사용 방법** ... 39
printf( ) 함수의 특징 | 다양한 제어 문자 | 특수 문자 출력

**02-3 프로그래밍을 위한 기초 지식** ... 44
진법과 표현 | 논리 연산

마무리 문제 ... 47

### 03장 변수에 데이터 담기

**03-1 변수를 선언하고 사용하기** ... 49
변수란 무엇인가? | 변수 만들기 | 변수 이름 규칙 | 데이터 출력하기 | 변수 초기화 | 여러 변수 선언하기
✨ 실력 향상 프로젝트 01 　제곱근 구하기

**03-2 입력 함수 사용 방법** ... 60
입력 함수 scanf( ) | scanf( ) 함수 사용 시 주의 사항 | 비주얼 스튜디오에서 scanf( ) 사용 |
✨ 실력 향상 프로젝트 02 　사칙 연산 프로그램 만들기

마무리 문제 ... 66

### 04장 자료형의 종류와 특징

**04-1 정수 자료형** ... 69
정수형의 특징 알아보기 | 음수 표현 방법 | 양수만 저장하는 unsigned | 오버플로와 언더플로 | 자료형의 크기와 수 표현 범위 | 정수형 서식 문자
✨ 실력 향상 프로젝트 03 　휴대폰 요금 계산하기

**04-2 실수 자료형** ... 78
실수형의 특징 알아보기 | 실수 저장 방식 | 실수형의 크기와 서식
✨ 실력 향상 프로젝트 04 　급여 계산기 만들기

### 04-3 문자 자료형    84
문자형의 특징 | 실력 향상 프로젝트 05 아스키코드 출력하기

### 04-4 상수와 매크로    88
상수형 변수 | 매크로 | 리터럴 [심화 학습] | 실력 향상 프로젝트 06 라벨 만들기

마무리 문제    93

## 05장 연산자

### 05-1 연산자의 기본 개념과 우선순위    96
연산자와 피연산자 | 연산자 우선순위

### 05-2 주요 연산자 살펴보기    99
산술 연산자 | 비교 연산자 | 논리 연산자 | 대입 연산자 | 증감 연산자
실력 향상 프로젝트 07 생수 구매 비용 계산하기

### 05-3 기타 연산자 살펴보기    110
나열 연산자와 sizeof 연산자 | 형 변환 연산자 | 비트 연산자 [심화 학습] | 연산자 우선순위

마무리 문제    117

## 06장 조건문

### 06-1 if~else 문으로 분기하기    120
제어문의 기본 개념 알기 | if 문의 구조 | if~else 문의 구조 | 중괄호와 블록 | 다중 조건문 | 무작위 수 만들기
실력 향상 프로젝트 08 가위바위보 게임 만들기

### 06-2 switch~case 문으로 분기하기    132
switch 문의 구조 | 다중 조건문과 switch 문 | switch 문의 활용 | 삼항 조건 연산자
실력 향상 프로젝트 09 여행지 추첨 프로그램 만들기

마무리 문제    141

## 07장 반복문

### 07-1 반복문의 구조 알아보기    144
반복문의 기본 개념과 구성 요소 | while 문의 구조 | for 문의 구조

### 07-2 for 문으로 반복 실행하기    147
중첩 반복문 | 시스템 명령어 실행하기 — system( ) 함수
실력 향상 프로젝트 10 홀짝 게임 만들기

### 07-3 while 문으로 반복 실행하기    154
while 문의 용도 | do~while 문

### 07-4 반복 제어하기    159
break 예약어 | continue 예약어 | 실력 향상 프로젝트 11 스탠드 게임 만들기

마무리 문제    165

## 08장 함수

### 08-1 사용자 정의 함수 만들기    168
라이브러리 함수 | 사용자 정의 함수의 필요성 | 사용자 정의 함수의 구조 | 사용자 정의 함수의 위치 | 매개변수 사용하기
실력 향상 프로젝트 12 센티-인치 변환 프로그램 만들기

### 08-2 변수의 종류와 범위    179
지역 변수 | 변수의 생존 범위 | 전역 변수 | 전역 변수 사용을 자제해야 하는 이유
실력 향상 프로젝트 13 사운드 미터 만들기

### 08-3 함수의 종류와 특징 … 188
함수의 종류 | 참조에 의한 호출 | 값 반환 | **실력 향상 프로젝트 14** 행운의 숫자 맞히기

#### 마무리 문제 … 195

## 09장 배열

### 09-1 배열의 기본 사용법 … 198
배열 선언과 사용하기 | 반복문으로 배열 다루기 | 배열 초기화하기 |
문자형 배열로 문자열 다루기 | 문자형 초기화하기
**실력 향상 프로젝트 15** 매크로를 이용해 평균값 구하기

### 09-2 함수와 배열 … 212
배열 매개변수 | 문자열 매개변수

### 09-3 이차원 배열 (심화 학습) … 217
**실력 향상 프로젝트 16** 경마 게임 만들기

#### 마무리 문제 … 223

## 10장 포인터

### 10-1 포인터 이해하기 … 226
직접 접근과 간접 접근 | 포인터 변수 선언과 초기화 | 포인터에 자료형이 필요한 이유

### 10-2 포인터로 데이터에 접근하기 … 230
포인터에 주소 연결 | 값 대입과 주소 대입의 의미
**실력 향상 프로젝트 17** 움직이는 경마 게임 만들기

### 10-3 포인터 상수화 … 236
포인터 자체를 상수화 | 포인터가 가리키는 곳의 값을 상수화

### 10-4 배열과 포인터 … 238
포인터와 배열의 닮은 점 | 포인터와 배열의 차이점 | 포인터와 매개변수

### 10-5 포인터 연산 … 245
포인터 연산에서 자료형의 의미 | 포인터와 증감 연산자 (심화 학습)
**실력 향상 프로젝트 18** 움직이는 경마 게임의 경주마 수 조절하기

#### 마무리 문제 … 251

## 11장 문자와 문자열

### 11-1 문자와 문자열 입출력 기초 … 254
문자열 복습하기 | 입출력 버퍼 | 버퍼를 사용하는 문자 입출력 — getchar( ), putchar( ) |
버퍼를 사용하지 않는 문자 입출력 — _getch( )와 _putch( ) | 문자열 입출력 — gets( ), puts( )
**실력 향상 프로젝트 19** 40칸 광고판 만들기

### 11-2 문자/문자열 처리 라이브러리 함수 … 268
문자 처리 함수 | 문자열 처리 함수 | 문자열 복사와 붙이기 | 문자열 비교와 찾기 |
문자열을 숫자로 변환하기
**실력 향상 프로젝트 20** 비밀번호 유효성 검사 프로그램 만들기

### 11-3 문자열 묶음 다루기 … 278
이차원 배열로 문자열 묶음 다루기 | 포인트 배열로 문자열 묶음 다루기
**실력 향상 프로젝트 21** 사다리 타기 프로그램 만들기

#### 마무리 문제 … 285

## 12장 구조체

### 12-1 구조체 이해하기 … 288
구조체 정의와 변수 선언 | 구조체에 데이터 넣기 | 사용자 정의 자료형 만들기 — typedef |
구조체 복사하기 | 멤버 구조체

✦ 실력 향상 프로젝트 22  누가 형님일까? — 나이 비교 프로그램 만들기

### 12-2 구조체 배열과 포인터　　　　　　　　　　　　　　　　　303
구조체 배열 만들기 | 구조체 배열 사용하기 | 구조체 포인터 이해하기 | 구조체 포인터를 멤버로 가지는 구조체

✦ 실력 향상 프로젝트 23  반복문을 이용해 연결 리스트 출력하기

### 12-3 구조체와 함수　　　　　　　　　　　　　　　　　　　　314
함수에 구조체 보내기 | 함수에 구조체 주소 보내기 | 함수에서 구조체 반환하기 | 함수에 구조체 배열 보내기

마무리 문제　　　　　　　　　　　　　　　　　　　　　　　319

## 13장 파일 입출력

### 13-1 파일 이해하기　　　　　　　　　　　　　　　　　　　322
스트림과 버퍼 | 파일 사용 준비하기 | 파일 디스크립터와 위치 지시자 | 파일 열기와 닫기

✦ 실력 향상 프로젝트 24  파일 열고 닫기

### 13-2 파일 입출력 다루기　　　　　　　　　　　　　　　　　332
문자 단위 입출력 | 문자열 단위 입출력 | 서식을 사용한 입출력 | 파일 위치 지시자

✦ 실력 향상 프로젝트 25  파일 내용을 거꾸로 출력하기

마무리 문제　　　　　　　　　　　　　　　　　　　　　　　347

## 14장 전처리와 다중 소스 파일

### 14-1 전처리와 매크로　　　　　　　　　　　　　　　　　　350
전처리 이해하기 | 함수 매크로 | 매크로에서 문자열 사용 | 내장 매크로 | 열거형

✦ 실력 향상 프로젝트 26  매크로를 사용한 정렬 알고리즘 만들기

### 14-2 다중 소스 파일　　　　　　　　　　　　　　　　　　　361
다중 소스 파일 이해하기 | 다중 소스 파일의 처리 과정 | 다중 소스 파일 설계 | 다중 소스 파일 실습 | 정적 변수와 외부 변수 — static, extern

마무리 문제　　　　　　　　　　　　　　　　　　　　　　　373

## 15장 이중 포인터와 함수 포인터

### 15-1 이중 포인터　　　　　　　　　　　　　　　　　　　　376
이중 포인터 이해하기 | 이차원 배열과 이중 포인터 | 함수와 이중 포인터 | main( ) 함수의 매개변수 | void 포인터

### 15-2 함수 포인터　　　　　　　　　　　　　　　　　　　　392
함수 포인터 이해하기 | 함수 포인터 사용하기

✦ 실력 향상 프로젝트 27  이벤트 시뮬레이터 만들기

마무리 문제　　　　　　　　　　　　　　　　　　　　　　　399

## 16장 동적 메모리 할당

### 16-1 동적 메모리 할당하기　　　　　　　　　　　　　　　　402
동적 메모리 할당의 필요성 | 동적 메모리 할당 함수

✦ 실력 향상 프로젝트 28  유연한 평균 출력 프로그램 만들기

### 16-2 연결 리스트 만들기　　　　　　　　　　　　　　　　　411
동적 메모리를 이용한 연결 리스트 | 연결 리스트 구현 | 연결 리스트에 노드 삽입

✦ 실력 향상 프로젝트 29  입력한 순서대로 연결 리스트 만들기

마무리 문제　　　　　　　　　　　　　　　　　　　　　　　419

마무리 문제 모범 답안　　　　　　　　　　　　　　　　　　422
찾아보기　　　　　　　　　　　　　　　　　　　　　　　　426

## 01장

# 프로그래밍 준비하기

- ✦ 01-1 컴퓨터에 작업을 지시하는 방법
- ✦ 01-2 프로그램 개발 과정과 기초 용어
- ✦ 01-3 프로그래밍 환경 설정
- ✦ 01-4 첫 번째 프로그램 만들기

**학습 목표**
1. 컴퓨터에 작업을 지시하는 방법과 C 언어의 특징을 이해합니다.
2. 프로그램을 만드는 과정을 알고 기초 용어를 익힙니다.
3. C 언어로 프로그램을 만들 수 있는 통합 개발 환경을 설치합니다.
4. 첫 번째 프로그램을 만들고 실행해 봅니다.

## 01-1

# 컴퓨터에 작업을 지시하는 방법

### 사람이 사용하기 쉬운 언어로 명령하세요

요리할 때는 레시피를 보듯이 다른 사람에게 일을 시킬 때는 작업 지시서 같은 문서를 사용합니다. 이와 마찬가지로 컴퓨터에 작업을 시킬 때는 일련의 명령어를 모아 놓은 **프로그램**program을 사용합니다. 그리고 이러한 프로그램을 만드는 작업을 **프로그래밍**programming이라고 합니다.

프로그램은 컴퓨터에 작업을 지시하는 명령어 모음

컴퓨터는 숫자 0과 1의 이진binary 코드로 구성된 기계어machine language만 이해할 수 있습니다. 그런데 기계어는 어렵고 복잡해서 사람이 사용하기에는 불편합니다. 그래서 프로그램을 만들 때는 기계어 대신 `if`, `while`, `for`와 같이 사람이 쉽게 이해하고 사용할 수 있는 언어로 만듭니다.

프로그래밍 언어는 여러 종류가 있는데, 크게 2가지로 구분할 수 있습니다. 컴퓨터가 이해하기 쉬운 저급low level 언어와 사람에게 더 친숙한 고급high level 언어입니다. 기계어와 어셈블리어는 저급 언어에 속하고, 고급 언어에는 C, C++, 파이썬, 자바 등이 있습니다.

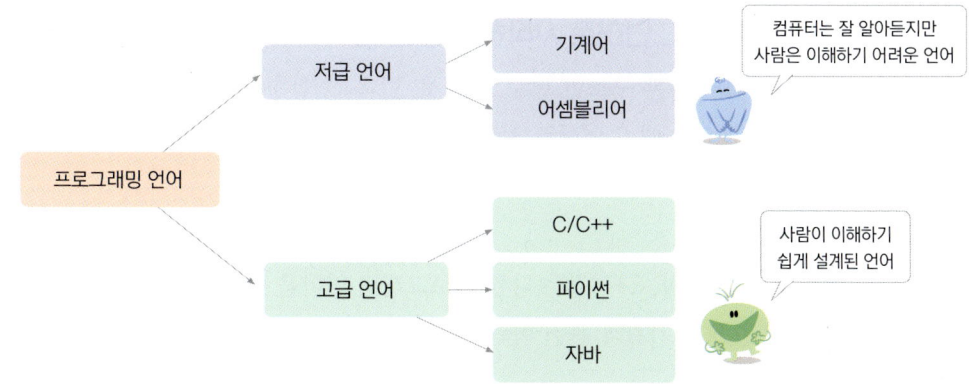

## 프로그래밍 언어 3대장 — 파이썬, C, C++

프로그래밍 언어는 종류가 다양하므로 용도에 따라 선택해서 사용할 수 있습니다. 어떤 프로그래밍 언어를 더 많이 사용하는지는 시대에 따라 조금씩 달라져 왔지만, 최근에는 파이썬, C, C++ 등을 손꼽습니다. 파이썬은 쉽고 간결해서 인기가 가장 많고, C는 오래된 언어이지만 여전히 많이 사용하고 있습니다.

다음 그림은 프로그래밍 언어의 인기를 나타내는 'TIOBE 프로그래밍 커뮤니티 지수'입니다. 이 지수는 tiobe.com에서 한 달에 한 번 업데이트되며, 구글, 아마존, 위키피디아, 빙 등 20개 이상의 인기 웹 사이트를 통해 평점을 산출합니다. TIOBE 지수는 새로운 소프트웨어 시스템 구축을 시작할 때 어떤 프로그래밍 언어를 채택해야 할지 전략적으로 결정하는 데 사용할 수 있습니다.

| Oct 2025 | Oct 2024 | Change | Programming Language | Ratings | Change |
|---|---|---|---|---|---|
| 1 | 1 | | Python | 24.45% | +2.55% |
| 2 | 4 | ▲ | C | 9.29% | +0.91% |
| 3 | 2 | ▼ | C++ | 8.84% | -2.77% |
| 4 | 3 | ▼ | Java | 8.35% | -2.15% |
| 5 | 5 | | C# | 6.94% | +1.32% |
| 6 | 6 | | JavaScript | 3.41% | -0.13% |
| 7 | 7 | | Visual Basic | 3.22% | +0.87% |
| 8 | 8 | | Go | 1.92% | -0.10% |
| 9 | 10 | ▲ | Delphi/Object Pascal | 1.86% | +0.19% |
| 10 | 11 | ▲ | SQL | 1.77% | +0.13% |

프로그래밍 언어의 인기 지수 — 2025년 10월 기준 TIOBE 인덱스(www.tiobe.com/tiobe-index)

## 프로그래밍을 배울 때 C 언어로 시작하면 좋은 점

C 언어는 프로그래밍의 기본 구조인 변수, 조건문, 반복문, 함수 등을 명확하게 보여 줍니다. 따라서 프로그래밍을 배울 때 C 언어로 시작하면 기초를 탄탄하게 다질 수 있고 프로그램의 동작 원리 등을 쉽게 파악할 수 있습니다.

> ✚ C 언어는 메모리 관리, 포인터 등 하드웨어에 가까운 개념을 다루므로 컴퓨터의 동작 원리를 더 쉽고 깊이 이해할 수 있습니다.

또한 C 언어는 파이썬, 자바, C++ 같은 다른 프로그래밍 언어를 배우는 데에도 좋은 출발점이 됩니다. 그래서 많은 교육 기관과 관련 학과에서는 첫 번째 프로그래밍 언어로 C를 가르치고 있습니다.

C 언어는 학습에 유리할 뿐만 아니라 성능도 우수합니다. 컴퓨터 운영체제 가운데 가장 많이 사용하는 유닉스$^{Unix}$를 처음 만들 때 사용한 프로그래밍 언어가 C입니다. C 언어는 복잡한 운영체제를 만들 때 사용할 만큼 빠르고 강력합니다. C 언어는 자바나 파이썬보다 몇 배 이상 빠르게 작동한다고 알려졌습니다.

> ✚ 구글의 안드로이드, 애플의 iOS 운영체제 역시 유닉스를 기반으로 합니다.

C 언어는 하드웨어를 직접 제어할 수 있는 기능을 제공합니다. 이는 코드의 성능을 최적화하고 빠르게 작동하는 데 도움이 됩니다. 그래서 C 언어는 운영체제, 컴파일러, 임베디드 시스템 등 시스템 프로그래밍에 널리 사용합니다. 이러한 분야에 관심이 있다면 C 언어를 배우는 것이 필수입니다.

C 언어는 1970년대에 개발한 오래된 언어인 만큼 책이나 온라인 튜토리얼, 강좌 등이 잘 갖춰져 있습니다. 그래서 문제를 해결하고 코드를 최적화할 때에 다양하게 도움받을 수 있습니다. C 언어는 자바나 파이썬 같은 프로그래밍 언어보다 코드의 구조가 복잡하고 많은 기능을 수동으로 처리해야 하므로 배우는 과정이 다른 언어보다 더 어려울 수도 있습니다. 하지만 이 책과 함께 코드를 한 줄 한 줄 직접 작성하며 배운다면 프로그래밍을 제대로 이해하고 문제 해결력과 창의력을 기를 수 있을 것입니다. 처음에는 보잘것없어 보이는 작은 프로그램을 만들겠지만, 나중에는 여러분의 아이디어로 세상의 변화를 이끌어 나가는 멋진 개발자로 성장할 것입니다.

## 01-2

# 프로그램 개발 과정과 기초 용어

### 프로그램을 만들고 실행하는 과정

프로그램을 만들 때에는 프로그래밍 언어를 사용하여 코드를 작성합니다. 그런데 C 언어로 작성한 코드를 컴퓨터가 바로 이해할 수는 없습니다. 앞서 설명했듯이 컴퓨터는 기계어만 이해할 수 있기 때문입니다. 따라서 C 언어로 작성한 코드는 기계어로 번역해야 하는데, 이러한 작업을 **컴파일**<sup>compile</sup>이라고 합니다. 그리고 컴파일은 **컴파일러**<sup>compiler</sup>라는 프로그램이 수행합니다.

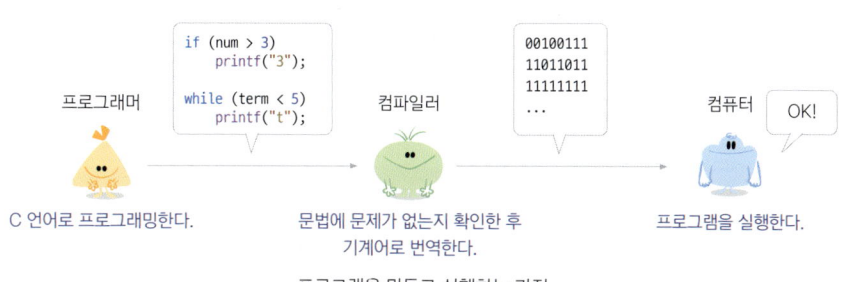

프로그램을 만들고 실행하는 과정

컴파일러는 코드를 번역해 기계어로 된 실행 파일을 만듭니다. 컴퓨터는 이 파일을 실행하여 작업을 시작합니다. C 언어로 프로그램을 만들어 실행하는 과정을 나타내면 다음과 같습니다.

> C 소스 코드 작성 → 컴파일 → 실행 파일 생성 → 실행

과거에는 코드를 작성하고 편집하는 프로그램과 컴파일러가 나뉘어 있었습니다. 하지만 이제는 편집기와 컴파일러를 비롯해 프로그램을 개발하는 데 필요한 여러 가지 도구를 합쳐 놓은 **통합 개발 환경** Integrated Development Environment, IDE 을 사용하면 됩니다. 이 책은 「01-3」절에서 비주얼 스튜디오라는 통합 개발 환경을 설치합니다.

> **핵심 한 줄** 컴파일러는 프로그래밍 언어로 작성된 코드를 컴퓨터가 알아들을 수 있는 기계어로 바꿔 주는데, 이러한 과정을 컴파일이라고 한다.

## 프로그래밍에서 사용하는 기초 용어 — 코드, 오류, 디버깅

프로그래밍에서 **코드**code는 '약속된 부호'라고 생각하면 쉽습니다. 즉, 코드는 사람이 컴퓨터와 소통할 때 사용하는 특별한 언어인 셈이지요. 그리고 개발자가 특정 언어로 작성한 명령을 **소스 코드** source code라고 합니다.

한편 소스 코드를 작성하다 보면 다양한 **오류**error를 만나는데 이를 해결해야 제대로 동작하는 프로그램을 만들 수 있습니다. 프로그램 개발 과정에서 발생하는 주요 오류는 컴파일 오류와 실행 오류로 구분할 수 있습니다. 두 오류는 발생하는 시점과 원인에 차이가 있습니다. 컴파일 오류는 컴파일러가 소스 코드를 분석할 때 문법에 어긋나는 부분을 발견하면 오류 메시지를 출력하고 컴파일을 중단합니다. 반면에 실행 오류는 컴파일에 성공하여 만들어진 프로그램이 실행되는 동안에 논리적인 문제나 예상치 못한 상황으로 발생하며, 프로그램이 비정상으로 종료되거나 잘못된 결과를 내는 원인이 됩니다.

이러한 오류를 찾아서 없애는 작업을 **디버깅** debugging이라고 합니다. 디버깅은 프로그램의 안정성을 높이고 코드의 품질을 개선하는 과정입니다.

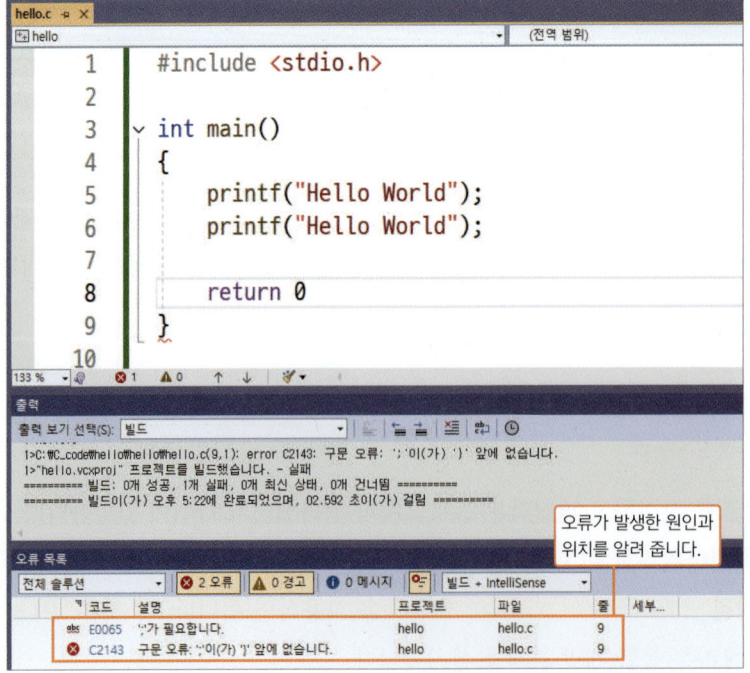

오류가 발생했음을 보여 주는 화면(비주얼 스튜디오)

## 01-3

# 프로그래밍 환경 설정

C 언어로 프로그래밍할 때 대표적으로 사용하는 통합 개발 환경은 마이크로소프트에서 만든 비주얼 스튜디오<sup>Visual Studio</sup>입니다. 비주얼 스튜디오는 코드를 자동으로 완성해 주는 기능도 있고, 버전을 관리하기도 편해서 입문자부터 전문가까지 모두 사용하기에 적합합니다.

### 윈도우에서 C 프로그래밍 준비하기

윈도우에서 비주얼 스튜디오를 설치해 보겠습니다. 비주얼 스튜디오 홈페이지(visualstudio.microsoft.com)에 접속해 [Visual Studio 다운로드]를 클릭하여 설치 파일을 내려받습니다.

비주얼 스튜디오 내려받기

이 책에서는 무료 버전인 '비주얼 스튜디오 커뮤니티 2022'를 설치합니다. 혹시 버전이 다르거나 화면이 바뀌었어도 걱정하지 마세요. 사용하는 언어가 같아서 이 책의 실습을 따라 하는 데 문제는 없습니다.

내려받은 VisualStudioSetup.exe 파일을 실행하면 다음 화면이 보이는데, 〈계속〉을 클릭해 진행합니다.

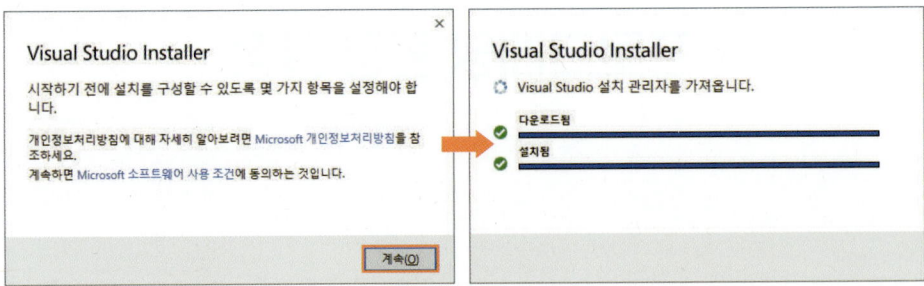

비주얼 스튜디오 설치 준비

설치 준비를 마치면 설치 항목을 선택하는 워크로드가 나타납니다. 비주얼 스튜디오는 웹, 데스크톱, 모바일, 게임 등 다양한 프로그램을 개발할 수 있는 도구입니다. 비주얼 스튜디오에서 C 프로그래밍을 하려면 C++ 개발 환경으로 설정해야 합니다.

워크로드 화면에서 스크롤을 내려 [C++를 사용한 데스크톱 개발]을 선택하고 오른쪽 아래에 있는 〈설치〉를 클릭합니다.

➕ 비주얼 스튜디오를 설치하려면 10.3GB 이상의 공간이 필요합니다. 설치할 드라이브의 여유 공간을 확인하세요.

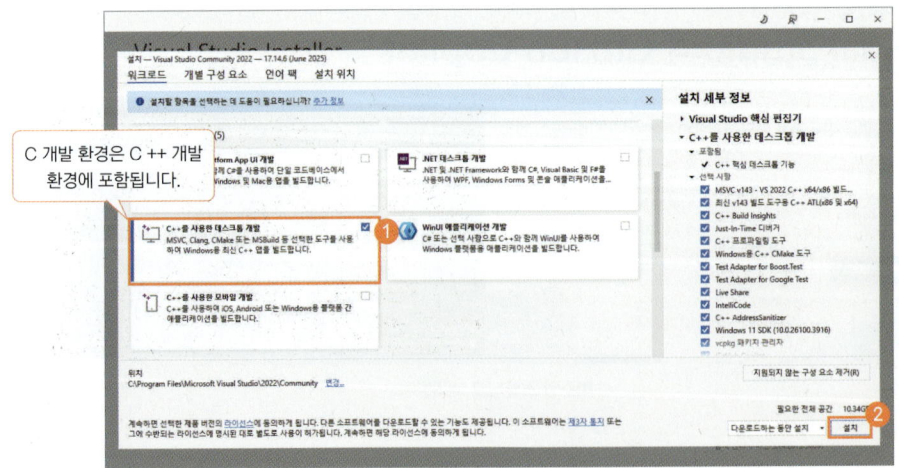

C 프로그래밍을 위한 비주얼 스튜디오 설정

설치를 완료하면 PC를 재부팅한 후(권장 사항), 다음 화면에서 <시작>을 클릭해 비주얼 스튜디오를 실행합니다.

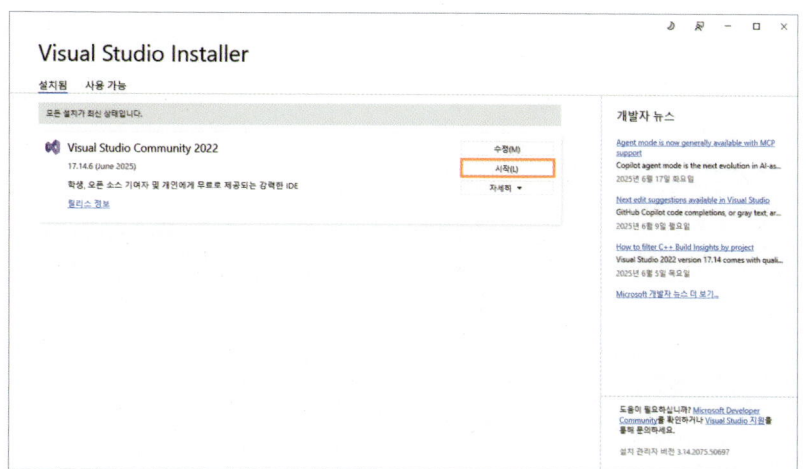

비주얼 스튜디오 설치 완료

이 절의 나머지 내용은 macOS나 웹 브라우저에서 C 프로그래밍을 할 수 있는 개발 환경을 소개합니다. 이에 해당하지 않는 독자는 「01-4」절로 넘어가세요.

## macOS에서 C 프로그래밍 준비하기

이번에는 macOS에서 C 언어로 프로그래밍할 수 있도록 준비해 보겠습니다. macOS용 비주얼 스튜디오는 2024년 8월 31부터 서비스를 제공하지 않으므로 macOS 환경에서는 다른 도구를 사용해야 합니다. 주로 애플의 엑스코드$^{Xcode}$나 마이크로소프트의 비주얼 스튜디오 코드$_{Visual\ Studio\ Code}$를 사용합니다.

- **엑스코드**: 애플 앱 스토어에서 'Xcode'로 검색해서 앱 내려받기
- **비주얼 스튜디오 코드**: code.visualstudio.com에 방문하여 운영체제에 맞는 설치 파일 내려받기

### 엑스코드 설치

엑스코드에서는 C 언어를 공식 지원하므로 앞에서 소개한 비주얼 스튜디오처럼 사용하면 됩니다. 템플릿 선택 화면에서 [Command Line Tool]을 선택하고 이어지는 화면에서 언어를 C로 선택하면 됩니다.

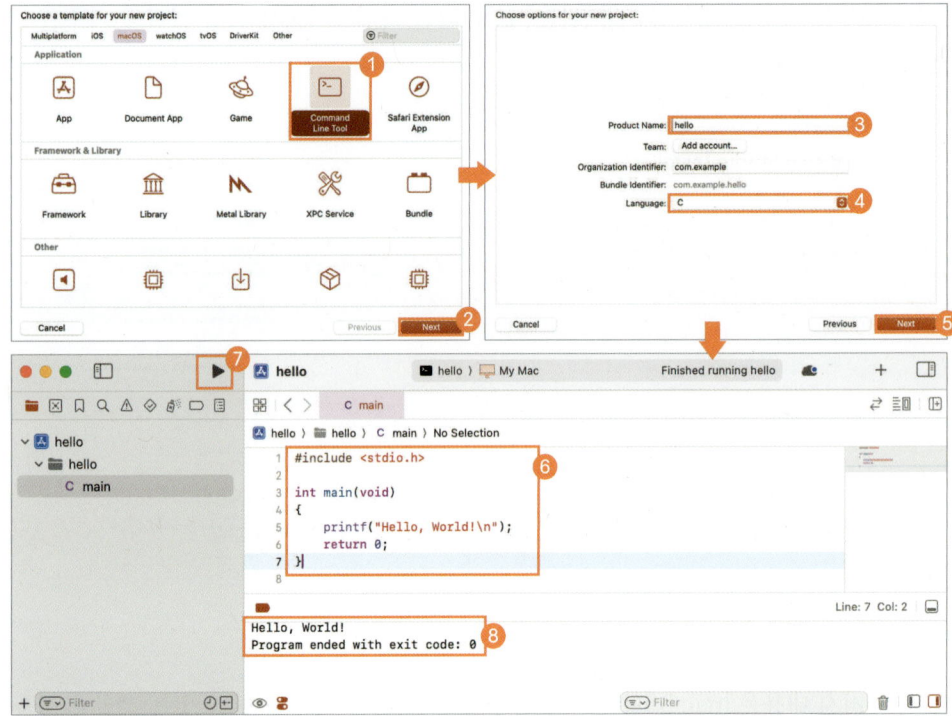

엑스코드에서 C 프로그래밍 예

## 비주얼 스튜디오 코드 설치

비주얼 스튜디오 코드에서 C를 사용하려면 별도의 확장 패키지를 설치한 후 몇 가지 설정을 해줘야 합니다. 이와 관련한 설명은 다음 주소에서 확인할 수 있습니다.

- **비주얼 스튜디오 코드에서 C/C++ 사용하기**: https://code.visualstudio.com/docs/languages/cpp
- **마이크로소프트 C/C++ 익스텐션**: https://marketplace.visualstudio.com/items?itemName=ms-vscode.cpptools

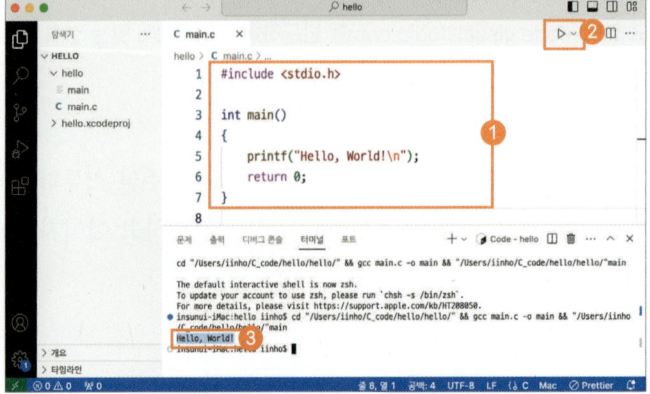

비주얼 스튜디오 코드에서 C 프로그래밍 예

이 책의 모든 소스 코드는 윈도우용 비주얼 스튜디오에서 실습하는 것을 기준으로 작성했습니다. 따라서 macOS에서는 일부 다르게 동작하거나 오류가 발생할 수 있습니다. 이때는 온라인 커뮤니티에서 도움을 얻기 바랍니다.

## 웹 브라우저에서 C 프로그래밍 준비하기

윈도우를 사용하지 않거나 개발 도구를 설치하기 어렵다면 웹 브라우저를 이용할 수도 있습니다. 다만 비주얼 스튜디오에서 제공하는 기능을 사용할 수 없고 실제 개발 환경과도 차이가 있으므로 될 수 있으면 비주얼 스튜디오 같은 통합 개발 환경을 사용하기 바랍니다.

**온라인GDB**는 대표적인 컴파일 웹 사이트로 C, C++, 자바, 파이썬뿐 아니라 어셈블리어까지 지원해서 프로그래밍을 처음 배우는 사람들에게 인기가 높습니다.

온라인GDB 홈페이지(www.onlinegdb.com)에 접속한 후 오른쪽 위에 있는 언어Language 선택 옵션에서 [C]를 선택합니다. 편집기에 C 소스 코드를 작성한 다음 위쪽에 있는 〈Run〉을 클릭하면 컴파일 후에 실행 결과를 보여 줍니다.

온라인GDB 사이트에서 C 소스 코드 컴파일

온라인GDB는 유닉스 운영체제를 기반으로 작동하므로, 이 책의 기준 환경인 윈도우용 비주얼 스튜디오와는 일부 다르게 동작하거나 오류가 발생할 수 있습니다. 이때는 온라인 커뮤니티에서 도움을 얻기 바랍니다.

## 01-4

# 첫 번째 프로그램 만들기

C 프로그래밍을 할 수 있는 환경 설정을 마쳤으니 이제 프로그램을 만들어 보겠습니다. 프로그램을 만드는 과정은 소스 코드를 작성하고 이를 컴파일하여 실행 파일을 만드는 것입니다. 그럼 비주얼 스튜디오에서 프로그램을 만드는 과정을 하나씩 살펴보겠습니다. 개발 환경이 달라도 소스 코드를 작성하고 컴파일한 후에 실행 파일을 만드는 과정은 같습니다.

### 1. 비주얼 스튜디오에서 프로젝트 만들기

비주얼 스튜디오에서 프로그램을 만들려면 먼저 프로젝트project를 생성해야 합니다. 비주얼 스튜디오를 실행한 후 다음 순서에 따라 프로젝트를 만듭니다.

① 비주얼 스튜디오를 설치한 후 처음 실행하면 다음처럼 로그인 화면이 나옵니다. 마이크로소프트나 깃허브 계정이 있으면 각 버튼을 클릭해 로그인하고 계정이 없으면 〈건너뛰고 나중에 계정을 추가합니다.〉를 클릭합니다. 만약 새 계정을 만들려면 〈계정 만들기〉를 클릭하고 안내에 따르면 됩니다. 계정은 무료로 생성할 수 있습니다. 로그인하지 않고도 곧바로 사용할 수 있지만, 체험 기간인 30일이 지나면 다시 로그인 창이 나타납니다.

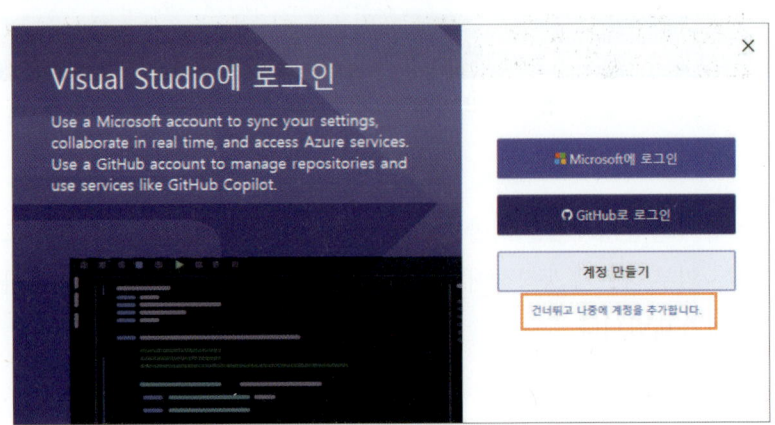

비주얼 스튜디오에 로그인

❷ 비주얼 스튜디오의 개발 환경을 설정하는 화면이 나오면 오른쪽 개발 설정 목록에서 [Visual C++]를 선택한 후 〈Visual Studio 시작〉을 클릭합니다. 원하는 색 테마가 있으면 변경해도 됩니다.

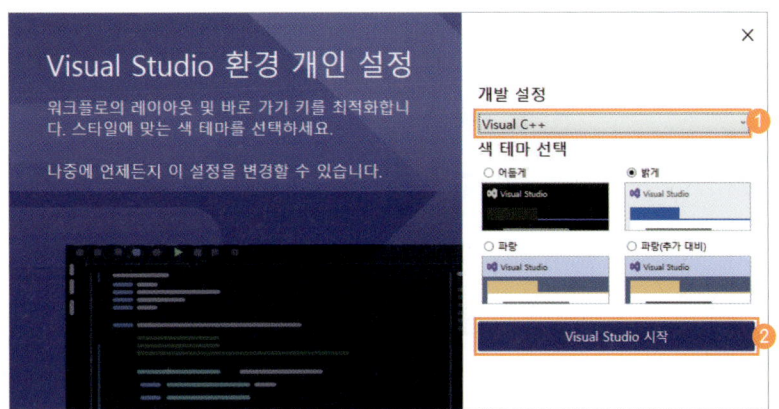

비주얼 스튜디오의 개발 환경 설정

❸ 잠시 후 비주얼 스튜디오가 열리면 오른쪽 시작 메뉴에서 [새 프로젝트 만들기]를 선택합니다.

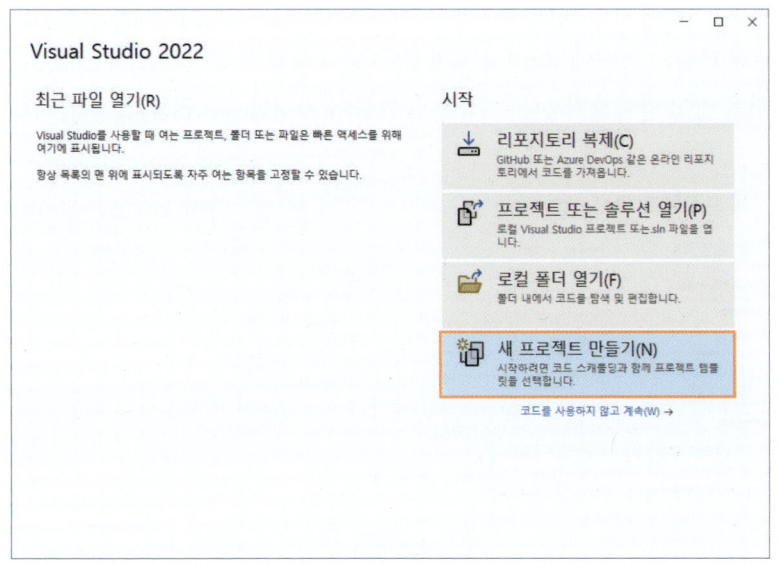

새 프로젝트 만들기

❹ 이어서 템플릿을 고르는 화면이 나오면 [빈 프로젝트]를 선택하고 <다음>을 클릭합니다.

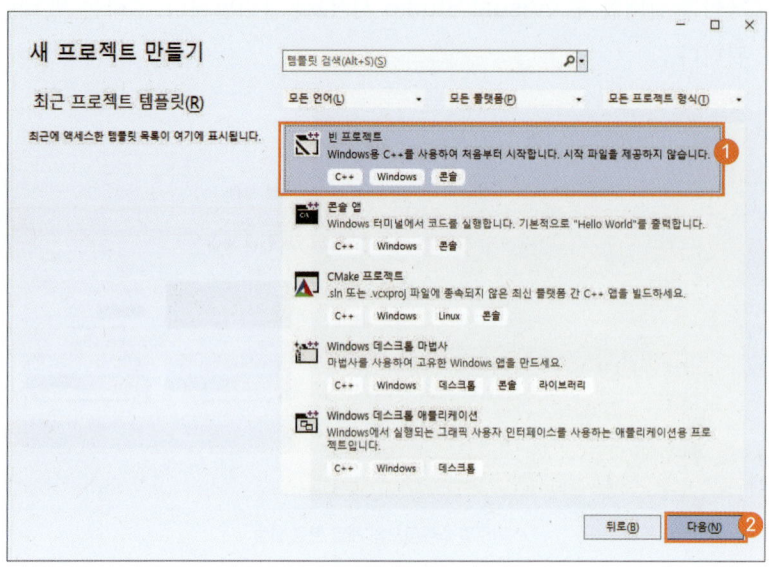

템플릿 선택

❺ 새 프로젝트 구성 창이 나오면 프로젝트 이름을 hello로 수정합니다. 그러면 맨 아래쪽에 있는 솔루션 이름도 동시에 [hello]로 바뀝니다. 그리고 새 프로젝트를 저장할 위치를 정합니다. 폴더를 짧고 알아보기 쉬운 이름으로 만들어 지정한 후 <만들기>를 클릭합니다.

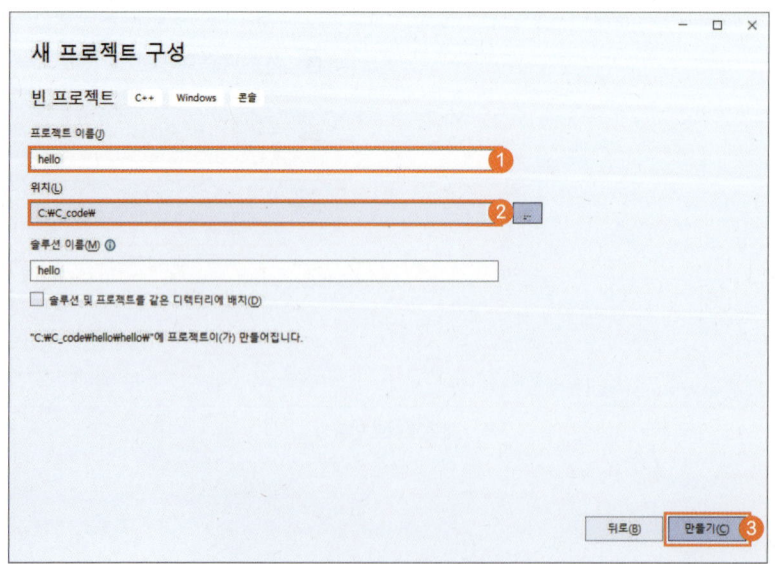

> ⊕ **개발 지식 더하기** 프로젝트와 솔루션의 차이점 알기
>
> 비주얼 스튜디오에서 C 소스 파일과 이와 관련된 파일, 그 밖의 프로그램을 실행할 수 있게 도와주는 설정 파일 등을 하나로 묶어 관리하는 작업 공간을 프로젝트(project)라고 합니다. 또한 여러 개의 프로젝트를 하나로 모은 것을 솔루션(solution)이라고 합니다.
>
> 비주얼 스튜디오에서는 별도로 지정하지 않으면 프로젝트 이름과 솔루션 이름을 똑같이 설정합니다. 예를 들어 프로젝트에 'hello.c'라는 소스 파일을 추가하면 해당 코드와 관련된 파일은 'hello' 프로젝트 폴더 안에 존재합니다. 또한 hello 프로젝트 폴더는 hello 솔루션 폴더 아래에 있습니다. 따라서 여러분이 추가한 C 소스 파일은 솔루션 폴더 밑의 프로젝트 폴더 안에 있습니다.
>
>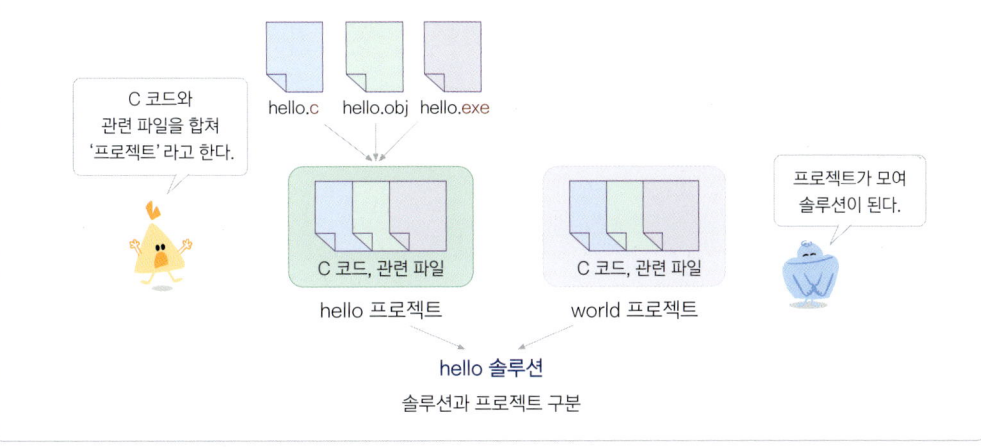
>
> 솔루션과 프로젝트 구분

## 2. C 소스 파일 만들기

프로젝트를 만들었으면 해당 프로젝트를 대상으로 비주얼 스튜디오가 열립니다. 앞서 빈 프로젝트로 만들었으므로 아무것도 없는 상태입니다. 여기에 C 소스 파일을 추가해 보겠습니다.

❶ [솔루션 탐색기]⊕ 에서 [소스 파일]을 마우스 오른쪽 버튼으로 클릭하고 [추가 → 새 항목]을 선택합니다.

⊕ 비주얼 스튜디오의 왼쪽 창 아래에서 [솔루션 탐색기] 탭을 누르면 보입니다.

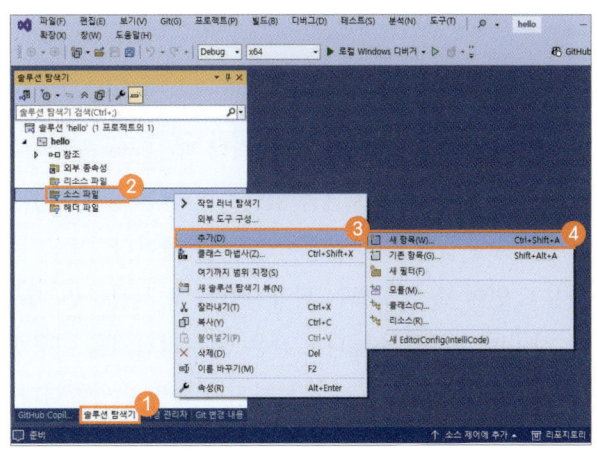

소스 파일 추가

❷ 새 항목 추가 창이 나타나면 파일 이름을 hello.c로 작성하고 **〈추가〉**를 클릭합니다. C 언어 소스 파일의 확장자는 '.c'이므로 확장자까지 정확하게 입력해야 합니다.

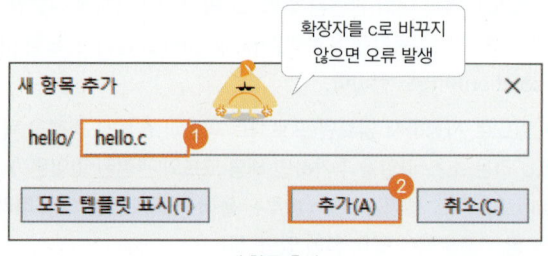

새 항목 추가

> **핵심 한 줄**　C 언어 소스 파일의 확장자는 '.c'이다.

## 3. C 코드 작성하기

소스 편집 창에 방금 추가한 hello.c 파일이 열리면 다음처럼 7줄의 소스 코드를 그대로 작성합니다. 코드의 의미는 나중에 설명하기로 하고, 여기서는 오류가 나지 않도록 띄어쓰기와 철자에 주의해서 입력합니다. 05행과 06행 끝에 세미콜론(;)을 붙이는 것도 잊지 마세요.

**Do it! 실습**　Hello World 프로그램　　　　　　　　　　　　　　　　　　hello.c

```
01  #include <stdio.h>
02
03  int main()
04  {
05      printf("Hello World");
06      return 0;
07  }
```

비주얼 스튜디오에서 코드를 입력할 때 [Enter]를 누르면 자동으로 다음 줄 번호가 나타납니다. 그리고 여는 중괄호 {를 입력하면 닫는 중괄호 }가 자동으로 입력되고, [Enter]를 누르면 그다음 줄에 들여쓰기가 자동으로 적용됩니다.

사실 C 언어 소스 코드는 확장자만 .c로 저장하면 메모장 같은 프로그램으로 작성해도 됩니다. 하지만 비주얼 스튜디오 같은 전문 편집기를 이용하면 이렇게 자동으로 적용되는 편의 기능이 있어서 소스 코드를 작성하기가 훨씬 수월합니다.

## 4. 컴파일하기

코드를 입력했으면 위쪽 메뉴에서 [빌드 → 솔루션 빌드]를 선택해 컴파일을 진행합니다. 컴파일이 끝나면 편집 창 아래에 있는 출력 창에 결과가 나타납니다. 그림처럼 빌드에 성공했다는 메시지가 나오면 문법에 오류 없이 컴파일된 것입니다. 빌드build란 소스 코드를 실행할 수 있는 프로그램으로 만드는 과정이며, 컴파일은 빌드의 일부분입니다.

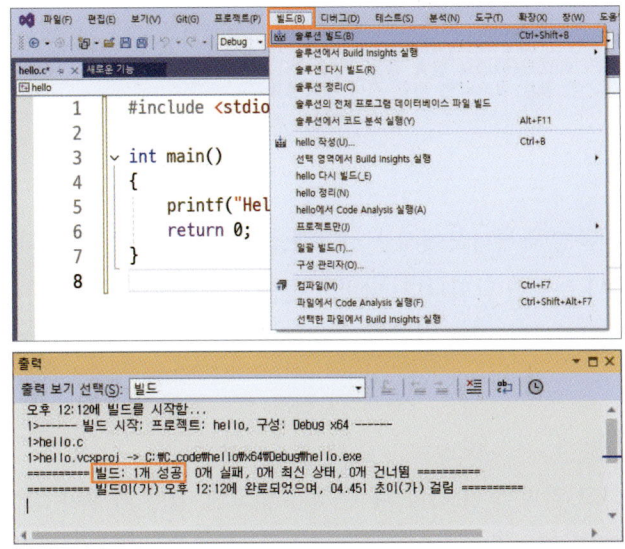

솔루션 빌드와 출력 창 확인

만약 빌드에 실패하면 실행 파일이 만들어지지 않습니다. 이번 실습에서 오류가 발생했다면 대부분 오타이거나 띄어쓰기를 잘못했을 가능성이 큽니다. 이때는 소스 코드에서 잘못된 부분을 수정한 후에 다시 빌드하면 됩니다.

## 5. 실행하기

컴파일을 마쳤으므로 실행 파일이 만들어졌습니다. 비주얼 스튜디오에서 이 파일을 실행하려면 위쪽 메뉴에서 [디버그 → 디버그하지 않고 시작] ( Ctrl + F5 )을 선택합니다. 앞에서 빌드를 진행하고 실행했지만, 그냥 실행해도 자동으로 빌드를 수행합니다.

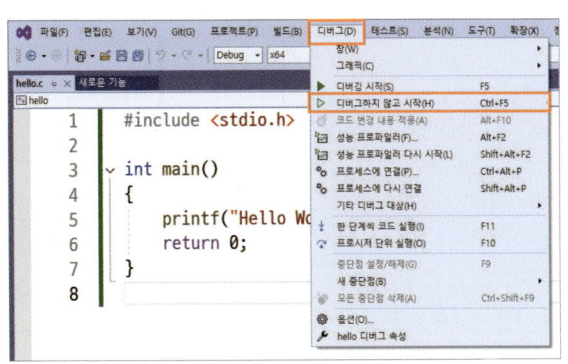

실행하기

따라서 소스 코드를 작성하거나 수정한 후에 단축 키를 누르면 결과를 빠르게 확인할 수 있습니다.

앞에서 입력한 hello.c의 소스 코드는 화면에 Hello World를 출력하는 프로그램입니다. 다음 그림처럼 디버그 콘솔 창이 열리고 맨 위에 Hello World라는 문자열이 나타나면 성공입니다!

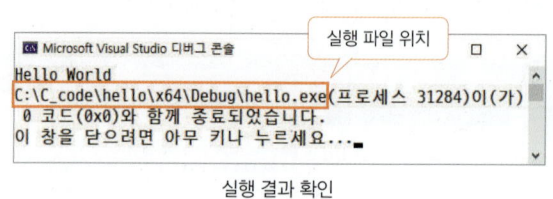

실행 결과 확인

디버그 콘솔 창은 비주얼 스튜디오에서 프로그램을 실행할 때 자동으로 띄워 줍니다. 이 창은 키보드에서 아무 키나 누르면 닫힙니다. 디버그 콘솔 창에서는 프로그램의 실행 결과인 Hello World를 확인할 수 있습니다. 실행 결과 바로 아래에는 실행 파일이 있는 경로를 알려 줍니다.

## 6. 오류 해결하기

소스 코드를 작성하고 컴파일(빌드)할 때 문제가 없으면 실행 파일이 정상으로 만들어지지만, 소스 코드에 문제가 있으면 컴파일에 실패하고 실행 파일이 만들어지지 않습니다. 이때는 소스 코드에 어떤 문제가 있는지 살펴보고 고쳐야 하는데, 이 과정을 디버깅debugging이라고 합니다.

만약 06행의 return 0; 코드에서 r을 빼고 retun 0;으로 작성했다면 오류가 발생합니다. 비주얼 스튜디오는 수동으로 컴파일하지 않더라도 오류가 발생한 코드에 빨간 밑줄을 표시해 알려 줍니다. 그리고 오류가 발생한 곳에 마우스 포인터를 가져다 대면 다음처럼 오류 메시지가 담긴 상자가 나타납니다.

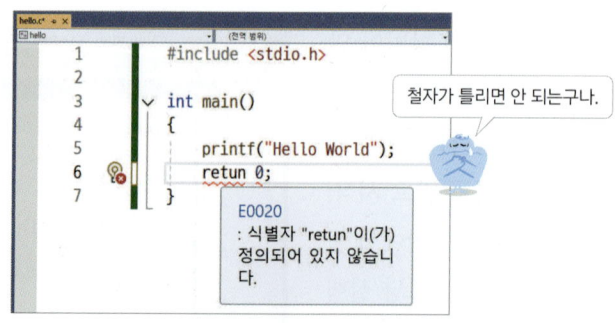

오류가 있는 코드

또한 편집 창 아래쪽 상태 표시줄에는 다음처럼 오류 개수가 나타납니다. 이를 클릭하면 오류 목록이 나오고 오류 코드와 설명, 오류가 발생한 줄 번호 등이 표시됩니다. 빌드에 실패할 때도 이처럼 오류 목록을 확인하면 문제를 파악할 수 있습니다.

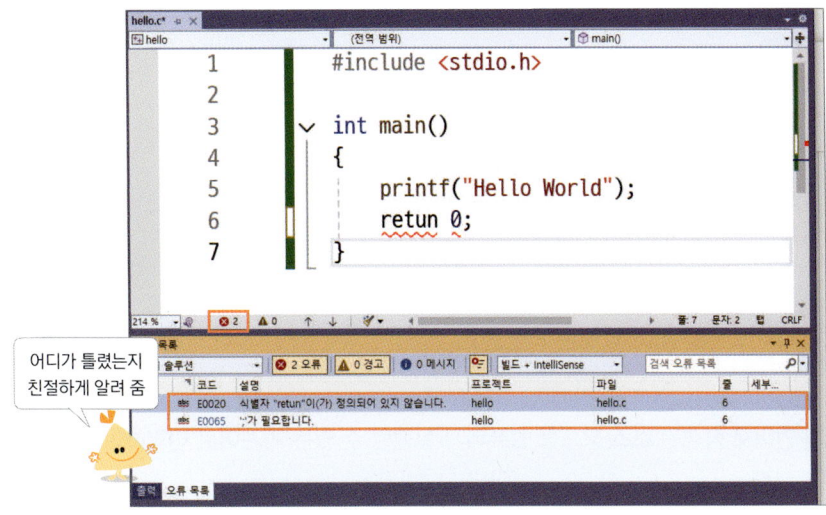

오류 목록

오류 목록에서 설명을 보면 retun은 정의되어 있지 않다고 나옵니다. retun을 return으로 바꾸면 문제가 해결됩니다. 참고로 오류 목록에서 줄 번호는 때때로 정확하지 않을 수도 있습니다. 따라서 해당 줄뿐만 아니라 근처에 있는 줄도 살펴야 합니다.

만약 빌드에 성공한 소스 코드를 수정한 후에 다시 빌드했을 때 실패하면 다음처럼 마지막으로 성공한 빌드로 실행할지를 묻습니다. 이때 〈아니요〉를 클릭해야만 오류 목록을 보고 수정한 코드에서 어떤 문제가 발생했는지 파악할 수 있습니다.

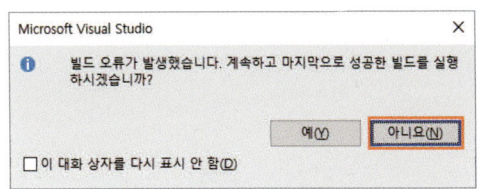

마지막으로 성공한 빌드로 실행하지 않기

## 확실하게 내 것으로! 01장 마무리 문제

1. 컴퓨터에 작업을 시키려고 명령어를 모아 놓은 것을 _____ (이)라고 합니다.

2. 프로그램을 만드는 작업을 _____ (이)라고 합니다.

3. 컴퓨터가 이해할 수 있는 언어로, 이진 코드(0과 1)로 이루어진 언어를 _____ (이)라고 합니다.

4. 프로그래밍에서 오류를 찾아 없애는 과정을 _____ (이)라고 합니다.

5. 프로그래밍 언어로 작성된 소스 코드를 컴퓨터가 실행할 수 있는 기계어로 번역하여 실행 파일을 만드는 프로그램을 _____ (이)라고 합니다.

6. C 언어로 작성한 소스 파일의 확장자는 _____ 입니다.

7. 다음 코드는 오류가 발생합니다. 오류가 어디에서 발생하는지 찾아 해결 방법을 제시해 보세요.

```c
01  #include (stdio.h)
02
03  int main()
04  {
05      printf("Hello World");
06      return 0;
07  }
```

▶ 모범 답안 422쪽

# 02장
# 프로그래밍 시작하기

- ✦ 02-1  C 프로그램의 기본 구조
- ✦ 02-2  출력 함수 사용 방법
- ✦ 02-3  프로그래밍을 위한 기초 지식

**학습 목표**
1. C 프로그램의 기본 구조와 코드를 작성할 때 지켜야 할 기본 규칙을 이해합니다.
2. 화면에 데이터를 출력하는 `printf()` 함수와 다양한 제어 문자를 알아봅니다.
3. 진법과 논리 연산 등 프로그래밍의 기초 지식을 쌓습니다.

## 02-1

# C 프로그램의 기본 구조

### 기본 구조 살펴보기

프로그래밍 언어로 프로그램을 만들려면 먼저 해당 언어로 소스 코드를 작성해야 합니다. C 언어로 소스 코드를 작성할 때는 다음과 같은 기본 구조를 따릅니다. 01장에서 작성한 코드를 참고해서 C 프로그램은 어떤 요소로 이루어지는지 자세히 살펴보겠습니다.

```
01  #include <stdio.h>         라이브러리
02
03  int main()                 main() 함수
04  {                          작업 시작, 끝
05      printf("Hello World"); 라이브러리
06      return 0;              종료, 0 반환
07  }
```

C 소스 코드의 기본 구조

`main() 함수` C 프로그램은 반드시 main() 함수를 포함해야 합니다. main()은 C 언어가 정한 특별한 함수로, 프로그램을 실행하면 가장 먼저 main() 함수가 실행되고 main() 함수가 끝나면 프로그램도 종료합니다. main() 앞의 int는 함수가 반환하는 데이터가 어떤 형태인지를 나타냅니다. 이와 관련된 내용은 08장 함수에서 자세히 다룹니다.

> `핵심 한줄` C 프로그램에서는 main() 함수가 가장 먼저 실행된다.

`작업 시작, 끝` C 소스 코드에서 중괄호 {}는 여러 가지 작업을 하나로 묶고 영역의 시작과 끝을 알려 줍니다. 그림에서 main() 함수의 작업은 04행의 여는 중괄호 {에서 시작하고, 07행의 닫는 중괄호 }에서 끝납니다. 따라서 main() 함수의 본문은 05행과 06행의 코드입니다.

함수뿐만 아니라 특정 작업의 시작과 끝을 나타낼 때도 중괄호를 사용합니다. 이렇게 중괄호로 묶인 영역을 **블록**ᵇˡᵒᶜᵏ이라고 합니다.

`라이브러리` 05행은 콘솔 화면에 글자를 출력해 주는 `printf()` 함수를 이용해 Hello World라는 문구를 출력합니다. 화면에 글자를 출력하는 함수를 직접 만들기는 어렵습니다. 그래서 C 언어에서 자주 사용하는 함수들을 파일에 모아 두었는데 이를 **헤더 파일**ʰᵉᵃᵈᵉʳ ᶠⁱˡᵉ이라고 합니다. 01행의 `#include`는 <> 안에 있는 헤더 파일을 소스 코드에 포함하는 명령입니다. 그리고 <> 안의 `stdio.h`는 화면에 글자를 출력하는 `printf()` 함수가 정의된 헤더 파일입니다. `stdio.h` 헤더 파일에는 다양한 함수가 정의돼 있으며, 이를 **라이브러리**ˡⁱᵇʳᵃʳʸ라고 합니다. 읽고 싶은 책이 있을 때 도서관에서 빌리듯이 필요한 함수를 가져다 쓸 수 있다는 의미입니다.

`종료, 0 반환` `return`은 함수를 종료하고 특정 값을 반환하는 코드입니다. 함수는 `return` 문을 만나면 즉시 종료하는데, 이때 반환할 값이 있으면 `return` 다음에 작성한 값을 호출한 쪽으로 전달합니다. `main()` 함수는 프로그램의 시작점이므로 운영체제가 자동으로 호출합니다. 따라서 `return 0`은 운영체제에 0을 반환한다는 의미입니다. 이는 프로그램이 정상으로 종료되었음을 의미합니다.

## 코드를 작성할 때 기본 규칙

앞에서 C 언어로 작성한 소스 코드의 기본 구조를 살펴봤습니다. 여기서는 이러한 소스 코드를 작성할 때 지켜야 할 몇 가지 규칙을 알아보겠습니다.

❶ **구문의 맨 끝에는 세미콜론(;)을 붙입니다.** 문장을 구분할 때 한글에서는 마침표를 사용하지만, C 언어에서는 세미콜론으로 표시합니다. 세미콜론은 C 언어에서 한 문장(명령어)이 끝났음을 컴파일러에 알리는 역할을 합니다.

그러나 세미콜론을 붙이지 않는 경우도 있으니 주의해야 합니다. 예를 들어 함수를 정의할 때나 제어문❶ 등에서 중괄호 {와 }는 각각 시작과 끝을 나타내므로 세미콜론이 필요 없습니다. 또한 샤프(#)로 시작하는 전처리 구문에도 세미콜론을 붙이지 않습니다.  ❶ 제어문은 06~07장에서 다룹니다.

❷ **코드를 작성할 때 띄어쓰기에 주의해야 합니다.** 띄어쓰기를 하지 않으면 오류가 발생합니다. 다음 표에서 왼쪽은 올바른 띄어쓰기 예이고, 오른쪽은 띄어쓰기를 하지 않아서 오류가 발생하는 예입니다.

띄어쓰기 비교

| 올바른 예 | 오류 |
|---|---|
| `int main()`<br>`return 0;` | `intmain()`<br>`return0;` |

02장 ✦ 프로그래밍 시작하기   **35**

문자와 기호 사이에서 띄어쓰기는 신경 쓰지 않아도 됩니다. 소괄호 (), 중괄호 {}, 꺽쇠괄호 <>, 세미콜론과 같은 기호는 대부분 띄어쓰기를 해도 되고 안 해도 됩니다. 다음 표에서 오른쪽과 왼쪽 코드 모두 오류가 나지 않습니다.

기호 띄어쓰기 비교

| 띄어쓰기하지 않음 | 띄어쓰기함 |
| --- | --- |
| `#include<stdio.h>`<br>`int main()`<br>`{`<br>`    printf("Hello World");`<br>`    return 0;`<br>`}` | `#include < stdio.h >`<br>`int main ()`<br>`{`<br>`    printf ("Hello World");`<br>`    return 0;`<br>`}` |

❸ **들여쓰기도 중요합니다.** 들여쓰기를 하지 않는다고 해서 오류가 발생하는 것은 아닙니다. 그러나 코드의 구조를 쉽게 파악할 수 있으려면 들여쓰기를 해야 합니다. 다음 표에서 왼쪽과 오른쪽 코드는 들여쓰기를 했을 때와 하지 않았을 때의 차이를 보여 줍니다.

들여쓰기 비교

| 들여쓰기를 함 | 들여쓰기를 하지 않음 |
| --- | --- |
| `#include <stdio.h>`<br>`int main()`<br>`{`<br>`    printf("Hello World");`<br>`    return 0;`<br>`}` | `#include <stdio.h>`<br>`int main()`<br>`{`<br>`printf("Hello World");`<br>`return 0;`<br>`}` |

들여쓰기를 한 왼쪽 코드는 `printf()`와 `return` 문이 `main()` 함수에 포함되었다는 것을 한눈에 알 수 있습니다. 반대로 들여쓰기를 하지 않은 오른쪽 코드는 `main()`과 `printf()`, `return`이 모두 같은 위치에 있어서 구조를 파악하기가 어렵습니다.

중괄호 {}를 사용할 때는 안쪽에 있는 코드를 들여쓰기합니다. C 언어로 프로그래밍할 때는 들여쓰기가 중요하므로 대부분의 소스 코드 편집기에서는 자동으로 처리해 줍니다.

> **핵심 한줄** 소스 코드 들여쓰기는 필수! 들여쓰기한 코드는 쉽게 읽을 수 있어서 유지·보수와 협업에 도움을 준다.

## 주석 작성하기

주석comment은 일종의 메모일 뿐 **실행되지 않는 코드**입니다. 소스 코드에 작성자의 이름이나 주의 사항 같은 메모를 남길 때 주석을 사용합니다.

C 언어에서 주석은 2가지 방식으로 사용할 수 있습니다. 첫 번째는 /*로 시작하고 */로 끝나는 주석입니다. /* */ 주석은 시작과 끝을 알 수 있으므로 내용을 한 줄이나 여러 줄에 걸쳐서 작성할 수 있습니다. 두 번째는 //으로 시작하는 주석입니다. // 주석은 해당 줄만 주석으로 처리합니다.

다음 코드는 C 언에서 주석을 사용하는 2가지 방식을 보여 줍니다.

**주석 사용하기**

```
01  #include <stdio.h>
02
03  int main()
04  {
05      printf("Hello World");   /* 화면에 Hello World
06                                   출력하는 함수 */
07      return 0;     // 함수가 끝났음을 알림
08  }
```

## 함수와 라이브러리

C 프로그램에서 **작업이 이루어지는 기본 단위는 함수**function입니다. C 프로그래밍은 여러 가지 함수를 사용하여 작업을 수행합니다. 함수는 다른 요소와 구별하기 위해 소괄호 ()를 사용합니다. 이름 옆에 소괄호가 있으면 함수이고, 없으면 함수가 아닙니다. 그래서 `main()`과 `printf()`는 함수이지만, `return`과 `#include`는 함수가 아닙니다.

함수란 정해진 절차에 따라 데이터를 처리하는 단위입니다. 함수는 정해진 규칙을 무시하고 사용(호출)하면 제대로 작동하지 않습니다. 예를 들어 `printf("Hello World")`에서 큰따옴표 ""를 생략하여 `printf(Hello World)`라고 쓰면 오류가 발생합니다.

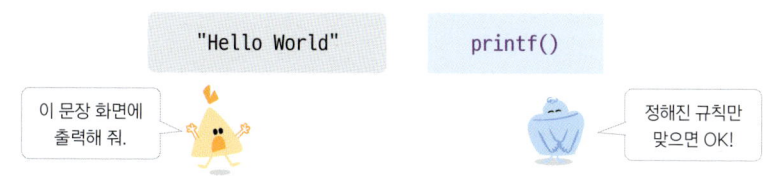

규칙에 맞게 사용해야 하는 함수

**라이브러리**는 서로 관련 있는 함수들을 모아 놓은 것을 말합니다. 이 라이브러리가 저장된 파일을 헤더 파일 header file이라고 하며 확장자는 '.h'입니다. 특정 헤더 파일에 있는 함수를 사용하고 싶다면 소스 코드 위쪽에 #include <헤더_파일_이름>과 같은 형식으로 작성합니다.

표준 입출력과 수학 관련 헤더 파일

C 프로그래밍에서 가장 많이 사용하는 헤더 파일은 `stdio.h`입니다. stdio는 standard input/output(표준 입력/출력)의 줄임말로, `printf()`처럼 입출력에 관련된 함수를 모아 놓은 헤더 파일의 이름입니다. 이처럼 헤더 파일은 이름만 봐도 어떤 라이브러리 함수의 묶음인지 알 수 있습니다. 예를 들어 수학 관련 함수는 `math.h` 헤더 파일에 있습니다.

> **핵심 한 줄**  헤더 파일을 통해 미리 만들어진 다양한 라이브러리 함수를 사용할 수 있다.

## 02-2

# 출력 함수 사용 방법

### printf( ) 함수의 특징

화면에 내용물을 출력하는 printf() 함수의 특징을 살펴봅시다. 다음 코드는 지금까지 살펴본 기본 코드에 06행 printf("I am a C programmer")를 추가한 예입니다. printf()를 두 번 사용했으므로 Hello World와 I am a C programmer가 두 줄에 걸쳐 출력될 것으로 생각할 수 있습니다. 그러나 실행 결과는 Hello WorldI am a C programmer처럼 한 줄에 출력됩니다.

**Do it! 실습** 간단한 출력 코드 📄 201_print1.c

```c
01  #include <stdio.h>
02
03  int main()
04  {
05      printf("Hello World");
06      printf("I am a C programmer");
07
08      return 0;
09  }
```

▼

**실행 결과**

```
Hello WorldI am a C programmer
```

printf()를 여러 번 쓴다고 해서 여러 줄로 출력되지는 않습니다. 여러 줄에 걸쳐 출력하려면 줄 바꿈 new line 을 해주는 제어 문자를 사용해야 합니다. **제어 문자** control character 란 화면에는 출력되지 않으면서 화면의 상황을 제어하는 문자입니다.

흔히 사용하는 문서 편집기에서도 제어 문자를 확인할 수 있습니다. 아래아 한글에서 키보드로 Enter 와 Tab 을 사용해 'Love Enter me Enter Tab Tab'을 입력해 봅시다.

화면에 Enter는 나타나지 않지만 줄 바꿈이 되어 있습니다. 또한 화면에 Tab도 나타나지 않지만 7칸 정도 공백이 입력되고 Tab이라는 글자가 나타납니다. 이렇게 화면에는 나타나지 않지만, 글자의 출력을 조절하는 문자가 제어 문자입니다.

아래아 한글에서는 이러한 제어 문자를 조판 부호라고 합니다. 조판 부호를 눈으로 확인하려면 아래아 한글 위쪽 메뉴에서 [보기]를 클릭한 후 [조판 부호]에 체크합니다. 그러면 다음 오른쪽 그림처럼 조판 부호가 나타납니다.

아래아 한글과 제어 문자

> **⊕ 개발 지식 더하기** 이스케이프 문자
>
> 제어 문자는 역슬래시(\)로 시작하는데, 이처럼 역슬래시로 시작하는 문자를 이스케이프(escape) 문자라고 합니다. 그래서 \n은 '이스케이프 n'이라고 읽습니다. 또한 비주얼 스튜디오에서는 \n이 ₩n으로 보입니다. 영문 자판의 역슬래시는 표준 한글 자판에서 원화 기호 ₩로 변경되기 때문입니다. 따라서 키보드에서 \n을 입력할 때는 역슬래시 대신 원화 기호 ₩를 눌러야 합니다.

C 언어에서 줄 바꿈에 사용하는 제어 문자는 \n입니다. 다음은 제어 문자를 사용하여 문자열을 두 줄에 걸쳐 출력하는 코드입니다. 05행의 `printf()` 함수에서 \n을 사용하면 줄 바꿈이 되어 두 줄로 출력됩니다.

**Do it! 실습**  줄 바꿈 제어 문자 사용하기    📄 202_print2.c

```c
01  #include <stdio.h>
02
03  int main()
04  {
05      printf("Hello World\n");     // 줄 바꿈 제어 문자 \n 사용
06      printf("I am a C programmer");
07
08      return 0;
09  }
```

> 실행 결과
>
> Hello World
> I am a C programmer

줄 바꿈 제어 문자를 사용하면 printf()를 한 번만 사용해도 여러 줄에 걸쳐 출력할 수 있습니다. 05~06행을 다음처럼 바꿔도 같은 결과가 출력됩니다.

```
printf("Hello World\nI am a C programmer");   // 제어 문자 \n으로 줄 바꿈
```

## 다양한 제어 문자

C 언어에서는 다양한 제어 문자를 제공합니다. 앞에서 잠깐 살펴본 \n은 줄 바꿈을 의미하는 제어 문자로, 커서를 새로운 줄로 이동합니다.

주요 제어 문자

| 제어 문자 | 이름 | 출력 결과 |
| --- | --- | --- |
| \n | 줄 바꿈(new line) | 새로운 줄로 이동 |
| \t | 탭(tab) | 다음 탭 스톱으로 이동 |
| \b | 백스페이스(backspace) | 한 칸 뒤(왼쪽)로 이동 |
| \r | 캐리지 리턴(carriage return) | 맨 앞으로 이동 |

\t 제어 문자는 탭을 의미하며 보통 커서를 8칸 이동합니다. \b 제어 문자는 커서를 한 칸 뒤(왼쪽)로 이동하는 백스페이스를 의미합니다. 만약 이동한 위치에 글자가 있으면 지우고 새로운 출력으로 대체합니다. \r 제어 문자는 캐리지 리턴을 의미하며 커서가 같은 줄에서 맨 앞으로 이동합니다. 만약 글자가 있으면 새로운 출력으로 대체합니다.

다음 코드는 다양한 제어 문자가 어떻게 출력되는지를 보여 줍니다.

**Do it! 실습**  다양한 제어 문자 사용하기            📄 203_print3.c

```
01  #include <stdio.h>
02
03  int main()
04  {
05      printf("\t12345");    // 탭 정렬
```

```
06      printf("\b67890");   // 한 칸 뒤로
07      printf("\n12345");   // 줄 바꿈
08      printf("\r67890");   // 맨 앞으로
09      return 0;
10   }
```

| 실행 결과 |
|---|
|       123467890<br>67890 |

05행은 제어 문자 \t를 사용했으므로 커서를 맨 왼쪽부터 7칸을 이동한 후 8칸부터 12345를 출력합니다. 06행은 \b이므로 커서를 한 칸 뒤로 이동한 후 67890을 출력합니다. 그래서 5가 지워지고 123467890이 나타납니다. 07행은 \n이므로 새로운 줄에서 12345를 출력하지만, 08행에서 \r을 사용해서 커서를 맨 앞으로 이동한 후에 67890을 출력하므로 12345가 지워지고 67890만 보입니다.

## 특수 문자 출력

printf() 함수는 소괄호 안에 큰따옴표로 감싼 문자열을 출력합니다. 그런데 만약 큰따옴표 (") 자체를 출력하려면 어떻게 해야 할까요? 만약 다음처럼 코드를 작성하면 오류가 발생합니다.

```
printf(" "Hello World" ")
```

따옴표와 같은 특수한 문자를 출력하려면 특수 문자 앞에 역슬래시를 붙여야 합니다. 즉, 다음처럼 작성해야 합니다.

```
printf(" \"Hello World\" ")
```

역슬래시를 붙여서 출력해야 하는 특수 문자로는 큰따옴표("), 작은따옴표('), 역슬래시(\)가 있습니다. 단, 퍼센트(%)는 역슬래시 대신 퍼센트를 한 번 더 씁니다.

특수 문자 표기법

| 표기법 | 출력 |
|---|---|
| \" | 큰따옴표 출력 |
| \' | 작은따옴표 출력 |
| \\ | 역슬래시 출력 |
| %% | 퍼센트 출력 |

다음 코드는 특수 문자를 화면에 출력하는 예입니다. 05행에서는 작은따옴표를 화면에 출력하려고 \'라고 썼습니다. 실행 결과를 보면 이스케이프 문자는 없어지고 '만 출력됩니다. 06행에서 큰따옴표도 마찬가지로 \"라고 쓰면 화면에 "만 출력됩니다.

**Do it! 실습    특수 문자 출력하기**    📄 204_escape.c

```c
01  #include <stdio.h>
02
03  int main()
04  {
05      printf(" \'A\' \n");        // 작은따옴표 출력
06      printf(" \"ABC\" \n");      // 큰따옴표 출력
07      printf(" \\ 역슬래시\n");    // 역슬래시 출력
08      printf(" %% 퍼센트\n");      // 퍼센트 출력
09
10      return 0;
11  }
```

**실행 결과**

```
'A'
"ABC"
\ 역슬래시
% 퍼센트
```

07행에서 \\처럼 역슬래시를 연달아 두 번 쓰면 화면에는 한 개만 출력됩니다. 08행에서 퍼센트도 %%처럼 연달아 두 번 쓰면 화면에 한 개만 출력됩니다.

> **핵심 한 줄**    printf() 함수에서 역슬래시(\)를 이용하면 출력을 제어하거나 특수 문자를 표시할 수 있다.

# 02-3

# 프로그래밍을 위한 기초 지식

## 진법과 표현

비트$^{bit}$는 0과 1만 표현할 수 있습니다. 이런 비트 8개를 하나로 묶어 바이트$^{byte}$라고 합니다. 바이트는 컴퓨터가 사용하는 기본 단위입니다.

사람은 숫자를 표현할 때 십진법을 사용하지만 기계는 이진법을 사용합니다. 1bit가 표현할 수 있는 수는 0과 1뿐이며 이를 사용하여 숫자를 표현한 것이 이진법입니다. 그리고 십육진법은 0~15까지 16개의 수로 표현하는 방법입니다.

십진법과 이진법의 차이를 알아봅시다. 우선 십진법 237은 $2 \times 10^2 + 3 \times 10^1 + 7 \times 10^0$입니다. 즉, 각 자릿수에 해당 위치의 단윗값을 곱한 후에 모두 더하면 $2 \times 100 + 3 \times 10 + 7 \times 1 = 237$이 됩니다.

다음 그림은 이진수 $11101101_2$을 십진수로 나타내는 방법을 보여 줍니다. 이진법도 마찬가지로 각 자릿수를 곱한 후 모두 더하면 됩니다. 이진수 $11101101_2$은 $1 \times 2^7 + 1 \times 2^6 + 1 \times 2^5 + 1 \times 2^3 + 1 \times 2^2 + 1 \times 2^0$이며, 이를 계산하면 $128 + 64 + 32 + 8 + 4 + 1 = 237$이 됩니다. 즉, 이진수 $11101101_2$은 십진수로 237입니다.

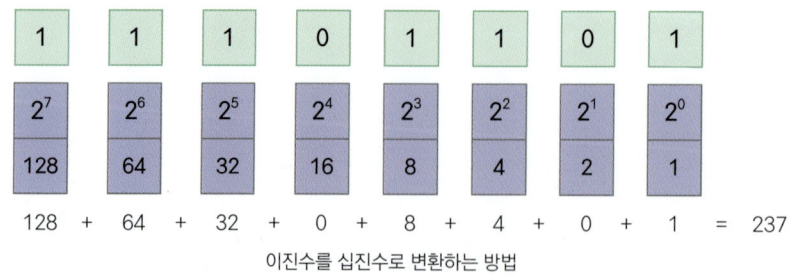

이진수를 십진수로 변환하는 방법

십진법을 0~9까지의 수로 표현하듯이, 십육진법은 0~9 그리고 A~F로 표현합니다. 여기서 A~F는 10~15를 의미합니다.

십육진수를 처음 본다면 당혹스러울 수 있습니다. 사실 십육진수는 4bits의 이진수를 십진수로 바꿔 놓은 것입니다. 그래서 1byte로는 두 개의 십육진수를 표현할 수 있습니다.

두 자리 십육진수 표

십진수 237을 십육진수로 바꿔 봅시다. 237은 이진수로 $11101101_2$입니다. 그림에서 찾아보면 1110은 E이고 1101은 D이므로 이진수 $11101101_2$은 십육진수로 $ED_{16}$가 됩니다. 반대로 $ED_{16}$를 십진수로 바꾸면 $E \times 16^1 + D \times 16^0$이므로 $14 \times 16 + 13 \times 1 = 237$이 됩니다.

### 논리 연산

논리 연산이란 참$^{true}$과 거짓$^{false}$에 대한 연산을 의미합니다. 주로 쓰이는 논리 연산으로는 AND(논리곱), OR(논리합), XOR(배타적 논리합), NOT(부정)이 있습니다.

먼저 **NOT 연산**은 조건이 참(T)이면 결과가 거짓(F)이고, 조건이 거짓(F)이면 결과가 참(T)입니다.

NOT 연산 진리표

| 조건 | 결과 |
|---|---|
| T | F |
| F | T |

AND 연산은 두 조건이 모두 참(T)일 때만 결과가 참입니다. AND 연산에서는 단 한 개라도 거짓(F)이 있으면 결과는 거짓이 됩니다.

AND 연산 진리표

| 조건 | | 결과 |
|---|---|---|
| T | T | T |
| T | F | F |
| F | T | F |
| F | F | F |

OR 연산은 두 조건 중 하나라도 참(T)이면 결과가 참입니다. 따라서 OR 연산은 두 조건이 모두 거짓(F)일 때를 제외하고는 모든 결과가 참(T)입니다. 둘 다 거짓이면 결과는 거짓입니다.

OR 연산 진리표

| 조건 | | 결과 |
|---|---|---|
| T | T | T |
| T | F | T |
| F | T | T |
| F | F | F |

XOR 연산은 두 조건이 서로 다를 때만 결과가 참(T)입니다. XOR 연산은 두 조건이 모두 참(T)이거나 거짓(F)이면 결과는 거짓(F)이 되고, 서로 다르면 참(T)이 됩니다.

XOR 연산 진리표

| 조건 | | 결과 |
|---|---|---|
| T | T | F |
| T | F | T |
| F | T | T |
| F | F | F |

## 확실하게 내 것으로! 02장 마무리 문제

1. C 언어의 소스 코드에서 메모 역할을 하는 것은 _____ 입니다.

2. 라이브러리에서 서로 관련 있는 함수를 모아 놓은 파일을 _____ (이)라고 합니다.

3. printf() 함수처럼 입출력에 관련된 라이브러리를 모아 놓은 헤더 파일의 이름은 _____ 입니다.

4. printf() 함수에서 줄 바꿈에 해당하는 제어 문자는 _____ 입니다.

5. printf() 함수에서 탭에 해당하는 제어 문자는 _____ 입니다.

6. printf() 함수에서 화면에 퍼센트(%)를 출력하려면 _____ (이)라고 씁니다.

7. printf() 함수에서 화면에 큰따옴표(")를 출력하려면 _____ (이)라고 씁니다.

8. 11은 십육진수로 _____ 입니다.

9. 이진수 $1101_2$은 십육진수 _____ 입니다.

10. 단 한 개라도 거짓(F)이 있으면 결과는 거짓이 되는 논리 연산은 _____ 입니다.

11. 프로그램의 실행 결과가 다음처럼 출력되도록 코드를 작성해 보세요. 단, printf() 함수는 한 번만 사용하고 탭에 해당하는 제어 문자를 사용합니다.

```
        12
    48
        32
```

▶ 모범 답안: 422쪽

# 03장

# 변수에 데이터 담기

✦ 03-1  변수를 선언하고 사용하기
✦ 03-2  입력 함수 사용 방법

**학습 목표**
1. 변수가 무엇인지 이해하고 정수, 실수, 문자 자료형의 특징을 알아봅니다.
2. 변수를 선언하고 사용하는 방법과 이름 규칙을 살펴봅니다.
3. 사용자에게 데이터를 입력받는 scanf() 함수의 특징을 학습합니다.

## 03-1

# 변수를 선언하고 사용하기

### 변수란 무엇인가?

프로그램을 만드는 과정은 요리하는 것과 닮았습니다. 요리는 레시피에 따라 재료를 준비하고 조리하여 완성합니다. 마찬가지로 프로그래밍도 절차에 따라 데이터를 준비하고 처리하여 결과물을 만듭니다.

요리하는 과정과 닮은 프로그래밍

C 언어에서 사용할 수 있는 자료의 종류는 정수와 실수 그리고 문자로 구분합니다. **정수**integer는 1, 2, 3, 4처럼 셀 수 있는 숫자이며, **실수**float는 3.1, 23.56처럼 소수점을 포함하는 숫자입니다. 그리고 'A', 'B', 'C'처럼 **문자**character를 사용할 수도 있습니다.

자료가 세 종류이므로 이를 담는 변수도 3가지 형식으로 나뉩니다. 이때 자료의 형식을 **자료형**data type이라고 하는데, C 프로그래밍에서는 자료의 형식에 알맞은 자료형으로 변수를 만들어 사용합니다.

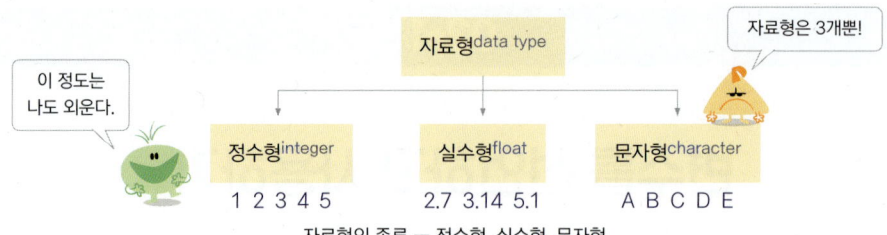

자료형의 종류 — 정수형, 실수형, 문자형

변수는 각 자료형을 나타내는 약속된 단어로 만듭니다. C 언어에서 정수 자료형은 int, 실수 자료형은 float, 문자 자료형은 char로 표현합니다. 즉, 1, 2, 3, 4 같은 정수는 int형 변수에 담고, 3.1, 23.56 같은 실수는 float형 변수에 담습니다. 그리고 'A', 'B', 'C' 같은 문자는 char형 변수에 담습니다.

⊕ char형 변수에는 문자 1개만 저장할 수 있습니다. 문자가 여러 개이면 문자열(string)이라고 하며 09장 배열에서 자세히 설명합니다.

> **핵심 한 줄** 변수는 데이터를 담는 그릇이라 할 수 있으며 int는 정수형 변수, float는 실수형 변수, char는 문자형 변수를 의미한다.

## 변수 만들기

변수를 만들 때는 해당 변수에 어떤 자료를 넣을지를 알려 주어야 합니다. **변수 선언**이란, 특정한 이름의 변수에 어떤 형식의 자료를 담겠다고 알리는 것입니다. 변수 선언은 다음 형식으로 작성합니다.

| 변수 선언 형식 |
|---|
| 자료형 변수_이름; |

변수 선언 방법

다음 코드는 3가지 자료형의 변수를 선언한 예입니다.

| 3가지 자료형의 변수 선언 |
|---|
| 01  int age;      // 정수형 변수 age |
| 02  float power;  // 실수형 변수 power |
| 03  char name;    // 문자형 변수 name |

01행에서 int age는 정수를 담을 목적으로 이름이 age인 변수를 선언합니다. 02행에서 float power는 실수를 담을 목적으로 이름이 power인 변수를 선언합니다. 그리고 03행에서는 char(문자)형 변수 name을 선언합니다. 변수 선언도 하나의 문장이므로 끝에 세미콜론(;)을 붙입니다.

변수 선언은 데이터를 담을 그릇을 만들고 이름을 붙이는 것과 같습니다. 즉, 메모리에서 데이터를 저장할 공간을 확보하고 그곳에 이름을 부여합니다. 그러면 변수 이름으로 해당 메모리에 접근하여 데이터를 저장하거나 가져오도록 프로그래밍할 수 있습니다.

변수 선언 후 메모리의 모습

변수를 선언하면 의도하지 않게 잘못 사용하는 것을 막을 수도 있습니다. 예를 들어 int age라고 선언하고 aeg 변수를 사용하면 안 됩니다. 선언한 적이 없는 변수는 사용할 수 없습니다.

또한 변수 선언문에 지정한 자료형과 다른 종류의 데이터를 변수에 넣으려고 하면 컴파일러는 경고나 오류라고 표시합니다. 변수에는 지정한 자료형과 같은 종류의 데이터만 담을 수 있습니다. 예를 들어 int age로 선언한 age 변수에는 정수만 담을 수 있습니다. 고기를 담을 접시라고 선언하고 물을 담으면 안 되겠죠?

변수는 사용하기 전에 선언해야 합니다. 보통은 함수가 시작하는 곳에 변수를 선언하지만, 필요에 따라 사용하기 직전에 선언하기도 합니다.

> **핵심 한줄** 변수는 사용하기 전에 먼저 선언해야 하며 변수 선언문의 자료형과 같은 종류의 자료를 담아야 한다.

## 변수 이름 규칙

C 언어에서 변수 이름을 지을 때는 다음 규칙에 따라야 합니다.

❶ 변수 이름에는 영문자, 숫자, 밑줄을 사용할 수 있으나 공백 문자나 특수 문자는 사용할 수 없습니다. 변수 이름에 공백이 필요하면 age_p1처럼 밑줄(_)을 사용합니다.

❷ 영문자, 숫자, 밑줄의 순서는 상관없지만, 숫자로 시작하는 이름은 만들 수 없습니다. 그러나 밑줄로 시작하는 이름은 허용합니다.

❸ C 언어 문법에서 사용하는 int, float, char, if, for와 같은 예약어는 변수 이름으로 사용할 수 없습니다. 그 대신 int_sum처럼 예약어를 포함한 단어는 사용할 수 있습니다.

❹ 변수 이름은 대소 문자를 구분합니다. 따라서 age와 Age는 서로 다른 변수입니다.

변수 이름 규칙

| 규칙 | 사용 가능 | 사용 불가능 | 비고 |
|---|---|---|---|
| 영문자, 숫자, 밑줄 가능 | int age_p1; | int age p1; | 공백 대신 밑줄 사용 |
| 숫자부터 시작하면 안 됨 | int num3; | int 3num; | 숫자를 뒤에 쓸 것 |
| 예약어 사용 불가 | int int_sum; | int int; | 예약어를 포함하는 단어는 가능 |
| 밑줄부터 시작 가능 | int _num3; | int num!; | 특수 문자 사용 불가능 |

한글로 된 변수 이름은 윈도우에 설치된 비주얼 스튜디오에서는 사용할 수 있지만, 유닉스에서는 허용하지 않습니다. 따라서 변수 이름은 영문자만 사용하는 것이 안전합니다.

> ⊕ **개발 지식 더하기** 카멜 표기법과 스네이크 표기법
>
> 여러 단어를 조합해서 변수 이름을 만들 때 IntSum처럼 단어의 첫 글자를 대문자로 만드는 방식을 카멜 표기법(camel case)이라고 합니다. 낙타의 등 모양을 닮았다고 해서 붙여진 이름입니다. 또한 int_sum처럼 밑줄을 사용해서 만드는 방식을 뱀 모양과 닮았다고 해서 스네이크 표기법(snake case)이라고 합니다.

## 데이터 출력하기

02장에서 `printf()` 함수를 배울 때 \로 시작하는 제어 문자를 사용했습니다. 추가로 `printf()` 함수에서 데이터나 변수의 값을 출력할 때는 %로 시작하는 서식 문자를 사용합니다. `printf()` 함수에서 **서식 문자**format specifier는 데이터를 어느 위치에 어떤 형식으로 출력할지를 나타냅니다.

제어 문자와 서식 문자

| 구분 | 제어 문자 | 서식 문자 |
|---|---|---|
| 특징 | 화면의 출력 제어 | 출력되는 데이터의 위치와 종류 표시 |
| 시작 문자 | \ | % |
| 종류 | \n(줄 바꿈), \t(탭) | %d(정수), %f(실수), %c(문자) |

다음 코드는 서식 문자를 사용하여 나와 친구의 나이를 출력하는 예입니다.

**Do it! 실습  서식 문자 사용하기**  301_format.c

```
01  #include <stdio.h>
02
03  int main()
04  {
05      printf("내 나이 = %d 친구 나이 = %d", 29, 31);
06
07      return 0;
08  }
```

▼

**실행 결과**

내 나이 = 29 친구 나이 = 31

05행에서 `printf()` 함수로 나이를 출력하는 자리에 서식 문자 `%d`가 있습니다. `%d`는 해당 위치에 정수를 출력하라는 의미입니다. 큰따옴표 안에 서식 문자 `%d`가 2개 있습니다. 첫 번째 `%d`가 있는 자리에는 뒤에 오는 29가 출력되고, 두 번째 `%d` 자리에는 31이 출력됩니다.

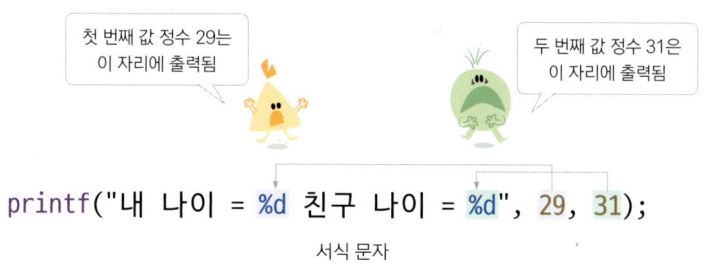

자료의 종류는 정수, 실수, 문자가 있으므로 서식 문자도 그에 맞게 사용해야 합니다. 정수(int)를 출력할 때는 `%d`, 실수(float)는 `%f`, 문자(char)는 `%c`를 사용합니다.

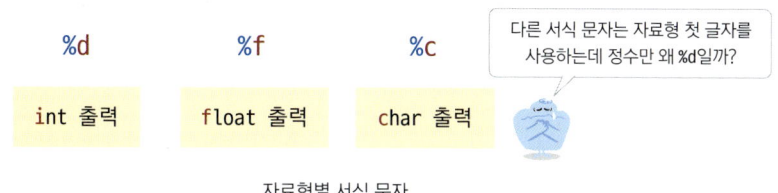

자료형별 서식 문자

> ⊕ **개발 지식 더하기** 정수 서식 문자가 %d인 이유
>
> 실수와 문자를 나타내는 서식 문자는 %f(float), %c(char)처럼 자료형의 첫 글자로 쉽게 유추할 수 있지만, 정수는 int에서 %i가 아니라 %d입니다. 그 이유는 정수 외에도 여러 유형의 자료를 십진 정수(decimal)로 출력할 때 사용하기 때문입니다. 예를 들어 문자를 정수로 출력할 때 %d를 사용할 수 있습니다.

printf() 함수에서 큰따옴표 안에 서식 문자의 개수와 뒤에 오는 데이터의 개수는 일치해야 합니다. 다음은 서식 문자를 잘못 사용한 예입니다.

### 서식 문자를 잘못 사용한 예

```
01  printf("내 나이 = %d");                    // %d에 대응하는 데이터 없음
02  printf("내 나이 = %d", 29, 31);            // 31에 대응하는 %d 없음
03  printf("내 나이 = %d 친구 나이 = %d", 29);  // 두 번째 %d에 대응하는 데이터 없음
```

01행은 서식 문자 %d에 대응하는 데이터가 없습니다. 반대로 02행에서는 서식 문자가 1개인데 데이터는 2개입니다. 즉, 31에 대응하는 서식 문자가 없습니다. 03행에서는 두 번째 %d에 대응하는 데이터가 없습니다. 서식 문자를 사용하는 다양한 방법은 04장 자료형의 특징에서 좀 더 알아보겠습니다.

> **핵심 한 줄** printf() 함수에서 서식 문자의 개수와 출력할 데이터의 개수는 일치해야 한다.

## 변수 초기화

변수를 선언하는 이유는 데이터를 메모리에 저장해서 사용하기 위해서입니다. 여기서는 변수에 데이터를 저장하는 방법을 알아보겠습니다. 다음 코드는 age라는 정수형 변수를 선언하고 이 변수에 24라는 숫자를 저장하는 코드입니다.

### 변수 선언과 값 대입

```
01  int age;       // 정수형 변수 age 선언
02  age = 24;      // 변수 age에 24 대입
```

수학에서 age = 24는 age와 24가 서로 같음을 뜻하지만, C 언어를 포함한 모든 프로그래밍 언어에서 등호(=)는 오른쪽 데이터를 왼쪽에 대입하라는 **대입 연산자**assignment operator입니다. 따

라서 age = 24 코드는 오른쪽에 있는 24를 왼쪽에 있는 변수 age에 저장합니다.

◎ C 언어에서 같음을 나타내는 논리 연산자는 ==입니다.

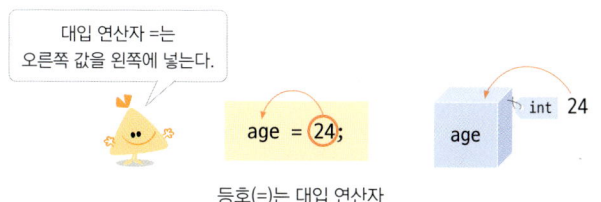

등호(=)는 대입 연산자

변수를 선언하면 처음에는 알 수 없는 값이 들어 있을 수 있습니다. 이 상태로 변수를 사용하면 프로그램이 의도하지 않게 동작하거나 오류가 발생할 수도 있습니다. 따라서 변수를 사용하기 전에 아는 값을 넣어야 합니다. 변수에 특정한 값을 넣는 것을 **초기화**initialization라고 합니다. 앞선 코드에서 age는 24로 초기화했습니다.

> **핵심 한 줄**  변수는 반드시 초기화하고 사용해야 한다.

다음 코드는 변수를 선언한 후 초기화하지 않고 출력하는 예입니다. 이 코드를 컴파일하면 '초기화되지 않은 변수를 사용했다'는 오류가 뜨면서 실행되지 않습니다. 이처럼 변수를 사용하기 전에는 반드시 초기화를 해야 합니다.

**Do it! 실습** 초기화하지 않고 출력하기(오류 발생)　　　　　　　　　　302E_init.c

```c
#include <stdio.h>

int main()
{
    int inum;
    printf("%d", inum);   // 오류! 초기화하지 않은 변수 사용

    return 0;
}
```

▼

**실행 결과_ 오류 메시지**

C4700 초기화되지 않은 'inum' 지역 변수를 사용했습니다.

## 여러 변수 선언하기

같은 종류의 변수를 여러 개 선언할 때는 쉼표(,)를 사용합니다. 이때 쉼표를 나열 연산자라고 합니다. 다음 코드에서 01행은 정수형 변수 age1과 age2를 한 번에 선언한 예입니다.

**변수 여러 개 선언하기**
```
01  int age1, age2;
02  age1 = 24;
03  age2 = 32;
04  age1 = age2;
```

04행의 age1 = age2 코드를 주의 깊게 봅시다. 대입 연산자는 오른쪽 값을 왼쪽 변수에 대입한다고 했습니다. 따라서 age2에 저장된 32를 age1에 대입합니다. 따라서 변수 age1의 값은 24에서 32로 바뀝니다.

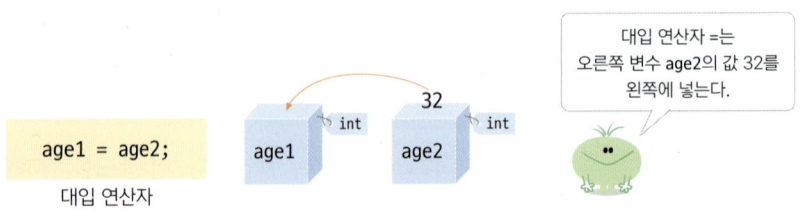

대입 연산자는 오른쪽 값을 왼쪽에 대입

앞서 변수는 사용하기 전에 초기화해야 한다고 했는데, 변수를 선언하는 동시에 초기화할 수도 있습니다. 다음 코드는 변수를 선언하는 동시에 초기화하는 방법을 보여 줍니다. 여러 개의 변수를 초기화할 때도 나열 연산자(,)를 사용합니다.

**변수 선언과 동시에 초기화**
```
01  int age1 = 24, age2 = 32;
02  float power1 = 24.0, power2 = 32.0;
```

01행은 정수형 변수를 선언하는 동시에 초기화하고, 02행은 실수형 변수를 선언하는 동시에 초기화합니다. 변수에 값을 대입할 때 정수와 실수를 확실하게 구분해야 합니다. 소수점이 없으면 정수이고, 소수점이 있으면 실수입니다. 따라서 같은 값이라도 정수형 변수 age1은 24로 초기화하고, 실수형 변수 power1은 24.0으로 초기화합니다.

이때 대입 연산자의 왼쪽은 변수여야 한다는 점에 주의해야 합니다. 다음 코드처럼 대입 연산자의 왼쪽에 변수가 아닌 값을 대입하면 오류가 발생합니다.

**대입 연산 오류 발생**

```c
01  int num1 = 17;
02  21 = num1;    // 오류! 대입 연산자의 왼쪽은 항상 변수여야 한다!
```

> **핵심 한줄**  대입 연산자의 왼쪽 항은 반드시 변수여야 한다.

다음 코드는 변수를 선언하고 값을 대입한 후 서식 문자를 사용하여 출력하는 예입니다. 05행에서 정수형(int) 변수 num1과 num2를 선언합니다. 그리고 06행에서 num1에 21을 넣고, 07행에서 num2에 17을 넣습니다.

**Do it! 실습  여러 변수 출력하기**  303_variable.c

```c
01  #include <stdio.h>
02
03  int main()
04  {
05      int num1, num2;    // 같은 종류의 변수는 쉼표로 여러 개 선언 가능
06      num1 = 21;
07      num2 = 17;
08
09      printf("num1 = %d, num2 = %d\n", num1, num2);
10      num1 = num2;    // num2 값을 num1에 대입
11      printf("num1 = %d, num2 = %d\n", num1, num2);
12
13      return 0;
14  }
```

▼

**실행 결과**

```
num1 = 21, num2 = 17
num1 = 17, num2 = 17
```

9행에서 서식 문자 %d를 사용해 num1 변숫값 21과 num2 변숫값 17을 출력합니다. 출력 결과는 num1 = 21, num2 = 17이 됩니다. 10행의 출력문에서 제어 문자 \n으로 줄 바꿈이 일어납니다.

10행의 num1 = num2 코드는 num2 변숫값 17을 num1에 대입합니다. 따라서 정수형 변수 num1의 값은 17이 됩니다. 11행에서 서식 문자 %d를 사용하여 num1과 num2를 출력합니다. 결과는 둘 다 17이 출력됩니다.

05~07행은 다음처럼 변수를 선언하는 동시에 초기화하는 코드로 줄일 수 있습니다.

```c
int num1 = 21, num2 = 17;
```

## 실력 향상 프로젝트 01 | 제곱근 구하기
📄 304_root.c

제곱근root을 구하는 코드를 작성해 봅시다. 제곱근은 수학 함수 sqrt()를 사용하면 쉽게 얻을 수 있습니다. 예를 들어 root = sqrt(9) 코드는 9의 제곱근 3.0이 root 변수에 저장됩니다. 계산 결과(sqrt() 함수가 반환하는 값)는 실수이므로 root 변수는 실수형으로 선언해야 합니다.

```c
01  #include <stdio.h>
02  
03  
04  int main()
05  {
06      int num = 9;
07      float root;
08  
09      root = sqrt(num);
10      printf("%d의 제곱근은 %f\n", num, root);
11  
12      return 0;
13  }
```

| 실행 결과 |
|---|
| 9의 제곱근은 3.000000 |

06행에서 정수형 변수 num을 선언하고 9로 초기화합니다. 07행에서는 sqrt() 함수의 결괏값을 받을 실수형 변수 root를 선언합니다. root를 초기화하지 않은 이유는 09행 root = sqrt(num) 때문입니다. 10행에서 root를 출력하기 전에 09행에서 9의 제곱근인 3.0이 저장됩니다. 그래서 초기화를 하지 않아도 됩니다.

10행에서 정수를 나타내는 서식 문자 %d로 num을, 실수를 나타내는 서식 문자 %f로 root를 출력합니다. 결괏값을 보면 9의 제곱근은 3.000000이라는 것을 알 수 있습니다.

이 예제는 컴파일 오류가 발생합니다. 02행에 들어가야 할 코드를 일부러 지웠기 때문입니다. 정상으로 컴파일하려면 02행에 어떤 코드가 들어가야 하는지 생각해 보기 바랍니다. 힌트는 sqrt()는 수학(math)과 관련된 함수라는 것입니다.

정답: #include <math.h>

## 03-2

# 입력 함수 사용 방법

### 입력 함수 scanf( )

프로그램에서 사용자에게 어떤 값을 입력받을 때는 `scanf()`라는 함수를 이용합니다. `scanf()`는 사용자가 키보드로 입력한 값을 가져오는 함수입니다. `scanf()` 함수도 `printf()`와 마찬가지로 `stdio.h` 헤더에 있습니다.

`printf()` 함수에서 정수는 `%d`, 실수는 `%f`, 문자는 `%c`와 같은 서식 문자를 사용하여 출력했듯이, `scanf()` 함수도 같은 서식 문자를 사용하여 키보드 입력을 받습니다.

다음 코드는 `scanf()` 함수를 사용하여 정수를 입력받아 출력하는 예입니다.

**Do it! 실습**  사용자에게 값 입력받기   305_scanf1.c

```c
01  #include <stdio.h>
02
03  int main()
04  {
05      int num;
06
07      printf("정수 입력: ");
08      scanf("%d", &num);       // scanf()에서 변수 앞에 열쇠(&)를 붙임
09
10      printf("결과: %d\n", num);
11
12      return 0;
13  }
```

▼

**실행 결과**

정수 입력: 2 [Enter] ← 키보드에서 2를 입력한 후 [Enter]
결과: 2

08행의 scanf ("%d", &num) 부분이 키보드로 입력받는 코드입니다. 서식 문자 %d는 정수를 입력받는다는 의미이며, 입력된 값은 num에 저장됩니다. 그런데 num 앞에 & 기호가 있습니다. 이 기호를 유념해야 합니다.

scanf()만 사용하면 까만 화면에 커서만 깜박이므로 무엇을 입력해야 하는지 알 수가 없습니다. 그래서 07행처럼 어떤 값을 입력해야 하는지 알려 주는 것이 좋습니다. 10행에서는 %d를 사용하여 입력받은 값을 출력합니다. 05행에 선언한 변수 num은 08행 scanf() 함수에서 사용자가 입력한 값으로 저장되므로 초기화하지 않고 사용했습니다.

scanf() 함수로 값을 여러 개 입력받을 때는 공백이나 줄 바꿈으로 구분합니다. 즉, 사용자가 입력하는 [Spacebar]나 [Enter]를 구분자로 해서 값을 입력받으므로 scanf() 함수에서는 \n과 같은 제어 문자를 사용하지 않습니다.

## scanf( ) 함수 사용 시 주의 사항

printf() 함수와 비교했을 때 scanf()는 큰 차이점이 있습니다. scanf() 함수를 사용할 때는 데이터를 저장할 변수 앞에 &를 붙여야 합니다.

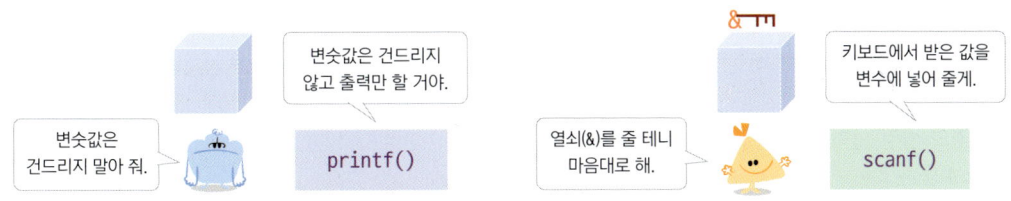

scanf() 함수를 사용할 때는 변수 앞에 열쇠(&)를 붙인다

데이터를 화면에 출력하는 printf() 함수는 변수 안에 저장된 값을 변경하지 않습니다. 그러나 scanf() 함수는 키보드로 입력한 값을 변수에 넣기 때문에 변숫값이 변경됩니다. 따라서 scanf() 함수를 사용할 때는 변숫값을 변경할 수 있도록 허용해 주어야 합니다. 다시 말해, scanf() 함수가 변수에 접근할 수 있는 열쇠(&)를 주어야 합니다. 그래서 scanf() 함수를 사용할 때는 변수 앞에 항상 열쇠(&)를 붙입니다.

◐ & 기호는 주소 변환 연산자입니다. 주소 변환 연산자의 의미와 사용법은 10장 포인터에서 자세히 설명합니다.

다음 코드는 scanf() 함수를 이용하여 사용자에게 정수와 실수를 입력받는 예입니다. 05행에서 정수형 변수 inum을 선언하고, 06행에서 실수형 변수 fnum을 선언합니다.

## Do it! 실습    정수와 실수 입력받기      📄 306_scanf2.c

```c
01  #include <stdio.h>
02
03  int main()
04  {
05      int inum;
06      float fnum;
07
08      printf("정수와 실수 입력: ");
09      scanf("%d %f", &inum, &fnum);        // 변수 앞에 열쇠(&)를 붙임
10
11      printf("결과: %d %f\n", inum, fnum);
12
13      return 0;
14  }
```

▼

**실행 결과**

정수와 실수 입력: 12 20.4 [Enter]  ← 공백으로 두 숫자 구분
결과: 12 20.400000

**실행 결과**

정수와 실수 입력: 12 [Enter]  ← 12 입력 후 [Enter]
20.4 [Enter]  ← 20.4 입력 후 [Enter]
결과: 12 20.400000

09행의 scanf()에서 &inum과 &fnum의 값을 입력받습니다. 이때 변수 앞에 열쇠(&)를 붙이는 것을 잊지 마세요. 정수형 변수 inum은 서식 문자 %d로 입력받고, 실수형 변수 fnum은 서식 문자 %f로 입력받습니다. 11행에서는 입력받은 값들을 출력합니다. 실행 결과를 보면 입력된 값들이 정확하게 출력됩니다.

> **핵심 한 줄**    scanf() 함수를 사용할 때는 변수 앞에 열쇠(&)를 붙여야 하며, 서식 문자를 사용하여 입력받는다. scanf() 함수에서는 제어 문자를 사용하지 않으며 [Spacebar]나 [Enter]로 입력값을 구분한다.

첫 번째 실행 결과에서 값을 입력할 때 12와 20.4 사이에 [Spacebar]를 눌러 공백으로 두 값을 구분했습니다. 그리고 마지막에 [Enter]를 눌러 키보드 입력을 마칩니다. 두 번째 실행 결과에

서는 12를 입력한 후 Enter를 누르고 20.4를 입력한 후 Enter를 눌러 입력을 마쳤습니다. 이렇게 해도 결과는 같습니다.

또한 09행에서는 %d와 %f 사이를 한 칸 띄었지만, 다음처럼 붙여서 사용해도 결과는 같습니다.

```
scanf("%d%f", &inum, &fnum);
```

### 비주얼 스튜디오에서 scanf( ) 사용

비주얼 스튜디오에서 scanf() 함수를 사용하면 다음과 같은 오류가 발생합니다. 오류의 내용은 scanf()가 안전하지 않으니 scanf_s() 함수를 사용하라는 의미입니다.

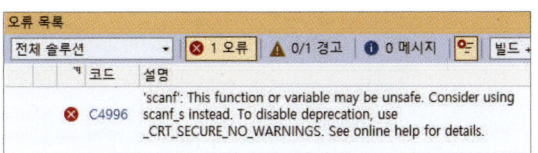

비주얼 스튜디오에서 scanf( ) 사용 시 오류 메시지

이를 해결하는 방법은 여러 가지가 있습니다. 우선 scanf() 대신 scanf_s()를 사용하는 것입니다. 그러나 scanf_s()는 윈도우 전용이므로 다른 운영체제에서는 사용할 수 없어 권장하지 않습니다.

두 번째 해결 방법은 코드의 첫 줄에 다음과 같은 코드를 넣는 것입니다. 이 코드는 scanf() 오류를 무시하겠다는 의미입니다.

**scanf() 오류 무시**

```
#define _CRT_SECURE_NO_WARNINGS
```

마지막 방법은 해당 오류를 무시하도록 속성을 바꿉니다. 비주얼 스튜디오의 메뉴에서 [디버그 → 디버그 속성]을 선택합니다.

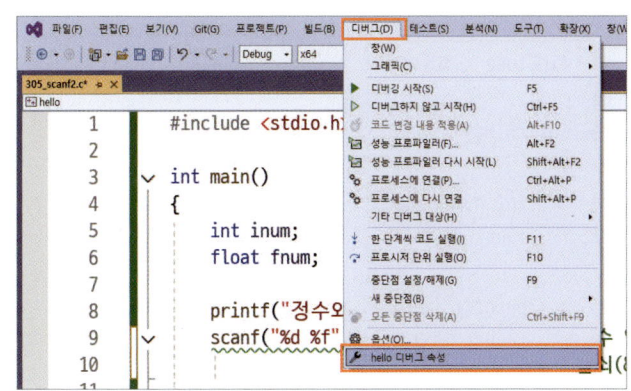

디버그 속성 선택

03장 ✦ 변수에 데이터 담기  **63**

그러면 [속성 페이지]가 나타납니다. 속성 페이지 왼쪽에서 [C/C++]를 클릭하면 다음과 같은 화면을 볼 수 있습니다. 이 중 [SDL 검사]를 '예(/SDL)'에서 '아니요(/sdl-)'로 바꿉니다. 이 책에서는 SDL 검사를 하지 않는 것을 권장합니다.

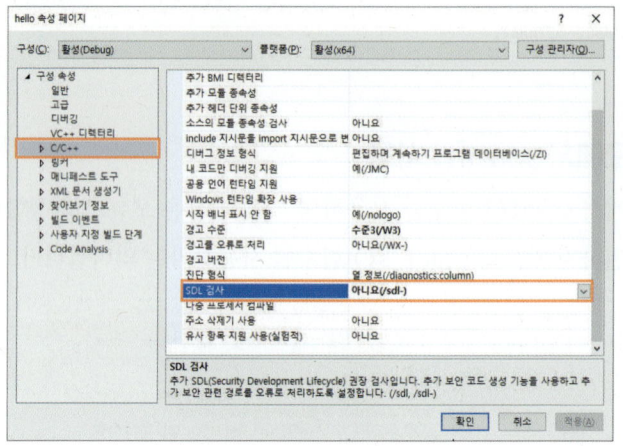

SDL 검사 '아니요'로 변경

## 실력 향상 프로젝트 02 | 사칙 연산 프로그램 만들기
📁 307_calc.c

두 값을 입력받아 덧셈, 뺄셈, 곱셈, 나눗셈을 하는 코드를 만들어 봅시다. C 언어에서 사칙 연산에 사용하는 연산자는 오른쪽과 같습니다.

사칙 연산자

| 연산 | 기호 | 연산 | 기호 |
|---|---|---|---|
| 덧셈 | + | 곱셈 | * |
| 뺄셈 | - | 나눗셈 | / |

다음 코드는 사용자에게 정수 2개를 입력받은 후 사칙 연산을 하여 출력하는 예입니다.

```c
01  #include <stdio.h>
02
03  int main()
04  {
05      int num1, num2;
06      float div;
07
08      printf("정수 2개 입력: ");
09      scanf("%d %d", &num1, &num2);     // 변수 앞에 열쇠(&)를 붙임
```

```
10
11      printf("num1 = %d, num2 = %d\n", num1, num2);
12      printf("덧셈 = %d\n", num1 + num2);
13      printf("뺄셈 = %d\n", num1 - num2);
14      printf("곱셈 = %d\n", num1 * num2);
15      div = num1 / num2;
16      printf("나눗셈 = %f\n", div);      // 나눗셈 결과는 실수
17
18      return 0;
19  }
```

**실행 결과**

```
정수 2개 입력: 7 4 [Enter]
num1 = 7, num2 = 4
덧셈 = 11
뺄셈 = 3
곱셈 = 28
나눗셈 = 1.000000
```

11행에서 num1과 num2의 값을 출력합니다. 12행에서는 두 수를 덧셈한 값을, 13행에서는 뺄셈한 값을, 14행에서는 곱셈한 값을 출력합니다. 그리고 15행에서는 두 수로 나눗셈한 값을 div 변수에 넣고 16행에서 그 값을 출력합니다. div 변수는 실수이므로 서식 문자 %f를 사용합니다.

○ 실수 서식 문자 %f는 기본적으로 소수점 7자리에서 반올림하여 소수점 6자리까지 출력합니다.

실행 결과를 살펴보면 값이 모두 정상으로 출력되었지만, 나눗셈 결과는 엉뚱한 값이 출력되었습니다. 그 이유는 정수와 정수를 나눈 결과는 정수이므로 결과 1.75에서 0.75를 버리고 1.0만 div 변수에 저장되기 때문입니다. 이러한 문제를 해결하는 방법은 05장 연산자에서 알아보겠습니다.

## 확실하게 내 것으로! 03장 마무리 문제

1  1, 2, 3처럼 셀 수 있는 숫자를 담을 수 있는 자료형을 나타내는 예약어는 _____ 입니다.

2  1.4, 2.89처럼 실수를 담을 수 있는 자료형을 나타내는 예약어는 _____ 입니다.

3  'A', 'B', 'C'처럼 문자를 담을 수 있는 자료형을 나타내는 예약어는 _____ 입니다.

4  정수를 나타내는 서식 문자는 _____ 입니다.

5  실수를 나타내는 서식 문자는 _____ 입니다.

6  문자를 나타내는 서식 문자는 _____ 입니다.

7  C 언어에서 대입 연산자는 _____ 입니다.

8  C 언어에서 나열 연산자는 _____ 입니다.

9  scanf() 함수를 사용할 때 입력받은 데이터를 저장할 변수 앞에는 _____ (을)를 붙여야 한다.

**10** 실행 결과가 다음처럼 출력되도록 05행 printf()의 큰따옴표(" ") 안을 채우세요.

```
01  #include <stdio.h>
02
03  int main()
04  {
05      printf("            ", 14, 3.14);
06
07      return 0;
08  }
```

▼

**실행 결과**

14 3.140000

**11** 실행 결과가 다음처럼 출력되도록 05행을 문법에 맞게 채우세요.

```
01  #include <stdio.h>
02
03  int main()
04  {
05      
06
07      printf("%d", age + 3);
08
09      return 0;
10  }
```

▼

**실행 결과**

13

▶ 모범 답안: 422쪽

03장 ✦ 변수에 데이터 담기  **67**

# 04장

# 자료형의
# 종류와 특징

- ✦ 04-1　정수 자료형
- ✦ 04-2　실수 자료형
- ✦ 04-3　문자 자료형
- ✦ 04-4　상수와 매크로

**학습 목표**
1. 각 자료형의 특징과 저장 방식을 이해하고 이에 맞게 변수를 사용하는 방법을 배웁니다.
2. 음수 표현 방법과 양수만 저장하는 unsigned형을 알아봅니다.
3. 실수와 부동 소수점의 표현 방식을 이해합니다.
4. 상수와 매크로, 리터럴의 개념과 사용법을 살펴봅니다.

## 04-1

# 정수 자료형

### 정수형의 특징 알아보기

앞서 03장에서 정수는 int형 변수에 저장한다고 했습니다. 그런데 C 언어에서 정수를 저장할 수 있는 자료형은 int 외에도 short, long, long long이 있습니다. 이렇게 자료형을 구분하는 이유는 자료형마다 상자(메모리)의 크기가 달라서 저장할 수 있는 정수의 크기가 다르기 때문입니다.

다음은 정수 자료형의 종류와 크기를 나타낸 표입니다.

정수 자료형의 종류와 크기

| 구분 | 자료형 | 크기(bytes) | 특징 |
|---|---|---|---|
| 정수 | short | 2 | 정수형 중 가장 작은 크기 |
|  | int | 4 | 정수형 중 가장 많이 사용하는 형식 |
|  | long | 4 | 일반적으로 32bits 시스템에서는 4bytes, 64bits 시스템에서는 8bytes인데, 윈도우에서는 4bytes로 취급 |
|  | long long | 8 | 정수형 중 가장 큰 크기 |

다음 코드는 정수형(int) 변수 money에 30억을 넣은 후 화면에 출력하는 예입니다. 그런데 실행 결과를 보면 30억이 아닌 -1294967296이 출력됩니다. 어찌된 일일까요?

**Do it! 실습**    int형 변수에 30억 저장 후 출력    📄 401E_money1.c

```
01  #include <stdio.h>
02
03  int main()
04  {
05      int money = 3000000000;      // 30억, 0이 9개
```

```
06
07      printf("money = %d\n", money);    // %d는 int 서식 문자
08
09      return 0;
10 }
```

▼

**실행 결과**

money = -1294967296

개념적으로 변수는 데이터를 저장하는 상자로 볼 수 있습니다. 그리고 자료형마다 상자의 크기가 정해져 있습니다. 30억이 사라진 이유는 정수형(int) 변수가 저장할 수 있는 데이터보다 더 큰 데이터를 넣었기 때문입니다.

만약 30억처럼 큰 수를 넣고 싶다면 int보다 큰 상자를 사용해야 합니다. int보다 큰 상자로는 long이 있고◐, long보다 더 큰 상자는 long long입니다.

◐ 윈도우에서는 int와 long 둘 다 4bytes입니다. 그 이유는 잠시 후 '자료형의 크기와 수 표현 범위' 단락에서 자세히 다룹니다.

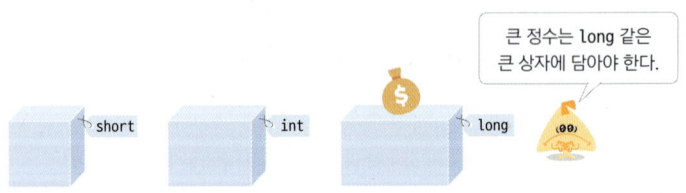

자료형마다 저장할 수 있는 숫자의 크기가 다르다

큰 수를 담을 수 있는 정수형 변수를 배웠으니 30억을 제대로 담을 수 있도록 코드를 수정해 봅시다. 다음 코드는 가장 큰 정수형 상자인 long long을 사용해 용돈을 저장하고 출력합니다. 나중에 다시 정리하겠지만 long long형 정수를 나타내는 서식 문자는 %lld입니다. 따라서 07행의 printf() 함수에서 %lld를 사용합니다. long long을 사용하면 30억이 정상으로 출력됩니다.

**Do it! 실습**  long long형 변수에 30억 저장 후 출력    402_money2.c

```
01 #include <stdio.h>
02
03 int main()
04 {
05     long long money = 3000000000;    // 30억, 0이 9개
```

```
06
07      printf("money = %lld\n", money);   // %lld는 long long 서식 문자
08
09      return 0;
10 }
```

**실행 결과**

money = 3000000000

> **핵심 한 줄** 정수 자료형은 저장할 데이터의 크기에 따라 short, int, long, long long으로 구분해서 사용한다.

## 음수 표현 방법

정수에는 양수뿐 아니라 음수도 있습니다. 우리는 음수를 표현할 때 마이너스 기호(-)를 붙이면 그만이지만, 0과 1이라는 숫자만 인식하는 컴퓨터는 음수를 어떻게 표현할까요?

4와 -4는 0을 기준으로 서로 반대편에 있는 값입니다. 따라서 양수를 음수로 만들 때는 비트를 반전해 주면 됩니다. 비트 반전은 **1의 보수**[1's complement]로 수행할 수 있습니다. 즉, 0과 1을 서로 바꿔(0 → 1, 1 → 0) 주면 됩니다.

다음 그림에서 왼쪽은 0~7까지 양의 정수를 나타낸 것이고, 오른쪽은 여기에 1의 보수를 취해 음의 정수로 변환한 것입니다.

1의 보수를 취한 결과

이진수로 나타낸 비트열에서 첫 번째 비트를 보면 양수는 0, 음수는 1임을 알 수 있습니다. 즉, 비트열에서 **최상위 비트**Most Significant Bit, MSB는 부호를 나타내는 용도로 사용합니다.

그런데 1의 보수를 취한 결과를 보면 -0이 있습니다. -0은 현실에 존재하지 않으므로 이를 제거해야 합니다. 1의 보수에 1을 더해 2의 보수2's complement를 취하면 -0을 없앨 수 있습니다. 예를 들어 숫자 1을 이진수로 나타내면 $0001_2$인데 여기에 1의 보수를 취하면 $1110_2$, 2의 보수를 취하면 $1111_2$이 됩니다. 즉, -1이 됩니다.

2의 보수를 취한 결과

현존하는 거의 모든 컴퓨터는 이처럼 2의 보수로 음수를 표현합니다. 이 방식은 -0이 없으므로 음수가 양수보다 한 개 더 많습니다. 따라서 4bits가 표현할 수 있는 정수는 -8~7까지입니다.

### 양수만 저장하는 unsigned

크기가 같은 상자에 음수를 제외하고 양수만 넣는다면 더 큰 수를 저장할 수 있습니다. 예를 들어 4bits 크기의 상자에 음수와 양수는 -8~7(16개)까지 넣을 수 있지만, 양수만 넣는다면 0~15(16개)까지 가능합니다. 개수는 16개로 같지만, 최댓값이 7에서 15로 늘었습니다.

C 언어는 이러한 목적으로 unsigned라는 예약어를 제공합니다. 자료형 앞에 unsigned를 붙이면 최상위 비트를 부호 비트로 사용하지 않습니다. 따라서 두 배 더 큰 양수를 표현할 수 있습니다.

unsigned 정수

## 오버플로와 언더플로

앞에서 본 코드에서 int에 30억을 넣었지만, 약 -13억이 출력되었습니다. 이러한 현상을 **오버플로**overflow라고 합니다. 즉, 오버플로란 변수가 저장할 수 있는 값보다 더 큰 수를 저장할 때 발생합니다.

예를 들어 4bits로 표현할 수 있는 가장 큰 수는 7입니다. 여기에 1을 더하면 어떻게 될까요? 7을 나타내는 이진수 $0111_2$에 1을 더하면 $1000_2$이 되며, 이 값은 2의 보수 방식으로 -8입니다. 즉, 오버플로가 발생하여 음수가 됩니다.

오버플로와 언더플로

반면에 저장할 수 있는 값보다 더 작은 수를 넣으면 **언더플로**underflow가 발생합니다. 4bits로 표현할 수 있는 가장 작은 수는 -8입니다. 여기서 1을 빼면 $1000_2$ → $0111_2$(7)이 됩니다. 즉, 언더플로가 발생하여 양수가 됩니다.

## 자료형의 크기와 수 표현 범위

특정 자료형이 얼마나 큰 수를 저장할 수 있는지는 상자의 크기를 확인해 보면 알 수 있습니다. 이때 sizeof라는 연산자를 사용합니다. sizeof 연산자는 소괄호 () 안에 자료형을 넣으면 크기를 알려 줍니다.◐

◐ sizeof 다음에 소괄호가 있어 함수처럼 보이지만, sizeof는 자료형의 크기를 알려 주는 예약어입니다.

다음 코드는 정수형 변수들의 메모리 크기를 알려 줍니다. sizeof의 결괏값은 long형이므로 서식 문자 %ld를 사용하여 출력합니다. 정수형의 서식 문자는 다음 단락에서 정리하겠습니다.

**Do it! 실습**　정수형 크기 확인하기　　　　　　　　　　　　📄 403_int_size.c

```c
01  #include <stdio.h>
02
03  int main()
04  {
05      printf("short: %ld\n", sizeof(short));    // sizeof의 서식 문자 %ld
06      printf("int: %ld\n", sizeof(int));
07      printf("long: %ld\n", sizeof(long));
08      printf("long long: %ld\n", sizeof(long long));
09
10      return 0;
11  }
```

**실행 결과_윈도우 비주얼 스튜디오**

```
short: 2
int: 4
long: 4       ← int와 long의 크기는 같다.
long long: 8
```

**실행 결과_유닉스(64bits)**

```
short: 2
int: 4
long: 8       ← long이 더 크다.
long long: 8
```

자료형의 크기는 CPU가 한 번에 처리할 수 있는 비트 수에 따라 다릅니다. 특히 long형은 일반적으로 32bits 시스템에서는 4bytes이고, 64bits 시스템에서는 8bytes입니다. 그러나 윈도우 운영체제에서는 4bytes를 차지합니다. 따라서 윈도우에서 8bytes를 사용하려면 long long형을 써야 합니다.

운영체제별 정수 자료형의 크기

| 자료형 | 윈도우 64bits | 유닉스/리눅스 64bits | 32bits 시스템 |
|---|---|---|---|
| int | 4bytes | 4bytes | 4bytes |
| long | 4bytes | 8bytes | 4bytes |
| long long | 8bytes | 8bytes | 8bytes |

1byte(8bits)가 표현할 수 있는 수는 $2^8$이므로 256개입니다. 따라서 8bits에 정수를 저장하면 0~255까지 표현할 수 있습니다. 같은 방법으로 각 정수 자료형이 표현할 수 있는 수의 범위는 다음 그림처럼 나타낼 수 있습니다(윈도우 기준). 양수와 음수를 함께 표현할 수 있는 자료형(unsigned가 붙지 않은 자료형)의 최대 크기는 절반으로 줄어듭니다. 전체 공간에서 반은 양수에, 나머지 반은 음수에 사용하기 때문입니다.

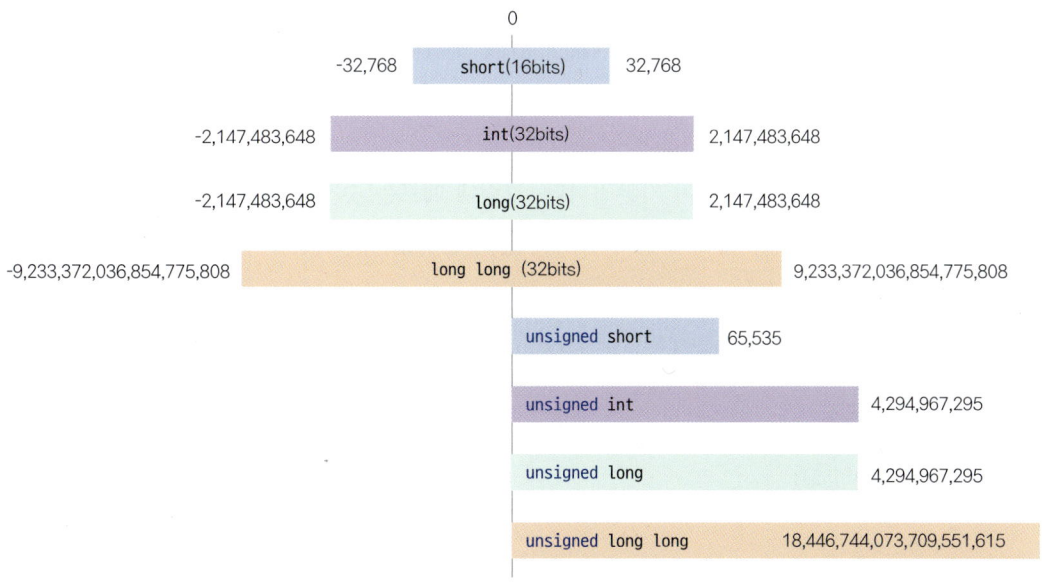

정수 자료형의 수 표현 범위(윈도우 기준)

## 정수형 서식 문자

입출력 함수를 사용할 때 정수형에 사용하는 서식 문자를 알아보겠습니다. 양수와 음수를 모두 사용할 수 있는 int의 서식 문자는 %d입니다. short도 %d를 씁니다. 여기에 long이 하나 붙을 때마다 문자 l을 하나씩 추가하면 됩니다. long은 %ld, long long은 %lld입니다.

정수형 서식 문자

| 구분 | 정수형 | 서식 |
|---|---|---|
| 양수와 음수 | short | %d |
| | int | |
| | long | %ld |
| | long long | %lld |
| 양수만 (unsigned) | unsigned short | %u |
| | unsigned int | |
| | unsigned long | %lu |
| | unsigned long long | %llu |

양수만 사용하는 unsigned int의 서식 문자는 %u입니다. unsigned short도 %u를 씁니다. 여기에 long이 하나 붙을 때마다 l을 하나씩 추가하면 됩니다. unsigned long은 %lu, unsigned long long은 %llu입니다.

정수를 출력할 때는 왼쪽 정렬이 기본입니다. 그런데 때로는 숫자를 오른쪽 기준으로 정렬해야 할 수 있습니다. 이때 %와 서식 문자 사이에 출력 길이를 지정하면 그만큼의 공간을 확보한 후 오른쪽으로 정렬됩니다.

예를 들어 다음 코드는 10칸을 확보하고 10칸 안에서 숫자를 오른쪽으로 정렬합니다.

**출력 길이 서식 문자**

```
printf("%10d\n", 5);
printf("%10d", 55);
```

▼

**실행 결과**

```
         5
        55
```

## 실력 향상 프로젝트 03 | 휴대폰 요금 계산하기
404_phone.c

휴대폰을 사러 매장에 들렀습니다. 한 달에 55,000원을 2년간 내면 최신 폰이 공짜라고 합니다. 2년 동안 내야 할 휴대폰 요금은 얼마인지 계산하는 프로그램을 만들어 보겠습니다.

```c
01  #include <stdio.h>
02
03  int main()
04  {
05      int pay = 55000, period = 24;   // 변수 선언과 동시에 초기화
06      long total;
07
08      total = pay * period;           // *는 곱셈 연산자
09
10      printf("기간 = %d\n", period);    // 왼쪽 정렬
11      printf("매달 = %10d\n", pay);     // %10d 10칸 출력, 오른쪽 정렬
12      printf("총합 = %10ld\n", total);  // %ld는 long decimal
13
14      return 0;
15  }
```

**실행 결과**

```
기간 = 24
매달 =      55000
총합 =    1320000
```

05행에서 매달 내는 돈 pay와 기간을 나타내는 period 변수를 선언하고, 각각 55000과 24로 초기화합니다. 06행에서 전체 금액을 저장할 total 변수를 long으로 선언하고, 08행에서는 pay와 period를 곱해 total에 저장합니다.

10행에서 서식 문자 %d를 사용해 period를 출력하면 24가 되는데 실행 결과에서 보는 것처럼 왼쪽으로 정렬됩니다. 11~12행에서는 서식 문자에 출력 길이 10을 추가하고 오른쪽 정렬로 출력합니다. 그러면 숫자가 10칸 안에서 오른쪽 정렬로 출력됩니다. 이처럼 출력 길이 서식 문자를 사용하면 오른쪽 정렬되어 숫자를 읽기가 편합니다.

## 04-2

# 실수 자료형

### 실수형의 특징 알아보기

C 언어에서 실수를 저장할 수 있는 자료형은 `float`, `double`, `long double` 3가지입니다. 다음은 실수 자료형의 종류와 크기를 나타낸 표입니다.

실수 자료형의 종류와 크기

| 구분 | 자료형 | 크기(bytes) | 특징 |
| --- | --- | --- | --- |
| 실수 | float | 4 | 단정밀도 실수 |
| | double | 8 | 배정밀도 실수 |
| | long double | 10, 12, 16 | 확장 배정밀도 실수<br>윈도우나 macOS(애플 실리콘)에서는 double처럼 8byte로 취급 |

정수는 1, 2, 3처럼 셀 수 있는 숫자지만, 실수는 근접한 수입니다. 예를 들어 원주율은 3.141592653589793…로 무한히 반복하는 수입니다. 그런데 원의 지름이나 둘레를 계산할 때는 원주율 근삿값인 3.14를 사용합니다. 3.14로 계산하면 정확한 값이 아니라 근삿값을 얻습니다. 원주율을 3.14로 사용하느냐 3.141592653589793로 사용하느냐에 따라 **정밀도** precision가 달라집니다.

다음 코드는 실수형 변수를 이용해 3.141592653을 출력합니다. 05행에서 `float` 변수 `fnum`을 선언하고 3.141592653으로 초기화합니다.

**Do it! 실습** float형 변수에 실수 담기      📄 405E_float.c

```
01  #include <stdio.h>
02
03  int main()
04  {
05      float fnum = 3.141592653;
06
```

```
07        printf("float = %f\n", fnum);      // 소수점 이하 6자리까지 출력
08        printf("float = %.9f\n", fnum);    // 소수점 이하 9자리까지 출력
09
10        return 0;
11   }
```

**실행 결과**

float = 3.141593 ◀ 소수점 7자리에서 반올림하여 6자리까지 출력
float = 3.141592741 ◀ 8자리부터 오차 발생

07행에서 실수형 변수 fnum을 출력할 때 서식 문자 %f를 사용합니다. %f는 기본으로 소수점 이하 6자리까지 출력합니다. 그래서 소수점 이하 7자리에서 반올림하여 실행 결과는 3.141593이 출력됩니다. 그리고 08행에서는 서식 문자 %f에 .9를 추가해 %.9f처럼 작성했습니다. 이렇게 하면 소수점 이하 9자리까지 출력합니다.

실수 자료형마다 정밀도가 다르다는 의미는 유효 자릿수가 다르다는 뜻입니다. 일반적으로 float의 유효 자릿수는 7자리입니다. 즉, 소수점 앞 자리를 포함하여 7자리까지는 정확히 표현할 수 있지만, 8자리 이후부터는 부정확한 값입니다. 따라서 앞의 코드에서 float형 변수 fnum은 초깃값 3.141592653에서 7자리인 3.141592까지만 유효하고 나머지는 정확하지 않습니다.

실수를 사용할 때 더 높은 정밀도가 필요하다면 더 큰 상자를 사용해야 합니다. float보다 높은 정밀도를 가진 실수형으로는 double이 있으며, 이를 나타내는 서식 문자는 %lf(long float)입니다. double은 이름 그대로 배정밀도 실수입니다.

실수형은 크기에 따라 정밀도가 다르다

앞의 코드에서 fnum 변수의 자료형을 float에서 double로 바꿔서 실행해 봅시다.

### Do it! 실습    double형 변수에 실수 담기      📄 406_double.c

```c
01  #include <stdio.h>
02
03  int main()
04  {
05      double fnum = 3.141592653;
06
07      printf("double = %lf\n", fnum);    // 소수점 이하 6자리까지 출력
08      printf("double = %.9lf\n", fnum);  // 소수점 이하 9자리까지 출력
09
10      return 0;
11  }
```

**실행 결과**

```
double = 3.141593
double = 3.141592653
```

실행 결과를 보면 fnum 변수에 처음 넣었던 3.141592653이 정확하게 출력됩니다. 즉, float 형보다 더 큰 double형을 사용하면 정밀도가 높아집니다.

> **핵심 한 줄**   실수 자료형은 저장할 데이터의 정밀도에 따라 float, double, long double로 구분해서 사용하며, double이 기본 자료형이다.

## 실수 저장 방식

컴퓨터는 실수를 저장할 때에 정규화를 거치는데 대부분은 **부동 소수점**$^{floating\ point}$ 방식으로 저장합니다. 부동 소수점 방식은 소수점을 옮겨 소수점 앞 한 자리가 0이 아니도록 조정하고 10의 제곱을 곱합니다. 예를 들어 72,300,000을 부동 소수점 방식으로 정규화하면 $7.23 \times 10^7$이 됩니다. 같은 방법으로 $-32.4$는 $-3.24 \times 10^1$이 되고, 0.0000085는 $8.5 \times 10^{-6}$이 됩니다.

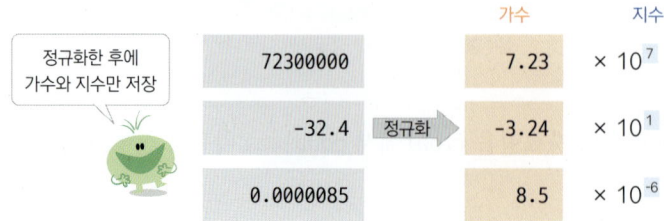

부동 소수점 방식에서 가수와 지수(실제로는 이진수로 저장)

부동 소수점 방식에서 숫자 부분을 **가수**mantissa라고 하고, 거듭제곱 부분을 **지수**exponent라고 합니다. 이렇게 정규화한 실수에서 가수와 지수만 메모리에 저장합니다. 예를 들어 72,300,000을 부동 소수점 방식으로 정규화한 식 $7.23 \times 10^7$에서 가수 723과 지수 7을 저장합니다. 또한 실수의 최상위 비트에는 양수인지 음수인지를 표시합니다. 따라서 부호 +와 지수 +7, 가수 723 형태로 저장됩니다.

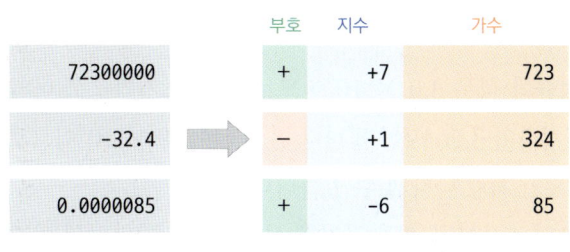

실수 저장 형태

음수 -32.4를 부동 소수점 방식으로 정규화하면 $-3.24 \times 10^1$이므로 맨 앞에 음수를 나타내는 부호 -와 지수 +1, 가수 324로 저장됩니다. 0.0000085는 $8.5 \times 10^{-6}$이므로 부호 +와 지수 -6, 가수 85가 저장됩니다.

## 실수형의 크기와 서식

앞에서 알아본 것처럼 C 언어는 실수를 표현하는 자료형으로 `float`, `double`, `long double`을 제공합니다. 각 자료형의 크기와 정밀도는 CPU(32bits, 64bits 등)에 따라 다를 수 있습니다. 일반적으로 `float`는 4bytes 크기이며 정밀도는 7자리입니다. `double`은 8bytes 크기이며 정밀도는 16자리입니다.
`long double`은 10 또는 12, 16bytes일 수 있으며 정밀도는 18~34자리입니다. 다만 윈도우나 애플 실리콘 칩으로 구동한 macOS에서 `long double`은 `double`과 같습니다.

실수 자료형의 서식 및 범위

| 자료형 | 크기(bytes) | 서식 | 범위 | 정밀도 |
|---|---|---|---|---|
| float | 4 | %f | 약 $1.17 \times 10^{-38}$ ~ $3.40 \times 10^{38}$ | 7자리 |
| double | 8 | %lf | 약 $2.22 \times 10^{-308}$ ~ $\pm 1.79 \times 10^{308}$ | 16자리 |
| long double(윈도우) | 8 | %Lf | 약 $2.22 \times 10^{-308}$ ~ $\pm 1.79 \times 10^{308}$ | 16자리 |
| long double(유닉스) | 16 | %Lf | 약 $3.36 \times 10^{-4832}$ ~ $\pm 1.18 \times 10^{4832}$ | 34자리 |

십진수 실수는 이진수 실수로 변환할 때 오차가 발생합니다. 실수형의 오차는 C 언어뿐만 아니라 모든 언어에서 발생하는 문제입니다. 이 오차를 줄이려면 정밀도가 높은 자료형을 사용해야 합니다. 그래서 C 언어에서는 float 대신 double형을 더 많이 사용합니다.

long double형 실수를 나타내는 서식 문자는 %llf가 아니라 대문자 L을 사용한 %Lf라는 점에 주의해야 합니다. 또한 실수를 지수 표기법으로 나타내는 서식 문자는 %e로 표기합니다. 지수 표기법exponential notation이란 실수를 부동 소수점 방식으로 정규화한 형태로 출력하는 것을 의미합니다.

예를 들어 30억의 정규화 식은 $3.0 \times 10^9$이므로 지수 표기법으로 나타내면 10의 지수인 9는 e 다음에 +9로 표기하여 3.0e+9이 됩니다. 3.9억은 $3.9 \times 10^8$이므로 3.9e+8이고, 9천은 $9.0 \times 10^6$이므로 9.0e+6처럼 나타낼 수 있습니다.

정수 서식 문자에서 %와 d 사이에 출력 길이를 사용하면 숫자만큼의 공간에 오른쪽 정렬을 하는 것처럼 실수에도 똑같이 적용됩니다. 실수에서는 소수점 이하 자릿수를 함께 표기할 수도 있습니다. 예를 들어 서식 문자를 %10.2f처럼 작성하면 전체 10자리 공간을 확보한 후 오른쪽 정렬을 하는데, 소수점 이하 둘째 자리까지 출력하라는 의미입니다.

## 실력 향상 프로젝트 04 | 급여 계산기 만들기
407_calc_pay.c

지금까지 배운 정수형과 실수형 변수를 사용하여 급여 계산기를 만들어 보죠. 편의점에서 42.5시간 동안 아르바이트를 했다고 가정해 봅시다. 다음 코드는 시급 10,850원씩 받기로 했을 때 급여는 얼마인지를 계산합니다.

05행에서 시급을 의미하는 정수형 변수 pay를 선언하고 10850으로 초기화합니다. 06행에서 아르바이트 시간을 나타내는 실수 hour를 선언하고 42.5로 초기화합니다. 급여를 저장할 실수형 변수 total도 선언합니다. 08행에서 pay와 hour를 곱하여 total에 대입합니다.

```c
01 #include <stdio.h>
02
03 int main()
04 {
05     int pay = 10850;        // 시급 10850
06     double hour = 42.5, total;
07
```

```
08        total = pay * hour;     // 주급 계산
09
10        printf("시급 %d, %.1lf시간 일함\n", pay, hour);
11        printf("총합 = %12.1lf\n", total);   // %lf는 double
12
13        return 0;
14    }
```

**실행 결과**

```
시급 10850, 42.5시간 일함
총합 =     461125.0
```

10행에서 시급 pay와 일한 시간 hour를 출력합니다. 형식의 길이를 지정하지 않으면 %f나 %lf는 소수점 7자리에서 반올림하여 소수점 6자리까지 표시합니다. 일한 시간은 소수점 이하 첫째 자리 정도면 충분하므로 double형의 서식 문자 %lf 사이에 .1을 넣어 %.1lf로 출력합니다. 11행에서 주급을 계산한 total을 출력합니다. 전체 길이 12자리에 오른쪽 정렬을 하고 소수점 이하 1자리를 출력하기 위해 서식 문자 %12.1lf를 사용합니다.

## 04-3

# 문자 자료형

## 문자형의 특징

컴퓨터는 기본적으로 숫자만 다룹니다. 따라서 char형 변수에 **문자를 대입하면 숫자로 바꾸어 저장**합니다. 그리고 문자를 출력할 때는 char형 변수에 저장된 숫자를 문자로 바꾸어 화면에 출력합니다.

이처럼 문자를 숫자로, 숫자를 문자로 변환할 때에 **아스키코드**ASCII code를 사용합니다. 아스키코드는 문자에 대응하는 숫자를 나타낸 것으로 7bits로 구성되며 숫자 0~127에 대응하는 문자 128개가 있습니다. 아스키코드에서 0~31번 그리고 127번은 출력할 수 없는 문자들로 통신 제어, 텍스트 처리, 프린터 명령에 사용하는 제어 문자입니다. 그리고 나머지 32~126번은 공백, 숫자, 알파벳, 특수 문자를 포함한 화면에 표시할 수 있는 문자입니다.

> ASCII는 American Standard Code for Information Interchange에서 머리 글자를 딴 것입니다.

아스키코드

| 십진수 | 십육진수 | 부호 | 십진수 | 십육진수 | 부호 | 십진수 | 십육진수 | 부호 | 십진수 | 십육진수 | 부호 |
|---|---|---|---|---|---|---|---|---|---|---|---|
| 000 | 00 | NULL | 032 | 20 | SP | 064 | 40 | @ | 096 | 60 | ` |
| 001 | 01 | SOH | 033 | 21 | ! | 065 | 41 | A | 097 | 61 | a |
| 002 | 02 | STX | 034 | 22 | " | 066 | 42 | B | 098 | 62 | b |
| 003 | 03 | ETX | 035 | 23 | # | 067 | 43 | C | 099 | 63 | c |
| 004 | 04 | EOL | 036 | 24 | $ | 068 | 44 | D | 100 | 64 | d |
| 005 | 05 | ENQ | 037 | 25 | % | 069 | 45 | E | 101 | 65 | e |
| 006 | 06 | ACK | 038 | 26 | & | 070 | 46 | F | 102 | 66 | f |
| 007 | 07 | BEL | 039 | 27 | ' | 071 | 47 | G | 103 | 67 | g |
| 008 | 08 | BS | 040 | 28 | ( | 072 | 48 | H | 104 | 68 | h |
| 009 | 09 | HT | 041 | 29 | ) | 073 | 49 | I | 105 | 69 | i |
| 010 | 0A | LF | 042 | 2A | * | 074 | 4A | J | 106 | 6A | j |
| 011 | 0B | VT | 043 | 2B | + | 075 | 4B | K | 107 | 6B | k |
| 012 | 0C | FF | 044 | 2C | , | 076 | 4C | L | 108 | 6C | l |

| 013 | 0D | CR | 045 | 2D | - | 077 | 4D | M | 109 | 6D | m |
|---|---|---|---|---|---|---|---|---|---|---|---|
| 014 | 0E | SO | 046 | 2E | . | 078 | 4E | N | 110 | 6E | n |
| 015 | 0F | SI | 047 | 2F | / | 079 | 4F | O | 111 | 6F | o |
| 016 | 10 | DLE | 048 | 30 | 0 | 080 | 50 | P | 112 | 70 | p |
| 017 | 11 | DC1 | 049 | 31 | 1 | 081 | 51 | Q | 113 | 71 | q |
| 018 | 12 | DC2 | 050 | 32 | 2 | 082 | 52 | R | 114 | 72 | r |
| 019 | 13 | DC3 | 051 | 33 | 3 | 083 | 53 | S | 115 | 73 | s |
| 020 | 14 | DC4 | 052 | 34 | 4 | 084 | 54 | T | 116 | 74 | t |
| 021 | 15 | NAK | 053 | 35 | 5 | 085 | 55 | U | 117 | 75 | u |
| 022 | 16 | SYN | 054 | 36 | 6 | 086 | 56 | V | 118 | 76 | v |
| 023 | 17 | ETB | 055 | 37 | 7 | 087 | 57 | W | 119 | 77 | w |
| 024 | 18 | CAN | 056 | 38 | 8 | 088 | 58 | X | 120 | 78 | x |
| 025 | 19 | EM | 057 | 39 | 9 | 089 | 59 | Y | 121 | 79 | y |
| 026 | 1A | SUB | 058 | 3A | : | 090 | 5A | Z | 122 | 7A | z |
| 027 | 1B | ESC | 059 | 3B | ; | 091 | 5B | [ | 123 | 7B | { |
| 028 | 1C | FS | 060 | 3C | < | 092 | 5C | \ | 124 | 7C | ¦ |
| 029 | 1D | GS | 061 | 3D | = | 093 | 5D | ] | 125 | 7D | } |
| 030 | 1E | RS | 062 | 3E | > | 094 | 5E | ^ | 126 | 7E | ~ |
| 031 | 1F | US | 063 | 3F | ? | 095 | 5F | _ | 127 | 7F | DEL |

C 언어에서 문자 한 개는 작은따옴표(' ')로 감싸서 표현합니다. 문자 여러 개는 문자열 string이라고 하는데, 문자열은 큰따옴표("")로 감싸서 표현합니다. 만약 문자형 변수에 문자를 대입할 때에 큰따옴표를 사용하여 char alp = "A"처럼 쓰면 오류가 발생합니다.

오른쪽은 문자형 변수를 선언하고 초기화하는 코드입니다.

**문자 1개 표현**

```
char alp = 'A';
```

문자형 변수에는 아스키코드가 저장됩니다. 아스키코드 65는 대문자 'A', 아스키코드 97은 소문자 'a'입니다. 따라서 문자 'A'를 char형 변수에 대입하면 이에 대응하는 아스키코드 65가 저장됩니다. 그리고 출력할 때는 숫자 65를 문자 'A'로 바꿔 줍니다.

> **핵심 한줄** 문자 한 개를 문자형 변수에 대입할 때는 작은따옴표(' ')를 사용해야 하며, 문자는 아스키코드(정수)로 저장된다.

문자는 정수로 저장된다

또한 문자 한 개를 출력할 때 사용하는 서식 문자는 **%c**입니다. 참고로 문자열을 출력할 때 사용하는 서식 문자는 **%s**입니다. 문자열을 다루려면 알아야 할 내용이 많습니다. 그래서 문자열은 09장에서 배열을 배울 때 알아보기로 하고 문자열 관련 라이브러리는 11장 문자와 문자열에서 다룹니다.

> ⊕ **개발 지식 더하기** 아스키코드와 유니코드
>
> 컴퓨터가 영어 문화권에서 처음 만들어졌을 때에는 128개의 문자로 충분했습니다. 그러나 한국, 중국, 일본, 태국 같은 나라들은 문자 체계가 달라서 아스키코드만으로는 표현할 수 없습니다. 그래서 전 세계 모든 문자를 컴퓨터에서 일관되게 표현하고 다룰 수 있게 설계한 산업 표준이 유니코드(Unicode)입니다. 2bytes로 구성된 유니코드는 10만 개가 넘는 문자를 표현할 수 있으므로 대부분의 언어를 처리할 수 있습니다. 그러나 1byte 크기의 char형은 아스키코드만 사용할 수 있습니다. 따라서 문자형 변수에 2bytes의 유니코드를 넣으려면 추가 작업을 해야 합니다.

## ✦실력 향상 프로젝트 05 | 아스키코드 출력하기
📄 408_char.c

char형 변수에 문자가 어떤 형태로 저장되는지를 확인해 보겠습니다. 다음 코드는 문자와 아스키코드를 출력하는 프로그램을 작성한 것입니다. 05행에서 char형 변수 **alp**를 선언하고 문자 **'A'**로 초기화합니다.

```
01  #include <stdio.h>
02
03  int main()
04  {
05      char alp = 'A';    // 문자 한 개 작은따옴표 '' 사용
```

```
06
07      printf("char = %c\n", alp);      // A 문자 출력
08      printf("ASCII = %d\n", alp);     // A의 아스키코드 출력
09      printf("char = %c\n", 66);       // 아스키코드 66에 해당하는 문자 출력
10
11      return 0;
12  }
```

▼

실행 결과

```
char = A
ASCII = 65
char = B
```

07행에서 printf() 문에 사용한 서식 문자는 %c이므로 alp 변수에 저장된 데이터를 문자 형태로 출력합니다. 08행에서 printf() 문에 사용한 서식 문자는 %d이므로 alp 변수에 들어 있는 아스키코드를 정수 형태로 출력합니다. 그리고 09행에서는 서식 문자 %c를 사용하여 아스키코드 66번에 해당하는 문자를 출력합니다.

## 04-4

# 상수와 매크로

### 상수형 변수

값이 변하지 않는 수를 **상수**constant라고 합니다. 예를 들어 원의 둘레나 면적을 계산할 때 사용하는 원주율 3.14는 상수이며 원주율 값은 변하지 않습니다. C 언어에서 상수형 변수를 선언할 때는 변수 앞에 const라는 예약어를 붙입니다. 정수형 상수는 const int로, 실수형 상수는 const double로 선언합니다.

> **상수형 변수 선언**
> 
> const double 변수_이름 = 초깃값;

상수형 변수는 선언한 이후에 새로운 값을 대입하면 오류가 발생하므로 **선언하는 동시에 값을 대입해야 합니다.** 그리고 상수형 변수의 이름은 대문자로 써서 일반 변수와 구별하는 것이 관례입니다.

> **핵심 한줄** 상수형 변수는 선언과 함께 초기화해야 하며, 이 값은 프로그램이 끝날 때까지 유지된다.

### 매크로

상수는 아니지만 상수와 비슷한 개념으로 **매크로**macro를 사용할 수도 있습니다. C 언어에서 매크로는 특정 코드를 치환하거나 단순하고 반복되는 작업을 처리할 때 사용합니다. 매크로는 #include와 main() 함수 사이에 #define 지시문으로 선언하며, 이름은 상수와 마찬가지로 대문자로 짓습니다.

상수와 매크로를 비교하면 다음 표와 같습니다.

상수와 매크로 비교

| 구분 | 상수 | 매크로 |
| --- | --- | --- |
| 선언 방법 | const 예약어로 변수 선언 | #define 지시문으로 값 정의 |
| 특징 | 컴파일러가 상수로 처리하며 메모리에 값 유지 | 컴파일 전에 전처리기가 처리하며 메모리를 사용하지 않고 코드 내에 문자열을 바꿔 줌 |

다음 코드는 3.14라는 값을 PI라는 이름의 매크로로 정의한 예입니다.

**매크로 정의하기**
```
#include <stdio.h>

#define PI 3.14    // PI를 3.14로 정의

int main()
```

매크로는 변수도 상수도 아닙니다. 매크로는 컴파일되기 직전에 PI라는 문자열을 찾아서 모두 3.14로 바꿔 줍니다. 사람이 일일이 바꿔야 할 부분을 자동으로 바꿔 주는 역할을 해서 매크로라고 합니다. 매크로 사용법은 14장 전처리와 다중 소스 파일에서 자세히 다룹니다.

> **핵심 한 줄** 매크로는 변수가 아니므로 대입 연산자(=)를 사용하지 않으며, #으로 시작하는 지시문 끝에 세미콜론(;)을 붙이지 않는다.

## 리터럴 [심화 학습]

**리터럴**literal이란, 글자 그대로의 데이터를 의미합니다. 예를 들어 `int num = 10`이라는 코드에서 num은 변수이고, 10은 리터럴입니다. 글자 그대로 십진수 10을 의미합니다. 10이라고 쓰고 이것을 20이나 30으로 해석하는 사람은 없습니다. 그래서 10은 리터럴이라고 합니다.

당연한 이야기를 갑자기 꺼낸 이유는 데이터의 의미를 정확하게 표시해야 하기 때문입니다. 예를 들어 7의 경우 십진수 7인지, 십육진수 7인지, 팔진수 7인지를 정확하게 표시해야 합니다. 각 진수별로 표시 방법이 정해져 있습니다. 십진수는 그대로 표기합니다. 그러나 십육진수를 표기할 때는 숫자 앞에 0x를 붙이고, 팔진수를 표기할 때에는 0을 붙입니다.

십육진수와 팔진수를 `printf()` 함수로 출력할 때 서식 문자는 오른쪽과 같습니다. %x는 십육진수의 문자를 소문자로 출력하고 %X는 대문자로 출력합니다. 참고로 이진수로 출력하는 서식 문자는 없습니다.

십육진수, 팔진수의 리터럴 표기법과 서식 문자

| 진법 | 표기 | 서식 문자 |
| --- | --- | --- |
| 십육진수 | 0x | %x(소문자), %X(대문자) |
| 팔진수 | 0 | %o |

정수와 실수를 정확하게 표현하는 방법도 알아보겠습니다. 다음 코드는 숫자 123을 각각 부호가 있는 일반 정수(int), 부호가 없는 정수(unsigned int), 큰 정수(long int)로 저장하는 예입니다.

| 정수 리터럴 표현법 |
|---|
| ```
int num1 = 123;            // 부호 있는 정수
unsigned int num2 = 123U;  // 부호 없는 정수
long int num3 = 123L;      // 큰 정수
``` |

정수 뒤에 아무것도 없이 그냥 쓰면 정수(int) 리터럴로 인식합니다. 부호가 없는 정수 리터럴은 숫자 뒤에 소문자 u나 대문자 U를 쓰고, 큰 정수 리터럴은 소문자 l이나 대문자 L을 씁니다. 물론 부호 없는 정수나 큰 정수는 변수가 선언된 형태를 따르므로 숫자 뒤에 U나 L 같은 접미사를 붙이지 않아도 알아서 저장됩니다.

정수의 기본 자료형은 int입니다. 그러나 실수의 기본 자료형은 float가 아니라 double입니다. 그래서 실수 리터럴은 숫자 뒤에 아무것도 쓰지 않으면 double로 인식합니다. float로 인식하게 하려면 숫자 뒤에 소문자 f나 대문자 F를 붙이고, long double은 소문자 l이나 대문자 L을 붙입니다.

| 실수 리터럴 표현법 |
|---|
| ```
double num1 = 1.23;           // 실수 기본
float num2 = 1.23F;           // float형 실수
long double num3= 1.23L;      // long double형 실수
``` |

문자 리터럴은 특별한 접미사가 없고 작은따옴표(' ')로 감싸서 표시합니다. 그리고 문자열 리터럴은 큰따옴표("")로 감쌉니다.

| 문자, 문자열 리터럴 표현법 |
|---|
| ```
char apl = 'A';              // 문자 리터럴은 작은따옴표로 표시
printf("Hello World!");      // 문자열 리터럴은 큰따옴표로 표시
``` |

실수 리터럴은 지수 형태로 표현할 수도 있습니다. 예를 들어 1.23은 $1.23 \times 10^0$이나 $123 \times 10^{-2}$처럼 표현할 수 있습니다. 코드로는 1.23e0이나 123e-2라고 씁니다. 여기에 앞에서 설명한 실수 접미사는 그대로 적용되며 printf() 함수로 출력할 때 서식 문자는 %e를 사용합니다.

| 지수 표기법 |
|---|
| ```
double num1 = 123e-2;
float num2 = 123e-2F;
long double num3 = 123e-2L;
``` |

## 실력 향상 프로젝트 06 | 라벨 만들기
409_macro.c

어느 인쇄 공장에서 원통 병에 붙이는 라벨을 만들려고 합니다. 병의 높이는 10cm로 모두 같고, 지름은 7cm와 9cm로 각각 다릅니다. 지름이 7cm인 병의 라벨을 만들어야 한다면 라벨의 폭은 얼마로 해야 할까요?

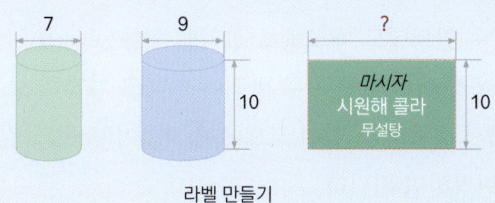

라벨 만들기

다음 코드는 상수와 매크로를 사용하여 지름이 7cm인 원통에 붙이는 라벨의 폭을 구하는 프로그램입니다. 라벨의 높이는 원통의 높이와 같은 10cm입니다. 라벨의 폭은 원의 둘레와 같습니다. 원의 둘레는 지름에 원주율을 곱하여 구할 수 있습니다.

```c
01  #include <stdio.h>
02
03  #define DIA 7    // 매크로 정의
04
05  int main()
06  {
07      const double PI = 3.14;   // 상수형 변수 PI 정의
08      double height = 10.0;
09
10      printf("라벨 높이 = %.2lf\n", height);
11      printf("라벨 폭 = %.2lf\n", PI * DIA);
12
13      return 0;
14  }
```

### 실행 결과

```
라벨 높이 = 10.00
라벨 폭 = 21.98
```

03행에서 #define 지시문으로 매크로 DIA를 7로 정의합니다. 07행에 원주율을 저장할 상수형 변수 PI를 선언하고 3.14를 대입합니다. 자료형 앞에 const만 붙이면 상수가 되며 선언하는 동시에 값을 대입해야 합니다. 07행 이후에 PI에 새로운 값을 대입하면 오류가 발생합니다.

08행에서 실수형 변수 height에 10.0을 대입합니다. 10.0은 double로 인식합니다. 10행에서는 라벨의 높이를 출력합니다. 실수형 변수 height의 값을 소수점 둘째 자리까지만 출력하고자 %.2lf를 사용합니다. 11행에서 원주율(PI)에 지름(DIA)을 곱하여 라벨의 폭을 출력합니다.

DIA를 변수로 처리할 수 있는데도 매크로로 정의한 이유는 눈에 잘 띄기 때문입니다. 코드가 길고 복잡한 프로그램에서 어떤 값을 자주 바꿔야 한다고 가정해 보죠. 매번 코드를 읽어서 바꾸는 것을 매크로가 대신 해줍니다. 앞선 코드에서 지름이 9cm의 원통 라벨을 만들어야 할 때는 #define DIA 9로 변경하면 됩니다.

**확실하게 내 것으로!** **04장 마무리 문제**

1. 정수, 실수, 문자 중 사용하는 메모리의 크기에 따라 저장할 수 있는 숫자의 크기가 제한되는 자료형은 _____ 입니다.

2. 양의 정수만 사용할 때는 정수형 앞에 _____ 예약어를 붙입니다.

3. 정수, 실수, 문자 중 사용하는 메모리의 크기에 따라 정밀도가 달라지는 자료형은 _____ 입니다.

4. 정수, 실수, 문자 중 아스키코드를 사용하는 자료형은 _____ 입니다.

5. 문자형 변수에 문자 한 개를 대입하려면 문자를 _____ (으)로 감싸야 합니다.

6. 문자열은 _____ (으)로 감싸서 표현합니다.

7. 문자 한 개를 출력하거나 입력할 때 사용하는 서식 문자는 _____ 입니다.

8. unsigned long의 서식 문자는 _____ 입니다.

9. long의 서식 문자는 _____ 입니다.

10. short의 서식 문자는 _____ 입니다.

11. unsigned int의 서식 문자는 _____ 입니다.

12. double의 서식 문자는 _____ 입니다.

13. 정수(int) 출력에서 10칸을 확보한 후 오른쪽 정렬하는 서식은 _____ 입니다.

▶ 다음 쪽에 계속

**14** 실수(double) 출력에서 10칸을 확보한 후 오른쪽 정렬하고 소수점 이하 둘째 자리까지 출력하는 서식은 _____ 입니다.

**15** 상수형 변수를 선언할 때 사용하는 예약어는 _____ 입니다.

**16** 매크로를 정의할 때 사용하는 지시문은 _____ 입니다.

**17** 다음 코드에서 fnum 변수에 초기화한 0.123456789가 정확하게 출력되도록 05행에 들어갈 코드와 07행에 들어갈 서식을 쓰세요.

```
01  #include <stdio.h>
02
03  int main()
04  {
05      _____  fnum = 0.123456789;
06
07      printf("double = _____ \n", fnum);
08
09      return 0;
10  }
```

▶ 모범 답안: 422쪽

# 05장

# 연산자

- ✦ 05-1  연산자의 기본 개념과 우선순위
- ✦ 05-2  주요 연산자 살펴보기
- ✦ 05-3  기타 연산자 살펴보기

**학습 목표**
1. 연산자의 기본 개념을 이해하고 연산자 우선순위를 알아봅니다.
2. 산술, 비교, 논리, 대입, 증감, 나열, sizeof, 비트 연산자의 특징과 사용법을 익힙니다.
3. 형 변환의 기본 개념과 암묵적 형 변환, 명시적 형 변환을 살펴봅니다.

## 05-1

# 연산자의 기본 개념과 우선순위

### 연산자와 피연산자

연산이란 일정한 규칙에 따라 계산하는 것을 말합니다. 수학에서 + 기호는 덧셈, - 기호는 뺄셈, × 기호는 곱셈, ÷ 기호는 나눗셈을 의미합니다. 이렇게 연산에 사용하는 기호를 **연산자**<sup>operator</sup>라고 합니다.

그런데 수학에서 사용하는 연산자와 프로그래밍에서 사용하는 연산자는 차이가 있습니다. 덧셈과 뺄셈은 똑같지만, 프로그래밍에서 곱셈은 * 기호를, 나눗셈은 / 기호를 사용합니다.

**피연산자**<sup>operand</sup>란, 연산의 대상을 의미합니다. 예를 들어 수식 5 * 3에서 피연산자는 5와 3입니다.

연산자와 피연산자

프로그래밍에서 = 기호는 대입 연산자이며 오른쪽에 있는 값을 왼쪽에 대입합니다. A = 8은 오른쪽의 8을 왼쪽의 A에 대입하라는 뜻이며 연산 결과로 A에 8이 저장됩니다. 참고로 수학에서 '같다'는 의미를 표시할 때는 등호 =를 사용하지만, 프로그래밍에서는 = 기호를 2개 연달아 ==로 나타냅니다.

대입 연산자

연산자는 크게 일항 연산자와 이항 연산자로 나뉩니다. **일항 연산자**unary operator란 피연산자의 개수가 1개인 연산자입니다. **이항 연산자**binary operator란 피연산자의 개수가 2개인 연산자입니다. 덧셈(+), 뺄셈(-), 곱셈(*), 나눗셈(/)은 이항 연산자입니다. 그리고 일항 연산자로는 부호 연산자(-)가 있습니다. 부호 연산자는 뺄셈과 같은 마이너스 기호를 사용하지만, 오른쪽 피연산자가 음수이면 양수로, 양수이면 음수로 바꿉니다.

➕ 피연산자가 3개인 삼항 연산자도 있습니다. 삼항 연산자는 06장 조건문에서 설명합니다.

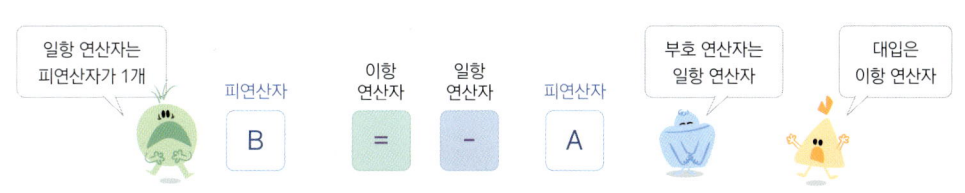

일항 연산자와 이항 연산자

B = -A에서 부호 연산자(-)는 A의 값을 반대로 만듭니다. 만약 A에 8이 저장되었다면 부호 연산자가 있으므로 -8이 되며, 대입 연산자(=)로 인해 B에는 -8이 저장됩니다. 이 식에서 부호 연산자는 피연산자가 A 하나뿐이어서 일항 연산자이고, 대입 연산자(=)는 피연산자가 -A와 B 2개인 이항 연산자입니다.

## 연산자 우선순위

A = 2 + 6 - 4 / 2에서 A의 값은 얼마일까요? 연산자가 나열된 순서대로 계산하면 2라고 생각할 수 있지만, 정답은 6입니다. 기억을 되살려 보면 곱셈과 나눗셈이 덧셈과 뺄셈보다 먼저 연산된다고 배웠을 것입니다. 따라서 4 / 2가 먼저 연산되어 2가 되고, 2 + 6 - 2의 결과로 A에는 6이 대입됩니다.

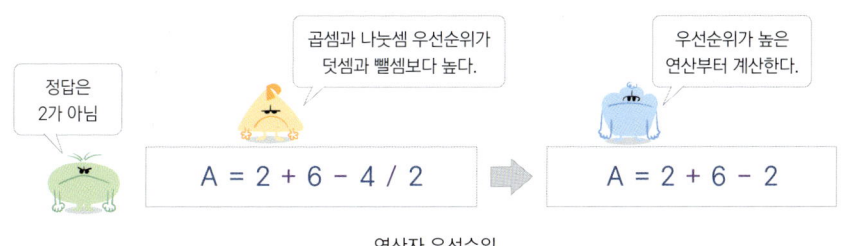

연산자 우선순위

이처럼 **우선순위가 높은 연산자를 먼저 연산합니다.** 만약 우선순위가 같으면 연산 방향에 따르는데 보통은 왼쪽에서 오른쪽(→)으로 연산합니다.

또한 **일항 연산자의 우선순위가 이항 연산자보다 높습니다.** 예를 들어 B = 9 + -A라는 식에서 A가 8일 때 결과는 1입니다. 이 식에는 대입, 덧셈, 부호 등의 연산자가 있습니다. 일항 연산자인 부호 연산자를 먼저 연산하여 -8이 되고, 덧셈 9 + (-8)의 결과 1이 됩니다. 대입 연산자는 우선순위가 낮아 맨 마지막에 연산하므로 B에는 1이 저장됩니다.

일항 연산자가 이항 연산자보다 먼저 연산

**우선순위가 가장 높은 연산자는 소괄호 ()입니다.** 소괄호를 사용하면 연산 순서가 분명해집니다. 모든 연산자의 우선순위를 다 외울 수는 없으므로 우선순위가 헷갈릴 때는 소괄호를 사용합니다.

연산자의 우선순위와 관련하여 주요 내용을 정리하면 다음과 같습니다.

- 우선순위가 높은 연산자를 먼저 계산하며, 소괄호 ( ) 연산자의 우선순위가 가장 높습니다.
- 일항 연산자의 우선순위가 이항 연산자보다 높습니다.
- 우선순위가 같을 때는 연산 방향에 따라 연산합니다.
- 이항 연산자의 연산 방향은 왼쪽에서 오른쪽(→)이며, 대입 연산자의 연산 방향은 오른쪽에서 왼쪽(←)입니다.

## 05-2

# 주요 연산자 살펴보기

### 산술 연산자

산술 연산자는 덧셈(+), 뺄셈(-), 곱셈(*), 나눗셈(/) 같은 산술 연산에 사용합니다. 여기에 부호 연산자(-)와 나눗셈 후 나머지를 구하는 나머지 연산자(%)가 추가됩니다.

산술 연산자의 종류

| 연산자 | 의미 | 설명 | 연산자 우선순위 |
| --- | --- | --- | --- |
| - | 부호 | 음수를 양수로, 양수를 음수로 변환 | 매우 높음 |
| * | 곱셈 | 두 피연산자를 곱하기 | 높음 |
| / | 나눗셈 | 왼쪽 피연산자를 오른쪽 피연산자로 나누기 | |
| % | 나머지 | 왼쪽 피연산자를 오른쪽 피연산자로 나눈 나머지 | |
| + | 덧셈 | 두 피연산자를 더하기 | 낮음 |
| - | 뺄셈 | 왼쪽 피연산자에서 오른쪽 피연산자를 빼기 | |

다음 코드는 2개의 숫자를 입력받아 몫과 나머지를 구하는 예입니다.

**Do it! 실습** 몫과 나머지 구하기　　　　　　　　　　　　　　　📄 501X_remain.c

```c
01  #include <stdio.h>
02
03  int main()
04  {
05      int num, div, por, rem;
06
07      printf("숫자 2개를 입력: ");
08      scanf("%d %d", &num, &div);      // scanf()에서는 변수 앞에 열쇠(&)를 붙임
09
10      rem = num % div;                 // %는 나머지 연산자
11      por =               ;            // 몫 계산, 빈칸 채우기
12      printf("몫 = %d, 나머지 = %d", por, rem);
```

```
13
14      return 0;
15  }
```

실행 결과

```
숫자 2개를 입력: 7 2 [Enter]
몫 = 3, 나머지 = 1
```

10행에서 나머지 연산자(%)를 이용하여 결과를 정수형 변수 rem에 넣습니다. 만약 사용자가 7과 2를 입력한다면 rem에는 나머지 1이 저장됩니다. 그리고 11행에서는 몫을 구해 por에 넣습니다. 이때 몫을 구하는 코드는 어떻게 작성할까요? 다음과 같은 코드를 생각할 수 있습니다.

```
por = num / div;
```

이 코드도 연산 결과는 같지만, 한 가지 생각해 볼 문제가 있습니다. 만약 사용자가 7과 2를 입력했다면 7 나누기 2의 결과는 3.5로 실수입니다. 그런데 **실수를 정수형 변수에 대입하면 소수점 이하는 버립니다.** 결국 por에는 3이 저장되어 결과에는 문제가 없지만, 정수형 변수에 실수를 대입하는 것은 바람직하지 않습니다.

이때는 나머지를 활용할 수 있습니다. 왼쪽 항에서 나머지만큼을 빼고 나누면 결과는 항상 정수가 됩니다. 예를 들어 7 / 2의 몫을 구할 때 7에서 나머지 1을 빼서 6을 구하고 이를 2로 나누면(6 / 2) 정수 3을 얻을 수 있습니다.

```
por = (num - rem) / div;
```

## 비교 연산자

비교 연산자는 두 자료를 비교하여 '크다', '작다', '같다', '다르다' 등을 판단할 때 사용합니다. 비교 연산자는 이항 연산자이며 06장 조건문부터 자주 사용합니다.

A > B는 A가 B보다 크다는 의미이며, 반대로 A < B는 A가 B보다 작다는 의미입니다. 마찬가지로 A >= B는 A가 B보다 크거나 같다는 의미이며, A <= B는 A가 B보다 작거나 같다는 의미입니다.

비교 연산자의 종류

| 연산자 | 의미 | 연산자 우선순위 |
|---|---|---|
| > | 크다 | 높음 |
| < | 작다 | |
| >= | 크거나 같다 | |
| <= | 작거나 같다 | |
| == | 같다 | 낮음 |
| != | 다르다 | |

두 수가 같은지 다른지를 비교할 수도 있습니다. A == B는 두 수가 같은지를 비교하며, A != B는 두 수가 다른지를 비교합니다. 비교 연산자에서는 >, <, >=, <= 연산자의 우선순위가 ==, != 보다 높습니다.

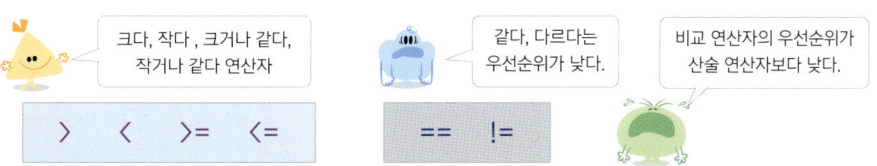

비교 연산자의 우선순위

> **핵심 한줄** 기호를 2개 사용하는 비교 연산자(>=, <=, !=)에서 =는 항상 오른쪽에 위치한다.

비교 연산자의 결과는 항상 참$^{ture}$이거나 거짓$^{false}$입니다. 그런데 C 언어에서는 참과 거짓을 나타내는 예약어가 따로 없습니다. 그 대신 **거짓을 0, 참을 1**이라고 정했습니다. 따라서 비교 연산자의 결과는 언제나 0이거나 1입니다.

○ C 언어에서는 0을 거짓으로, 0이 아닌 모든 수를 참으로 인식합니다. 따라서 -1, 2, 100도 참으로 인식합니다.

거짓과 참 표현

다음 코드는 두 수를 입력받아 비교 연산을 수행하는 예입니다. 10행에서는 두 수가 같은지를, 11행에서는 num1이 num2보다 큰지를, 12행에서는 num2가 양수인지(1보다 크거나 같은가)를 비교하고 결과를 출력합니다. 양수인지를 확인하는 코드는 num2 > 0처럼 작성할 수도 있습니다.

**Do it! 실습  두 수 비교하기**  502_compare.c

```c
01  #include <stdio.h>
02
03  int main()
04  {
05      int num1, num2;
06
07      printf("숫자 2개를 입력: ");
08      scanf("%d %d", &num1, &num2);
09
10      printf("두 수가 같은가? %d\n", num1 == num2);    // == 같다
11      printf("num1이 더 큰가? %d\n", num1 > num2);     // > 크다
12      printf("num2는 양수인가? %d\n", num2 >= 1);      // >= 크거나 같다
13
14      return 0;
15  }
```

**실행 결과**

```
숫자 2개를 입력: 4 2 [Enter]
두 수가 같은가? 0
num1이 더 큰가? 1
num2는 양수인가? 1
```

실행 결과를 보면 거짓일 때는 0을 출력하고 참일 때는 1을 출력합니다. 예를 들어 사용자가 4와 2를 입력했다면 두 수가 같을 때 0(거짓), num1이 더 클 때 1(참), num2가 양수일 때는 1(참)이 출력됩니다.

## 논리 연산자

논리 연산자는 논리곱(AND)과 논리합(OR), 부정(NOT) 같은 논리 연산을 수행합니다. 논리곱 연산자는 & 기호를 연달아 두 번 쓴 &&입니다. 논리합 연산자는 | 기호를 연달아 두 번 쓴 ||입니다. 부정 연산자는 ! 기호를 사용합니다. 부정 연산자는 일항 연산자이므로 논리곱이나 논리합 연산자보다 우선순위가 높습니다.

논리 연산자의 종류

| 연산자 | 의미 | 설명 | 연산자 우선순위 |
|---|---|---|---|
| ! | 부정 | 참을 거짓으로, 거짓을 참으로 변환 | 매우 높음 |
| && | 논리곱 | 피연산자가 모두 참이면 결과는 참<br>피연산자가 하나라도 거짓이면 결과는 거짓 | 낮음 |
| \|\| | 논리합 | 피연산자가 하나라도 참이면 결과는 참<br>피연산자가 모두 거짓이면 결과는 거짓 | |

다음 코드는 사용자에게 두 수를 입력받고 논리 연산자로 두 수가 0인지, 양수가 있는지, 참(1)의 반대는 무엇인지 등을 확인하는 예입니다.

**Do it! 실습  논리 연산자 사용하기**  503_logic.c

```
01  #include <stdio.h>
02
03  int main()
04  {
05      int num1, num2;
06
07      printf("숫자 2개를 입력: ");
08      scanf("%d %d", &num1, &num2);
09
10      printf("둘 다 0인가? %d\n", (num1 == 0) && (num2 == 0));
11      printf("양수가 있는가? %d\n", (num1 > 0) || (num2 > 0));
12      printf("참의 반대는 무엇인가? %d\n", !1);
13
14      return 0;
15  }
```

▼

**실행 결과**

숫자 2개를 입력: 2 0 [Enter]
둘 다 0인가? 0
양수가 있는가? 1
참의 반대는 무엇인가? 0

10행에서는 num1 == 0과 num2 == 0을 논리곱 연산자(&&)로 묶어서 둘 다 0인지 확인하고, 11행에서는 num1 > 0과 num2 > 0을 논리합 연산자(||)로 묶어서 0보다 큰 수(양수)가 있는

지 확인합니다. 그리고 12행에서는 숫자 1에 부정 연산자 !를 붙여서 참의 반대를 출력합니다.

논리 연산자는 비교 연산자보다 우선순위가 낮습니다. 따라서 10~11행의 코드는 소괄호를 빼고 다음처럼 작성해도 결과는 같습니다.

```c
printf("둘 다 0인가? %d\n", num1 == 0 && num2 == 0);
printf("양수가 있는가? %d\n", num1 > 0 || num2 > 0);
```

## 대입 연산자

나열 연산자(,)는 전체 연산자에서 우선순위가 가장 낮습니다. 그다음으로 낮은 우선순위는 대입 연산자(=)입니다. 따라서 대입 연산자는 모든 연산이 끝난 후에 실행됩니다. 보통 이항 연산자들은 연산 방향이 왼쪽에서 오른쪽(→)이지만, 대입 연산자는 오른쪽에서 왼쪽(←)으로 연산합니다.

다음 코드는 대입 연산자의 연산 방향을 확인하는 예입니다. 05행에서 num1은 3, num2는 5, num3은 7로 초기화합니다. 07행에서 num1 = num2 = num3처럼 대입하면 각 변수에는 어떤 값이 저장될까요? 실행 결과를 예측해 보세요.

**Do it! 실습**  대입 연산의 방향 알아보기  504_assign.c

```c
01  #include <stdio.h>
02
03  int main()
04  {
05      int num1 = 3, num2 = 5, num3 = 7;
06
07      num1 = num2 = num3;     // 대입 연산자의 연산 방향은 오른쪽에서 왼쪽(←)
08      printf("%d %d %d", num1, num2, num3);
09
10      return 0;
11  }
```

만약 왼쪽에서 오른쪽(→)으로 연산한다면 num1의 값 3이 대입되어 모두 3이 출력될 것입니다. 그리고 오른쪽에서 왼쪽(←)으로 연산한다면 num3의 값 7이 대입되어 모두 7이 출력될 것입니다. 실행 결과를 직접 확인해 보세요.

대입 연산자와 일반 연산자가 결합된 **복합 대입 연산자**도 있습니다. 예를 들어 a = a + 10을 a += 10처럼 복합 대입 연산자로 줄여서 작성할 수 있습니다.

```
a += 10;    // a = a + 10과 같음
```

복합 대입 연산자의 종류는 다음 표와 같습니다. 복합 대입 연산자를 사용하면 코드를 단순하게 만들 수 있지만, 몇 글자 덜 쓰는 대신에 코드가 읽기 어려워 보이는 단점도 있습니다.

복합 대입 연산자의 종류

| 산술 복합 대입 연산자 | 의미 | 비트 복합 대입 연산자 | 의미 |
|---|---|---|---|
| a += b | a = a + b | a &= b | a = a & b |
| a -= b | a = a - b | a \|= b | a = a \| b |
| a *= b | a = a * b | a ^= b | a = a ^ b |
| a /= b | a = a / b | a <<= b | a = a << b |
| a %= b | a = a % b | a >>= b | a = a >> b |

## 증감 연산자

증감 연산자란 어떤 값을 1만큼 증가시키거나 감소시키는 연산자입니다. 1만큼 증가시키는 증가 연산자는 ++이며, 1만큼 감소시키는 감소 연산자는 --입니다. 증가 연산자는 A = A + 1을, 감소 연산자는 A = A - 1을 짧게 줄여 놓은 것입니다. 증감 연산자는 일항 연산자이므로 우선순위가 높습니다.

증감 연산자는 **전위**prefix 증감 연산자와 **후위**postfix 증감 연산자로 나뉩니다. 전위 증가 연산자는 ++A처럼 연산자를 피연산자 앞에 붙입니다. 반대로 후위 증가 연산자는 A++처럼 연산자를 피연산자 뒤에 붙입니다. 증감 연산자는 07장에서 살펴볼 반복문에서 자주 사용합니다.

증감 연산자

| 연산자 | 의미 | 설명 |
|---|---|---|
| ++피연산자 | 전위 증가 연산자 | 숫자를 1만큼 증가시킨 후 다음 연산 수행 |
| --피연산자 | 전위 감소 연산자 | 숫자를 1만큼 감소시킨 후 다음 연산 수행 |
| 피연산자++ | 후위 증가 연산자 | 모든 연산을 수행한 후에 1만큼 증가 |
| 피연산자-- | 후위 감소 연산자 | 모든 연산을 수행한 후에 1만큼 감소 |

식에서 증감 연산자를 **단독으로 사용할 때는 전위나 후위 모두 연산 결과가 같습니다.** 예를 들어 A가 0일 때 ++A와 A++의 결과는 모두 1입니다.

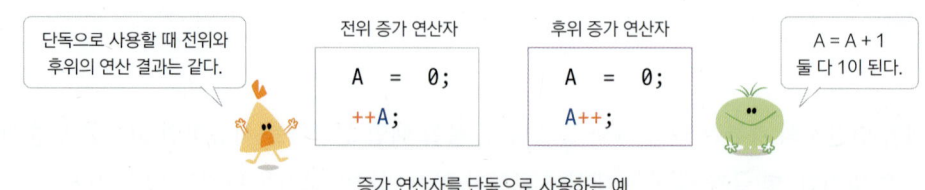

증가 연산자를 단독으로 사용하는 예

하지만 증감 연산자를 다른 연산자와 함께 사용할 때는 전위인지 후위인지에 따라서 연산 순서가 달라지므로 주의해야 합니다.
**전위 증감 연산자는 피연산자를 먼저 1만큼 증감한 후에 다음 연산을 수행**합니다. 예를 들어 다음 그림에서 전위 증가 연산자 ++A는 A를 1만큼 증가시킨 다음에 B에 대입합니다. 따라서 결과는 A와 B 모두 1입니다.

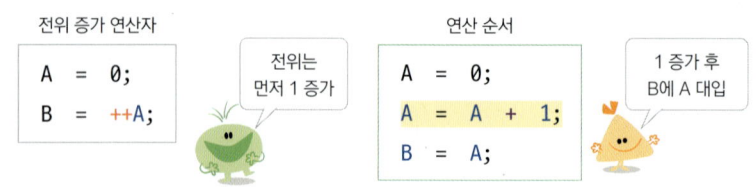

전위 증가 연산자를 다른 연산자와 함께 사용하는 예

반면에 **후위 증감 연산자는 모든 연산을 끝낸 다음에 피연산자를 1만큼 증감**합니다. 예를 들어 다음 그림에서 후위 증가 연산자 A++는 먼저 B에 0을 대입하고 난 후에 A의 값을 1만큼 증가시킵니다. 따라서 결과는 A는 1, B는 0입니다.

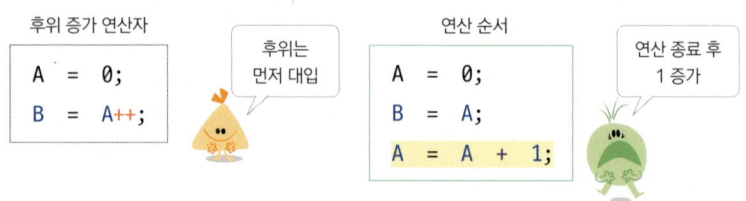

후위 증가 연산자를 다른 연산자와 함께 사용하는 예

다음 코드는 전위 증감 연산자와 후위 증감 연산자를 비교한 예입니다. 05행에서 정수형 변수 num1과 num2를 선언하고 둘 다 0으로 초기화합니다.

**Do it! 실습  전위와 후위 증감 연산자 비교하기**  505_prefix.c

```c
01  #include <stdio.h>
02
03  int main()
04  {
05      int num1 = 0, num2 = 0;
06
07      ++num1;    // 단독으로 사용하는 경우
08      num2++;    // 전위와 후위의 결과는 같음
09      printf("단독: %d %d\n", num1, num2);
10      printf("전위: %d %d\n", ++num1, --num2);   // 전위: 증감 후 연산
11      printf("후위: %d %d\n", num1++, num2--);   // 후위: 연산 후 증감
12      printf("결과: %d %d\n", num1, num2);
13
14      return 0;
15  }
```

▼

**실행 결과**

```
단독: 1 1
전위: 2 0    ← 전위 연산자(증감 후 출력)
후위: 2 0    ← 후위 연산자(출력 후 증감하므로 값이 변하지 않음)
결과: 3 -1
```

07행에서는 전위 증가 연산자를 사용하여 num1의 값을 1만큼 증가시키고, 08행에서 후위 증가 연산자를 사용하여 num2의 값을 1만큼 증가시킵니다. 09행에서 num1과 num2의 값을 출력하면 똑같이 1이 출력됩니다. 이처럼 증감 연산자를 단독으로 사용할 때는 전위와 후위 연산자의 결과는 같습니다.

10행에서는 전위 증가 연산자로 num1은 1만큼 증가시키고, 전위 감소 연산자로 num2를 1만큼 감소시킵니다. `printf()` 문이 두 변수를 출력하기 전에 증감이 이뤄지므로 결과는 2와 0이 출력됩니다.

11행에서는 후위 증감 연산자를 사용합니다. 후위 증감 연산자는 `printf()` 문이 두 변수를 출력한 다음에 증감이 이루어집니다. 따라서 결과는 증감 전의 값인 2와 0이 출력됩니다. 그리고 12행에서는 두 변숫값이 증감했는지 확인하고자 num1과 num2를 다시 출력합니다.

그 결과 3과 -1이 출력됩니다. 후위 증감 연산자는 모든 연산이 끝난 다음에 값을 증감하는 것을 확인할 수 있습니다.

이처럼 증감 연산자는 전위인지 후위인지에 따라서 결과가 달라지므로 한 줄에 여러 번 사용하면 코드를 해석하기가 어렵습니다. 따라서 증감 연산자는 한 줄에 한 번 정도 사용하는 것이 좋습니다.

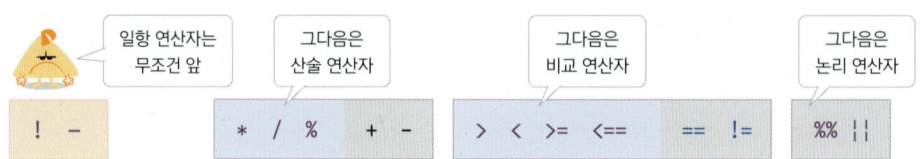

산술, 비교, 논리 연산자의 우선순위

지금까지 주요 연산자를 살펴봤습니다. 산술, 비교, 논리 연산자만 놓고 보면 우선순위는 '산술 > 비교 > 논리 연산자' 순입니다. 또한 부정(!)과 부호(-) 연산자는 일항 연산자이므로 모든 산술, 비교, 논리 연산자보다 우선순위가 높습니다.

## 실력 향상 프로젝트 07 | 생수 구매 비용 계산하기

📁 506_water.c

단체로 엠티를 가려고 합니다. 모든 사람이 마실 생수를 사려고 마트에 갔는데 생수 15개 한 묶음을 10,000원, 낱개로는 900원에 판매합니다. 엠티에 참석할 전체 인원과 한 사람당 나눠 줄 생수의 개수를 입력받아 생수를 사는 데에 얼마가 드는지 계산하는 코드를 작성해 봅시다.

다음 코드는 생수 구매 비용을 계산하는 예입니다. 08행에서 scanf() 문으로 엠티에 참석할 전체 인원을 person으로 받고, 일인당 나눠 줄 생수의 개수를 amount 변수에 받습니다.

```
01  #include <stdio.h>
02
03  int main()
04  {
05      int person, amount, pack, bottle;
06
07      printf("전체 인원과 1인당 생수 수 입력: ");
08      scanf("%d %d", &person, &amount);
```

```
09
10      bottle = person * amount % 15;
11      pack = (person * amount - bottle) / 15;
12
13      printf("15팩 구매비용 %d원\n", pack * 10000);
14      printf("낱개 구매비용 %d원\n", bottle * 900);
15      printf("전체 구매비용 %d원\n", pack * 10000 + bottle * 900);
16
17      return 0;
18  }
```

**실행 결과**

전체 인원과 1인당 생수 수 입력: 57 3 [Enter]
15팩 구매비용 110000원
낱개 구매비용 5400원
전체 구매비용 115400원

10행에서 낱개로 살 생수의 개수를 구해 bottle 변수에 저장합니다. 생수 15개를 한 묶음으로 판매하므로 전체 필요한 생수를 15로 나눈 나머지(% 연산자)를 구하면 낱개로는 몇 개를 사야 하는지 알 수 있습니다.

11행에서는 묶음으로 살 생수의 개수를 구해 pack 변수에 저장합니다. 전체 필요한 생수에서 낱개로 살 생수 bottle을 빼고 그 결과를 15로 나눈 몫을 구하면(/ 연산자) 몇 묶음을 사야 하는지 알 수 있습니다.

11행에서 주의할 점은 2가지입니다. pack = (person * amount - bottle) / 15에서 소괄호를 빼면 연산자 우선순위 때문에 bottle / 15를 먼저 계산하여 잘못된 값이 나옵니다. 또한 pack = person * amount / 15으로 계산해도 되지만, 실수를 정수에 대입할 때 소수점 이하는 버린다는 사실을 기억하기 바랍니다.

## 05-3

# 기타 연산자 살펴보기

### 나열 연산자와 sizeof 연산자

쉼표(,)로 작성하는 나열 연산자는 코드나 데이터를 한 줄에 2개 이상 나열할 때 사용합니다. 나열 연산자(,)는 우선순위가 가장 낮습니다.

| 나열 연산자로 변수 2개 선언 |
| --- |
| `int num1, num2;` |

sizeof는 자료형의 크기를 알려 주는 연산자로 앞에서 미리 사용해 봤습니다. 소괄호를 사용해서 가끔 함수와 혼동할 수 있지만, C 언어 예약어에 등록된 연산자입니다.

sizeof 연산자를 사용하는 방법은 간단합니다. 만약 int형의 크기를 알고 싶다면 sizeof(int)처럼 작성하면 됩니다. 주의할 점은 sizeof의 출력 서식입니다. 크기는 음수가 없으므로 unsigned 값이며, 아주 큰 크기도 출력해야 하므로 long을 사용합니다. 따라서 sizeof 연산자의 출력 서식은 %lu(unsigned long)가 기본입니다.

### 형 변환 연산자

04장에서 자료형을 설명할 때 문자, 정수, 실수 등에 따라 사용하는 메모리의 크기가 다르다고 했습니다. 그래서 데이터의 형태에 따라 알맞은 자료형을 사용해야 합니다. 그런데 컴퓨터는 기본적으로 같은 자료형끼리만 연산합니다. 만약 자료형이 다르면 일정한 규칙에 따라 **형 변환**type conversion을 수행합니다. ➡ 형 변환을 '타입 캐스팅(type casting)'이라고도 합니다.

예를 들어 char를 int로 바꾼다든가 int를 double, char를 double로 바꾸는 등 크기가 큰 쪽이나 표현 범위가 넓은 쪽으로 형 변환은 자동으로 수행됩니다. 이를 **암묵적**implicit 형 변환이라고 합니다. 반면에 개발자가 의도적으로 변환하는 것을 **명시적**explicit 형 변환이라고 합니다.

명시적 형 변환은 개발자가 자료형을 변환하겠다고 코드에 표시해서 컴파일러에 알리는 것입니다. 이때 형 변환 연산자를 사용합니다. 형 변환 연산자를 사용하는 방법은 피연산자(자료형을 변환할 변수나 데이터) 앞에 어떤 자료형으로 변환할지를 소괄호로 감싸서 작성합니다.
다음 코드는 double형 변수 b를 int형으로 변환한 예입니다.

**형 변환(double → int로 변환)**
```
int a;
double b = 3.5;
a = (int)b;
```

명시적 형 변환은 개발자의 의도에 따라 강제로 변환하는 것이므로 크기가 큰 쪽에서 작은 쪽으로 변환할 수도 있습니다. 다만 이때에는 큰 데이터를 작은 상자에 넣는 것이므로 데이터의 일부가 없어지기도 하고 표현 범위를 넘어서는 수는 엉뚱한 숫자로 바뀌기도 합니다.
앞선 예에서도 실수를 정수형으로 변환했으므로 소수점 이하가 잘려 3이 저장됩니다. 실제로 소수점 이하 숫자를 버리고 싶을 때는 실수를 정수로 변환하는 방법을 사용하기도 합니다.

형 변환

> ⊕ **개발 지식 더하기** 경고는 오류와 달라요!
>
> 크기가 작은 쪽으로 형 변환할 때 컴파일러에 따라 경고(warning)가 발생하기도 합니다. 경고는 컴파일을 해주는 대신에 문제가 발생할 수 있음을 알려 주지만, 오류는 컴파일조차 안 된다는 차이가 있습니다. 컴파일러에 따라 형 변환 경고가 발생하지 않을 수도 있습니다.

「03-2」절에서 사칙 연산을 수행하는 코드를 작성했는데, 해당 실습에서 나눗셈 계산의 결과가 정확하지 않았던 문제를 형 변환 연산자로 해결할 수 있습니다.

### Do it! 실습 — 사칙 연산 하기(형 변환)  507_calc.c

```c
01  #include <stdio.h>
02
03  int main()
04  {
05      int num1, num2;
06      float div;
07
08      printf("정수와 실수 입력: ");
09      scanf("%d %d", &num1, &num2);    // 변수 앞에 열쇠(&)를 붙임
10
11      printf("num1 = %d, num2 = %d\n", num1, num2);
12      printf("덧셈 = %d\n", num1 + num2);
13      printf("뺄셈 = %d\n", num1 - num2);
14      printf("곱셈 = %d\n", num1 * num2);
15      div = (float)num1 / (float)num2;  // (float) 형 변환 연산자
16      printf("나눗셈 = %.2f\n", div);    // 나눗셈 결과는 실수
17
18      return 0;
19  }
```

▼

**실행 결과**

```
정수와 실수 입력: 7 4 Enter
num1 = 7, num2 = 4
덧셈 = 11
뺄셈 = 3
곱셈 = 28
나눗셈 = 1.75
```

15행에서 형 변환을 사용하지 않고 div = num1 / num2만 사용하면 num1과 num2 모두 정수형 변수라서 계산 결과도 정수가 됩니다. 따라서 「03-2」절의 실습에서는 나눗셈 결과로 1이 출력됐습니다. 그러나 형 변환 연산자 (float)를 사용하여 num1과 num2를 실수형으로 바꿔서 나눗셈하면 결과도 실수가 되어 1.75가 출력됩니다.

이처럼 형 변환 연산자를 사용하면 정수형 변수를 실수형 변수로 변환함으로써 소수점 이하의 정밀한 계산을 수행하거나 데이터의 형식이 다를 때 같은 형식으로 일관되게 처리할 수 있습니다.

## 비트 연산자 [심화 학습]

비트 연산자는 변숫값을 비트 단위로 조정할 때 사용합니다. 비트 논리곱 연산자(&)는 두 피연산자의 각 비트를 비교했을 때 둘 다 1일 때만 1이며 나머지는 모두 0이 됩니다. 비트 논리합 연산자(|)는 두 피연산자의 각 비트를 비교했을 때 둘 다 0일 때만 0이고 나머지는 모두 1이 됩니다.

> scanf() 함수에서 사용한 열쇠(&)와 같은 기호를 사용합니다. 그러나 열쇠(&)는 일항 연산자이므로 우선순위가 매우 높지만, 비트 연산자는 논리 연산자와 비슷한 수준입니다.

비트 연산자의 종류

| 연산자 | 의미 | 설명 |
|---|---|---|
| & | 비트 논리곱(AND) | A & B |
| \| | 비트 논리합(OR) | A \| B |
| ^ | 비트 배타적 논리합(XOR) | A ^ B |
| ~ | 비트 부정(NOT) | ~A |
| << | 비트 왼쪽 이동 | A << 2 |
| >> | 비트 오른쪽 이동 | A >> 2 |

다음 그림에서 왼쪽은 2(0010)와 7(0111)을 비트 논리곱 연산(&)한 결과이고, 오른쪽은 비트 논리합 연산(|)한 결과입니다.

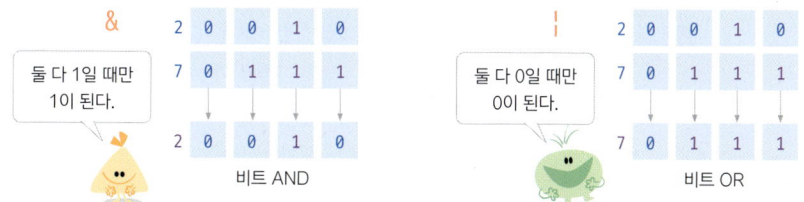

비트 논리곱과 비트 논리합 연산

비트 배타적 논리합 연산자(^)는 두 피연산자의 각 비트를 비교했을 때 같으면 0, 다르면 1이 됩니다. 그리고 비트 부정 연산자(~)는 피연산자의 각 비트를 반전시킵니다. 즉, 0을 1로 1을 0으로 만듭니다.

다음 그림에서 왼쪽은 숫자 2(0010)와 7(0111)을 비트 배타적 논리합으로 연산한 결과이고, 오른쪽은 숫자 2를 비트 부정 연산한 결과입니다.

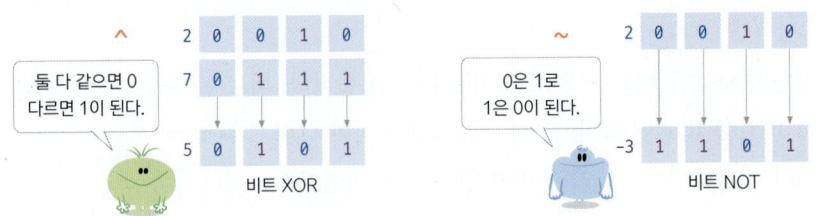

비트 배타적 논리합과 비트 부정 연산자

마지막으로 <<와 >>는 비트 이동$^{shift}$ 연산자입니다. ❶ << 연산자는 모든 비트를 왼쪽으로 이동시키고, >> 연산자는 모든 비트를 오른쪽으로 이동시킵니다. 비트 이동 연산자는 이항 연산자로 피연산자가 2개입니다. 연산자 왼쪽에는 비트 이동할 대상을 작성하고, 연산자 오른쪽에는 몇 칸씩 이동할지를 작성합니다. 예를 들어 2 << 2는 숫자 2(0010)를 대상으로 비트를 왼쪽으로 두 칸씩 이동하라는 의미이며, 2 >> 3은 숫자 2를 대상으로 비트를 오른쪽으로 3칸씩 이동하라는 의미입니다.

❶ 영문 그대로 '시프트 연산자'라고도 합니다.

정수 2를 왼쪽으로 2칸씩 이동시키면 다음 그림에서 왼쪽처럼 빈칸이 2개 생깁니다. 이렇게 새로 생긴 빈칸은 모두 0으로 채워져 결과는 001000이 됩니다. 반대로 정수 2를 오른쪽으로 2칸씩 이동시키면 1과 0이 범위를 벗어납니다. 이렇게 범위를 벗어난 값은 사라져서 결과는 0000이 됩니다.

비트 이동(shift) 연산자

왼쪽 이동 연산자는 비트를 몇 칸 이동시키는지에 따라 2의 거듭제곱이 되는 특징이 있습니다. 예를 들어 2 << 3은 $2 \times 2^3$, 즉 $2 \times 8 = 16$이 됩니다. 반대로 오른쪽으로 이동시키면 2의 거듭제곱만큼 나눗셈한 결과에서 소수점 이하 값을 버린 결과를 얻을 수 있습니다. 예를 들어 8 >> 3은 $8 / 2^3$, 즉 $8 / 8 = 1$이 됩니다.

## 연산자 우선순위

다음 표는 C 언어에서 사용하는 연산자의 우선순위입니다. 모든 연산자의 우선순위를 다 외워서 프로그래밍하기는 어려우므로 필요할 때마다 찾아보면 됩니다. 식에서 우선순위가 같은 연산자가 있을 때는 연산 방향에 따릅니다. 다음 표에서 연산 방향은 우선순위가 같을 때에 어떤 방향으로 연산하는지를 나타냅니다.

연산자 우선순위

| 순위 | 구분 | 연산자 | | 설명 | 연산 방향 |
|---|---|---|---|---|---|
| 1 | 구조체 참조 포인터 | a++ | | 후위 증가 | → |
| | | a-- | | 후위 감소 | |
| | | ( ) | | 괄호, 함수 호출 | |
| | | [ ] | | 배열 인덱스 | |
| | | . | | 구조체 | |
| | | -> | | 포인터 선택 | |
| 2 | 일항 연산자 | ! | | 논리 NOT | ← |
| | | ~ | | 비트 NOT | |
| | | + | | 양수 | |
| | | - | | 음수 | |
| | | ++a | | 전위 증가 | |
| | | --a | | 전위 감소 | |
| | | (자료형) | | 형 변환 | |
| | | & | | 주소 변환(열쇠) | |
| | | sizeof | | 크기 | |
| | | * | | 포인터 참조 (*a) | |
| 3 | 이항 연산자 | 산술 | * | 곱셈 (a * b) | → |
| | | | / | 나눗셈 | |
| | | | % | 나머지 | |
| 4 | | 산술 | + | 덧셈 | |
| | | | - | 뺄셈 | |

05장 ✦ 연산자 **115**

| | | | | | |
|---|---|---|---|---|---|
| 5 | 이항 연산자 | 비트 이동 (시프트) | << | 비트 왼쪽 이동 | → |
| | | | >> | 비트 오른쪽 이동 | |
| 6 | | 비교 | > | 크다 | |
| | | | >= | 크거나 같다 | |
| | | | < | 작다 | |
| | | | <= | 작거나 같다 | |
| 7 | | 비교 | == | 같다 | |
| | | | != | 다르다 | |
| 8 | | 비트 논리곱 | & | 비트 AND | |
| 9 | | 비트 배타적 논리합 | ^ | 비트 XOR | |
| 10 | | 비트 논리합 | \| | 비트 OR | |
| 11 | | 논리곱 | && | 논리 AND | |
| 12 | | 논리합 | \|\| | 논리 OR | |
| 13 | 삼항 연산자 | | ? : | 삼항 조건 | ← |
| 14 | 대입 | | = | 대입(복합 대입 포함) | ← |
| 15 | 나열 | | , | 쉼표 | → |

연산자의 우선순위를 크게 보면 '**괄호 > 일항 > 이항 > 삼항 > 대입 > 나열**' 순입니다. 코드를 작성하다가 연산자의 우선순위를 잘 모르겠으면 우선순위가 가장 높은 소괄호 ()를 사용하면 됩니다.

**확실하게 내 것으로!  05장 마무리 문제**

1. 대입 연산자로 사용하는 기호는 _____ 입니다.

2. 수학에서 '같다'는 의미를 나타내는 C 언어의 연산자는 _____ 입니다.

3. C 언어에서 거짓(false)을 나타내는 값은 _____ 입니다.

4. C 언어에서 참(true)을 나타내는 값은 _____ 입니다.

5. 양쪽 모두가 참(true)이어야 결과가 참인 논리 연산자는 _____ 입니다.

6. 양쪽 모두가 거짓(false)일 때만 결과가 거짓인 논리 연산자는 _____ 입니다.

7. 비교, 논리, 산술 연산자 중 우선순위가 높은 것은 _____ 연산자이며 그다음은 _____ 연산자, 마지막이 _____ 연산자입니다.

8. 자료의 형태를 변환할 때는 _____ 연산자를 사용합니다.

9. 다음 코드의 출력 결과를 순서대로 쓰세요.

```c
#include <stdio.h>

int main()
{
    int num1 = 1, num2 = -1;

    printf("%d\n", num1 != num2);
    printf("%d\n", num1 < num2);
    printf("%d\n", num1 - 2 >= num2);
    printf("%d\n", num1 - 4 > num2 * 2);

    return 0;
}
```

▶ 다음 쪽에 계속

**10** 다음 코드의 출력 결과를 순서대로 쓰세요.

```c
#include <stdio.h>

int main()
{
    int num1 = 1, num2 = -1;

    printf("%d\n", num1 == 0 && num2 == 0);
    printf("%d\n", num1 > 0 || num2 > 0);
    printf("%d\n", !(num1 > 0));

    return 0;
}
```

▶ 모범 답안: 422쪽

# 06장

# 조건문

- ✦ 06-1  if~else 문으로 분기하기
- ✦ 06-2  switch~case 문으로 분기하기

**학습 목표**
1. 제어문의 기본 개념을 이해합니다.
2. if와 if~else, else if 문의 구조와 사용 방법을 익힙니다.
3. 무작위 수를 만드는 방법을 배웁니다.
4. switch~case 문의 구조와 사용 방법을 익히고 if 문과 비교합니다.
5. 삼항 조건 연산자를 알아봅니다.

## 06-1

# if~else 문으로 분기하기

### 제어문의 기본 개념 알기

지금까지 자료형과 연산자의 특징을 배웠습니다. 요리로 치면 재료 준비 단계를 마무리한 것입니다. 이제 준비한 재료로 조리를 해야 합니다. 프로그래밍에서 조리는 제어 구조에 따라 데이터를 처리하는 것입니다.

C 언어에서 사용하는 제어 구조는 순차, 조건 선택, 반복 등 3가지입니다. **순차 구조는 코드가 차례로 실행되는 구조**를 말합니다. 코드는 책을 읽는 것처럼 위에서 아래로 한 줄씩 차례로 실행됩니다. 변수를 선언하고 연산자를 사용하여 데이터를 처리하고 출력하는 모든 코드가 순차 구조입니다.

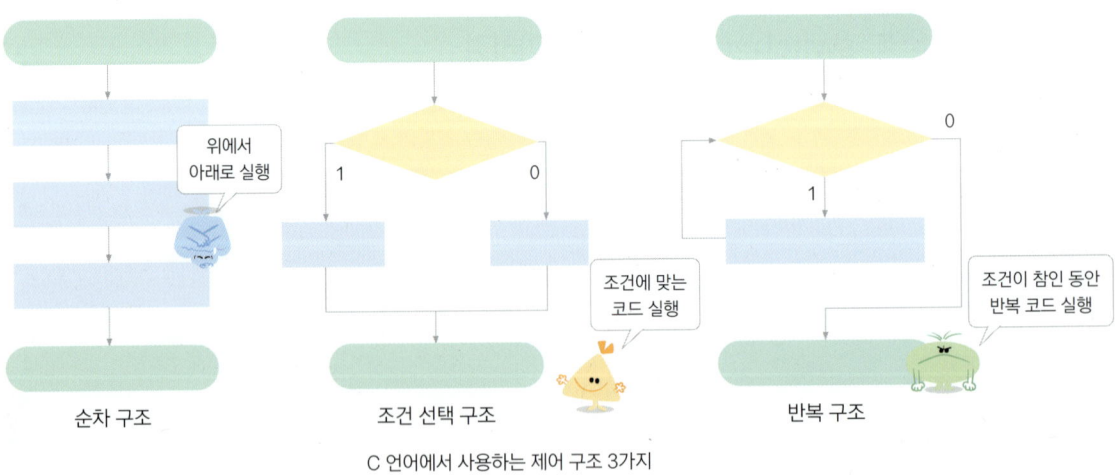

C 언어에서 사용하는 제어 구조 3가지

조건 선택 구조는 조건에 따라 실행할 코드가 달라지는 구조를 말합니다. 조건 선택 구조는 `if`나 `switch` 등의 조건문으로 구현합니다. 이번 장에서는 조건 선택 구조를 자세히 설명합니다.

반복 구조는 조건이 참인 동안 반복해서 실행하는 구조를 말합니다. 반복 구조는 조건이 참인 동안 계속 실행하다가 거짓이 되면 반복 구조를 빠져나옵니다. 반복 구조는 for나 while 등의 반복문으로 구현하는데, 이와 관련해서는 07장에서 자세히 설명합니다.

조건문과 반복문에서는 조건에 따라 특정 코드를 실행할지 반복할지를 결정합니다. 따라서 조건문과 반복문은 연산 결과가 참(0)이나 거짓(1)으로 나오는 조건식이 필요합니다. 예를 들어 조건문 "if (비가 오면) 우산을 가지고 간다"에서 소괄호 안의 '비가 오면'이 조건식입니다. 비가 올 때만 우산을 가지고 갑니다.

> **핵심 한 줄** 조건문을 사용하면 프로그램의 실행 흐름을 조건에 따라 여러 갈래로 분기하도록 작성할 수 있다.

## if 문의 구조

조건 선택 구조를 구현할 때는 if 문을 주로 사용합니다. if 문은 "if (조건) 참일 때 실행할 코드"의 구조로 작성합니다. 여기서 실행할 코드는 if의 조건이 참(1)일 때만 실행됩니다.

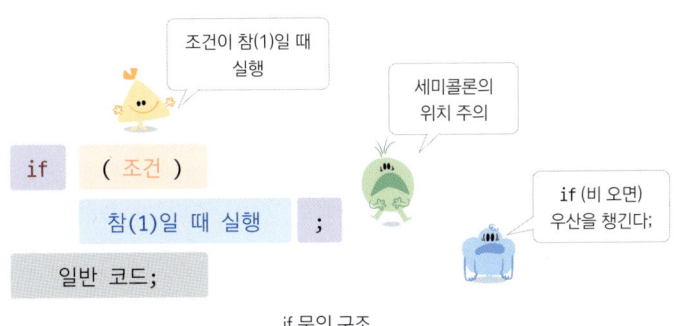

if 문의 구조

소개팅을 한다고 가정해 보죠. 만약 비가 오면 우산을 챙기고, 비가 안 오면 그냥 갑니다. 이를 if 문으로 바꾸면 "if (비가 오면) 우산을 챙긴다"입니다. if 문 다음의 일반 코드는 if 문과 상관없이 무조건 실행됩니다. if 문은 우산을 챙길지 말지만 결정합니다.

다음 코드는 if 문을 사용하는 방법을 보여 줍니다. 04행에서 비가 오는지를 확인하는 변수 rain을 선언하고 07행에서 비가 오면 1, 안 오면 0을 입력받습니다.

### Do it! 실습    if 문의 사용 방법         601_meet1.c

```c
01  #include <stdio.h>
02
03  int main() {
04      int rain;
05
06      printf("비가 오나요? YES=1, NO=0: ");
07      scanf("%d", &rain);
08
09      if (rain == 1)
10          printf("우산 준비\n");      // rain == 1일 때만 실행
11
12      printf("소개팅 간다.\n");       // 조건에 상관없이 실행
13
14      return 0;
15  }
```

▼

**실행 결과**

```
비가 오나요? YES=1, NO=0: 1 [Enter]
우산 준비
소개팅 간다.
```

09행에서 만약 비가 오면(rain == 1이면), 10행의 "우산 준비"가 출력됩니다. 비가 오든지 안 오든지 12행의 "소개팅 간다."는 무조건 출력됩니다.

if 문을 사용할 때는 다음과 같은 실수를 하지 않도록 조심해야 합니다.

❶ if 문에서 세미콜론(;)은 참일 때 실행할 문장 다음에 붙여야 합니다. 만약 앞선 코드에서 if (rain == 1);처럼 조건 다음에 세미콜론을 붙이면 if 문이 바로 종료됩니다. 이렇게 하면 10행은 if 문에 속한 코드가 아니라 일반 코드가 되어 무조건 출력됩니다.

**if 문의 조건 다음에는 세미콜론 생략하기**

```
if (rain == 1);                  // 세미콜론으로 조건문이 끝남
    printf("우산 준비\n");        // "우산 준비"가 무조건 출력됨
```

❷ 특정한 구조에 포함하는 문장은 들여쓰기를 해야 합니다. 앞선 코드에서 printf("우산 준비\n")는 if 문에 포함하는 문장이므로 들여쓰기를 해야 합니다. 들여쓰기를 하지 않는다고 해서 오류가 발생하지는 않지만, 코드를 읽기 쉽게 작성하는 것은 유지·보수 측면에서 중요한 문제입니다.

들여쓰기를 하지 않은 예
```
if (rain == 1)
printf("우산 준비\n");
```

참고로 if 문의 조건에 따라 실행할 문장이 1개일 때는 다음처럼 한 줄로 작성하기도 합니다.

한 줄로 작성 가능
```
if (rain == 1) printf("우산 준비\n");
```

## if~else 문의 구조

조건이 참일 때 실행할 코드와 조건이 거짓일 때 실행할 코드를 모두 작성할 때는 if~else 문을 사용합니다. if~else 문은 다음과 같은 구조로 작성합니다. if 문의 조건이 거짓(0)일 때 실행할 코드는 else 문에 작성합니다.

if~else 문의 구조

다음 코드는 앞의 소개팅 코드에서 비가 오면 우산을 챙기지만, 비가 안 오면 햇빛을 가리기 위해 모자를 챙기는 코드로 바꾼 예입니다. 이때 if~else 문을 사용할 수 있습니다. if~else 문에서는 우산과 모자 하나만 출력할 뿐, 둘 다 출력하는 경우는 없습니다.

## Do it! 실습    if~else 문의 사용 방법    📄 602_meet2.c

```c
01  #include <stdio.h>
02
03  int main() {
04      int rain;
05
06      printf("비가 오나요? YES=1, NO=0: ");
07      scanf("%d", &rain);
08
09      if (rain == 1)
10          printf("우산 준비\n");      // rain == 1일 때 실행
11      else
12          printf("모자 준비\n");      // rain == 1이 아닐 때 실행
13
14      printf("소개팅 간다.\n");       // 조건에 상관없이 실행
15
16      return 0;
17  }
```

▼

#### 실행 결과

```
비가 오나요? YES=1, NO=0: 0 [Enter]
모자 준비
소개팅 간다.
```

09행에서 조건이 참(rain == 1)이면 10행의 "우산 준비"를 출력합니다. 만약 조건이 거짓(rain != 1)이면 else 다음 코드인 12행의 "모자 준비"를 출력합니다. 앞에서 강조했다시피 10행과 12행은 들여쓰기를 해야 합니다.

### 중괄호와 블록

지금까지 예에서는 if 조건이 참일 때나 거짓일 때(else) 실행할 코드가 한 줄 뿐이었습니다. 조건에 따라 실행할 코드가 여러 줄일 때는 중괄호 {}를 사용해 묶어 줍니다. 중괄호는 여러 작업을 묶을 때 사용하며 이렇게 묶인 영역을 **블록**<sup>block</sup>이라고 합니다.

다음은 중괄호로 묶인 if~else 문의 구조를 보여 줍니다. 왼쪽은 if 문에 속한 코드 1과 2를 중괄호로 묶었고, else 문에 속한 코드 3과 4도 중괄호로 묶었습니다. 오른쪽은 코드의 길이

를 줄이기 위해 여는 중괄호 {의 위치를 조정한 것입니다. 만약 코드가 한 줄일 때는 중괄호를 사용해도 되고 생략해도 됩니다. 중요한 것은 중괄호를 사용하든 생략하든 들여쓰기는 꼭 해야 한다는 점입니다.

```
if ( 조건 )                if ( 조건 ) {
{                              코드 1;
    코드 1;                    코드 2;
    코드 2;                }
}                          else {
else                           코드 3;
{                              코드 4;
    코드 3;                }
    코드 4;
}
```

조건에 따라 실행할 코드가 여러 줄일 때

## 다중 조건문

조건문을 작성하다 보면 조건을 여러 개 지정해야 할 때가 있습니다. 이때 여러 조건 가운데 하나만 선택하는 구조를 **다중 조건문**이라고 합니다. 다중 조건문은 if~else if~else의 구조입니다. if~else 문에서는 새로운 조건을 제시하는 else if 문을 여러 개 나열할 수 있습니다. 그러나 다중 조건문을 사용하더라도 프로그램의 실행 흐름은 결국 한 갈래로만 흐릅니다. 즉, 실행되는 코드는 if, esle if, else 가운데 하나에 속한 구문 또는 블록뿐입니다.

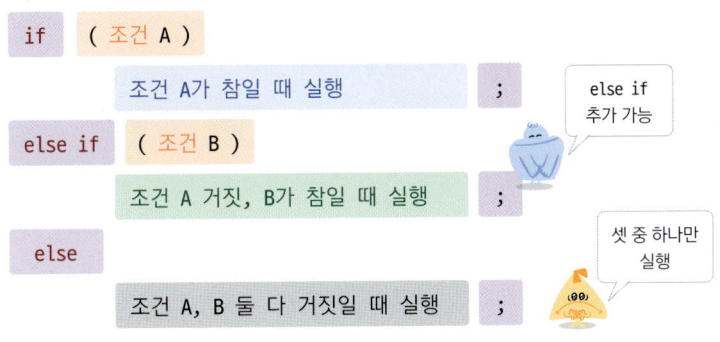

다중 조건문의 구조

예를 들어 별다방에서 사은품 행사를 한다고 가정해 봅시다. 쿠폰이 없거나 10개 미만은 커피 한 잔, 10개 이상은 다이어리, 20개 이상은 여행 가방을 줍니다.

별다방 사은품 행사

다음 코드는 쿠폰 개수에 따라 사은품을 출력하는 예입니다. 먼저 쿠폰의 개수를 저장할 coupon 변수를 선언하고 07행에서 개수를 입력받습니다. 쿠폰의 개수가 20개 이상이면 "여행 가방"을 출력하고, 10개 이상이면 "다이어리"를 출력합니다. 15행의 else 문은 두 조건을 모두 충족하지 않을 때에 해당합니다. 즉, 쿠폰의 개수가 10개 미만일 때는 "커피 한 잔"을 출력합니다.

**Do it! 실습**  별다방 사은품 행사  `603_present1.c`

```c
#include <stdio.h>

int main() {
    int coupon;

    printf("쿠폰 개수 입력: ");
    scanf("%d", &coupon);

    if (coupon >= 20) {
        printf("여행 가방\n");      // 20개 이상인 경우
    }
    else if (coupon >= 10) {
        printf("다이어리\n");        // 10개 이상인 경우
    }
    else {
        printf("커피 한 잔\n");      // 10개 미만인 경우
    }
    return 0;
}
```

**실행 결과**

쿠폰 개수 입력: 21 [Enter]
여행 가방

> **실행 결과**
>
> 쿠폰 개수 입력: 10 [Enter]
> 다이어리

첫 번째 실행 결과를 보죠. 쿠폰 개수를 21로 입력하면 09행의 조건 coupon >= 20을 만족하므로 "여행 가방"을 출력합니다. 이렇게 조건에 맞는 코드를 실행하고 나면 현재 조건문과 연결된 else if와 else 문을 무시합니다. 즉, 12~17행을 건너뜁니다.

두 번째 실행 결과에서는 쿠폰 개수로 10을 입력했습니다. 09행의 if 조건은 거짓이므로 그다음 조건인 12행의 coupon >= 10을 확인합니다. 조건이 참이므로 "다이어리"를 출력합니다. 마찬가지로 조건에 맞는 코드를 실행했으므로 15~17행은 건너뜁니다.

이 코드에서는 조건에 만족할 때 실행할 코드를 블록으로 묶었지만, 한 줄일 때는 중괄호를 생략할 수 있습니다.

## 무작위 수 만들기

이 책에서는 무작위 수<sup>random number</sup>를 이용한 게임을 만들기도 합니다. 이때 자주 사용하는 rand() 함수를 알아보겠습니다. rand() 함수는 **표준 라이브러리 헤더인 stdlib.h**❶에 포함되어 있습니다. 따라서 rand() 함수를 사용하려면 #include <stdlib.h> 지시문을 추가해야 합니다. stdlib.h도 표준 입출력 헤더(stdio.h)만큼 자주 사용하므로 기억하기 바랍니다.

❶ stdlib라는 이름은 standard의 'std'에 library의 'lib'를 붙인 것입니다.

다음 코드는 rand() 함수가 무작위로 숫자를 하나 만들어 com 변수에 저장합니다.

> **무작위 수 만들기**
>
> com = rand();   // #include <stdlib.h> 추가

rand() 함수는 0~32,767❶까지의 수에서 무작위로 하나를 반환합니다. 만약 수의 범위를 지정하고 싶을 때는 나머지 연산자 %를 이용합니다. rand() 함수가 반환하는 무작위 수를 특정한 수로 나눈 나머지를 이용하는 원리입니다.

❶ rand() 함수의 범위는 limits.h 헤더 파일에 정의된 RAND_MAX라는 상수에 따릅니다. 그 값은 일반적으로 32,767이지만, 64bits 유닉스에서는 0~4,294,967,295입니다.

예를 들어 0~9까지의 무작위 수는 rand() % 10으로 만들 수 있습니다. rand() 함수가 반환하는 어떤 값이든지 10으로 나누면 나머지가 0~9까지의 수가 되기 때문입니다. 같은 원리로 1~10까지의 무작위 수를 만들고 싶다면 rand() % 10 + 1로 작성하면 됩니다.

무작위 수를 생성하는 rand() 함수

다음 코드는 무작위 수를 만들어 출력하는 예입니다. 02행은 rand() 함수가 선언된 stdlib.h 헤더를 포함합니다. 07행에서 com = rand() 코드로 무작위 수를 만들어 com 변수에 저장하고 08행에서 출력합니다. 그리고 09행에서는 무작위 수의 범위를 0~9로 지정하고, 11행에서는 1~10으로 지정합니다.

### Do it! 실습   무작위 수 만들기(매번 같은 수)     604_rand1.c

```c
01  #include <stdio.h>
02  #include <stdlib.h>    // rand() 함수가 선언된 헤더 파일
03
04  int main() {
05      int com;
06
07      com = rand();              // 무작위 수 생성 후 com에 대입
08      printf("%d\n", com);
09      com = rand() % 10;         // 0~9까지 무작위 수 생성
10      printf("%d\n", com);
11      com = rand() % 10 + 1;     // 1~10까지 무작위 수 생성
12      printf("%d\n", com);
13
14      return 0;
15  }
```

**실행 결과**

```
41
7
5
```

그런데 문제가 있습니다. 게임에서는 실행할 때마다 다른 숫자가 필요한데, 이 프로그램은 매번 똑같은 패턴의 무작위 수가 만들어집니다. 프로그램을 여러 번 실행해 보면 결과가 같은 것을 볼 수 있습니다.

이 문제를 해결하려면 srand()와 time() 함수를 이용해야 합니다. srand()는 무작위 수 생성기의 초깃값(시드)을 설정하는 함수이고, time()은 시스템의 현재 시각을 가져오는 함수입니다. 두 함수를 조합해 srand(time(NULL));처럼 호출하면 무작위 수 생성기의 초깃값을 현재 시각으로 설정하여 프로그램을 실행할 때마다 다른 패턴의 무작위 수를 만들 수 있습니다.

무작위 수의 패턴을 바꾸는 srand() 함수

그런데 time() 함수가 반환하는 값과 srand() 함수의 매개변숫값의 자료형은 서로 다릅니다. 따라서 time(NULL) 앞에 형 변환 연산자인 (unsigned)를 붙여야 더 안전합니다.
srand() 함수는 rand() 함수를 사용하기 전에 한 번만 호출하면 됩니다. 또한 time()은 time.h 헤더에 속한 함수이므로 #include <time.h> 지시문을 추가해야 합니다.

### Do it! 실습   무작위 수 만들기(매번 새로운 수)    605_rand2.c

```
01  #include <stdio.h>
02  #include <stdlib.h>
03  #include <time.h>         // time() 함수가 선언된 헤더 파일
04
05  int main() {
06      int com;
07
08      srand((unsigned)time(NULL));    // 무작위 패턴 변경
09
10      com = rand();                   // 무작위 수 생성
11      printf("%d\n", com);
12      com = rand() % 10;              // 0~9까지 무작위 수 생성
13      printf("%d\n", com);
14
15      return 0;
16  }
```

실행 결과

21448
0

| 실행 결과 |
|---|
| 21553<br>4 |

## 실력 향상 프로젝트 08 | 가위바위보 게임 만들기
606_RPSgame.c

다중 조건문을 사용하여 가위바위보 게임을 만들어 봅시다. 편의상 가위는 0, 바위는 1, 보는 2로 정했습니다. 사용자에게 가위바위보 중 하나의 값을 입력받습니다. 컴퓨터는 rand() % 3 으로 무작위 수를 만듭니다.

가위바위보 게임은 비기거나 사용자가 이기거나 컴퓨터가 이기는 3가지 가운데 하나의 결과를 출력해야 하므로 15~20행까지 다중 조건문을 사용합니다. 비기는 경우는 `if` 문의 조건으로 설정하고, 사용자가 이기는 경우는 `else if` 문의 조건으로 설정합니다. 그러면 나머지의 경우, 즉 컴퓨터가 이기면 `else` 문으로 처리됩니다.

```c
01  #include <stdio.h>
02  #include <stdlib.h>
03  #include <time.h>
04
05  int main() {
06      int com, user;
07
08      srand((unsigned)time(NULL));    // 실행할 때마다 무작위 패턴 변경
09
10      printf("가위0 바위1 보2 선택: ");
11      scanf("%d", &user);
12      com = rand() % 3;    // 0~2까지 무작위 수 생성
13      printf("com = %d, user = %d ", com, user);
14
15      if (com == user)
16          printf("비겼습니다!\n");    // 비긴 경우
17      else if (                    )   ← 괄호 안을 채우세요.
18          printf("사용자 승!\n");    // 사용자가 이긴 경우
19      else
20          printf("컴퓨터 승!\n");    // 컴퓨터가 이긴 경우
21
22      return 0;
23  }
```

> **실행 결과**
>
> 가위0 바위1 보2 선택: 1 [Enter]
> com = 0, user = 1 사용자 승!

17행에서 사용자가 이기는 조건식은 직접 작성해 보세요. 사용자가 이기는 경우의 수는 다음과 같습니다.

  1) 컴퓨터가 가위(0)일 때 사용자는 바위(1)
  2) 컴퓨터가 바위(1)일 때 사용자는 보(2)
  3) 컴퓨터가 보(2)일 때 사용자는 가위(0)

이 3가지 경우를 논리합 연산(||)으로 묶어서 사용자가 이기는 조건식을 다음처럼 작성할 수 있습니다.

> **사용자가 이기는 조건식**
>
> ```
> else if ((com == 0 && user == 1) || (com == 1 && user == 2) || (com == 2 && user == 0))
> ```

## 06-2

# switch~case 문으로 분기하기

### switch 문의 구조

switch는 조건에 따라 실행되는 코드가 달라지는 조건문 중 하나입니다. switch 문과 if의 다중 조건문은 서로 호환됩니다. 즉, switch 문을 if~else 문으로 바꾸거나 그 반대로 바꿀 수 있습니다.

switch 문의 구조를 그림으로 자세히 살펴보죠. switch 문은 switch (조건)의 몸체인 블록 {} 안에 여러 경우의 수(case)가 모여 있는 구조입니다. 조건에 따라 case로 진입하여 주어진 실행문을 처리하고 break에서 멈춥니다.

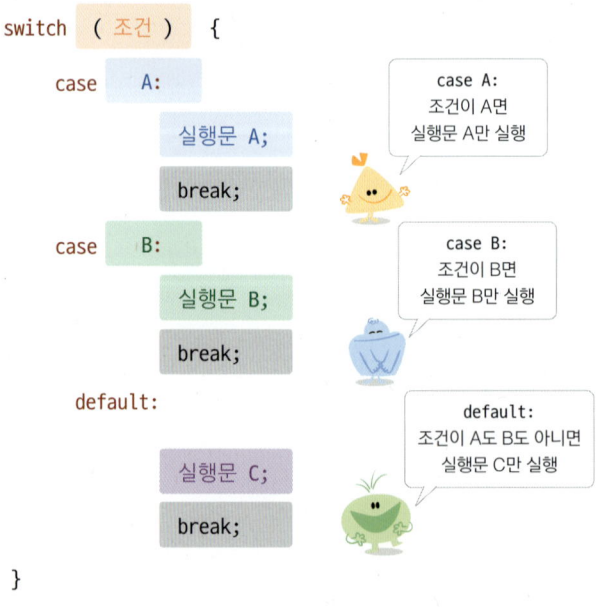

switch 문의 구조

break는 블록을 빠져나오는 예약어입니다. 만약 조건이 어떤 case에도 속하지 않으면 마지막의 default로 진입합니다. 즉, default는 case에 해당하지 않는 나머지 경우를 의미합니다.

switch 문에서는 조건을 하나만 지정할 수 있습니다. 한 가지 조건에 여러 개의 case가 적용됩니다. 주의할 점은 각 case에는 세미콜론(;)이 아닌 콜론(:)을 붙여야 한다는 것입니다. C 언어에서 세미콜론(;)은 한 문장이 끝났음을 의미합니다. 하지만 case는 조건에 따라 진입하는 곳이지 코드가 끝나는 곳이 아닙니다. 따라서 case 다음에는 콜론(:)을 사용합니다. 또한 case에서 실행할 문장이 여러 개여도 중괄호를 사용하지 않아도 됩니다.

## 다중 조건문과 switch 문

다중 조건문에서는 if~else if 문으로 조건을 여러 개 만들 수 있습니다. 그러나 switch 문에서는 하나의 조건으로 여러 가지 경우의 수(case)를 만들어야 합니다.

예를 들어 앞 절에서 if~else if 문으로 작성했던 별다방의 사은품 행사를 switch 문으로 변경한다면 조건을 어떻게 설정해야 할까요? 10 미만인 경우, 10 이상 20 미만인 경우, 20 이상인 경우를 하나의 조건으로 표현해야 합니다.

별다방 사은품 행사

쿠폰의 개수를 10으로 나누어 소수점 이하를 버리면 0, 1, 2라는 경우의 수를 만들 수 있습니다. 이를 이용해 switch 문을 작성해 보죠.

**Do it! 실습**  별다방 사은품 행사(오류 발생)　　　　　　　　　　　📄 607E_present2.c

```
01  #include <stdio.h>
02
03  int main() {
04      int coupon, con;
05
06      printf("쿠폰 개수 입력: ");
07      scanf("%d", &coupon);
08      con = coupon / 10;
09
10      switch (con) {
11          case 2:   // 20개 이상일 때 진입점
```

```
12              printf("여행 가방\n");
13              break;
14      case 1:       // 10~19개일 때 진입점
15              printf("다이어리\n");
16              break;
17      default:      // 조건에 맞는 case가 없을 때(10개 미만) 진입점
18              printf("커피 한 잔\n");
19      }
20      return 0;
21   }
```

▼

> **실행 결과**
>
> 쿠폰 개수 입력: 12 [Enter]
> 다이어리

> **실행 결과**
>
> 쿠폰 개수 입력: 30 [Enter]
> 커피 한 잔

08행에서 coupon의 개수를 10으로 나누어 con 변수에 저장합니다. 이때 con은 정수형 변수이므로 coupon / 10의 결과가 실수라면 묵시적 형 변환이 이뤄져 소수점 이하는 자동으로 잘립니다. 따라서 con 변수에는 쿠폰이 10개 미만일 때는 0, 10~19개일 때는 1, 20~29개일 때는 2가 들어갑니다. 만일 명시적 형 변환 연산자를 사용한다면 (int)(coupon / 10)처럼 작성할 수 있습니다.

◐ 형 변환에 관한 자세한 설명은 「05-3」 절을 참고하세요.

case는 조건과 일치할 때 코드를 실행하기 위해 진입하는 통로입니다. 쿠폰 개수가 20개 이상인 case 2에 해당하면 "여행 가방"을 출력하고 이어서 13행의 break를 만나 switch 문을 빠져나옵니다. 쿠폰 개수가 10~19개라면 case 1의 "다이어리"를 출력하고 16행의 break를 만나 switch 문을 빠져나옵니다. 나머지 경우에는 default에 따라 "커피 한 잔"을 출력합니다. switch 문에서 default는 조건에 맞는 case가 없을 때 가장 마지막에 진입하는 통로입니다. 따라서 default에는 break를 생략할 수 있습니다.

실행 결과를 보면 사용자가 12를 입력하면 정상으로 출력됩니다. 하지만 사용자가 30을 입력하면 쿠폰이 20개 이상이므로 "여행 가방"을 출력해야 하는데 "커피 한 잔"으로 잘못 출력됩니다. 즉, 사용자가 쿠폰을 30개 이상 가지고 있는 경우를 고려하지 못한 거죠. 이를 해결한다

고 조건을 변경하거나 case 3, case 4, case 5 등을 추가하는 것은 좋은 방법이 아닙니다. 왜냐하면 사용자가 쿠폰을 몇 개 가지고 있는지 알 수 없기 때문이죠.

이 문제는 다음처럼 case의 숫자만 바꾸면 쉽게 해결할 수 있습니다. case 1(쿠폰 10~19)은 "다이어리", case 0(쿠폰 10개 미만)은 "커피 한 잔"을 출력하고, default(쿠폰 20개 이상)에서 "여행 가방"을 출력하도록 변경하면 됩니다.

```
switch (con) {
    case 1:
        printf("다이어리\n");
        break;
    case 0:
        printf("커피 한 잔\n");
        break;
    default :
        printf("여행 가방\n");
}
```

> **핵심 한줄** switch 문을 작성할 때는 조건과 경우의 수를 고려해 예외가 없도록 한다.

## switch 문의 활용

switch 문은 조건과 일치하는 case를 찾아 분기하더라도 그곳부터 아래로 몸체의 나머지 모든 코드를 실행하는 특성이 있습니다. 이러한 특성을 살려 switch 문을 빠져나오는 break를 활용하면 다양한 용도로 프로그래밍할 수 있습니다.

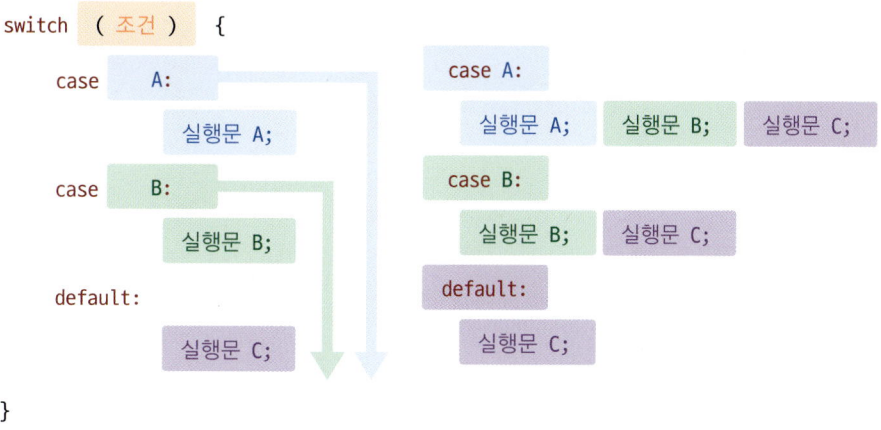

break 없는 switch 구조

이 그림은 break를 사용하지 않는 switch 문의 예를 보여 줍니다. break가 없으므로 조건의 결과가 A일 때 그에 해당하는 실행문 A뿐만 아니라 그 아래에 있는 B와 C도 모두 실행됩니다. 만약 조건의 결과가 B라면 그에 해당하는 실행문 B뿐만 아니라 그 아래에 있는 C도 실행됩니다.

> **핵심 한줄** switch 문은 조건과 일치하는 case 이후의 모든 구문을 실행한다.

switch 문의 이러한 특성을 살린 코드를 작성해 보겠습니다. 놀이동산에는 다양한 종류의 패키지가 있습니다. 예를 들어 1번 패키지는 입장권과 놀이기구 10종을 이용할 수 있고 돌고래 쇼도 관람 할 수 있습니다. 2번 패키지는 입장권과 놀이기구 10종을 이용할 수 있습니다. 마지막으로 3번 패키지는 입장만 할 수 있다고 가정해 봅시다.

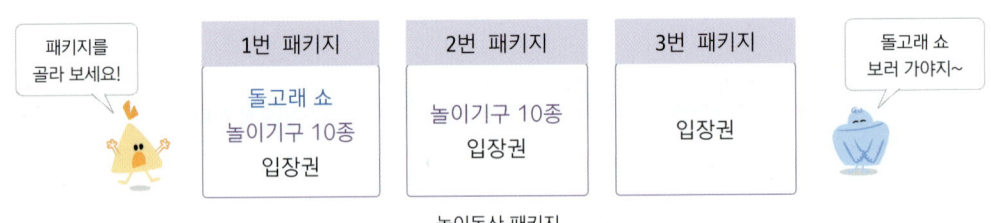

놀이동산 패키지

다음 코드는 사용자에게 구매할 패키지를 입력받고 switch 문으로 그에 해당하는 case별로 출력하는 예입니다. switch 문에 break를 사용하지 않았으므로 사용자가 1번 패키지를 구매하면 case 1로 진입한 다음에 11행, 13행, 15행의 printf() 함수가 모두 실행됩니다.

**Do it! 실습**  놀이동산 패키지 구매하기  📄 608_park.c

```
01  #include <stdio.h>
02
03  int main() {
04      int ticket;
05
06      printf("1, 2, 3번 중 어떤 패키지를 구매하시겠습니까?: ");
07      scanf("%d", &ticket);
08
09      switch (ticket) {
10          case 1:      // 3가지 티켓 모두 구매
```

```
11              printf("돌고래 쇼 티켓\n");
12          case 2:     // 2가지 티켓 구매
13              printf("놀이기구 10종 티켓\n");
14          default:    // 입장권 구매
15              printf("입장권 티켓\n");
16      }
17      return 0;
18  }
```

▼

> **실행 결과**
>
> 1, 2, 3번 중 어떤 패키지를 구매 하시겠습니까?: 1 Enter
> 돌고래 쇼 티켓
> 놀이기구 10종 티켓
> 입장권 티켓

> **실행 결과**
>
> 1, 2, 3번 중 어떤 패키지를 구매 하시겠습니까?: 3 Enter
> 입장권 티켓

사용자가 2번 패키지를 구매하면 case 2로 진입하여 13행의 "놀이기구 10종 티켓"과 15행의 "입장권 티켓"이 출력되고, 3번 패키지를 구매하면 default로 진입하여 "입장권 티켓"만 출력됩니다.

이처럼 상황에 따라 switch 문의 특성을 이용할 수 있습니다. 반면에 별다방 사은품 행사 같은 코드는 switch 문으로 작성하면 도리어 불편하기도 합니다. 이러한 특성을 알고 주어진 상황과 조건의 형태에 따라서 if 문을 사용할지 switch 문을 사용할지 결정하면 됩니다.

## 삼항 조건 연산자

05장에서 연산자를 다룰 때 설명하지 않은 연산자가 있습니다. 바로 삼항 조건 연산자입니다. 삼항 조건 연산자는 마치 if~else 문을 한 줄로 표현한 것처럼 연산합니다. 삼항 조건 연산자의 구조는 다음과 같습니다.

```
( 조건 ) ? 참인 경우 : 거짓인 경우
```
삼항 조건 연산자의 구조

물음표(?) 앞에 조건이 들어가고 물음표 다음에는 참일 때 실행할 코드를 작성합니다. 그리고 콜론(:)을 쓴 다음에 거짓일 때 실행할 코드를 작성합니다. num1이 짝수인지 홀수인지를 출력하는 코드를 삼항 조건 연산자로 작성하면 다음과 같습니다.

**삼항 연산자로 짝수인지 홀수인지 출력**
```
(num1 % 2 == 0) ? printf("짝수") : printf("홀수");
```

또는 다음처럼 작성할 수도 있습니다. C 언어에서 거짓은 0, 참은 1입니다. 따라서 나머지 연산의 결괏값만으로도 짝수인지 홀수인지 알 수 있습니다.

```
(num1 % 2) ? printf("홀수") : printf("짝수");
```

삼항 조건 연산자는 조건문을 한 줄로 표현할 수 있어 코드의 길이를 줄이는 효과가 있습니다. 하지만 구조를 정확하게 파악하기 어렵다는 단점도 있죠. 따라서 삼항 조건 연산자는 간단한 계산식을 처리할 때에 주로 사용됩니다.
예를 들어 다음 코드는 두 변숫값 중 큰 값을 max에 저장하는 코드입니다.

**큰 값을 저장**
```
max = (num1 > num2) ? num1 : num2;
```

num1과 num2를 비교하여 num1이 크면 max에 num1을 대입하고, num2가 크면 max에 num2를 대입합니다. 만약 두 변숫값이 같으면 num1 > num2 조건이 거짓이므로 max에 num2를 대입합니다. 결국 이 구문에서 삼항 조건 연산자는 오른쪽의 결괏값을 왼쪽 max에 대입합니다.

## 실력 향상 프로젝트 09 | 여행지 추첨 프로그램 만들기
📄 609_trip.c

4명이서 여행을 떠나려 하는데 둘은 하와이를 가자고 하고 나머지는 다른 곳을 가자고 합니다. 무작위 수를 만들어 0이 나오면 제주도, 1이 나오면 사이판, 2나 3이 나오면 하와이를 선택하는 코드를 작성해 보죠.

무작위로 선택하는 여행지

다음 코드는 무작위로 뽑은 여행지를 switch 문으로 출력하는 예입니다. 09행에서 rand() 함수를 사용하여 0~3 가운데 무작위 수를 만든 후 trip 변수에 저장합니다.

```c
01  #include <stdio.h>
02  #include <stdlib.h>
03  #include <time.h>
04  
05  int main() {
06      int trip;
07  
08      srand((unsigned)time(NULL));
09      trip = rand() % 4;     // 0~3까지 무작위 수 생성
10  
11      switch (trip) {
12          case 0:     // 0이 나오는 경우
13              printf("제주도로 출발\n");
14              break;
15          case 1:     // 1이 나오는 경우
16              printf("사이판으로 출발\n");
17              break;
18          default:    // 2나 3이 나오는 경우
19              printf("하와이로 출발\n");
20      }
21      return 0;
22  }
```

| 실행 결과 |
|---|
| 하와이로 출발 |

11행에서 switch (trip)으로 조건문을 시작합니다. trip 변숫값에 따라 0과 1 그리고 defualt로 나닙니다. case 0이면 "제주도로 출발"을 출력, case 1이면 "사이판으로 출발"을 출력하고 각각 break에서 switch 문을 빠져나옵니다. trip 변숫값이 0이나 1이 아닌 경우에는 모두 "하와이로 출발"을 출력합니다.

## 확실하게 내 것으로! 06장 마무리 문제

1. 조건문에 사용하는 예약어는 _____ 입니다.

2. 다중 조건문은 if~ _____ ~else 구조입니다.

3. 여러 개의 코드를 하나의 블록으로 묶을 때는 _____ (을)를 사용합니다.

4. rand() 함수를 사용할 때 포함해야 하는 헤더 파일의 이름은 _____ 입니다.

5. rand() 함수의 초깃값(시드)을 설정하여 무작위 패턴을 변경하는 함수의 이름은 _____ 입니다.

6. rand() 함수로 무작위 수를 만들 때 범위를 0~20으로 지정하려면 _____ (이)라고 작성해야 합니다.

7. rand() 함수로 무작위 수를 만들 때 범위를 2~10으로 지정하려면 _____ (이)라고 작성해야 합니다.

8. switch 문의 case 끝에 사용하는 기호는 _____ 입니다.

9. switch 문에서 조건과 일치하는 경우(case)가 없을 때는 _____ 에 진입합니다.

10. 작업을 중단하고 블록을 빠져나오는 예약어는 _____ 입니다.

▶ 다음 쪽에 계속

**11** 다음은 홀짝 게임 코드의 일부입니다. 잘못된 부분을 찾아서 고치세요.

```
01  if (com == user)
02      mony = money + 30;
03      printf("맞췄음! 돈은 %d억 원", money);
04  else
05      mony = money - 30;
06      printf("틀렸음! 돈은 %d억 원", money);
```

**12** 다음 코드를 실행했을 때 1을 입력한 경우, 2를 입력한 경우, 3을 입력한 경우에 따라 출력 결과를 쓰세요.

```c
01  #include <stdio.h>
02
03  int main() {
04      int ticket;
05
06      scanf("%d", &ticket);
07
08      switch (ticket) {
09          case 1:
10              printf("돌고래 ");
11          case 2:
12              printf("10종 ");
13              break;
14          default:
15              printf("입장권 ");
16      }
17      return 0;
18  }
```

▶ 모범 답안: 422쪽

# 07장

# 반복문

- ✦ **07-1** 반복문의 구조 알아보기
- ✦ **07-2** for 문으로 반복 실행하기
- ✦ **07-3** while 문으로 반복 실행하기
- ✦ **07-4** 반복 제어하기

**학습 목표**
1. 반복문의 기본 개념과 초기식, 조건식, 증감식을 이해합니다.
2. for 문과 while 문의 사용 방법을 익히고 서로 변환할 수 있도록 합니다.
3. while 문과 do~while 문의 차이를 이해합니다.
4. 반복문을 제어하는 break, continue 예약어를 알아봅니다.

## 07-1

# 반복문의 구조 알아보기

### 반복문의 기본 개념과 구성 요소

앞 장에서 살펴본 조건문은 조건이 만족할 때 코드를 한 번 실행하는 구조입니다. **반복문은 조건이 만족할 때까지 반복해서 실행하는 구조입니다.** 만약 조건이 거짓이 되면 반복문을 빠져나옵니다. C 언어에서 반복문은 `while`이나 `for`라는 예약어로 작성합니다.

예를 들어 통닭 10마리를 주문받았다고 가정해 봅시다. 다음 그림은 통닭 10마리를 튀기는 `while` 문의 구조입니다. 주문받은 통닭 수는 `order` 변수에 넣고 통닭 10마리가 다 튀겨질 때까지(order > 0) 반복합니다. 통닭을 한 마리 튀길 때마다 `order`는 1씩 감소합니다.

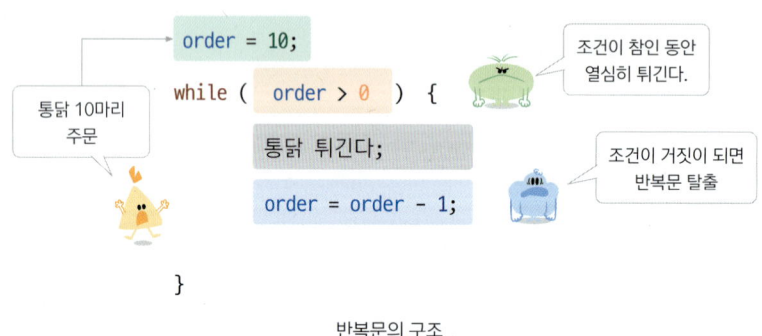

반복문의 구조

`while` 문은 `if` 문과 똑같이 생겼습니다. 차이점이 있다면, `if` 문은 조건이 참(1)일 때에 한 번만 실행하지만, `while` 문은 참인 동안 계속 실행합니다.

if 문과 while 문의 구조

| if 문의 구조 | while 문의 구조 |
| --- | --- |
| `if (order > 0)`　// 조건이 참이면<br>　`통닭 튀긴다;`　// 1마리 튀긴다 | `while (order > 0)`　// 조건이 참인 동안<br>　`통닭 튀긴다;`　// 계속 튀긴다 |

반복문은 초기식, 조건식, 증감식 등 3가지 요소로 구성됩니다.

- **초기식**: 조건식이나 본문에서 사용할 변수를 초기화하는 식
- **조건식**: 결과가 참이나 거짓으로, 본문을 실행할지 결정하는 식
- **증감식**: 반복문을 빠져나오는 조건이 되도록 값을 조절하는 식

for 문과 while 문은 각 구성 요소를 작성하는 위치가 다릅니다. 그러므로 반복문의 구성 요소마다 어떤 역할을 하는지, 어디에 위치하는지를 이해하고 문법에 맞게 정확하게 작성해야 합니다. 그럼 각 반복문의 구조를 차례로 살펴보겠습니다.

## while 문의 구조

다음 그림은 while 문에서 반복문의 각 구성 요소를 어디에 어떻게 작성하는지 보여 줍니다. 예를 들어 통닭을 60마리 튀겨야 한다면 초기식에서 변수를 60으로 초기화합니다. while 문은 통닭 60마리를 다 튀길 때까지 반복해야 합니다. 따라서 조건식은 order > 0입니다. order가 0보다 크다는 것은 튀겨야 할 통닭이 남았다는 의미입니다.

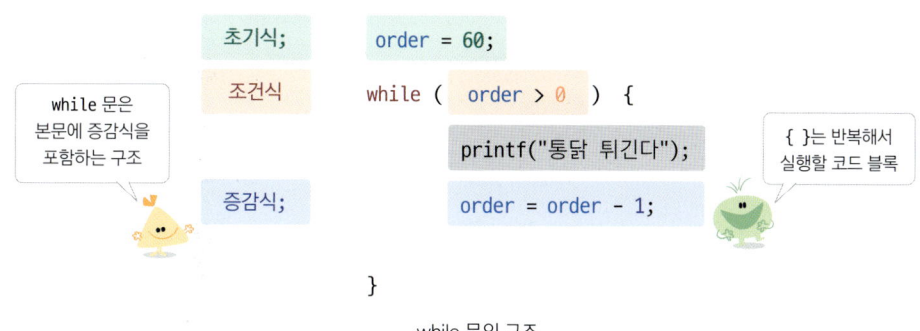

while 문의 구조

60마리 통닭을 다 튀겨서 order가 0이 되면 while 문을 빠져나옵니다. 즉, order > 0이 거짓이 될 때 반복문을 빠져나옵니다. 바꿔 말하면 order <= 0이 되는 순간 반복문을 탈출합니다. while 문에서 중괄호 {}로 둘러싸인 안쪽이 반복문의 본문입니다. while 문은 조건이 만족할 때까지 본문을 반복해서 실행합니다. 본문에서 통닭 한 마리를 튀기고 나면 oder = order - 1이 됩니다. 즉, order = order - 1이 증감식입니다. 증감식이 없다면 조건식 order > 0은 거짓이 될 수 없습니다. 따라서 반복문을 빠져나오지 못하고 통닭 튀기기를 계속 반복합니다. 이렇게 계속 반복하는 것을 **무한 반복**(혹은 무한 루프)이라고 합니다.

그림에서 while 문의 몸체에는 코드가 두 줄 있습니다. 하나는 통닭을 튀기는 `printf()` 함수 호출문이고, 다른 하나는 order를 감소시키는 코드입니다. while 문에 속한 문장이 2개 이상이므로 중괄호 {}를 사용해 블록으로 묶었습니다. 만약 반복해서 실행할 문장이 1개일 때는 중괄호를 안 써도 됩니다.

## for 문의 구조

for도 while과 같은 역할을 하는 반복문입니다. 다음 그림처럼 for 문의 괄호 안에는 **초기식; 조건식; 증감식**이 차례로 들어갑니다. for 문에서 각 구성 요소는 세미콜론(;)으로 구분합니다. **증감식은 마지막에 있으므로 세미콜론을 붙이지 않습니다.** 증감식 뒤에 세미콜론을 붙이면 오류가 발생합니다.

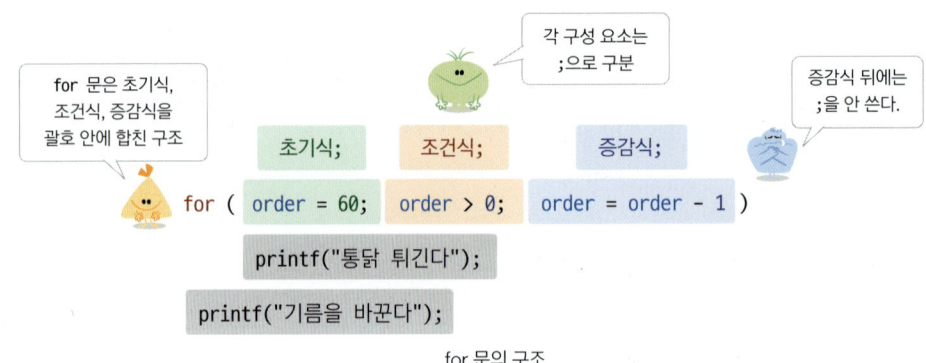

for 문의 구조

while 문의 코드와 비교해 보면 초기식 order = 60과 증감식 order = order – 1이 for 문의 소괄호 안에 있습니다. 따라서 for 문의 본문에 해당하는 코드는 `printf("통닭 튀긴다")`뿐입니다. 그래서 중괄호를 생략했습니다. 중괄호를 생략해도 들여쓰기를 하여 반복문의 본문에 속한 코드가 무엇인지를 정확하게 표시해야 합니다.

그림에서 `printf("기름을 바꾼다")` 코드는 for 문에 속하지 않는 일반 코드입니다. for 문이 끝나 60마리를 다 튀기고 난 후에 기름을 바꿉니다.

지금까지 while과 for 문의 구조를 간단히 알아봤습니다. 이제 각 반목분의 사용 방법을 자세히 살펴보겠습니다.

> **핵심 한 줄** while과 for 문은 똑같이 반복 실행하는 문법이지만 구조에 차이가 있다. 즉, 초기식, 조건식, 증감식을 작성하는 위치가 다르다.

# 07-2
# for 문으로 반복 실행하기

for 문은 초기식, 조건식, 증감식이 한 덩어리로 이루어져서 코드가 단순합니다. 다음 그림은 일반적인 for 문의 형태를 보여 줍니다.

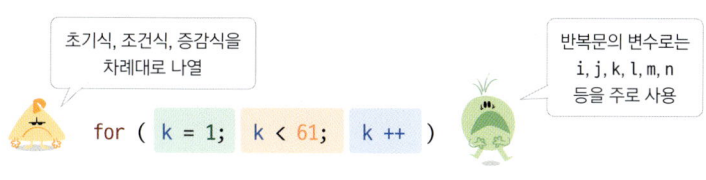

for 문의 일반 형태

그림에서 초기식의 변수 이름은 k 한 글자입니다. a, b, c처럼 한 글자로 된 변수는 그 의미를 알 수 없으므로 되도록이면 안 쓰는 것이 좋습니다. 그러나 반복문에서 사용하는 변수는 다른 변수와 결합해야 할 때가 많습니다. 그래서 한 글자 변수를 많이 사용합니다. for 문에서는 주로 i, j, k, l, m, n이라는 이름의 변수를 사용합니다.

증감식으로 사용한 k++도 눈여겨봐 주세요. 05장에서 배운 증가 연산자는 피연산자를 1만큼 증가시킨다고 했습니다. for 문의 증감식에는 1만큼 증가시키거나 감소시킬 때 증감 연산자 (++, --)를 주로 사용합니다.

for 문에서 사용할 변수는 상황에 따라 for 문이 시작하기 전에 별도로 초기화하기도 합니다. 이때는 for 문에서 초기식을 생략할 수 있습니다. 그러나 이때에도 세미콜론은 작성해 줘야 합니다. 즉, for(;조건식;증감식)처럼 사용할 수 있습니다. 또한 초기식에서 변수를 2개 이상 초기화할 때는 다음처럼 쉼표(,)로 연결하면 됩니다.

```
for (k = 1, m = 2; k < 6; k++, m++)    // 쉼표(,)로 k와 m 사용
```

다음 코드는 2개의 변숫값을 증가시키면서 곱한 결과를 출력하는 예입니다. 04행에서 반복문에 사용할 변수 k와 m을 선언합니다. 06행 for 문에서 k는 1, m은 2로 초기화합니다. for 문의 조건식은 k < 6입니다. 증감식도 k++와 m++으로 각 변숫값을 1만큼 증가시킵니다.

> **Do it! 실습** 두 수를 동시에 증가시키기      📄 701_iteration.c

```c
01  #include <stdio.h>
02
03  int main() {
04      int k, m;
05
06      for (k = 1, m = 2; k < 6; k++, m++)
07          printf("%d * %d = %d\n", k, m, k * m);
08
09      return 0;
10  }
```

▼

> **실행 결과**
>
> 1 * 2 = 2
> 2 * 3 = 6
> 3 * 4 = 12
> 4 * 5 = 20
> 5 * 6 = 30

실행 결과를 보면 k는 1~5까지, m은 2~6까지 증가하면서 곱셈한 결과가 출력됩니다. 이처럼 반복문에서 쉼표를 사용하면 여러 개의 변수를 초기화할 수 있습니다.

> ⊕ **개발 지식 더하기**   for 문의 초기식에서 변수를 선언할 수도 있어요.
>
> 반복문의 초기식에는 반복을 제어할 목적으로 사용할 변수를 초기화합니다. 이러한 변수를 '반복 제어 변수'라고 합니다. 반복 제어 변수는 보통 for 문 위쪽에 선언하지만, 다음처럼 반복문 안에 선언할 수도 있습니다. 두 방식의 차이점은 08장 함수에서 변수의 범위를 학습할 때 살펴봅니다.
>
> ```c
> for (int k = 1; k < 31; k = k + 2)
> ```

## 중첩 반복문

중첩 반복문이란 반복문을 여러 개 겹쳐서 사용하는 것입니다. 예를 들어 구구단을 출력하려면 2단, 3단, 4단과 같은 단을 출력하는 반복문이 필요합니다. 또한 각 단에서 1~9까지 수를 곱하는 반복문도 필요합니다. 구구단을 출력하는 코드의 구조는 다음과 같습니다.

**구구단 출력 반복문**

```
for (dan = 2; dan <= 9; dan++) {        // 2~9까지 각 단을 시작하는 반복문
    for (num = 1; num <= 9; num++)      // 각 단에서 1~9까지 순회하는 반복문
        printf("%d x %d = %d", dan, num, dan * num);   // 구구단 출력 구문
}
```

구구단은 2단부터 9단까지 있으므로 바깥쪽 for 문에서 dan이라는 변숫값을 2~9까지 증가시키면서 반복합니다. 그리고 각 단에서는 1~9까지의 수를 곱해야 하므로 안쪽 for 문에서 num이라는 변숫값을 1~9까지 증가시키면서 반복합니다. 이렇게 반복문 안에 또 다른 반복문이 있는 구조를 중첩 반복문이라고 합니다.

다음 그림을 보면서 중첩 반복문을 사용한 구구단 출력을 이해해 봅시다. dan이 2일 때 안쪽 for 문은 num이 1부터 9가 될 때까지 반복합니다. num이 9가 되어 안쪽 반복문이 끝나면 바깥쪽 for 문을 새로 시작합니다. 이때 dan은 2에서 3으로 바뀝니다. dan이 3일 때 안쪽 for 문은 다시 num이 1부터 9가 될 때까지 반복합니다. 이런 식으로 9단까지 출력이 끝나면 바깥쪽 for 문을 빠져나와 중첩 반복문을 종료합니다.

구구단을 출력하는 중첩 반복문

다음 코드는 구구단을 출력하는 프로그램을 구현한 예입니다. 유심히 봐야 할 것은 바깥쪽 for 문은 중괄호 {}로 묶었지만, 안쪽 for 문은 중괄호가 없다는 점입니다. 08~10행은 모두 바깥쪽 for 문에 속하는 코드이므로 중괄호 {}를 사용하여 블록으로 지정했습니다. 그러나 안쪽 for 문에 속하는 문장은 10행뿐이라서 중괄호를 사용하지 않았습니다.

**Do it! 실습**  구구단 출력하기      📄 702_multi.c

```c
01  #include <stdio.h>
02
03  int main() {
04      int dan, num;
05
06      printf("<구구단>");
07      for (dan = 2; dan <= 9; dan++) {        // 2~9단까지
08          printf("\n%d단: ", dan);
09          for (num = 1; num <= 9; num++)      // 1~9까지
10              printf("%dx%d=%d ", dan, num, dan * num);
11      }
12      return 0;
13  }
```

▼

**실행 결과**

```
2단: 2x1=2  2x2=4  2x3=6  2x4=8  2x5=10 2x6=12 2x7=14 2x8=16 2x9=18
3단: 3x1=3  3x2=6  3x3=9  3x4=12 3x5=15 3x6=18 3x7=21 3x8=24 3x9=27
4단: 4x1=4  4x2=8  4x3=12 4x4=16 4x5=20 4x6=24 4x7=28 4x8=32 4x9=36
5단: 5x1=5  5x2=10 5x3=15 5x4=20 5x5=25 5x6=30 5x7=35 5x8=40 5x9=45
6단: 6x1=6  6x2=12 6x3=18 6x4=24 6x5=30 6x6=36 6x7=42 6x8=48 6x9=54
7단: 7x1=7  7x2=14 7x3=21 7x4=28 7x5=35 7x6=42 7x7=49 7x8=56 7x9=63
8단: 8x1=8  8x2=16 8x3=24 8x4=32 8x5=40 8x6=48 8x7=56 8x8=64 8x9=72
9단: 9x1=9  9x2=18 9x3=27 9x4=36 9x5=45 9x6=54 9x7=63 9x8=72 9x9=81
```

## 시스템 명령어 실행하기 — system() 함수

C 언어 표준 라이브러리에는 system()이라는 함수가 있습니다. 이 함수는 운영체제의 시스템 명령어를 실행하게 해줍니다. system() 함수는 stdlib.h 헤더 파일에 정의되어 있으므로 이 함수를 사용하려면 #include <stdlib.h> 지시문을 추가해야 합니다.

system() 함수를 사용하면 다양한 시스템 명령어를 사용할 수 있습니다. 예를 들어 시스템에서 화면을 지우는 명령어는 cls인데, 콘솔 화면에 출력된 내용을 지우고 싶을 때 system("cls")처럼 호출하면 됩니다.

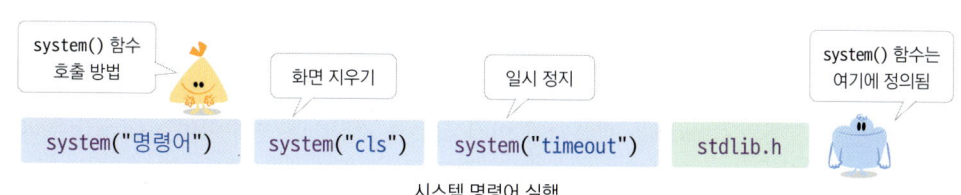

시스템 명령어 실행

또한 실행 중인 작업을 멈추는 시스템 명령어는 timeout입니다. 만약 2초간 작업을 멈추고 싶을 때는 system("timeout 2 > NULL")처럼 호출하면 됩니다.

system() 함수를 활용하여 구구단을 한 단씩 천천히 출력하는 코드를 작성해 보겠습니다. 먼저 09행에서 system("cls") 코드로 화면을 지웁니다. 그리고 구구단의 각 단을 출력할 때마다 13행에서 system("timeout 2 > NULL")을 실행하여 2초 동안 작업을 멈춥니다. 이렇게 하면 각 단이 한 줄씩 천천히 출력됩니다.

**Do it! 실습  2초에 한 단씩 출력하는 구구단**  703_multi2.c

```c
01  #include <stdio.h>
02  #include <stdlib.h>     // system() 함수가 선언된 헤더 파일
03
04  int main() {
05      int dan, num;
06
07      printf("<구구단>");
08      for (dan = 2; dan <= 9; dan++) {
09          system("cls");     // 화면 지우기
10          printf("\n%d단: ", dan);
11          for (num = 1; num <= 9; num++)
12              printf("%dx%d=%d  ", dan, num, dan * num);
13          system("timeout 2 > NULL");    // 2초간 멈춤
14      }
15      return 0;
16  }
```

**실행 결과**

```
... (생략) ...
9단: 9x1=9  9x2=18  9x3=27  9x4=36  9x5=45  9x6=54  9x7=63  9x8=72  9x9=81
```

## 실력 향상 프로젝트 10 | 홀짝 게임 만들기
704_oegame.c

for 문을 이용하여 컴퓨터와 겨루는 홀짝 게임을 만들어 보겠습니다. 사용자가 맞히면 1승이고, 틀리면 컴퓨터가 1승입니다. 홀짝 게임을 3번 진행한 후에 결과를 출력합니다.

com 변수에는 무작위로 홀(1)이나 짝(2)을 저장합니다. user 변수에는 사용자가 선택한 결과를 저장합니다. 07행의 comwin은 컴퓨터가 이긴 횟수를 저장하는 변수이며, userwin은 사용자가 이긴 횟수를 저장하는 변수입니다. 둘 다 0으로 초기화합니다. 또한 변수 k는 반복문으로 게임의 횟수를 제어합니다.

```c
01  #include <stdio.h>
02  #include <stdlib.h>    // rand()와 system() 함수가 선언된 헤더 파일
03  #include <time.h>
04
05  int main() {
06      int com, user;
07      int comwin = 0, userwin = 0, k;   // 이긴 횟수 저장 변수
08
09      srand((unsigned)time(NULL));
10
11      for (k = 1; k < 4; k++) {    // 3번 반복
12          com = rand() % 2 + 1;
13          printf("홀(1), 짝(2) 선택: ");
14          scanf("%d", &user);
15
16          if (com == user)
17              printf("맞혔네요! 사용자 %d승\n", ++userwin);
18          else
19              printf("틀렸네요! 컴퓨터 %d승\n", ++comwin);
20      }   // 반복문 종료
21      printf("\n사용자 %d승, 컴퓨터 %d승\n", userwin, comwin);
22
23      return 0;
24  }
```

> **실행 결과**
>
> 홀(1), 짝(2) 선택: 1 [Enter]
> 맞혔네요! 사용자 1승
> 홀(1), 짝(2) 선택: 2 [Enter]
> 틀렸네요! 컴퓨터 1승
> 홀(1), 짝(2) 선택: 1 [Enter]
> 틀렸네요! 컴퓨터 2승
>
> 사용자 1승, 컴퓨터 2승

11행은 홀짝 게임을 총 3번 진행하는 for 문입니다. 12행에서 com 변수에 홀(1)과 짝(2) 중 하나를 무작위로 저장합니다. 14행에서 사용자에게 홀은 1, 짝은 2를 입력받습니다.

16~20행은 누가 승리했는지를 출력하는 코드입니다. 사용자가 맞혔을(com == user) 때는 17행에서 userwin의 값을 1만큼 증가시킨 후 "사용자 승"을 출력합니다. 이때 ++userwin처럼 전위 증감 연산자로 먼저 값을 증가시킨 다음에 출력해야만 합니다. 만약 userwin++처럼 후위 증감 연산자를 사용하면 잘못된 값이 출력됩니다.

18행은 사용자가 틀렸을 경우에 해당합니다. 19행에서 ++comwin 코드로 먼저 값을 증가시킨 다음에 "컴퓨터 승"을 출력합니다.

게임을 3번 진행하면 for 문이 끝나고 21행에서 사용자와 컴퓨터가 승리한 횟수를 출력합니다.

## 07-3

# while 문으로 반복 실행하기

### while 문의 용도

앞에서 살펴본 for 문은 초기식, 조건식, 증감식을 한 덩어리로 작성하지만, while 문에서는 소괄호 안에 조건식만 작성하고 초기식과 증감식은 따로 작성해야 합니다. 따라서 while 문은 for 문보다 불편해 보이지만, 어떤 상황에서는 오히려 while 문이 편할 때도 있습니다.

for 문은 초기식, 조건식, 증감식을 정확하게 명시해야 하므로 반복 횟수를 예측할 수 있을 때에 사용합니다. 앞에서 예로 든 구구단도 반복 횟수가 정해져 있습니다.

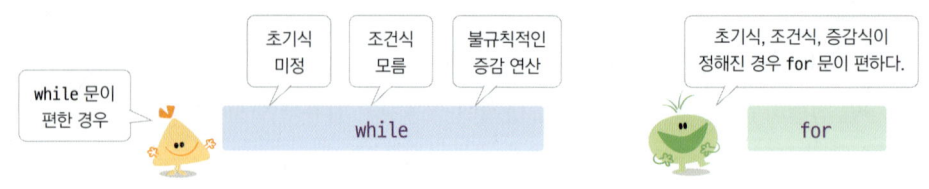

while 문과 for 문 비교

그러나 정답을 맞혀야만 끝나는 게임은 어떨까요? 사용자가 몇 번만에 정답을 맞힐지 모릅니다. 이처럼 몇 번 반복할지 예측하기 어려울 때는 while 문이 편리합니다. 이 외에도 while 문은 초기식이 미정이거나 반복 조건을 모르거나 변숫값이 불규칙하게 증감하는 반복문을 구현할 때 주로 사용합니다.

while 문을 사용하여 숫자 맞히기 게임을 만들어 보겠습니다. 숫자 맞히기 게임은 컴퓨터가 무작위로 1~20까지의 수 가운데 하나를 뽑으면 사용자가 이 숫자를 맞히는 게임입니다. 사용자가 입력한 값이 컴퓨터가 뽑은 값보다 작으면 더 큰 수라고 알려 주고, 반대일 때는 더 작은 수라고 알려 줍니다.

숫자 맞히기 게임은 사용자가 맞힐 때까지 끝나지 않습니다. 사용자가 한 번만에 맞힐 수도 있고 스무 번만에 맞힐 수도 있습니다. 이처럼 반복 횟수를 알 수 없을 때는 while 문이 더 편리합니다. 물론 for 문으로 만들 수도 있습니다.

다음 코드는 숫자 맞히기 게임을 구현한 예입니다. 09행에서 컴퓨터가 1~20까지의 숫자 가운데 하나를 무작위로 뽑습니다. rand() % 20 코드는 0~19까지의 수를 무작위로 반환하므로 여기에 +1을 하면 1~20까지의 수를 얻을 수 있습니다.

**Do it! 실습**  숫자 맞히기 게임  📄 705_20game1.c

```c
01  #include <stdio.h>
02  #include <stdlib.h>
03  #include <time.h>
04
05  int main() {
06      int com, user = -1;    // 우연히 맞히는 경우를 막고자 -1로 초기화
07
08      srand((unsigned)time(NULL));
09      com = rand() % 20 + 1;    // 1~20까지 무작위 수 생성
10
11      while (com != user) {    // com과 user가 다를 경우 반복
12          printf("1에서 20까지: ");
13          scanf("%d", &user);
14
15          if (com == user)
16              printf("맞혔습니다!");    // 사용자가 맞힌 경우
17          else if (com > user)
18              printf("더 큰 숫자임\n");    // 더 큰 숫자인 경우
19          else
20              printf("더 작은 숫자임\n");    // 더 작은 숫자인 경우
21      }
22      return 0;
23  }
```

**실행 결과**

```
1에서 20까지: 10 [Enter]
더 작은 숫자임
1에서 20까지: 5 [Enter]
더 작은 숫자임
1에서 20까지: 3 [Enter]
더 큰 숫자임
1에서 20까지: 4 [Enter]
맞혔습니다!
```

11행에 있는 while 문의 조건을 살펴보죠. com != user에서 com과 user 변수는 06행에서 -1로 초기화했습니다. 그리고 09행에서 컴퓨터가 무작위로 뽑은 수를 com 변수에 넣었습니다. 사용자가 정답을 맞힐 때까지 게임을 진행하려면 12~21행을 반복해야 하는데, 그 조건으로는 com값과 user값이 달라야 합니다. 만약 com값과 user값이 같으면 정답을 맞힌 것이므로 게임(반복문)을 종료해야 합니다. 즉, 두 값이 다른 동안에는 계속 반복해야 하므로 while 문의 조건을 com != user처럼 설정했습니다.

while 문의 com != user 조건을 처음 만날 때는 아직 사용자가 값을 입력하기 전입니다. 13행에서 사용자에게 값을 입력받기 전까지 user 변수는 임의의 값으로 초기화해야 합니다. 우연히라도 user값과 com값이 같다면 while 문은 작동하지 않습니다. 따라서 06행을 보면 user 변수는 com값이 될 수 있는 1~20까지의 값을 피해 -1로 초기화합니다.

15행에서는 13행에서 사용자에게 입력받은 값이 com과 같으면(com == user) "맞혔습니다!"를 출력합니다. 만약 못 맞혔을 때는 2가지 갈래가 있습니다. 17행은 com값이 더 큰 경우 "더 큰 숫자임"을 출력합니다. 아니면 20행에서 "더 작은 숫자임"을 출력합니다.

숫자 맞히기 게임은 컴퓨터가 무작위로 뽑은 숫자를 사용자가 맞힐 때까지 반복합니다. 이렇게 반복 횟수를 알 수 없을 때는 for 문보다 while 문으로 작성하는 것이 더 편리합니다. 반복문은 상황에 따라서 어떤 것이 더 적합한지 따져서 사용하면 됩니다.

> **핵심 한 줄** for 문은 반복 횟수를 예측할 수 있을 때 사용하고, while 문은 반복 횟수를 모르거나 초기식, 조건식이 불규칙할 때 사용하는 게 좋다.

## do~while 문

do~while 문은 while 문의 조건식이 맨 아래로 내려온 구조입니다. 예를 들어 앞서 본 통닭 튀기기를 do~while 문으로 바꾸면 다음과 같습니다. 초기식은 똑같지만 반복문에서 do 절이 먼저 나오고 반복할 본문을 작성합니다. 그리고 반복문의 본문을 닫는 중괄호 다음에 조건식을 포함한 while 절을 작성합니다.

**do~while 문의 구조**

```
order = 1;    // 초기식
do {
    printf("통닭 튀긴다");
    order = order - 1;    // 증감식
} while (order > 0);    // 조건식
```

do~while 문은 조건식이 나중에 나오므로 **본문이 무조건 1번은 실행되는 특징이** 있습니다. 만약 order = 0이더라도 통닭 1마리는 무조건 튀깁니다.

do~while 문에서는 while 절이 구문 끝에 있으므로 세미콜론에 주의해야 합니다. while (조건식);처럼 while 절 끝에 세미콜론을 반드시 붙여야 합니다. 그렇지 않으면 오류가 발생합니다.

반복문은 for도 있고 while도 있는데 do~while 문을 제공하는 이유는 무엇일까요? do~while 문의 용도를 보여 주는 예를 보겠습니다. 사용자에게 값을 입력받을 때 잘못된 값을 입력하면 어떻게 할까요? 예를 들어 홀짝 게임에서 사용자가 1이나 2가 아니라 5나 -1처럼 잘못된 값을 입력하면 어떻게 처리해야 할까요? 이때는 do~while 문으로 올바른 값을 입력할 때까지 scanf() 함수를 반복해서 호출하면 됩니다.

다음 코드는 1이나 2를 입력할 때까지 scanf() 함수 호출문을 반복해서 호출하는 예입니다. 06행에서 do 절로 시작하여 08행에서 scanf() 함수로 사용자에게 num값을 입력받습니다. 09행에서 반복 조건식은 num < 1 || num > 2로 설정합니다. 즉, 1보다 작거나 2보다 큰 값이 입력되면 do~while 문은 계속 반복합니다. 0이나 1일 때 반복문을 빠져나옵니다.

**Do it! 실습** 　올바른 값 입력받기　　　　　　　　　　　　　　706_dowhile.c

```c
01  #include <stdio.h>
02
03  int main() {
04      int num;
05
06      do {
07          printf("\n홀(1), 짝(2) 선택: ");
08          scanf("%d", &num);
09      } while (num < 1 || num > 2);
10
11      printf("\n홀(1), 짝(2) 중 하나를 입력하셨네요");
12
13      return 0;
14  }
```

> **실행 결과**
>
> 홀(1), 짝(2) 선택: 3 [Enter]
>
> 홀(1), 짝(2) 선택: 0 [Enter]
>
> 홀(1), 짝(2) 선택: 1 [Enter]
>
> 홀(1), 짝(2) 중 하나를 입력하셨네요

실행 결과를 보면 잘못된 값을 입력할 때는 다시 입력받다가 1을 입력하면 반복문을 빠져나오는 것을 확인할 수 있습니다. 이처럼 값을 먼저 처리하고 반복 조건을 나중에 확인하는 구조에는 do~while 문을 사용합니다.

> **핵심 한 줄** 무조건 한 번은 실행하고 조건에 따라 반복 실행할지 판단할 때는 do~while 문을 사용한다.

## 07-4

# 반복 제어하기

### break 예약어

break는 작업을 멈추고 해당 블록을 탈출하는 예약어입니다. 06장에서 switch 문을 배울 때 break는 실행을 멈추고 조건문을 탈출할 때 사용했습니다. 반복문에서도 작업을 멈추고 반복문을 탈출하는 용도로 break를 사용할 수 있습니다.

반복문에서 break 예약어

다음 코드는 앞에서 작성한 숫자 맞히기 게임에 break를 사용한 예입니다. 11행을 보면 반복문을 while(1)처럼 작성했습니다. 1은 그 자체로 참이므로 무한 반복합니다.◆ 따라서 어느 순간에는 반복문을 탈출할 수 있도록 해줘야 하는데, 이때 break를 활용할 수 있습니다.

◆ 만약 for 문으로 무한 반복을 만들고 싶다면 for(;;)처럼 작성합니다. 이때 세 미콜론은 생략할 수 없습니다.

**Do it! 실습**　break를 이용한 숫자 맞히기 게임　　　707_20game2.c

```
01  #include <stdio.h>
02  #include <stdlib.h>
03  #include <time.h>
04
05  int main() {
06      int com, user;
07
08      srand((unsigned)time(NULL));
09      com = rand() % 20 + 1;    // 1~20까지 무작위 수 생성
10
11      while (1) {    // 무한 반복
12          printf("1에서 20까지 : ");
```

```c
13          scanf("%d", &user);
14
15          if (com == user) {
16              printf("맞혔습니다!");
17              break;
18          } else if (com > user)
19              printf("더 큰 숫자임\n");
20          else
21              printf("더 작은 숫자임\n");
22      }
23      return 0;
24  }
```

숫자 맞히기 게임은 컴퓨터가 생각한 숫자를 사용자가 맞혔을 때 종료해야 합니다. 따라서 16행에서 "맞혔습니다!"를 출력한 다음에 반복문을 탈출하도록 17행에 break를 작성했습니다. break는 for나 while 같은 반복문과 switch 문에서 사용할 수 있지만, if 문에서는 사용할 수 없습니다. 그리고 조건문이나 반복문이 중첩되어 있을 때 break는 자신이 속한 현재의 블록 하나만 탈출합니다.

다음 코드는 앞에서 작성한 구구단 출력 프로그램에 break를 사용한 예입니다. 구구단 출력 프로그램은 for 문이 중첩되어 있습니다. 여기서는 num이 5가 되면 안쪽 for 문을 탈출하도록 break를 사용했습니다.

### Do it! 실습  break를 사용한 구구단   708_break.c

```c
01  #include <stdio.h>
02
03  int main() {
04      int dan, num;
05
06      printf("<구구단>");
07      for (dan = 2; dan <= 9; dan++) {
08          printf("\n%d단: ", dan);
09          for (num = 1; num <= 9; num++) {
10              printf("%d×%d=%d ", dan, num, dan * num);
11              if (num == 5)
12                  break;
13          }
14      }
15      return 0;
16  }
```

num이 5가 되면 안쪽 반복문 탈출

> 실행 결과
>
> <구구단>
> 2단: 2x1=2  2x2=4  2x3=6  2x4=8  2x5=10 ← 각 단에서 곱하기 5까지만 출력된다.
> ... (생략) ...
> 9단: 9x1=9  9x2=18  9x3=27  9x4=36  9x5=45

num이 5가 되면 안쪽 for 문을 탈출하지만, 바깥쪽 for 문은 정상으로 작동합니다. break를 만나면 바깥쪽 for 문의 증감식으로 이동하여 다음 단에서 1 곱하기부터 다시 시작합니다. 따라서 실행 결과를 보면 각 단에서 5 곱하기까지만 출력되고 다음 단으로 넘어가는 것을 알 수 있습니다. 이처럼 break는 조건문이나 반복문에서 자신이 속한 블록만 탈출합니다.

## continue 예약어

break는 자신이 속한 반복문이나 조건문을 탈출하는 용도로 사용하지만, 나머지 코드를 실행하지 않고 다음 번 반복을 계속 진행할 때는 continue를 사용합니다. 즉, continue는 여기서 멈추고 다음 번 반복으로 건너뛰는 예약어입니다.

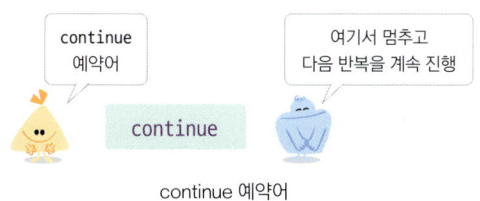

continue 예약어

다음 코드는 앞서 본 구구단 출력 프로그램에서 break를 continue로 바꾼 것입니다. continue를 만나면 다음 줄을 실행하지 않고 자신이 속한 반복문에서 증감식으로 이동하여 다음 번 반복을 계속 진행합니다.

**Do it! 실습**  continue를 사용한 구구단  📄 709_continue.c

```
01  #include <stdio.h>
02
03  int main() {
04      int dan, num;
05
06      printf("<구구단>");
07      for (dan = 2; dan <= 9; dan++) {    // 2~9단까지 반복
```

```
08         printf("\n%d단: ", dan);
09         for (num = 1; num <= 9; num++) {    // 1~9까지 반복
10             if (num == 5)
11                 continue;                    ← 다음번 반복으로 이동
12             printf("%dx%d=%d ", dan, num, dan * num);
13         }
14     }
15     return 0;
16 }
```

**실행 결과**

```
<구구단>
2단: 2x1=2  2x2=4  2x3=6  2x4=8  2x6=12  2x7=14  2x8=16  2x9=18
... (생략) ...
9단: 9x1=9  9x2=18  9x3=27  9x4=36  9x6=54  9x7=63  9x8=72  9x9=81
```

각 단에서 5 곱하기는 출력되지 않음

10행에서 num이 5이면 11행의 continue를 실행합니다. 그러면 12행의 printf() 함수가 실행되지 않고 09행 안쪽 for 문의 증감식이 실행됩니다. 따라서 num은 6이 되고 나머지 반복문이 정상으로 실행됩니다. 결국 각 단에서 "단x5=결괏값"은 출력되지 않습니다.

> **핵심 한 줄**  break는 자신이 속한 블록을 빠져나가고, continue는 나머지 코드를 무시하고 자신이 속한 블록을 이어서 진행한다.

## 실력 향상 프로젝트 11 | 스탠드 게임 만들기
📄 710_standgame.c

스탠드 게임은 컴퓨터와 사용자 중 더 큰 수를 가진 사람이 이기는 게임입니다. 컴퓨터와 사용자는 1~10까지의 무작위로 뽑은 숫자를 하나씩 받습니다. 두 수를 비교하여 더 큰 숫자를 가진 쪽이 이깁니다. 만약 숫자가 같으면 사용자가 이긴 것으로 합니다.

스탠드 게임에서는 칩을 베팅할 수 있습니다. 사용자가 자신의 숫자를 보고 베팅하면 컴퓨터가 받은 숫자가 공개됩니다. 사용자가 이기면 베팅한 만큼 칩을 받고, 지면 베팅한 칩을 잃습니다. 사용자는 자신이 가진 칩에서 원하는 만큼 베팅할 수 있는데 하지 않을 수도 있습니다.

베팅한 칩의 개수가 0이면 베팅을 포기한 것으로 간주하고 다음 판을 새로 시작합니다.

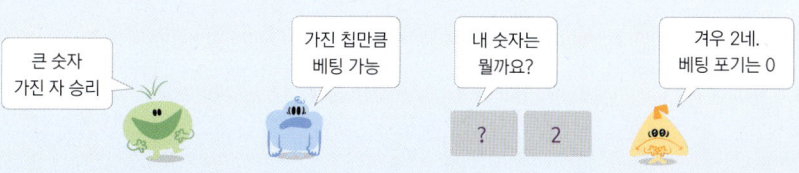

스탠드 게임

게임을 시작하면 사용자는 칩을 10개 가지고 5판 진행합니다. 만약 사용자가 베팅할 칩이 없으면 그 즉시 게임은 끝납니다. 또한 사용자가 가진 칩보다 더 많이 베팅할 때는 해당 판을 포기하는 것으로 간주합니다.

다음 코드는 스탠드 게임을 구현한 예입니다. 07행에서 사용자가 가진 칩을 저장할 chip을 선언하고 10으로 초기화합니다. 그리고 베팅할 칩의 개수를 저장할 bet 변수도 선언합니다. 10행에서 for (k = 1; k < 6; k++)를 사용하여 게임을 총 5판 진행합니다.

```
01  #include <stdio.h>
02  #include <stdlib.h>
03  #include <time.h>
04
05  int main() {
06      int com, user, k;
07      int chip = 10, bet;
08
09      srand((unsigned)time(NULL));
10      for (k = 1; k < 6; k++) {
11          com = rand() % 10 + 1;      // 1~10까지 무작위 수 생성
12          user = rand() % 10 + 1;     // 1~10까지 무작위 수 생성
13          printf("\nchip=%d you=%d 베팅(0은 포기): ", chip, user);
14          scanf("%d", &bet);
15
16          printf("com=%d: ", com);
17          if (bet <= 0 || bet > chip) continue;    // 이번 판 포기
18          if (com > user) {           // 컴퓨터 승
19              chip = chip - bet;      // 베팅한 칩 사라짐
20              printf("컴퓨터 승! chip=%d\n", chip);
21          } else {                    // 사용자 승
22              chip = chip + bet;      // 베팅한 칩만큼 추가
23              printf("사용자 승! chip=%d\n", chip);
```

```
24              }
25              if (chip <= 0) break;      // 칩이 없으면 게임 종료
26          }
27          return 0;
28      }
```

▼

실행 결과

```
chip=10 you=8 베팅(0은 포기): 10 [Enter]
com=7: 사용자 승! chip=20

chip=20 you=7 베팅(0은 포기): 15 [Enter]
com=7: 사용자 승! chip=35

chip=35 you=8 베팅(0은 포기): 30 [Enter]
com=1: 사용자 승! chip=65

chip=65 you=6 베팅(0은 포기): 5 [Enter]
com=10: 컴퓨터 승! chip=60

chip=60 you=8 베팅(0은 포기): 10 [Enter]
com=8: 사용자 승! chip=70
```

11행과 12행에서는 com과 user 변수에 1~10까지의 무작위 수를 저장합니다. 그리고 13행에서 현재 칩의 개수(chip)와 사용자가 받은 숫자(user)를 보여 줍니다. 14행에서 사용자에게 베팅할 칩의 개수를 받아서 bet에 저장합니다. 사용자가 베팅을 하면 16행에서 컴퓨터가 가진 숫자(com)를 보여 줍니다.

17행에서 사용자의 베팅이 0이거나 가진 것보다 많은 칩을 베팅하면(bet <= 0 ¦¦ bet > chip) 이번 판을 포기합니다. 이때는 17행 이후의 코드는 실행할 필요가 없습니다. 따라서 continue를 사용하여 18~25행의 코드는 무시하고 다음 판(for 문의 증감식부터)을 시작합니다.

사용자가 정상으로 베팅했다면 18행이 시작됩니다. 컴퓨터가 이기면(com > user), 베팅한 수를 chip에서 빼고 "컴퓨터 승!"을 출력합니다. 반면에 사용자가 이기거나 비기면(com <= user), 베팅한 수를 chip에 더하고 "사용자 승!"을 출력합니다.

게임이 한 판 끝나고 나면 25행에서 chip의 개수를 확인하여 0이거나 0보다 작으면 break를 사용하여 게임을 끝냅니다(반복문 탈출). 스탠드 게임을 통해 continue와 break를 어떻게 사용하는지 알 수 있습니다.

## 확실하게 내 것으로! 07장 마무리 문제

1. 반복문의 구성 요소는 _____, _____, _____ 입니다.

2. while (A > 0)에서 탈출 조건은 _____ 일 때입니다.

3. for (k = 1, m = 3; k < 6; k++, m++)에서 반복이 끝난 후에 k값은 _____, m값은 _____ 이(가) 됩니다.

4. 콘솔 화면의 내용을 모두 지울 때는 _____ 을(를) 사용합니다.

5. 반복 조건이 정해져 있지 않을 때는 _____ 을(를) 사용하는 것이 더 편리합니다.

6. 작업을 멈추고 블록을 탈출하는 예약어는 _____ 입니다.

7. 최소한 한 번은 실행되는 반복문은 _____ 을(를) 사용하는 것이 더 편리합니다.

8. 이후 실행문은 무시하고 다음 번 반복(증감식)으로 건너뛰는 예약어는 _____ 입니다.

9. while 문으로 무한 반복을 구현하려면 _____ (이)라고 쓰면 됩니다.

10. 다음은 while 문을 사용한 코드의 일부입니다. 잘못된 부분을 찾아서 고치세요.

```
01  order = 3;
02  while (order > 0)
03      printf("while: %d 통닭 튀긴다\n", order);
04      order = order - 1;
```

▶ 다음 쪽에 계속

**11** 다음은 for 문을 사용한 코드의 일부입니다. 잘못된 부분을 찾아서 고치세요.

```
01  for (order = 1; order <= 3; order = order + 1;)
02      printf("for: %d 통닭 튀긴다\n", order);
```

**12** 다음 코드에서 1이나 2가 입력되었을 때만 반복문을 탈출하도록 조건을 완성하세요.

```
01  #include <stdio.h>
02
03  int main() {
04      int num;
05
06      do {
07          printf("\n홀(1), 짝(2) 선택: ");
08          scanf("%d", &num);
09      } while (                    );
10
11      printf("\n홀(1), 짝(2) 중 하나를 입력하셨네요");
12
13      return 0;
14  }
```

▶ 모범 답안: 422쪽

# 08장

# 함수

- ✦ 08-1 사용자 정의 함수 만들기
- ✦ 08-2 변수의 종류와 범위
- ✦ 08-3 함수의 종류와 특징

**학습 목표**
1. 함수의 구조를 이해하고 선언·정의하는 방법을 배웁니다.
2. 함수의 매개변수로 값을 주고받는 방법을 배웁니다.
3. 지역 변수와 전역 변수의 생존 범위를 알아봅니다.
4. 함수를 '값에 의한 호출', '참조에 의한 호출', '값 반환'으로 나누는 기준을 이해합니다.

## 08-1

# 사용자 정의 함수 만들기

### 라이브러리 함수

지금까지 데이터를 화면에 출력할 때는 printf() 함수를 사용했고, 키보드에서 값을 입력받을 때는 scanf() 함수를 사용했습니다. 또한 무작위 수를 만드는 rand() 함수도 사용해 봤습니다. 이 함수들은 특정한 작업을 위해 미리 만들어 놓은 것입니다.

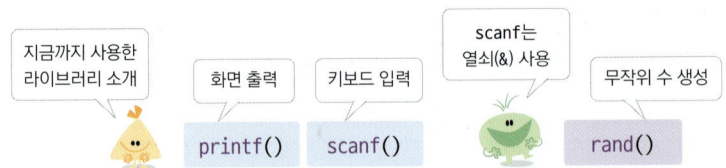

지금까지 배운 라이브러리 함수들

C 언어에는 지금까지 배운 함수 외에도 자유롭게 사용할 수 있는 수천 개의 함수가 있습니다. 이렇게 미리 만들어 놓은 함수를 **라이브러리** 또는 **라이브러리 함수**라고 합니다.

라이브러리 함수의 장점은 재사용성입니다. 만약 rand() 함수가 없다고 생각해 보세요. 무작위 수를 생성하는 코드를 직접 작성해야 합니다. 하지만 rand() 함수는 이미 만들어져 있으므로 누구나 자유롭게 사용할 수 있습니다.

라이브러리 함수를 사용하려면 먼저 소스 코드에서 해당 함수가 선언된 헤더 파일을 불러와야 합니다. **헤더 파일**<sup>header file</sup>은 관련 있는 라이브러리 함수를 모아 놓은 것이며, 확장자는 h입니다. printf()와 scanf() 함수는 표준 입출력<sup>standard I/O</sup> 헤더인 stdio.h에 선언되어 있습니다. rand()와 srand() 함수는 표준 라이브러리<sup>standard library</sup> 헤더인 stdlib.h에 선언되어 있습니다.

> **핵심 한줄** 라이브러리는 자주 사용하는 함수를 모아 놓은 것으로, 소스 코드에 #include 지시문으로 헤더 파일을 포함하여 사용한다.

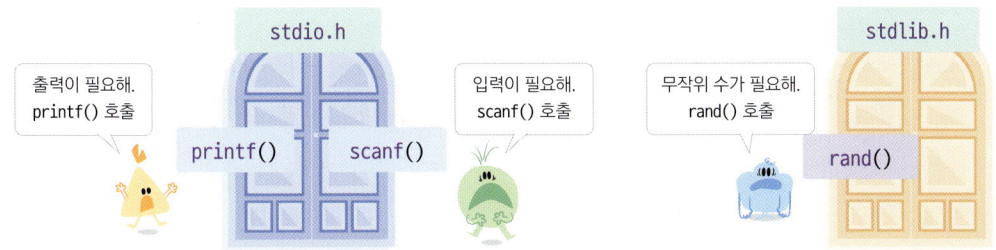

라이브러리는 해당 헤더 파일에 정의되어 있다

따라서 라이브러리 함수를 사용하고 싶다면 코드 윗부분에 #include 지시문으로 헤더 파일의 이름을 작성해야 합니다.

> **헤더 파일 불러오기**
>
> `#include <헤더_파일_이름>`

헤더 파일을 불러왔으면 이제 해당 헤더 파일에 선언된 라이브러리 함수들을 사용할 수 있습니다. 라이브러리 함수는 내부 코드를 몰라도 필요할 때마다 불러서 사용할 수 있습니다. 이때 함수를 불러서 사용하는 것을 **함수 호출**<sup>function call</sup>이라고 합니다. 콜택시를 전화로 호출하듯이 함수도 정해진 규칙에 맞춰 호출해서 사용합니다.

함수가 정한 규칙 중 가장 중요한 것은 "데이터를 함수에 어떻게 전달할 것인가"입니다. 데이터를 함수에 전달할 때는 **매개변수**<sup>parameter</sup>를 이용합니다. 매개변수에 관해서는 잠시 후에 자세히 다룹니다.

## 사용자 정의 함수의 필요성

사용자도 함수를 만들어 사용할 수 있습니다. 사용자가 만든 함수를 **사용자 정의 함수**<sup>user define function</sup>라고 합니다. 사용자 정의 함수를 만드는 이유는 특정한 작업을 수행하는 절차나 구조를 다시 사용하기 위해서입니다.

예를 들어 왕갈비통닭집에서 새로운 메뉴를 개발했다고 가정해 보죠. 기존 왕갈비통닭에 새 메뉴로 전통 프라이드 조리법을 사용한 후라닭, 경기도 고천의 간장으로 맛을 낸 고천통닭, 기존보다 60배 매운 60배불닭을 추가했습니다.

메뉴마다 조리법은 조금씩 다릅니다. 왕갈비통닭은 닭고기를 우유에 재웠다가 튀김옷을 입히고 4분간 튀긴 후 갈비 소스를 바릅니다. 후라닭은 우유에 재웠다가 튀김옷을 입히고 6분간 튀깁니다. 고천통닭의 조리법은 후라닭과 같지만, 5분간 튀긴 후 고천 소스를 바릅니다. 60배불닭은 불 소스에 먼저 재우고 난 다음, 우유에 한 번 더 재웠다가 튀김옷을 입히고 7분간 튀깁니다.

| 메뉴마다 다른 조리법 | 왕갈비통닭 | 후라닭 | 고천통닭 | 60배불닭 |
|---|---|---|---|---|
| | 우유에 재우기<br>튀김옷 입히기<br>4분간 튀기기<br>갈비 소스 바르기 | 우유에 재우기<br>튀김옷 입히기<br>6분간 튀기기 | 우유에 재우기<br>튀김옷 입히기<br>5분간 튀기기<br>고천 소스 바르기 | 불 소스에 재우기<br>우유에 재우기<br>튀김옷 입히기<br>7분간 튀기기 |

통닭집 새 메뉴 조리법

지금까지 설명한 모든 통닭을 1마리씩 만들어 보죠. 첫 번째 방법은 지금까지 했던 대로 main() 함수 안에 모든 조리법을 넣는 것입니다. 다음 표에서 왼쪽 코드가 기존의 방법입니다. 위에서부터 차례로 왕갈비통닭, 후라닭, 고천통닭, 60배불닭이 1마리씩 만들어집니다. 이처럼 조리법을 모두 main()에 모아 놓으면 코드가 복잡해집니다.

| main() 함수에 모두 넣기 | 사용자 정의 함수 이용하기 |
|---|---|
| ```
main() {
    우유에 재우기;      // 왕갈비 통닭
    튀김옷 입히기;
    4분 튀기기;
    갈비 소스 바르기;

    우유에 재우기;      // 후라닭
    튀김옷 입히기;
    6분 튀기기;

    우유에 재우기;      // 고천통닭
    튀김옷 입히기;
    5분 튀기기;
    고천 소스 바르기;

    불 소스에 재우기;   // 60배불닭
    우유에 재우기;
    튀김옷 입히기;
    7분 튀기기;
}
``` | ```
fry(A) {              // 사용자 정의 함수
    우유에 재우기;
    튀김옷 입히기;
    A분 튀기기;
}

main() {
    fry(4);           // 왕갈비통닭
    갈비 소스 바르기;

    fry(6);           // 후라닭

    fry(5);           // 고천통닭
    고천 소스 바르기;

    불 소스에 재우기;   // 60배불닭
    fry(7);
}
``` |

오른쪽은 사용자 정의 함수를 이용한 코드입니다. 메뉴마다 튀기는 시간은 다르지만 우유에 재우기, 튀김옷 입히기, A분 튀기기는 공통 작업입니다. 공통 작업을 하나로 묶어서 사용자 정의 함수 fry()를 만들었습니다.

사용자 정의 함수 fry( )

사용자 정의 함수인 `fry()`를 시간과 함께 호출하면 그 시간만큼 통닭을 튀깁니다. 예를 들어 `fry(4)`로 호출하면 통닭을 4분간 튀깁니다. 왕갈비통닭 주문이 들어오면 `fry(4)`를 호출한 후 갈비 소스를 바르기만 하면 됩니다. 후라닭은 `fry(6)`, 고천통닭은 `fry(5)`를 호출한 다음에 고천 소스를 바르고 60배불닭은 불 소스에 재운 후에 `fry(7)`을 호출하면 됩니다.

이처럼 공통되는 작업을 함수 형태로 분리하는 것을 **모듈화**modulation라고 합니다. 부품을 모듈로 만들면 작업이 단순해지고 여러 곳에 다시 사용할 수 있습니다. 마찬가지로 통닭 조리법을 `fry()` 함수로 모듈화하면 모든 메뉴에서 재사용함으로써 작업이 단순해집니다. 또한 `main()` 함수의 코드가 간결해지고 구조를 쉽게 파악할 수 있습니다.

사용자 정의 함수를 사용하면 새로운 통닭 메뉴도 쉽게 개발할 수 있습니다. 자단나무 향을 입힌 자단통닭은 5분간 튀긴 후 자단 소스를 바른다고 가정해 보죠. `fry(5)`와 자단 소스 바르기로 새로운 메뉴인 자단통닭이 완성됩니다.

사용자 정의 함수와 모듈화

사용자 정의 함수를 사용하면 코드를 유지·보수하기도 쉽습니다. 맛 테스트 결과 튀김옷을 입힌 후 전분 가루를 한 번 더 입히면 바삭해진다는 것을 알게 되었다고 가정해 봅시다. `main()` 함수에 작업을 모아 놓았다면 튀김옷 입히기 코드를 모두 찾아 그 아래에 전분 가루 입히기를 추가해야 합니다. 그러나 사용자 정의 함수를 사용하면 `fry()` 함수에 전분 가루 입히기를 추가하는 것만으로 모든 통닭 만들기에 공통으로 적용됩니다.

---

**사용자 정의 함수에 추가함으로써 모든 작업에 공통 적용**

```
fry(A) {
    우유에 재우기;
    튀김옷 입히기;
    전분 가루 입히기;
    A분 튀기기;
}
```

---

이처럼 모듈화를 해놓으면 전체 코드를 수정하지 않고서도 모듈만 교체하거나 모듈 내부 코드를 변경하여 유지·보수를 쉽게 할 수 있습니다.

### 사용자 정의 함수의 구조

일반적으로 함수는 함수 이름, 매개변수, 몸체, 반환 자료형으로 구성됩니다. 다음 그림은 `main()` 함수와 사용자 정의 함수 `fry()`의 구조를 나타냅니다.

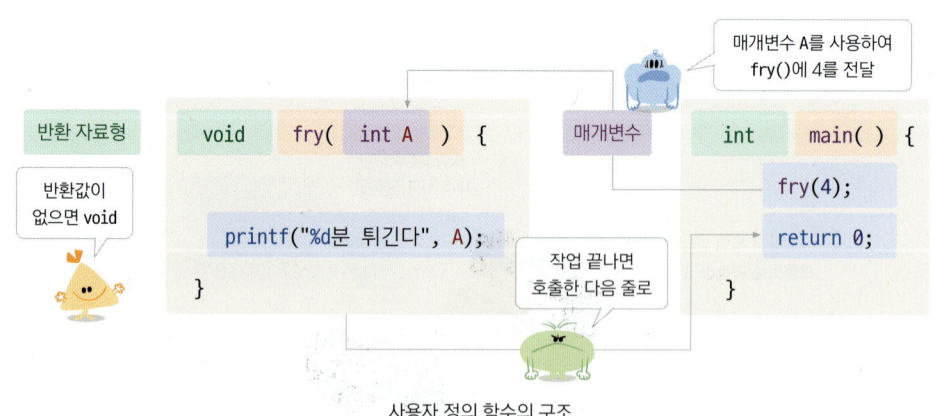

사용자 정의 함수의 구조

**함수 이름:** 모든 함수에는 이름이 있습니다. 그림에서 사용자 정의 함수의 이름은 `fry`이고 메인 함수의 이름은 `main`입니다. 함수와 일반 단어를 구분하는 것은 소괄호 ()입니다. 함수는 소괄호를 통하여 입력을 받아 처리합니다.

**매개변수:** fry() 함수의 괄호 안에는 매개변수가 있습니다. fry() 함수가 입력받는 매개변수는 A이며 A의 자료형은 int(정수)입니다. 따라서 fry() 함수를 호출하는 쪽에서 정수 1개를 보내면 그 값은 A를 통해 함수에 전달됩니다. 함수의 소괄호 안에서 **매개변수의 끝에는 세미콜론(;)을 붙이지 않습니다.**

매개변수가 없는 함수는 괄호 안에 비었음을 의미하는 void를 써야 합니다. 그러나 void를 생략할 수 있습니다. 그래서 main() 함수는 void를 생략하고 main()만 쓰기도 합니다.

> ● main() 함수도 다양한 매개변수를 사용할 수 있습니다. main() 함수의 매개변수는 15장에서 설명합니다.

**몸체:** 몸체란 함수를 구성하는 코드의 집합이며 블록으로 묶습니다. main() 함수의 몸체에는 fry(4)와 return 0의 코드가 있습니다. fry() 함수의 몸체에는 printf() 문이 있습니다. 중괄호 {}로 묶인 코드가 함수의 몸체입니다.

**반환 자료형:** 함수의 이름 앞에는 반환 자료형이 붙습니다. 함수에서는 return 문을 사용하여 값을 반환할 수 있습니다. 그림에서 main() 함수는 return 0을 반환합니다. 그래서

> ● main() 함수에서 return 0은 프로그램이 정상으로 종료됨을 의미합니다. 비정상으로 종료될 때에는 return 1을 사용합니다.

main() 함수 앞에 반환값의 자료형이 정수라는 의미로 int를 붙입니다. fry() 함수의 몸체 안에는 return 문이 없으므로 반환하는 값이 없습니다. 따라서 fry() 함수 앞에는 반환되는 값이 없다는 의미로 void를 붙입니다. 만약 void를 생략하면 오류가 발생합니다.

**함수가 작업을 마치면 항상 자신을 호출한 곳으로 돌아갑니다.** fry() 함수가 작업을 마치면 main()에서 자신을 호출했던 코드 다음 줄로 돌아갑니다. 따라서 return 0을 실행하고 프로그램을 종료합니다.

참고로 main() 함수에서는 return 0을 생략할 수 있습니다. 그러면 컴파일러가 자동으로 return 0을 추가한 것처럼 처리합니다(C99 이후). 이때에도 main() 함수의 반환 자료형은 void가 아니라 int로 작성해야 합니다.

## 사용자 정의 함수의 위치

사용자 정의 함수를 만드는 것을 "함수를 정의한다"고 표현합니다. 지금까지 변수는 사용하기 전에 먼저 선언했습니다. 변수는 사용하기 전에 선언하지 않으면 오류가 발생하기 때문입니다. 변수와 마찬가지로 **사용자 정의 함수도 사용하기 전에 정의해야 합니다.** 따라서 앞선 예에서 사용자 정의 함수 fry()는 main() 함수 전에 정의해야 합니다.

다음 코드는 지금까지 설명한 고천통닭 조리법을 사용자 정의 함수 형태로 구현한 것입니다. 03~07행까지가 사용자 정의 함수인 fry()를 정의한 것입니다. 함수는 사용하기 전에 정의해야 하므로 main() 함수 위쪽에 작성합니다.

fry() 함수의 소괄호 안에는 튀기는 시간을 전달받을 매개변수 min을 선언했습니다. min은 정수형 자료를 받으므로 int min으로 선언합니다.

## Do it! 실습    고천통닭 만들기        📄 801_function1.c

```c
01  #include <stdio.h>
02
03  void fry(int min) {     // min은 정수형 매개변수
04      printf("우유에 재우기\n");
05      printf("튀김옷 입히기\n");
06      printf("%d분 튀기기\n", min);
07  }   // return 문이 없으므로 void
08
09  int main() {
10      fry(5);         // fry() 함수 호출
11      printf("고천 소스 바르기\n");
12
13      return 0;   // 정수를 반환하므로 int
14  }
```

▼

**실행 결과**

```
우유에 재우기
튀김옷 입히기
5분 튀기기
고천 소스 바르기
```

main() 함수의 몸체 10행에서 fry(5)를 호출합니다. 이때 정수 5는 매개변수 min에 전달됩니다. 매개변수 min에 5가 전달되면 06행에서 "5분 튀기기"가 출력됩니다.

10행에서 fry(5)로 함수를 호출하면 03~07행까지 실행됩니다. fry() 함수가 종료되면 자신을 호출했던 10행의 다음 줄인 11행으로 돌아갑니다. 11행의 "고천 소스 바르기"가 출력되고 main() 함수도 종료합니다. 따라서 실행 결과를 보면 "우유에 재우기", "튀김옷 입히기", "5분 튀기기", "고천 소스 바르기" 순으로 출력됩니다.

사용자 정의 함수를 여러 개 만든다고 가정해 보죠. 다음 그림처럼 main()에서 func_1() 함수를 호출하고 func_1()에서 func_2() 함수를 호출합니다. 사용자 정의 함수는 사용하기 전에 먼저 정의해야 하므로 가장 먼저 func_2() 함수를 정의한 후에 func_1() 함수를 정의하고 마지막에 main() 함수를 정의해야 합니다. 즉, 가장 마지막에 호출되는 함수를 가장 먼저 정의합니다. 만약에 정의 순서가 바뀌면 오류가 발생합니다.

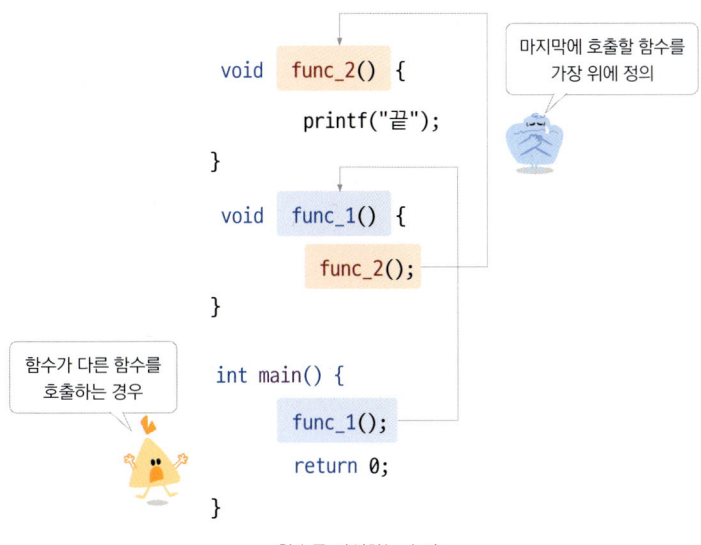

함수를 정의하는 순서

그런데 사용자 정의 함수가 많아지면 순서를 지키기가 불편할 수 있습니다. 이럴 때에 함수를 호출하는 순서에 상관없이 정의할 수 있는 방법이 있습니다. 바로 함수 선언문을 작성하는 것입니다. 다음 코드를 보죠.

**Do it! 실습** 사용자 정의 함수 선언하기　　　　　　　　　　　　　　　📄 802_function2.c

```c
#include <stdio.h>

void fry(int min);    // fry() 함수 선언. 끝은 세미콜론

int main() {
    fry(5);           // fry() 함수 호출
    printf("고천 소스 바르기\n");

    return 0;
}

void fry(int min) {   // fry() 함수 정의
    printf("우유에 재우기\n");
    printf("튀김옷 입히기\n");
    printf("%d분 튀기기\n", min);
}
```

08장 ✦ 함수　175

이 코드에서는 함수를 정의하기 전에 먼저 선언했습니다. 03행의 `void fry(int min);` 코드는 나중에 fry() 함수를 정의하겠다고 선언한 것입니다. 함수를 선언하는 방법은 함수의 첫 줄을 쓰고 끝에 세미콜론(;)을 붙이면 됩니다. 이처럼 코드 윗부분에 함수를 선언하면 본체를 포함한 함수 정의는 위치에 제한이 없어집니다. 이번 예에서는 fry() 함수의 몸체를 main() 다음에 정의했습니다.

> **핵심 한 줄** 함수는 호출하기 전에 먼저 정의해야 합니다. 하지만 함수 선언문을 먼저 작성하면 나중에 정의해도 됩니다.

## 매개변수 사용하기

앞선 예에서 모든 통닭 메뉴는 똑같이 30분간 우유에 재운 후에 튀겼습니다. 그런데 후라닭은 40.5분간 우유에 재워야 최상의 맛을 느낄 수 있다고 합니다. 그래서 다른 통닭은 30분, 후라닭은 40.5분 동안 우유에 재우도록 프로그램을 변경하려고 합니다.

다음 코드는 이러한 변경 사항을 적용하여 다시 작성한 것입니다.

**Do it! 실습**  후라닭 만들기  📄 803_function3.c

```c
01  #include <stdio.h>
02
03  void fry(int min, double milk) {    // 정수형 min, 실수형 milk
04      printf("%.1lf분 우유에 재우기\n", milk);
05      printf("튀김옷 입히기\n");
06      printf("%d분 튀기기\n", min);
07  }
08
09  int main() {
10      fry(6, 40.5);    // fry() 함수 호출
11
12      return 0;
13  }
```

**실행 결과**

```
40.5분 우유에 재우기
튀김옷 입히기
6분 튀기기
```

이제 사용자 정의 함수 fry()의 매개변수는 2개입니다. 하나는 튀기는 시간을 나타내는 정수 min이고, 다른 하나는 우유에 재우는 시간을 나타내는 실수 milk입니다. 매개변수를 2개 이상 사용할 때는 쉼표(,)로 구분합니다. 새로 바뀐 사용자 정의 함수 fry()의 04행에서 %.1lf 서식을 사용하여 실수 milk값을 소수 첫째 자리까지 출력합니다.

함수 호출문에서 매개변수에 값을 전달할 때는 변수의 개수와 자료형을 정확하게 맞춰야 합니다. fry() 함수는 매개변수가 2개이며 첫 번째는 정수, 두 번째는 실수입니다. 따라서 10행에서 fry() 함수를 호출할 때 fry(6, 40.5)를 사용했습니다. 다른 통닭을 만들 때도 마찬가지입니다. 왕갈비통닭은 fry(4, 30.0), 고천통닭은 fry(5, 30.0), 60배불닭은 fry(7, 30.0)처럼 호출해야 합니다.

만약 새로 바뀐 fry() 함수를 호출할 때 다음처럼 호출하면 안 됩니다. 첫 번째 예는 인자를 입력하지 않아서 오류가 발생하고, 두 번째와 세 번째 예 역시 인자와 매개변수의 개수가 맞지 않아서 오류가 발생합니다. 네 번째 예는 정수형 매개변수 자리에 실수 인자를 전달했습니다. 이런 경우 오류는 아니지만 소수점 이하가 잘립니다.

```
[예 1]   fry();           // 인자 없음
[예 2]   fry(5);          // 매개변수 개수와 맞지 않음
[예 3]   fry(40.5);       // 매개변수 개수와 맞지 않음
[예 4]   fry(40.5, 5);    // 매개변수 자료형과 일치하지 않음
```

> **핵심 한 줄** 사용자 정의 함수에서 매개변수가 여러 개일 때는 쉼표(,)로 구분하며 개수와 자료형을 정확하게 맞춰 호출해야 한다.

## 실력 향상 프로젝트 12 | 센티-인치 변환 프로그램 만들기
804_convert1.c

길이를 잴 때 보통은 센티(cm)나 미터(m)를 사용하지만, 바지와 같은 의복의 치수는 인치(in)를 사용합니다. 사용자 정의 함수를 사용하여 센티를 입력하면 인치로 변환해서 출력하는 프로그램을 작성해 봅시다.

```c
01  #include <stdio.h>
02
03  void ret_inch(double len) {    // 함수 선언과 정의
04      printf("%.2lf cm = %.2lf inch", len, len / 2.54);
05  }
06
07  int main() {
08      double cm;
09
10      printf("변환할 cm값: ");
11      scanf("%lf", &cm);
12
13      ret_inch(cm);    // 함수 호출
14
15      return 0;
16  }
```

### 실행 결과
```
변환할 cm값: 74 [Enter]
74.00 cm = 29.13 inch
```

main() 함수 위에 사용자 정의 함수 ret_inch()를 정의합니다. 매개변수는 센티값을 전달받을 len이며 실수로 선언합니다. ret_inch() 함수는 반환값이 없으므로 함수 이름 앞에 void를 붙입니다. 사용자 정의 함수 ret_inch()는 main() 함수에서 ret_inch(cm)로 호출합니다. 이때 함수 호출 인자로 입력한 cm 변수는 double형이므로 ret_inch() 함수에서 매개변수 len의 형식과 같습니다.

## 08-2

# 변수의 종류와 범위

### 지역 변수

사용자 정의 함수에서 변수를 선언할 때 이름이 중복될 수도 있습니다. 예를 들어 다음 코드에서는 04행과 11행에 선언한 변수 이름이 같습니다. main() 함수에 선언한 order 변수는 chicken() 함수를 호출할 때 인자로 사용하고, chicken() 함수에 선언한 order 변수는 for 문을 제어하는 용도로 사용합니다.

**Do it! 실습** 지역 변수 확인　　　　　　　　　　　　　　　　　805_localvar1.c

```c
01  #include <stdio.h>
02
03  void chicken(int num) {    // 매개변수 num은 chicken()의 지역 변수
04      int order;             // order는 chicken()의 지역 변수
05
06      for (order = 1; order <= num; order++)
07          printf("%d번째 자단통닭\n", order);
08  }
09
10  int main() {
11      int order = 3;         // order는 main()의 지역 변수
12
13      chicken(order);
14
15      return 0;
16  }
```

▼

**실행 결과**

1번째 자단통닭
2번째 자단통닭
3번째 자단통닭

실행 결과를 보면 정상으로 출력되는 것을 알 수 있습니다. 이처럼 어떤 블록 안에 선언된 변수를 **지역 변수** local variable라고 합니다. 말 그대로 해당 지역에서만 사용할 수 있는 변수라는 뜻입니다. main() 함수의 블록 안(몸체)에 선언한 order는 main() 안에서만 사용할 수 있는 지역 변수입니다. 마찬가지로 chicken() 함수의 블록 안에 선언한 order는 chicken()의 지역 변수입니다. 둘은 이름만 같을 뿐 서로 다른 변수입니다. 그래서 서로에게 영향을 미치지 않습니다.

main() 함수에서 chicken() 함수를 호출할 때 3으로 초기화된 order 변수를 인자로 사용했습니다. 이렇게 하면 chicken() 함수의 매개변수 num에는 main() 함수의 order 변숫값인 3이 그대로 복사됩니다. 따라서 chicken() 함수에서는 3이 저장된 num을 사용하게 됩니다. 이때 매개변수 num도 chicken() 함수의 지역 변수입니다.

```
void main() {                    void chicken( int num ) {
    int order = 3;                   int order;
    chicken(order);                  print("%d", order);
}                                }
```

다른 함수가 지역 변수 못 건드리게 값을 복사해서 전달

지역 변수 order는 서로 다른 변수

매개변수에는 복사된 값이 전달됨

**핵심 한 줄**  함수의 매개변수에는 호출할 때 전달한 값이 복사되며, 함수의 매개변수도 지역 변수이다.

## 변수의 생존 범위

함수 안에 선언된 변수를 지역 변수라고 하는 이유는 변수를 만들고 사용하고 사라지는 모든 일이 중괄호 {}로 묶인 블록(지역) 안에서 이뤄지기 때문입니다. 이렇게 변수가 생존하는 영역을 **생존 범위** scope라고 합니다.

다음은 각 함수에서 order 변수의 생존 범위를 보여 줍니다.

**변수의 생존 범위**
```
01  void chicken(int num) {
02      int order = 1;      // chicken()의 order 변수 생성과 초기화
03  } // chicken()의 order 변수 소멸
04
```

```
05  int main() {
06      int order = 3;      // main()의 order 변수 생성과 초기화
07      chicken(order);     // main()의 order 변수 사용
08  }   // main()의 order 변수 소멸
```

main() 함수에서 order 변수는 int order = 3 코드로 만들어집니다. 그리고 chicken() 함수 호출문을 만나 함수가 실행되면 int order = 1; 코드로 또 다른 공간에 새로운 order 변수가 만들어집니다.

chicken() 함수가 모두 실행되고 나서 종료될 때에 chicken() 함수의 지역 변수인 order가 사라지고, main() 함수로 돌아와서 main() 함수마저 종료되면 main() 함수의 지역 변수인 order도 사라집니다.

이처럼 지역 변수는 특정 블록에서 선언할 때 만들어졌다가 해당 블록이 종료될 때 사라지므로 블록 안에서만 사용할 수 있습니다.

> **핵심 한 줄**  함수가 종료되면 함수 안에 선언된 지역 변수도 모두 소멸한다.

함수의 블록뿐만 아니라 조건문이나 반복문의 블록에서도 변수를 선언할 수 있습니다. 변수는 사용하기 전에만 선언하면 되므로 다음처럼 for 문에서 초기화 부분에 선언해도 됩니다.

**Do it! 실습**  반복문 안에 지역 변수 선언(오류 발생)    806E_local.c

```
01  #include <stdio.h>
02
03  void chicken(int num) {
04      for (int order = 1; order <= num; order++)   // for 문 안에 order 변수 선언
05          printf("%d번째 자단통닭\n", order);         // order 변수 소멸
06
07      printf("총 %d마리 통닭튀김\n", order);    ← 오류 발생!
08  }
09
10  int main() {
11      int order = 3;
12
13      chicken(order);
14
15      return 0;
16  }
```

이때 주의할 점은 지역 변수의 생존 범위입니다. 지역 변수는 블록 안에서만 사용할 수 있으므로 for 문에서 선언한 변수를 for 문 밖에서 사용할 수는 없습니다. 지역 변수는 블록을 벗어나면 사라지기 때문입니다. 따라서 반복문이 종료되고 07행에서 order값을 출력하려고 하면 오류가 발생합니다.

> 이 예에서는 for 문의 몸체가 한 줄이어서 중괄호로 블록을 지정하지 않았지만, for 문에 선언한 order 변수는 for의 블록 안에서만 살아 있는 지역 변수입니다.

이 코드를 컴파일하면 식별자 order가 정의되지 않았다는 오류 메시지가 나타납니다. 이처럼 특정 블록 안에 변수를 선언할 수 있지만, 생존 범위에 신경 써야 합니다.

| | 코드 | 설명 | 프로젝트 | 파일 | 줄 |
|---|---|---|---|---|---|
| abc | E0020 | 식별자 "order"이(가) 정의되어 있지 않습니다. | chap_8 | chap_8.c | 7 |
| ❌ | C2065 | 'order': 선언되지 않은 식별자입니다. | chap_8 | chap_8.c | 7 |

선언되지 않은 식별자 오류 메시지

## 전역 변수

블록 안에서만 사용할 수 있는 지역 변수와 달리 프로그램 전체에서 사용할 수 있는 변수도 있습니다. 이러한 변수를 **전역 변수** global variable라고 합니다. 전역 변수는 어떤 블록에도 속하지 않으며 코드에서 윗부분에 선언합니다.

다음은 앞에서 지역 변수로 작성한 프로그램을 전역 변수를 사용하여 변경한 것입니다.

**Do it! 실습**  전역 변수를 사용한 자단통닭  📄 807_globalvar.c

```c
01  #include <stdio.h>
02
03  int order = 3;      // order는 전역 변수
04
05  void chicken() {    // 매개변수 필요 없음
06      for ( ; order > 0; order--)
07          printf("%d번째 자단통닭\n", order);
08  }
09
10  int main() {
11      chicken();
12      return 0;
13  }
```

| 실행 결과 |
|---|
| 3번째 자단통닭 |
| 2번째 자단통닭 |
| 1번째 자단통닭 |

03행에서 전역 변수 order를 선언하고 3으로 초기화합니다. 전역 변수는 어느 블록에도 속하지 않는 변수이므로 코드의 윗부분에 선언합니다. 전역 변수를 선언하면 그 아래의 모든 함수에서 사용할 수 있습니다.

order를 전역 변수로 선언했으므로 chicken() 함수가 order값을 자유롭게 사용할 수 있습니다. 따라서 이 예에서는 기존 코드와는 다르게 main()에서 chicken() 함수를 호출할 때 매개변수를 사용할 필요가 없습니다.

또한 for 문의 초기화 영역도 비었습니다. 03행에서 전역 변수 order를 선언하고 3으로 초기화했으므로 초깃값을 따로 설정할 필요가 없기 때문입니다.

전역 변수를 사용했더니 코드가 짧고 단순해졌습니다. 하지만 전역 변수는 문제를 일으킬 수 있으므로 사용을 자제해야 합니다.

## 전역 변수 사용을 자제해야 하는 이유

사용자 정의 함수가 100개가 넘는 아주 큰 프로그램을 작성한다고 가정해 보죠. 만약 여러 함수에서 전역 변수의 값을 자유롭게 변경할 수 있다면 **의도하지 않은 곳에서 전역 변수의 값이 변경될 수 있습니다**. 만약 어떤 함수에서 order 변수를 2000으로 변경하면 이유도 모른 채 통닭 2,000마리를 계속 튀겨야 합니다.

매개변수를 사용하는 이유는 데이터의 개수와 자료형을 확인하여 잘못된 값이 전달되는 것을 막기 위해서입니다. 또한 함수가 **다른 함수의 지역 변수를 변경하지 못하게 보호합니다.** 전역 변수는 이러한 노력을 무용지물로 만들 수 있어서 꼭 필요한 경우가 아니라면 사용을 자제해야 합니다.

◐ 이 말의 의미는 「08-3」절에서 자세히 알아봅니다.

전역 변수의 또 다른 문제점은 **지역 변수와 이름이 중복될 수 있다**는 것입니다. 다음 코드는 전역 변수와 같은 이름으로 지역 변수를 사용한 예입니다. main()과 chicken() 함수에서 각각 order 변수를 출력하면 다른 값이 출력됩니다.

**Do it! 실습**  전역 변수와 지역 변수 이름 중복                      📄 808_globalvar2.c

```
01  #include <stdio.h>
02
03  int order = 3;        // 전역 변수 order 선언
```

```
04
05    void chicken() {
06        printf("chicken()의 order값 %d\n", order);
07    }
08
09    int main() {
10        int order = 7;    // 지역 변수 order 선언
11
12        chicken();
13        printf("main()의 order값 %d\n", order);
14
15        return 0;
16    }
```

**실행 결과**

chicken()의 order값 3
main()의 order값 7

실행 결과를 보면 chicken() 함수에서는 전역 변수 order값 3이 출력되고, main() 함수에서는 지역 변수 order값 7이 출력됩니다. 이처럼 전역 변수와 지역 변수의 이름이 같을 때에 컴파일러는 지역 변수로 인식합니다.

앞서 서로 다른 블록에서 변수 이름이 중복되는 것은 각 변수의 생존 범위가 달라서 괜찮았지만, 지금 예에서 전역 변수 order는 main() 함수에서 지역 변수 order와 생존 범위가 겹치므로 문제가 될 수 있습니다. 오류는 발생하지 않더라도 개발자를 헷갈리게 해서 실수할 가능성을 높이고 코드를 해석하기도 어려워집니다.

그러나 코드를 작성하다 보면 여러 함수가 공유해야 하는 값이 필요할 때가 있습니다. 자주 사용하는 값은 매번 매개변수로 전달하기가 귀찮을 수 있습니다. 이럴 때는 전역 변수 대신 매크로를 사용하는 것이 좋습니다. 앞선 예에서 03행의 전역 변수를 다음처럼 매크로로 바꾸면 됩니다.

**매크로 정의**

```
03    #define ORDER 3
```

매크로는 상수의 한 종류라서 한 번 정의하면 그 값을 바꿀 수 없습니다. 따라서 전역 변수를 사용함으로써 생길 수 있는 의도치 않은 값의 변경을 막을 수 있습니다. 또한 매크로로 선언된 상수와 이름이 같은 변수는 만들 수 없습니다. 따라서 앞선 예와 같은 문제도 발생하지 않습니다.

## 실력 향상 프로젝트 13 | 사운드 미터 만들기
809_meter1.c

사운드 미터sound meter 혹은 사운드 레벨 미터란, 음악이나 소리의 크기에 따라 늘었다 줄었다 하는 막대기입니다. 컴퓨터나 스마트폰에서 음악을 들을 때 현란하게 움직이는 사운드 미터를 보았을 것입니다. 사운드 미터처럼 동작하는 프로그램을 만들어 보겠습니다.

여러 줄의 사운드 미터를 만들기 전에 우선 한 줄짜리 사운드 미터를 만들어 봅시다.

### 한 줄짜리 사운드 미터

```
01  for (k = 1; k <= 100; k++) {
02      system("cls");     // 화면 지우기
03      for (met = 0; met <= rand() % 80; met++)    // 0~79까지 무작위 수 생성
04          printf("O");
05      printf("\n");
06  }
```

02행에서 화면을 지우고 03행에서 rand() % 80으로 0~79까지의 무작위 수를 만듭니다. 변수 met을 사용하는 for 문이 무작위 수만큼 알파벳 대문자 O를 출력합니다. 예를 들어 무작위 수가 70이면 알파벳 대문자 O가 70개 나타납니다. 한 줄이 출력되고 나면 05행에서 \n을 사용하여 줄 바꿈을 합니다.

01행의 k를 사용하는 for 문은 이러한 과정을 100번 반복합니다. 따라서 화면을 지우고 무작위 수를 만들어 그 수만큼 알파벳 대문자 O를 출력하는 것을 100번 반복합니다. 그러면 사운드 미터의 막대기가 100번 동안 좌우로 움직이는 것처럼 보입니다. 간단하죠?

보통 사운드 미터는 여러 줄입니다. 여러 줄의 사운드 미터를 만들려면 앞선 코드에서 03~05 행을 반복하는 for 문을 하나 더 만들면 됩니다. 다음 코드는 이렇게 만든 8줄짜리 사운드 미터를 출력합니다. 09행에서 변수 jul을 사용하는 반복문이 사운드 미터를 여러 줄로 만듭니

다. jul은 1부터 시작하여 8보다 작거나 같을 때까지 10~12행을 반복합니다. 10~12행이 한 줄 사운드 미터이므로 8줄짜리 사운드 미터가 만들어집니다.

```c
01  #include <stdio.h>
02  #include <stdlib.h>    // system() 함수가 선언된 헤더 파일
03
04  int main() {
05      int k, jul, met;
06
07      for (k = 1; k <= 100; k++) {
08          system("cls");
09          for (jul = 1; jul <= 8; jul++) {    // 사운드 미터의 줄 수
10              for (met = 0; met <= rand() % 80; met++)
11                  printf("O");
12              printf("\n");
13          }
14      }
15      return 0;
16  }
```

▼

**실행 결과**

```
OOOOOOOOOOOOOOOOOOOOOO
OOOOO
OOOOOOOOOOOOO
OOOOOOOOO
OOOOOOOOOOOOOOOOOOOOOOOO
OOOOOOOOO
OOOO
OOOOOOOOOOOO
```

실행 결과를 보면 알파벳 대문자 O로 이뤄진 8줄의 막대가 100번 동안 정신 없이 움직이다가 끝납니다. jul 변수를 사용하는 두 번째 for 문의 조건을 조정하면 16줄이나 24줄의 사운드 미터를 만들 수도 있습니다.

이제 사용자 정의 함수를 사용하여 높이가 다양한 사운드 미터를 만들어 봅시다. 다음 코드에서 04~15행의 sound_meter()가 사용자 정의 함수입니다. 사운드 미터에서 줄의 수를 정수형 매개변수 dan으로 받습니다. 따라서 sound_meter(8)처럼 호출하면 8줄짜리 사운드 미터를 출력합니다.

## Do it! 실습   사용자 정의 함수를 사용한 사운드 미터    📄 810_meter2.c

```c
01  #include <stdio.h>
02  #include <stdlib.h>
03
04  void sound_meter(int dan) {
05      int k, jul, met;
06
07      for (k = 1; k < 100; k++) {
08          system("cls");
09          for (jul = 1; jul <= dan; jul++) {
10              for (met = 0; met <= rand() % 80; met++)
11                  printf("O");
12              printf("\n");
13          }
14      }
15  }
16
17  int main() {
18      sound_meter(8);     // 8줄 사운드 미터
19
20      return 0;
21  }
```

05행에서는 sound_meter() 함수에서 사용할 지역 변수 k, jul, met을 선언합니다. 09행에서 jul 변수를 사용한 두 번째 반복문은 매개변수 dan보다 작거나 같을 때까지 반복합니다. 따라서 매개변수 dan만큼 사운드 미터 줄이 출력됩니다.

사운드 미터를 출력하는 부분을 사용자 정의 함수로 분리했으므로 main() 함수가 간결해졌습니다. 만약 16줄 사운드 미터를 출력하고 싶으면 sound_meter(16)라고 호출하면 그만입니다. 이 맛에 사용자 정의 함수를 사용합니다.

## 08-3

# 함수의 종류와 특징

### 함수의 종류

지금까지 배운 함수를 보면 저마다 특징이 있습니다. `prinf()`는 인자를 사용하여 함수에 값을 전달합니다. `scanf()`도 `printf()`처럼 인자를 사용하여 값을 전달하지만, `scanf()` 함수의 인자 앞에는 열쇠(&)를 붙입니다. `rand()` 함수는 매개변수가 없으므로 인자를 전달하지 않습니다. 그 대신 함수를 호출하면 무작위 수를 1개 반환합니다.

이러한 특징으로 함수를 분류해 보면 `printf()`는 일반형, `scanf()`는 참조형, `rand()`는 반환형으로 나눌 수 있습니다.

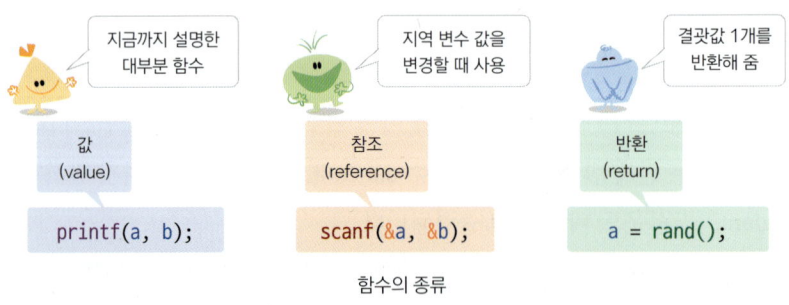

함수의 종류

`printf()`는 가장 일반적인 함수 호출 형태입니다. 일반형 함수는 호출문에서 인자로 넘긴 값을 매개변수로 복사합니다. 이처럼 값을 복사하는 방식으로 전달하는 이유는 호출하는 쪽에서 인자로 지정한 지역 변수(그림에서 a와 b)를 변경하지 못하도록 보호하기 위해서입니다. 이처럼 일반형 함수는 값을 복사하여 호출하므로 **값에 의한 호출**call by value이라고 합니다.

`scanf()`는 키보드에서 입력받은 값을 인자로 넘긴 변수에 저장하는 함수입니다. `scanf()` 함수를 사용할 때는 변숫값을 변경해도 된다는 뜻으로 인자(그림에서 a와 b) 앞에 열쇠(&)를 붙입니다. `scanf()` 함수는 전달받은 열쇠로 해당 변수를 참조하여 다른 값으로 바꿀 수 있습니다. 이처럼 참조형 함수는 열쇠를 전달하여 호출하므로 **참조에 의한 호출**call by reference이라고 합니다.

rand() 함수는 호출만 하면 알아서 값을 만들어 줍니다. 그래서 a = rand()처럼 호출하면 변수 a에 알아서 값을 넣어 줍니다. 이처럼 반환형 함수는 언제나 하나의 값만 반환할 수 있어서 **값 반환**return value이라고 합니다.

함수의 종류와 특징

| 함수형 | 이름 | 대표 함수 | 특징 |
|---|---|---|---|
| 일반형 | 값에 의한 호출<br>(call by value) | printf() | 매개변수를 여러 개 사용할 수 있으며 값을 복사하여 매개변수에 전달함. 지역 변숫값은 변경되지 않음 |
| 참조형 | 참조에 의한 호출<br>(call by reference) | scanf() | 매개변수를 여러 개 사용할 수 있으며 변수 앞에 열쇠(&)를 붙임. 지역 변숫값 변경됨 |
| 반환형 | 값 반환<br>(return value) | rand() | 1개의 값을 돌려줌 |

함수의 종류를 값에 의한 호출, 참조에 의한 호출, 값 반환으로 나눈 이유는 함수의 특징을 쉽게 설명하기 위해서입니다. 함수는 2가지 또는 3가지 특징을 모두 가질 수도 있습니다.

값에 의한 호출은 가장 일반적인 함수 호출 방식이며 앞에서 사용자 정의 함수를 설명할 때 예로 든 모든 함수가 이에 해당합니다. 따라서 값에 의한 호출은 생략하고 참조에 의한 호출과 값 반환에 관해서만 좀 더 살펴보겠습니다.

## 참조에 의한 호출

참조에 의한 호출call by reference 방식의 대표적인 예가 scanf()입니다. 만약 scanf(&A)처럼 호출하면 변수 A에 키보드로 입력된 값을 넣어 줍니다. 즉, A의 값이 키보드에서 입력된 값으로 변경됩니다. 따라서 scanf() 함수를 사용할 때는 변수의 값을 변경해도 좋다는 의미로 열쇠(&)를 함께 보내야 합니다. 그렇다면 열쇠를 받는 쪽 매개변수는 어떻게 선언해야 할까요?

함수를 부르는 쪽에서 열쇠(&)를 사용하여 호출했는데 호출을 받는 쪽에서 일반 매개변수를 사용하면 안 됩니다. 보내는 쪽에서 열쇠를 보냈다면 그에 맞는 열쇠 구멍을 만들어 줘야 합니다. 따라서 열쇠를 사용하여 호출할 때는 열쇠를 받아 줄 매개변수 앞에 별표(*)를 붙입니다. 이 열쇠 구멍이 별 모양으로 생겼으므로 별구멍(*)이라고 하겠습니다.

> **핵심 한 줄** 변수 앞에 열쇠(&)를 붙여서 호출하는 경우 매개변수 앞에는 별구멍(*)을 붙여야 한다.

다음 코드는 열쇠(&)와 별구멍(*)을 사용하여 두 수를 바꿔 주는 swap() 함수를 구현한 예입니다. swap() 함수는 swap(&first, &second)처럼 호출하면 first와 second의 값을 바꿔서 돌려줍니다. 두 변수의 값을 바꿔야 하므로 참조에 의한 호출을 사용합니다.

### Do it! 실습 ─ 두 수 바꾸기 함수    📄 811_callref.c

```c
01  #include <stdio.h>
02
03  void swap(int *one, int *two) {    // swap() 함수 정의
04      int temp;
05
06      temp = *one;
07      *one = *two;
08      *two = temp;
09  }
10
11  int main() {
12      int first = 7, second = 24;
13
14      swap(&first, &second);    // 참조에 의한 호출
15      printf("f=%d, s=%d", first, second);
16
17      return 0;
18  }
```

열쇠를 전달하므로 별구멍으로 받음

### 실행 결과

```
f=24, s=7
```

main() 함수에서 열쇠를 붙여서 swap(&first, &second)로 호출하면 받는 쪽에서는 별구멍(*)을 사용하여 swap(int *one, int *two)로 선언합니다. 이때 first와 *one이 연결되고 second와 *two도 연결됩니다. 연결된다는 것은 *one에 값을 넣으면 실제로는 first에 저장된다는 의미입니다. 또한 *two에 값을 넣으면 second에 저장됩니다.

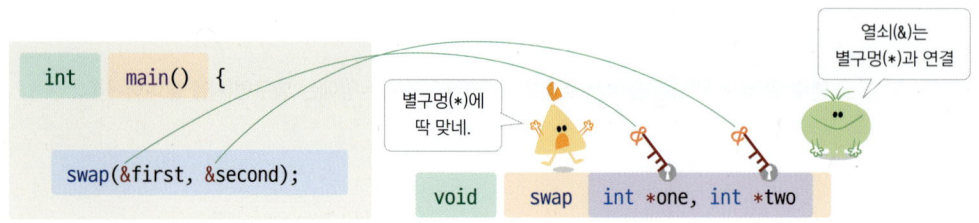

열쇠(&)는 별구멍(*)과 연결

두 변수가 연결되고 별구멍(*)이 변수 앞에 붙으면 연결된 변수를 참조하겠다는 의미입니다. 따라서 변수가 연결된 이후에는 one과 two 앞에 별구멍(*)을 붙여서 사용해야 합니다. 그래서 06~08행까지 *one과 *two를 사용합니다. 참고로 temp는 별구멍이 없는 일반 변수입니다. 실행 결과를 보면 두 값이 바뀌는 것을 확인할 수 있습니다.

참고로 열쇠(&)와 별구멍(*)의 정확한 이름을 설명하지 않는 이유는 아직까지는 개념만 이해해도 되기 때문입니다. 열쇠(&)와 별구멍(*)은 포인터<sup>pointer</sup>와 연관되어 있습니다. 포인터는 10장에서 자세히 다룹니다.

## 값 반환

값 반환<sup>return value</sup> 방식은 함수에서 계산된 결과를 return을 사용하여 돌려주는 형태입니다. 값 반환 함수는 return으로 돌려주는 값이 1개뿐입니다. 따라서 여러 개의 연산 결과를 동시에 얻으려면 값 반환 형태를 사용할 수 없습니다. 값 반환 함수를 정의할 때는 반환하는 값의 자료형을 함수 이름 앞에 명시해 줘야 합니다. 또한 값 반환 함수가 돌려주는 값을 저장할 변수도 자료형을 맞춰야 합니다.

다음 코드는 인치값을 받아 센티값으로 변환하는 함수를 값 반환 형태로 작성한 것입니다. 11행에서 센티로 변환할 인치값을 변수 inch로 입력받습니다. 13행에서 값에 의한 호출을 사용하여 ret_cent(inch) 함수를 호출합니다. 호출 결과로 반환되는 값은 변수 conv가 받습니다. 따라서 값 반환 형태의 함수는 conv = ret_cent(inch) 형태로 호출해야 합니다.

**Do it! 실습**    인치-센티 변환하기      📄 812_convert2.c

```c
01  #include <stdio.h>
02
03  double ret_cent(double len) {    // ret_cent 함수 정의
04      return (len * 2.54);         // double형 값 반환
05  }
06
07  int main() {
08      double conv, inch;
09
10      printf("변환할 인치값: ");
11      scanf("%lf", &inch);
12
13      conv = ret_cent(inch);   // 값 반환
14      printf("%.2lf inch = %.2lf cm", inch, conv);
15
16      return 0;
17  }
```

> 실행 결과
>
> 변환할 인치값: 38.7 [Enter]
> 38.70 inch = 98.30 cm

03~05행은 ret_cent() 함수의 정의입니다. 매개변수 len은 double로 선언합니다. 1인치는 2.54cm이므로 인치값에 2.54를 곱하면 센티값을 얻을 수 있습니다. 04행에서 len에 2.54를 곱한 값을 return 문으로 반환합니다.

ret_cent() 함수의 반환값은 double형이므로 double ret_cent(double len)으로 정의해야 합니다. 또한 13행에서 반환값을 받는 conv 변수도 double형으로 선언해야 합니다. 참고로 main() 함수는 return 0처럼 정수를 반환하므로 int main()으로 정의합니다.

13행과 14행을 다음처럼 한 줄로 줄일 수도 있습니다.

```
13    printf("%.2lf inch = %.2lf cm", inch, ret_cent(inch));
```

## 실력 향상 프로젝트 14 | 행운의 숫자 맞히기
813_todayluck.c

오늘 운이 어떤지 확인할 수 있는 프로그램을 만들어 보겠습니다. 규칙은 간단합니다. 사용자는 1~20까지의 숫자 중 하나를 고릅니다. 컴퓨터는 1~20까지 무작위 수를 총 20번 만들어 사용자가 고른 숫자가 몇 번 만에 나오는지를 확인합니다.

사용자가 선택한 수가 바로 나오면 행운 포인트 60을 받습니다. 한 번 더 시도해서 맞으면 1만큼 뺀 59포인트를 받습니다. 두 번째 시도해서 맞으면 남은 포인트에서 2만큼을 뺀 57포인트를 받습니다. 즉, k번 만에 맞으면 남은 포인트에서 k만큼을 뺀 행운 포인트를 받습니다. 이런 식으로 하면 10번째까지는 포인트를 받지만, 11번째 시도부터는 포인트를 내야 합니다.

행운의 숫자 맞히기 규칙

전체 코드는 다음과 같습니다. 25행에서 사용자에게 1~20까지의 수를 key 변수에 받습니다. 27행에서 key값을 사용하여 today_luck() 함수를 호출하고 결과를 money로 받습니다. 28행에서 남은 행운 포인트의 결과를 출력합니다.

```c
01  #include <stdio.h>
02  #include <stdlib.h>
03  #include <time.h>
04
05  int today_luck(int num) {      // 반환값이 정수이므로 int today_luck()
06      int k, luck = 60, lkey;    // 60포인트에서 시작
07
08      srand((unsigned)time(NULL));
09      for (k = 1; k <= 20; k++) {
10          lkey = rand() % 20 + 1;    // 1~20까지의 행운 숫자 만들기
11          if (lkey != num) {         // 행운 숫자와 같지 않으면
12              luck = luck - k;       // luck에서 k 포인트를 뺌
13              printf("행운수 %2d  %2d포인트 사라짐 %4d포인트\n", lkey, k, luck);
14          }
15          else break;                // 행운 숫자와 같으면 반복문 탈출
16          system("timeout 2 > NULL");    // 2초간 기다림
17      }
18      return luck;                   // 남은 행운 포인트 반환
19  }
20
21  int main() {
22      int money, key;
23
24      printf("60포인트부터 시작: 1-20 선택: ");
25      scanf("%d", &key);
26
27      money = today_luck(key);   // today_luck() 함수에서 행운 포인트 반환
28      printf("\n오늘은 %d포인트!\n", money);
29      return 0;
30  }
```

**실행 결과**

```
60포인트부터 시작: 1-20 선택: 10 Enter
행운수  9   1포인트 사라짐    59포인트
행운수  7   2포인트 사라짐    57포인트
행운수 11   3포인트 사라짐    54포인트
행운수 12   4포인트 사라짐    50포인트

오늘은 50포인트!
```

05~19행이 today_luck() 함수입니다. 사용자가 선택한 수는 매개변수 num에 저장됩니다. 06행 luck은 행운 포인트를 저장하는 변수이며 60포인트로 초기화합니다. lkey는 rand() 함수가 만드는 무작위 행운의 숫자를 저장합니다. 08행에서 매번 같은 수가 나오지 않도록 srand((unsigned)time(NULL))를 사용합니다. 09행에서 k를 사용하는 for 문은 전체를 20번 반복합니다.

10행에서는 1~20 사이의 무작위 수를 만들어 lkey에 저장합니다. 11행에서 무작위 수 lkey와 사용자가 선택한 수 num이 같지 않으면 luck에서 k 포인트를 뺍니다. 첫 번째에 안 맞으면 1포인트, 2번째에는 2포인트, 3번째에는 3포인트가 빠집니다. luck에서 포인트를 뺀 후 13행에서 무작위 수와 남은 포인트를 출력합니다. 이때 숫자의 줄을 맞추고 오른쪽 정렬을 하기 위해 k와 lkey는 %2d로 출력하고, luck은 %4d로 출력합니다.

만약 사용자가 고른 숫자 num과 무작위 수가 같으면 15행에서 break가 실행됩니다. break가 실행되거나 20번 반복이 끝나면 18행의 return luck 코드가 실행되어 현재 남은 포인트 luck을 반환합니다. 반환되는 포인트는 27행에서 money에 저장되고 28행에서 출력됩니다.

16행에서는 무작위 수가 너무 빨리 만들어지지 않도록 system("timeout 2 > NULL") 코드로 2초간 지연시킵니다. 다음엔 어떤 수가 나올지 기대하면서 기다리는 재미가 있습니다.

## 확실하게 내 것으로! 08장 마무리 문제

1. 함수를 불러서 사용하는 것을 _____ (이)라고 합니다.

2. 함수에 값을 전달할 때 _____ 을(를) 이용합니다.

3. 함수에서 입력(매개변수)이나 출력(반환값)이 없음을 나타내는 예약어는 _____ 입니다.

4. 블록 안에 선언된 변수를 _____ (이)라고 합니다.

5. 모든 함수에서 사용할 수 있는 변수를 _____ (이)라고 합니다.

6. 변수의 값을 복사하여 전달하는 형태의 함수 호출을 _____ (이)라고 합니다.

7. 지역 변수의 값을 변경할 수 있는 함수 호출을 _____ (이)라고 합니다.

8. 함수를 호출하면 값을 만들어서 돌려주는 형태의 함수 호출을 _____ (이)라고 합니다.

9. 3가지 함수 호출 형태 중 열쇠(&)를 사용하는 함수 호출은 _____ 입니다.

10. 함수를 호출하는 쪽에서 열쇠(&)를 사용하는 경우 이를 전달받는 쪽의 매개변수 앞에는 _____ 기호를 붙여야 합니다.

▶ 다음 쪽에 계속

11 다음 코드에서 잘못된 부분을 찾아 수정하세요.

```c
01  include <stdio.h>
02
03  int main() {
04      fry(6, 40.5);
05      return 0;
06  }
07
08  void fry(int min, double milk) {
09      printf("%.1lf분 우유에 재우기\n", milk);
10      printf("튀김옷 입히기\n");
11      printf("%d분 튀기기\n", min);
12  }
```

12 다음 코드가 두 수를 정상으로 바꿀 수 있도록 수정하세요.

```c
01  #include <stdio.h>
02
03  void swap(int one, int two) {
04      int temp;
05      temp = one;
06      one = two;
07      two = temp;
08  }
09
10  int main() {
11      int first = 7, second = 24;
12      swap(&first, &second);
13      printf("f=%d, s=%d", first, second);
14      return 0;
15  }
```

▶ 모범 답안: 423쪽

# 09장

# 배열

- ✦ 09-1  배열의 기본 사용법
- ✦ 09-2  함수와 배열
- ✦ 09-3  이차원 배열 [심화 학습]

**학습 목표**
1. 배열의 기본 개념과 인덱스, 초기화 방법, 메모리에 저장되는 구조 등을 배웁니다.
2. 반복문으로 배열을 순회하는 방법을 익힙니다.
3. 문자 배열로 문자열을 어떻게 다루는지 살펴봅니다.
4. 배열을 함수의 매개변수로 전달하는 방법을 알아봅니다.
5. 이차원 배열의 구조와 사용 방법을 이해합니다.

## 09-1

# 배열의 기본 사용법

변수 하나에는 데이터를 하나만 저장할 수 있습니다. 그러므로 데이터를 여러 개 사용해야 할 때는 변수를 여러 개 만들어야 합니다. 예를 들어 학생 5명 성적의 평균을 내는 코드를 작성한 다고 가정해 보죠. int arr1, arr2, arr3, arr4, arr5처럼 변수를 5개 만들어서 각 변수에 성적을 넣은 후 평균을 계산해야 합니다. 그런데 학생이 100명이나 200명이라면 어떨까요? 변수 만들기가 매우 비효율적일 것입니다. 이럴 때에 배열을 활용할 수 있습니다.

달걀 여러 개를 안전하게 옮기려면 꼭 맞는 상자에 넣어야 합니다. 마찬가지로 **배열** array은 같은 종류의 데이터를 하나의 묶음으로 처리할 수 있는 자료형입니다. 같은 배열에 속한 데이터는 크기와 종류가 모두 같습니다.

배열의 필요성

### 배열 선언과 사용하기

배열을 만드는 방법은 간단합니다. 지금까지 변수를 선언했던 방식 그대로 사용하면 됩니다. 정수형 변수 5개를 배열로 만들고 싶으면 int arr[5]라고 선언하면 됩니다. 변수 이름 옆에 대괄호 [ ]를 쓰고 그 안에 변수의 개수를 쓰면 됩니다.

다음 그림처럼 정수형 배열 int arr[5]를 선언하면 정수형 변수가 연달아 5개 만들어집니다.

배열 선언 방법

5개의 변수로 이뤄진 정수형 배열 int arr[5]에서 배열을 대표하는 이름은 arr입니다. 정수형 배열 arr에는 독립된 정수형 변수 5개가 한 묶음으로 모여 있습니다. 각 변수는 arr[0], arr[1], arr[2], arr[3], arr[4]입니다.

배열 arr에서 각 변수를 구분하는 것은 0~4까지 대괄호 안의 숫자입니다. 이 숫자를 **인덱스** index 또는 **색인**이라고 합니다. 따라서 배열 arr에서 arr[0]은 첫 번째 변수, arr[1]은 두 번째 변수입니다. 그리고 마지막 다섯 번째 변수는 인덱스가 4인 arr[4]입니다.

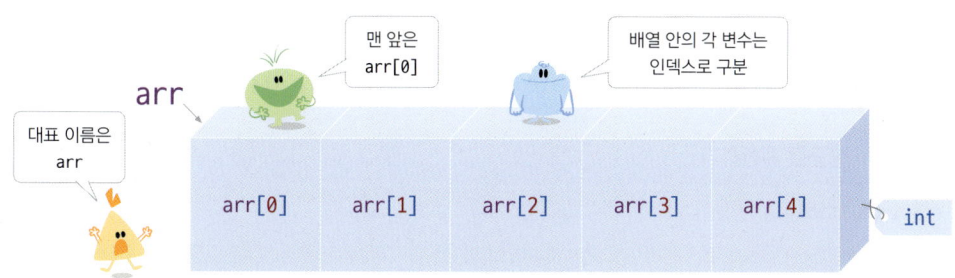

int arr[5]의 구조

배열을 처음 배울 때 흔히 하는 실수가 배열의 인덱스값입니다. int arr[5]로 선언된 배열에서 맨 처음 인덱스는 0입니다. 따라서 int arr[5]는 arr[0]부터 시작하며 마지막 변수는 arr[4]입니다. arr[5]는 없습니다.

인덱스가 0부터 시작해서 조금 낯설 수도 있지만, 디지털시계를 생각해 보세요. 1분은 60초이고 1시간은 60분이지만, 디지털시계에서 초나 분 자리에는 0~59까지만 표시됩니다. 배열도 마찬가지입니다. int arr[k]라고 선언하면 인덱스는 0부터 k-1까지입니다. C 언어뿐만 아니라 **대부분의 프로그래밍 언어에서 배열의 인덱스는 0부터 시작합니다.**

> **핵심 한 줄** 배열은 대괄호를 사용하여 int arr[k]처럼 선언한다. 이때 arr은 배열의 대표 이름, k는 인덱스라고 하며, arr[0]부터 시작하여 마지막은 arr[k-1]이다.

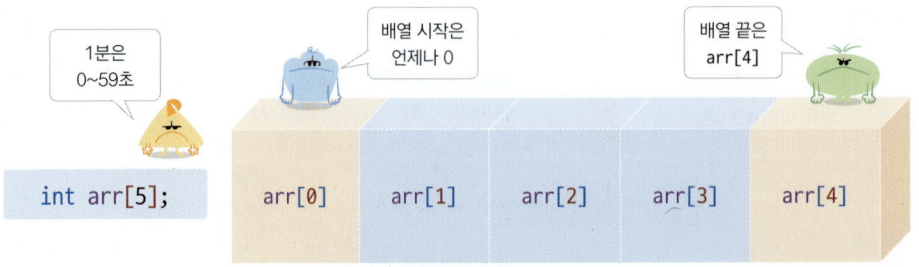

배열의 시작은 인덱스 0부터

배열의 또 한 가지 특징은 **한 번 선언하면 그 크기를 변경할 수 없다**는 점입니다. 예를 들어 int arr[5]처럼 선언한 arr 배열은 그 크기를 5에서 늘리거나 줄일 수 없습니다.

> **핵심한줄**  한 번 선언한 배열은 그 크기를 변경할 수 없다.

다음 코드는 배열을 선언하고 값을 대입한 후 평균을 출력하는 예입니다. 04행에서 정수형 배열 arr[3]을 선언합니다. 그러면 arr[0], arr[1], arr[2]처럼 3개의 정수형 변수가 만들어집니다. 05행에서는 평균값을 저장할 double형 변수 ave를 선언합니다.

**Do it! 실습**  평균값 계산하기                                901_average1.c

```
01   #include <stdio.h>
02
03   int main() {
04       int arr[3];    // 정수형 배열 arr[3] 선언
05       double ave;    // 평균값 저장할 실수형 변수
06
07       arr[0] = 97;   // 배열 0번에 97 저장
08       arr[1] = 70;   // 배열 1번에 70 저장
09       arr[2] = 65;   // 배열 2번에 65 저장
10       ave = (arr[0] + arr[1] + arr[2]) / 3;    // 평균값 구하기
11       printf("AVE = %.1lf", ave);
12
13       return 0;
14   }
```

**실행 결과**

AVE = 77.3

07~09행은 배열의 각 변수에 값을 대입하는 코드입니다. 배열의 각 변수는 독립된 변수처럼 사용할 수 있습니다. 따라서 arr[0] = 97은 인덱스 0번인 변수 arr[0]에 97을 대입하라는 의미입니다. 08행에서 arr[1]에 70을 대입하고, 09행에서 arr[2]에 65를 대입합니다.

만약 arr[3]에 값을 대입하려고 하면 오류가 발생합니다. 배열을 사용할 때는 인덱스의 범위를 벗어나지 않도록 주의해야 합니다. 10행에서 배열의 각 변숫값을 모두 더한 후 3으로 나눈 평균값을 ave에 대입합니다. 11행에서는 평균값 77.3이 출력됩니다.

> **핵심 한 줄** 배열의 크기를 넘어서는 인덱스로 접근하면 오류가 발생하므로 주의해야 한다.

## 반복문으로 배열 다루기

이번에는 키보드에서 값 3개를 입력받아 평균을 구하는 코드를 작성해 보겠습니다. 04행에서 정수형 배열 arr[3]을 선언하고 05행에서 실수형 변수 ave를 선언합니다.

**Do it! 실습** 사용자 입력값 평균 구하기     📄 902_average2.c

```c
01  #include <stdio.h>
02
03  int main() {
04      int arr[3];        // 정수형 배열 arr[3] 선언
05      double ave;        // 평균값 저장할 실수형 변수
06
07      printf("3개 값을 입력하시오: ");
08      scanf("%d %d %d", &arr[0], &arr[1], &arr[2]);   // 각 변수에 값 입력
09
10      ave = (arr[0] + arr[1] + arr[2]) / 3;           // 평균값 구하기
11      printf("AVE = %.1lf", ave);
12
13      return 0;
14  }
```

▼

**실행 결과**

```
3개 값을 입력하시오: 29 82 47 [Enter]
AVE = 52.7
```

08행에서는 scanf()를 사용하여 키보드에서 값 3개를 받아 옵니다. int arr[3]으로 선언하면 arr[0], arr[1], arr[2]처럼 3개의 변수가 만들어집니다. 이 변수들은 한 묶음으로 취급되지만, 각각은 독립된 변수처럼 사용할 수 있습니다. 따라서 scanf()를 사용할 때는 각 변수 앞에 열쇠(&)를 붙입니다. 08행에서 &arr[0], &arr[1], &arr[2]처럼 scanf() 함수에 전달합니다.

사실 배열에 사용자의 입력값을 저장할 때 이런 방식은 좋지 않습니다. 만약 int arr[5]로 선언했다면 5개의 값을 입력받기 위해서 scanf("%d %d %d %d %d", &arr[0], &arr[1], &arr[2], &arr[3], &arr[4])처럼 작성해야 합니다. 배열의 개수가 늘어날수록 scanf() 함수 안은 점점 더 복잡해집니다.

이럴 때 반복문을 사용하여 인덱스를 증가시키면 배열의 각 변수에 쉽게 접근할 수 있습니다. 다음 그림처럼 for 문을 사용하여 배열의 인덱스를 증가시키면서 값을 입력받으면 됩니다.

반복문을 사용한 배열 사용 방법

다음 코드는 배열에 사용자의 입력값을 저장하는 코드를 for 문으로 작성한 예입니다.

**Do it! 실습    반복문으로 값 입력받기**                    📄 903_average3.c

```c
01  #include <stdio.h>
02
03  int main() {
04      int k, arr[5], sum = 0;    // 변수는 사용 전에 초기화해야 함
05      double ave;
06
07      printf("5개 값을 입력하시오: ");
08      for (k = 0; k < 5; k++) {   // k가 0~4까지 총 5회 반복
09          scanf("%d", &arr[k]);    // 인덱스 k번 변수에 값 입력
10          sum = sum + arr[k];      // 인덱스 k번 변숫값을 sum에 누적
11      }
12      ave = sum / 5;    // 평균값 구하기
13      printf("AVE = %.1lf", ave);
14
15      return 0;
16  }
```

> **실행 결과**
>
> 5개 값을 입력하시오: 25 34 17 45 56 [Enter]
> AVE = 35.0

04행에 `int arr[5]`를 선언하고 반복문에 사용할 변수 k와 모든 값을 더할 변수 sum을 선언합니다. 변수는 사용하기 전에 초기화해야 합니다. 그래서 04행에서 sum = 0으로 선언하는 동시에 초기화했습니다. sum을 초기화하지 않으면 sum에 들어 있는 쓰레기 값과 합산되어 잘못된 결과가 나올 수 있습니다.

08행에서 for 문과 scanf() 함수를 사용하여 값 5개를 입력받습니다. 이때 k값에 주목해 주세요. `int arr[5]`에서 인덱스는 0~4까지입니다. 따라서 반복문의 k는 0~4까지 증가해야 합니다. 그래서 `for (k = 0; k < 5; k++)`처럼 작성했습니다.

for 문에서 k = 0일 때 &arr[0]에 값을 입력받고 이어서 arr[0]에 저장된 값을 sum에 더합니다. 그다음에 k는 1이 됩니다. k가 1일 때 &arr[1]에 값을 입력받고 이어서 arr[1]에 저장된 값을 다시 sum에 더합니다. 이러한 과정을 k가 4가 될 때까지 반복합니다.

## 배열 초기화하기

모든 변수는 사용하기 전에 초기화해야 합니다. 만약 초기화하지 않으면 경고 메시지를 만나거나 쓰레기 값을 사용하게 됩니다. 배열도 마찬가지입니다. 배열을 선언할 때 초기화하든지 아니면 선언한 이후 사용하기 직전에 초기화하든지 초기화는 필수입니다.

일반 변수는 값을 하나만 저장할 수 있으므로 초기화하기가 간단합니다. 그러나 배열은 여러 개를 초기화해야 합니다. **배열은 중괄호 {}와 쉼표(,)를 사용하여 초기화합니다.**

**Do it! 실습**    배열 초기화하기    📄 904_init1.c

```
01  #include <stdio.h>
02
03  int main() {
04      int arr[5] = {0, 1, 2, 3, 4};    // arr[5] 배열 선언과 초기화
05      int k;
06
07      for (k = 0; k < 5; k++)
08          printf("%d ", arr[k]);       // k번째 요솟값 출력
09
10      return 0;
11  }
```

| 실행 결과 |
|---|
| 0 1 2 3 4 |

04행의 int arr[5] = {0, 1, 2, 3, 4}는 정수형 배열 arr[5]를 선언하고 각 배열의 값을 초기화하는 코드입니다. 이렇게 하면 배열의 각 변수에 차례로 0, 1, 2, 3, 4가 대입됩니다. 08행에서 배열의 값을 출력해 보면 알 수 있습니다.

이번에는 배열의 개수보다 적게 초기화하는 코드를 봅시다. **초깃값을 배열의 개수보다 적게 나열하면 나머지는 모두 0으로 초기화됩니다.** 다음 코드에서 04행은 인덱스 0번부터 3개의 변숫값이 0, 1, 2로 초기화되고 나머지 2개는 0으로 초기화됩니다.

**Do it! 실습** 배열에서 일부만 초기화하기     📄 905_init2.c

```c
01  #include <stdio.h>
02
03  int main() {
04      int arr[5] = {0, 1, 2};    // 초깃값 3개만 지정. 나머지는 모두 0으로 초기화
05      int k;
06
07      for (k = 0; k < 5; k++)
08          printf("%d ", arr[k]);
09
10      return 0;
11  }
```

| 실행 결과 |
|---|
| 0 1 2 0 0 ← 초깃값을 생략한 변수는 0으로 채움 |

이러한 특성을 이용하면 다음처럼 배열의 모든 값을 0으로 간단하게 초기화할 수 있습니다.

**배열의 모든 변수를 0으로 초기화**

```c
int arr[5] = {0};
```

배열을 선언할 때 전체 초깃값을 지정하면 대괄호 안에 변수의 개수를 생략할 수 있습니다. 이 때는 초깃값의 개수만큼 배열의 변수가 만들어집니다.

### 초깃값으로 배열의 크기 생략

```
int arr[] = {0, 1, 2, 3, 4};
```

그런데 이렇게 하면 배열의 크기를 알기가 어렵습니다. 물론 직접 셀 수도 있지만, 배열이 클 때는 일일이 세는 것도 쉽지 않습니다. 배열을 사용하려면 크기를 알아야 하므로 int arr[5]처럼 직관적으로 선언하는 것이 좋습니다. 그런데도 배열의 크기를 생략하는 방식을 허용하는 이유는 다음 절에서 살펴보겠습니다.

배열의 크기를 구할 때는 sizeof 연산자를 이용하면 됩니다. sizeof(arr)처럼 작성하면 arr 배열의 전체 크기를 바이트 단위로 알려 줍니다. 예를 들어 int arr[] = {0, 1, 2, 3, 4}처럼 선언한 arr 배열의 전체 크기는 20입니다. int형은 4bytes이므로 변수 5개가 묶인 arr 배열의 전체 크기는 4bytes × 5개 = 20bytes인 거죠.

만약 배열이 몇 개의 변수를 묶은 것인지 알고 싶으면 배열의 전체 크기를 자료형의 크기로 나누면 됩니다. 즉, sizeof(arr) / sizeof(int)처럼 작성합니다. arr 배열을 int arr[] = {0, 1, 2, 3, 4}처럼 선언했다면 결과는 20 / 4로 5가 출력됩니다.

### 배열의 전체 크기와 변수 개수 구하기

```
sizeof(arr)                  // arr 배열의 전체 크기
sizeof(arr) / sizeof(int)    // arr 배열의 변수 개수
```

다음 코드는 배열의 크기를 생략하는 방식으로 선언한 예입니다. 아울러 배열에서 변수의 개수를 구하는 방법도 보여 줍니다.

### Do it! 실습  배열의 크기와 개수 구하기                       906_size.c

```
01  #include <stdio.h>
02
03  int main() {
04      int arr[] = {0, 1, 2, 3, 4};   // arr[] 배열의 크기 생략
05      int k;
06
07      for (k = 0; k < (sizeof(arr) / sizeof(int)); k++)
08          printf("%d ", arr[k]);
09
10      return 0;
11  }
```

| 실행 결과 |
|---|
| 0 1 2 3 4 |

04행에서 정수형 배열 arr[]를 크기를 생략한 채 선언하고 초깃값을 5개 주었습니다. 07행에서 for 문은 k가 sizeof(arr) / sizeof(int)보다 작을 때까지 반복합니다. 따라서 k가 0~4까지 총 5회 실행된 후 종료합니다. 실행 결과를 보면 배열의 모든 값이 출력된 것을 확인할 수 있습니다.

## 문자형 배열로 문자열 다루기

문자가 여러 개 모이면 **문자열**string이 됩니다. 'A', 'B', 'C'는 각각 한 문자이지만, "ABC"는 문자 3개를 합친 문자열입니다. 문자형 변수 char는 문자 1개만 저장할 수 있습니다. 따라서 여러 문자로 이뤄진 문자열은 char 변수에 넣을 수 없습니다. 하지만 char 배열을 사용하면 문자열을 저장할 수 있습니다. 문자열을 저장할 char형 배열은 char str[4]처럼 선언합니다.

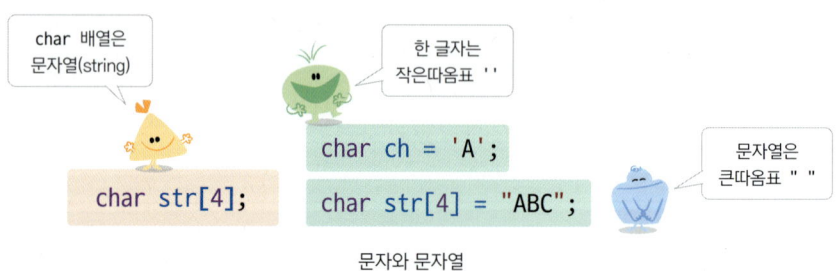

문자와 문자열

char형에 문자를 대입하거나 초기화할 때는 주의해야 합니다. 작은따옴표(' ')는 문자 1개를 의미하고, 큰따옴표("")는 문자열을 의미합니다. 따라서 문자 1개는 char ch = 'A'처럼 초기화하고, 문자열은 char str[4] = "ABC"처럼 초기화합니다.

이러한 문자/문자열 표시 원칙에 따라 다음 코드는 두 줄 모두 오류입니다. 문자를 1개만 담을 수 있는 문자형 변수에 큰따옴표("")를 사용하면 안 됩니다. 또한 문자열에 작은따옴표를 사용해도 안 됩니다.

| 문자와 문자열 잘못된 초기화 |
|---|
| ```
char ch = "A";        // 문자에 큰따옴표를 사용해서 오류
char str[4] = 'ABC';  // 문자열에 작은따옴표를 사용해서 오류
``` |
```

지금까지 배열에 값을 입력받거나 출력할 때는 반복문을 사용했습니다. 그러나 문자열은 반복문을 사용하지 않아도 입출력할 수 있습니다. **문자열을 나타내는 서식 문자 %s를 사용하면 한꺼번에 입력받거나 출력할 수 있습니다.** 참고로 문자 한 개의 서식 문자는 **%c**입니다.

문자열 서식 문자는 %s

> **핵심 한 줄** 문자열은 큰따옴표("")로 나타내고 서식 문자 %s를 사용한다.

다음 코드는 문자형 배열을 만들고 초기화한 후에 출력하는 예입니다. 04행에서 문자형 변수 ch를 선언하고 문자 'A'를 대입합니다. 문자가 1개이므로 작은따옴표(' ')를 사용합니다. 05행에서는 문자형 배열 char str[3]을 선언하고 문자열 "TED"를 대입합니다. 문자열은 큰따옴표("")를 사용합니다.

**Do it! 실습** 문자와 문자열 출력　　　　　　　　　　　　　　　　　907E_string1.c

```
01  #include <stdio.h>
02
03  int main() {
04      char ch = 'A';           // 문자는 작은따옴표
05      char str[3] = "TED";     // 문자열은 큰따옴표 : 오류 발생
06
07      printf("%c\n", ch);      // 문자 서식 문자는 %c
08      printf("%s\n", str);     // 문자열 서식 문자는 %s
09
10      return 0;
11  }
```

**실행 결과**

A
TED儆儆缺?

07행에서 서식 문자 %c를 사용하여 문자형 변수 ch를 출력합니다. 실행 결과 A가 출력됩니다. 08행에서는 서식 문자 %s를 사용하여 문자열 str을 출력합니다. 그런데 실행 결과를 보면 TED 외에 이상한 문자가 함께 출력됩니다. 그 이유를 알아보겠습니다.

다음 그림처럼 char str[5]에 문자열 TED가 저장되어 있다고 생각해 봅시다. 크기가 5인 문자형 배열에 "TED"처럼 저장돼 있는지, "TED_"(공백 한 칸)나 "TED__"(공백 두 칸)처럼 저장돼 있는지 알 수 없습니다. 이러한 모호함을 없애기 위해 문자열에는 끝을 알리는 특수 문자를 넣습니다.

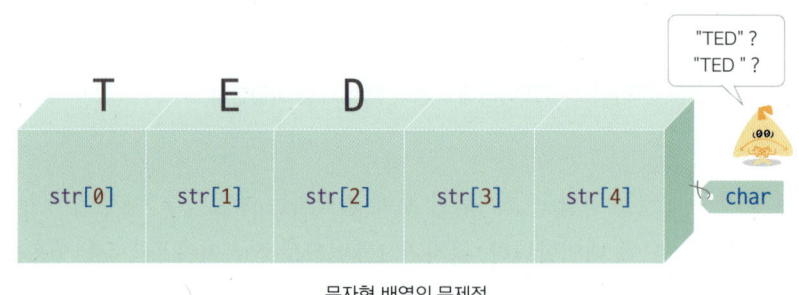

문자형 배열의 문제점

**문자열은 끝을 알리는 용도로 널 문자 \0을 사용합니다.** 널 문자 \0은 두 글자처럼 보이지만, 아스키코드 번호 0번인 문자 1개입니다.

앞선 코드의 실행 결과에서 문자열 TED 다음에 이상한 문자가 출력된 이유는 str 배열에 문자열의 끝을 알리는 널 문자가 없어서입니다. str 배열에 문자열 "TED"를 대입하면 실제로는 "TED\0"처럼 문자 4개가 저장됩니다. 그런데 앞선 코드에서 문자형 배열 str은 크기를 3으로 선언했으므로 널 문자가 들어갈 공간이 없습니다. 따라서 str 배열의 선언문을 char str[4]처럼 수정하면 정상으로 출력됩니다.

이처럼 문자열 끝에는 항상 널 문자가 있어야 하므로 문자형 배열은 저장할 문자열의 길이보다 하나 이상 더 크게 선언해야 합니다. 즉, char str[k]로 선언하면 k-1개의 문자만 저장할 수 있습니다.

> **핵심 한 줄** 문자열의 끝에는 널 문자(\0)가 있다.

사실 문자는 작은따옴표, 문자열은 큰따옴표를 사용하는 이유도 널 문자 때문입니다. 다음 코드는 둘 다 문자 A 1개만 저장하는 것처럼 보이지만. 큰따옴표를 사용하는 "A"는 A와 널 문자 \0이 함께 저장됩니다. 다시 말해 **큰따옴표를 사용한 문자열 끝에는 널 문자를 자동으로 삽입합니다.**

| 문자와 문자열 |
|---|
| char ch = 'A';         // A 문자 1개 저장 |
| char str[2] = "A";     // A와 널 문자(\0) 2개 저장 |

**핵심 한줄**  char str[k]로 선언된 배열에는 최대 k-1개의 문자가 저장된다.

## 문자열 초기화하기

문자형 배열도 다른 자료형과 마찬가지로 초기화한 다음에 사용해야 합니다. 정수나 실수형 배열은 {0}처럼 초기화하면 모두 0으로 채웁니다. 문자형 배열도 char str[5] = {0}처럼 초기화할 수 있습니다. 그 이유는 문자형 변수에 문자가 저장될 때에 아스키코드로 저장되는데 0은 널 문자 \0을 나타내기 때문입니다.

또한 문자형 배열은 빈 큰따옴표("")를 대입해도 모두 널 문자로 초기화됩니다. 따라서 char str[5] = ""처럼 초기화할 수 있습니다.

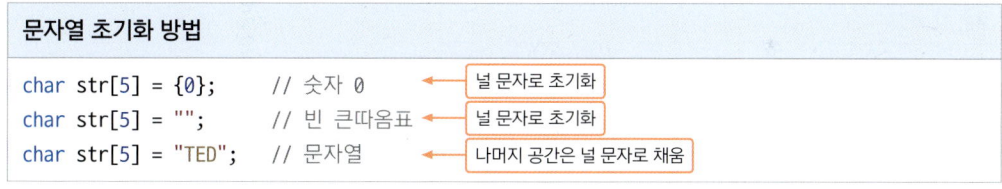

char str[5] = "TED"처럼 초기화하는 경우를 살펴보죠. 선언된 배열의 크기보다 적은 문자로 초기화하면 나머지 배열은 모두 널 문자로 채웁니다.

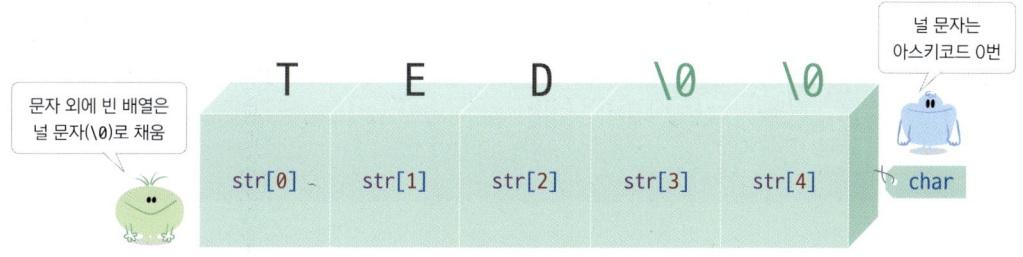

빈 곳은 널 문자로 채움

다음 코드처럼 문자형 변수에 아스키코드를 직접 대입해도 됩니다. 다만 이때는 문자열의 맨 끝에 널 문자인 아스키코드 0을 꼭 넣어야 합니다. 09행의 str[3] = 0은 str[3] = '\0'과 같은 의미입니다. 실행 결과를 보면 아스키코드를 직접 대입해도 정상으로 출력되는 것을 확인할 수 있습니다.

**Do it! 실습**  문자열 코드  📄 908_string2.c

```c
01  #include <stdio.h>
02
03  int main() {
04      char str[4];
05
06      str[0] = 84;    // 아스키코드 84는 'T'
07      str[1] = 69;    // 아스키코드 69는 'E'
08      str[2] = 68;    // 아스키코드 68은 'D'
09      str[3] = 0;     // 아스키코드 0은 널 문자 '\0'
10      printf("%s\n", str);
11
12      return 0;
13  }
```

▼

| 실행 결과 |
|---|
| TED |

지금까지 문자열을 만들고 처리하는 기본적인 방법을 배웠습니다. 문자열을 다루는 더 다양한 방법은 11장에서 자세히 설명합니다.

## ✦실력 향상 프로젝트 15 │ 매크로를 이용해 평균값 구하기
📄 909_average4.c

사용자에게 5개의 값을 입력받아 평균을 출력하는 프로그램을 7개의 값을 입력받아 평균을 출력하는 프로그램으로 변경해 보죠. 앞에서 '반복문으로 값 입력받기' 실습을 할 때 작성한 903_average3.c 코드에서 숫자 5가 있는 3군데를 7로 변경하면 됩니다. 만약 값을 10개 입력받아 평균을 출력하는 코드를 만들려면 또 3군데의 값을 10으로 변경해야 합니다. 이처럼 단순 반복 작업은 실수를 유발하기도 합니다. 깜빡 잊고 변경하지 못한 부분이 있다면 부정확한 값이 출력될 수 있습니다.

「04-4」절에서 배운 매크로를 사용하면 이러한 문제를 해결할 수 있습니다. 다음 코드는 매크로를 이용하여 평균을 구하는 예입니다. 03행에 MAX를 7로 정의했습니다. 값을 최대 7개까지 입력받는다는 의미입니다. 입력받는 값의 개수에 따라 변하는 부분을 모두 MAX로 변경하면 됩니다. 매크로 변수 이름은 전통적으로 대문자를 사용합니다.

```c
01  #include <stdio.h>
02
03  #define MAX 7     // 입력받을 값의 개수를 MAX 상수로 선언
04
05  int main() {
06      int k, arr[MAX], sum = 0;    // MAX 크기로 배열 선언
07      double ave;
08
09      printf("%d개 값을 입력하시오: ", MAX);
10      for (k = 0; k < MAX; k++) {    // k가 MAX보다 작을 때까지 반복
11          scanf("%d", &arr[k]);      // 인덱스 k번 변수에 값 입력
12          sum = sum + arr[k];        // 인덱스 k번 변숫값을 sum에 누적
13      }
14      ave = sum / MAX;    // MAX로 나누어 평균값 구하기
15      printf("AVE = %.1lf", ave);
16
17      return 0;
18  }
```

**실행 결과**

```
7개 값을 입력하시오: 7 12 3 5 42 89 17 Enter
AVE = 25.0
```

06행 배열 선언 부분을 arr[MAX]로 변경했습니다. 또한 09행에서 MAX만큼 숫자를 입력하도록 메시지를 출력합니다. 10행의 for 문은 MAX보다 작을 때까지 반복하며, 14행에서 sum을 MAX로 나누어 ave에 저장합니다.

이제 매크로만 변경하면 입력받을 값의 개수를 쉽게 변경할 수 있습니다. 예를 들어 값을 10개을 입력받아 평균을 출력하는 프로그램으로 변경하고 싶다면 #define MAX 10처럼 수정하면 됩니다. 이처럼 배열에서 매크로를 사용하면 코드를 좀 더 효율적으로 만들 수 있습니다.

## 09-2

# 함수와 배열

함수에서 다른 함수로 데이터를 전달할 때 매개변수를 이용합니다. 「08-3」절에서 함수의 매개변수 전달 방식은 값에 의한 호출과 참조에 의한 호출 2가지가 있다고 했습니다. 그리고 참조에 의한 호출은 열쇠(&)를 사용하여 호출하며 받는 쪽 매개변수는 별구멍(*)을 사용하여 받습니다.

### 배열 매개변수

배열을 구성하는 변수 각각은 독립된 변수입니다. 따라서 배열의 개별 변수를 함수로 보낼 때는 기존의 방식을 그대로 사용하면 됩니다. 다음처럼 열쇠(&)를 붙여서 참조에 의한 호출을 사용할 수도 있고, 열쇠 없이 전달하면 값에 의한 호출이 됩니다.

| 함수로 배열의 개별 변수 보내기 |
| --- |
| ```c
int arr[3];

func1(arr[0]);      // 값에 의한 호출
func2(&arr[1]);     // 참조에 의한 호출
``` |

그렇다면 배열 전체를 함수에 보낼 때는 어떻게 해야 할까요? 배열 전체를 매개변수로 보낼 때는 배열의 대표 이름만 전달합니다. 예를 들어 `int arr[1000]`처럼 선언한 배열 전체를 함수로 보낸다면 대표 이름인 arr만 전달합니다.

변수 하나는 크기가 작지만, `int arr[1000]`처럼 크기가 큰 배열은 모든 값을 복사하여 호출하는 것은 낭비입니다. 따라서 **배열 전체를 매개변수로 보낼 때는 참조에 의한 호출만 사용할 수 있습니다.**

> **핵심 한 줄** 배열 전체를 매개변수로 전달할 때는 참조에 의한 호출만 가능하다.
```

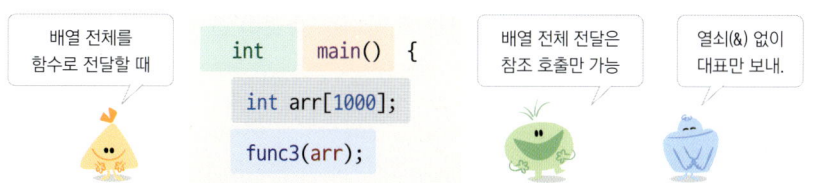

배열 전체를 함수로 전달하는 경우

arr[0]처럼 독립된 변수를 보낼 때 열쇠(&)는 값에 의한 호출인지, 참조에 의한 호출인지를 구분하기 위해서 사용했습니다. 그러나 배열의 대표 이름인 arr을 보낼 때는 참조에 의한 호출뿐입니다. 따라서 **배열 전체를 함수에 보낼 때는 열쇠(&)를 따로 붙이지 않습니다.**

배열의 대표 이름만 보낼 때에 이를 전달받는 함수에서는 배열의 크기를 알 수 없습니다. 따라서 **전달받는 쪽의 매개변수는 크기가 정해지지 않은 배열로 선언합니다.** 즉, 함수에서 배열을 전달받는 매개변수는 arr[]처럼 선언합니다.

**크기가 정해지지 않은 배열 선언**

```
void func3(int arr[]) {
```

> **핵심 한줄** 배열의 대표 이름은 열쇠(&) 없이 전달하며, 전달받는 쪽에서는 크기가 정해지지 않은 배열로 선언해야 한다.

그런데 함수의 매개변수를 크기가 정해지지 않은 배열로 선언하면 배열을 처리하기가 힘들어집니다. 물론 sizeof를 사용하여 크기를 알 수도 있지만, 그보다는 배열의 크기를 함께 전달하는 것이 더 편리합니다. 따라서 배열 전체를 전달받는 함수는 크기가 없는 배열과 크기를 나타내는 정수형 변수를 매개변수로 정의합니다.

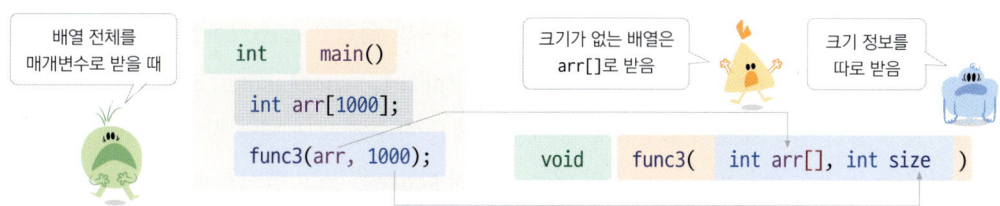

배열 전체를 매개변수로 받는 경우

다음 코드는 배열 전체를 매개변수로 전달받아 점수를 출력하고 평균을 반환하는 사용자 정의 함수를 작성한 예입니다.

**Do it! 실습** 학생 성적 구하기 　　　　　　　　　　　　　　　　　　　　910_score1.c

```c
01  #include <stdio.h>
02
03  double print_score(int score[], int size) {   // 크기 없는 배열 score[]와 size로 받음
04      int sum = 0, k;
05
06      for (k = 0; k < size; k++) {
07          printf("%d = %d점, ", k, score[k]);
08          sum = sum + score[k];
09      }
10      return (sum / size);        // 평균값 반환
11  }
12
13  int main() {
14      int score[5] = {75, 84, 13, 96, 46};
15      double ave;
16
17      ave = print_score(score, 5);    // 배열 전체와 크기를 함수로 보냄
18      printf("\n평균 = %.1lf", ave);
19      return 0;
20  }
```

▼

**실행 결과**

```
0 = 75점, 1 = 84점, 2 = 13점, 3 = 96점, 4 = 46점,
평균 = 62.0
```

14행에서 int형 배열 score[5]를 선언하고 다섯 과목의 성적으로 초기화합니다. score[5] 배열의 대표 이름은 score입니다. 따라서 17행에서 print_score(score, 5)처럼 사용자 정의 함수를 호출합니다. 앞에서 설명했듯이 배열 전체를 함수에 보낼 때는 참조에 의한 호출 방식만 사용할 수 있습니다. 따라서 배열의 대표 이름인 score를 쓰고 열쇠를 붙이지 않습니다. 03행의 사용자 정의 함수 print_score()에서 첫 번째 매개변수는 배열 전체를 받아야 하므로 int score[]처럼 크기가 없는 배열을 선언합니다. 그리고 두 번째 매개변수는 배열의 크기를 받아야 하므로 int size처럼 선언합니다.

06행에서 for 문을 사용하여 k가 size보다 작을 때까지 score[k]를 출력합니다. 08행에서는 sum 변수에 score[k]에 저장된 값을 누적합니다. for 문이 끝나면 10행에서 평균값(sum / size)을 반환합니다. 반환한 평균값은 17행에서 ave에 저장되고 18행에서 출력됩니다.

함수에 배열을 매개변수로 보내면 참조에 의한 호출이므로 함수에서 배열의 값을 마음대로 변경할 수 있습니다. 만약 함수에서 배열의 값을 변경할 수 없게 하려면 다음처럼 매개변수를 const 예약어를 사용하여 상수로 선언합니다.

#### 함수에 보낸 배열을 변경할 수 없게 하는 방법

```
/* 받는 쪽 함수에서 배열의 값을 변경하지 못하도록 하는 코드 */
void func_array(const int arr[], int size) {

/* 함수를 호출하는 쪽 코드 */
int arr[3];
func_array(arr, 3);
```

const 예약어는 값을 변경하지 못하게 하는 선언입니다. 따라서 함수에서 const 매개변수로 전달받은 arr 배열의 값을 바꾸려고 하면 오류가 발생합니다.

## 문자열 매개변수

문자열 끝에는 널 문자(\0)가 있어서 서식 문자 %s를 사용하여 한꺼번에 입력받거나 출력할 수 있습니다. 이러한 특징 때문에 문자열 전체를 함수로 전달할 때는 크기 정보를 함께 보내지 않아도 됩니다.

다음 코드는 문자열 전체를 print_string() 함수로 보내고 화면에 문자열을 출력하는 예입니다.

#### Do it! 실습 | 함수에 문자열 보내기      911_string3.c

```
01  #include <stdio.h>
02
03  double print_string(char str[]) {      // 크기 없는 문자형 배열 str[]
04      int k;
05
06      for (k = 0; str[k] != 0; k++)      // str != '\0'도 같은 의미
07          printf("%c", str[k]);          // 한 문자씩 출력
08      printf("\n");
09      printf("%s", str);                 // 서식 문자 %s를 사용하여 문자열 출력
10  }
```

```
11
12  int main() {
13      char str[10] = "TED CHANG";
14
15      print_string(str);    // 문자열 전체를 함수로 전달
16
17      return 0;
18  }
```

▼

| 실행 결과 |
|---|
| TED CHANG<br>TED CHANG |

13행에서 문자형 배열 str[10]을 선언하고 문자열 TED CHANG으로 초기화합니다. 초깃값이 9글자이므로 str[10]으로 선언해야 합니다. 15행에서는 print_string(str)을 사용하여 문자열 전체를 함수로 보냅니다. 03행 print_string() 함수의 매개변수는 크기가 없는 문자형 변수 char str[]로 선언합니다.

06행에서 for 문을 사용하여 한 글자씩 출력합니다. 크기 정보는 없지만 문자열의 끝은 널 문자이므로 str[k] != 0이 아닐 때까지 반복합니다. 그러면 널 문자를 만날 때까지 한 글자씩 출력됩니다. 반복 조건을 str != '\0'으로 설정해도 같은 의미입니다.

09행에서 서식 문자 %s를 사용하여 str을 출력합니다. 실행 결과를 보면 06행의 출력 결과와 09행의 출력 결과가 같다는 것을 확인할 수 있습니다. 따라서 문자열을 함수에 보낼 때는 크기 정보를 전달하지 않아도 사용할 수 있습니다.

scanf() 함수는 문자열을 입력받으면 항상 널 문자(\0)를 끝에 붙여서 돌려줍니다. scanf() 함수를 사용할 때 사용자가 10자를 입력할지 100자를 입력할지 알 수 없습니다. 따라서 문자열을 입력받을 때는 문자형 배열의 크기를 충분하게 만들어야 합니다. 보통은 char str[256]만큼 넉넉하게 선언하는 것이 좋습니다. 이렇게 선언하면 마지막 널 문자를 제외하고 최대 255자까지 입력받을 수 있습니다.

| 문자열을 입력받을 때는 문자형 배열의 크기를 크게 선언 |
|---|
| char str[256];<br>scanf("%s", str);    // 최대 255자까지 입력받을 수 있음 |

# 09-3

# 이차원 배열 [심화 학습]

지금까지 배운 배열은 모두 일차원입니다. 일차원 배열은 같은 종류의 데이터가 쭉 늘어선 형태입니다. 이차원 배열은 일차원 배열을 여러 개 사용하는 형태입니다. 개념적으로 볼 때 이차원 배열은 크기가 같은 일차원 배열이 밑으로 여러 개 배치되는 형태입니다. 그러므로 이차원 배열은 수학의 행렬matrix과 같은 구조입니다.

이차원 배열은 다음처럼 선언합니다. int arr[3][5]라고 선언하면 변수가 5개인 일차원 정수형 배열 str[5]가 3줄 만들어집니다. 다시 말해 3행 5열의 이차원 배열이 만들어집니다.

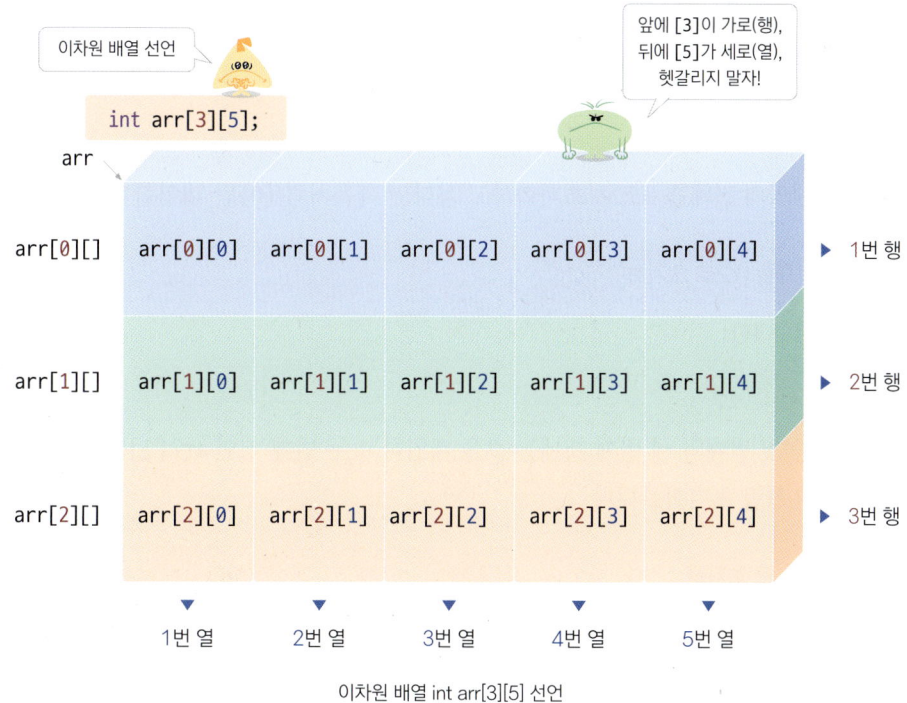

이차원 배열 int arr[3][5] 선언

이차원 배열의 대표 이름은 일차원 배열과 마찬가지로 arr입니다. 따라서 이차원 배열을 함수로 보낼 때 개별 변수를 보내고 싶으면 arr[2][3]처럼 이차원 인덱스를 작성해야 합니다. 이차원 배열 전체를 보낼 때는 대표 이름인 arr만 보냅니다.

C 언어에서 이차원 배열은 행을 우선으로 합니다. 즉, 행이 다 채워지고 나서야 다음 열의 행이 채워진다는 의미입니다.

◉ 필자는 어릴 적부터 행과 열이 헷갈렸습니다. 그래서 '행-가로-row'와 '열-세로-column'을 줄여서 '행거로(행가로)'와 '열쇠칼(열세컬)'로 외웠습니다.

이차원 배열에 숫자를 차례로 대입한다고 가정해 보죠. 이차원 배열 int arr[3][5]에서 arr[0][0]이 첫 번째 변수입니다. arr[0][0]에 값이 채워지고 나면 arr[0][1], arr[0][2], arr[0][3], arr[0][4]가 순서대로 채워집니다. 행 인덱스가 0인, 다시 말해 arr[0][]이 다 채워지면 그다음으로 arr[1][0], arr[1][1], arr[1][2], arr[1][3], arr[1][4]가 순서대로 채워집니다. 이렇게 이차원 배열에서는 행을 기준으로 값이 저장됩니다.

이차원 배열을 초기화할 때는 다음처럼 중괄호 안에 행별로 한 묶음씩 다시 중괄호로 묶는 방법을 주로 사용합니다. 예를 들어 다음과 같이 중괄호 안에 중괄호로 묶인 세 묶음의 숫자가 있습니다. 첫 번째 행인 arr[0][] 배열에는 0, 1, 2, 3, 4가 대입되고, 두 번째 행인 arr[1][]에는 5, 6, 7, 8, 9가 들어갑니다. 마지막 행인 arr[2]에는 10, 11, 12, 13, 14가 들어갑니다.

**이차원 배열 초기화 방법**

```
int arr[3][5] = {{0, 1, 2, 3, 4}, {5, 6, 7, 8, 9}, {10, 11, 12, 13, 14}};
```

만약 이차원 배열의 전체를 0으로 초기화하고 싶다면 다음처럼 {0}만 대입합니다.

**이차원 배열 전체를 0으로 초기화**

```
int arr[3][5] = {0};
```

이차원 배열 중 첫 번째와 세 번째 행에는 값을 대입하고 두 번째 행인 arr[1][]만 0으로 만들고 싶으면 다음처럼 초기화합니다.

**두 번째 행만 0으로 초기화**

```
int arr[3][5] = {{0, 1, 2, 3, 4}, {0}, {10, 11, 12, 13, 14}};
```

> **핵심 한줄** 이차원 배열에서 첫 번째 인덱스는 행(row), 두 번째 인덱스는 열(column)을 의미한다.

첫 번째 행인 arr[0][ ]에는 값을 대입하고 나머지는 0으로 초기화하는 코드는 다음처럼 작성합니다.

첫 번째 행만 숫자, 나머지는 0으로 초기화

```
int arr[3][5] = {{0, 1, 2, 3, 4}};
```

이차원 배열을 행과 열로 구분 짓게 한 것은 개발자를 위한 배려입니다. 실제 메모리에서는 이차원 배열도 일차원 배열처럼 연속으로 할당됩니다. 즉, 이차원 배열로 선언하더라도 일차원 배열을 옆으로 길게 만들고 인덱스만 이차원으로 붙입니다. 예를 들어 int arr[3][3]처럼 선언한 이차원 배열이 저장되는 메모리 구조는 다음 그림과 같습니다.

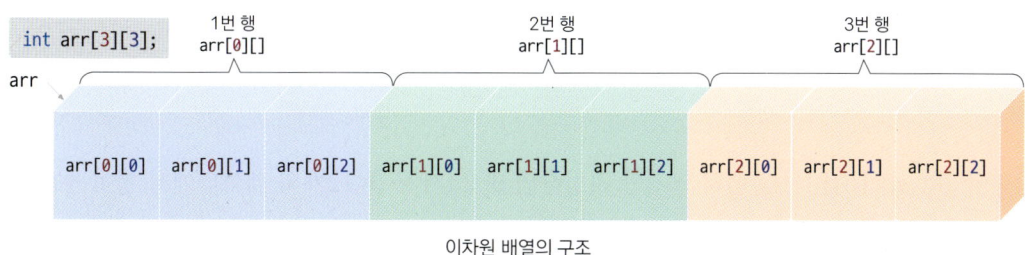

이차원 배열의 구조

그러나 이차원 배열을 일차원 배열처럼 설명하면 이해하기가 어려우므로 행렬처럼 설명했습니다. 이러한 특성을 이용해 이차원 배열을 다음처럼 초기화할 수도 있습니다. 중괄호를 중첩하여 이차원으로 대입하지 않아도 일차원 집합으로 초기화할 수 있습니다. 어떻게 보면 편해 보이지만 어떤 숫자가 어떤 행에 속하는지 분명하지 않다는 단점이 있습니다.

이차원 배열을 일차원 집합으로 초기화

```
int arr[3][3] = {0, 1, 2, 3, 4, 5, 6, 7, 8};
```

일차원 배열에서는 선언문에 크기를 지정하지 않아도 초깃값 목록으로 배열을 만들어 값을 대입할 수 있습니다. 예를 들어 다음 코드는 일차원 배열 arr을 0~11까지 총 12개의 숫자로 초기화합니다. 대괄호 안에 크기를 지정하지 않았습니다.

크기를 지정하지 않은 일차원 배열 초기화

```
int arr[] = {0, 1, 2, 3, 4, 5, 6, 7, 8, 9, 10, 11};
```

그러나 이차원 배열에서는 크기를 지정하지 않으면 오류가 발생합니다. 그 이유는 데이터의 개수가 12개인 이차원 배열의 크기가 arr[2][6]인지, arr[3][4]인지, arr[4][3]인지 결정할 수 없기 때문입니다.

**크기를 지정하지 않은 이차원 배열 초기화**

```
int arr[][] = {0, 1, 2, 3, 4, 5, 6, 7, 8, 9, 10, 11};    // 오류. 인덱스 결정 못 함
int arr[3][] = {0, 1, 2, 3, 4, 5, 6, 7, 8, 9, 10, 11};   // 오류. 인덱스 결정 못 함
```

이차원 배열에서 인덱스의 구성을 결정하려면 최소한 열의 크기는 알아야 합니다. 앞서 이차원 행렬의 기준은 행이라고 했지만, 이차원 배열의 구성은 열의 크기로 결정됩니다.

**열의 크기만 지정하기**

```
int arr[][4] = {0, 1, 2, 3, 4, 5, 6, 7, 8, 9, 10, 11};   // 허용됨
```

만약 int arr[3][]처럼 행의 크기만 지정하면 0~11까지 총 12개의 데이터에서 행이 3이므로 열은 4가 됩니다. 따라서 배열은 arr[3][4]가 됩니다. 그런데 데이터가 0~10까지 총 11개일 때는 어떨까요? 11을 3으로 나누면 3.6667이 되므로 열은 반올림하여 4로 할지, 버림하여 3으로 할지 모호해집니다.

반면에 arr[][4]처럼 열의 크기만 지정하면 데이터를 앞에서부터 4개씩 잘라서 한 행을 만들면 됩니다. 전체 데이터 개수를 세서 행의 개수로 나눌 필요도 없습니다. 엄밀히 말해 열의 크기를 지정한다는 것은 한 행의 크기를 결정하는 것과 같습니다. 그래서 **이차원 배열을 선언할 때는 항상 열의 크기를 지정해 줘야 합니다.**

이차원 배열 전체를 함수로 보낼 때도 마찬가지입니다. 일차원 배열은 arr[]처럼 크기를 지정하지 않고 매개변수를 선언했습니다. 그러나 이차원 배열을 보낼 때는 열의 크기는 무조건 지정해야 합니다. 그렇지 않으면 행과 열의 크기를 정할 수 없습니다.

**이차원 배열을 전달받는 함수의 매개변수에서 열의 크기는 무조건 지정**

```
#define MAX 4

void func3(int arr[][MAX], int rsize) {
```

이차원 배열을 함수로 보낼 때는 보통 매크로를 사용합니다. 이 예에서 매크로 MAX 4는 func3() 함수가 전달받는 이차원 배열에서 열의 크기를 의미합니다. 열의 크기는 매크로로 지정했으므로 행의 크기만 보내면 됩니다. 따라서 두 번째 매개변수인 int rsize는 행의 크기를 나타냅니다.

## 실력향상 프로젝트 16 ── 경마 게임 만들기
912_horsegame.c

배열을 사용해 경마 게임을 만들어 보겠습니다. 경마 게임은 총 12마리의 말이 달리기 시작하여 결승점에 도달하면 끝납니다. 게임이 끝나면 승리한 말 번호를 출력합니다. 지금까지 배운 배열과 무작위 수를 만드는 rand() 함수, 화면을 지우는 system("cls") 함수를 사용하면 경마 게임을 만들 수 있습니다.

게임 코드의 전체 구성을 생각해 보죠. 우선 크기가 12인 배열을 만들고 0으로 초기화합니다. 매번 실행될 때마다 0~9까지의 무작위 수를 만들어 배열에 있는 원래의 값과 더합니다. 더한 숫자는 말이 몇 미터를 전진했는지를 나타냅니다. 각 배열에는 계속해서 숫자가 쌓일 것입니다. 말이 100m를 달리면, 다시 말해 배열 안의 숫자가 100을 넘으면 결승점에 도달한 것입니다.

```
01  #include <stdio.h>
02  #include <stdlib.h>
03  #include <time.h>
04
05  int main() {
06      int horse[12] = {0};   // 말의 현재 위치 저장
07      int go = 1, win, k;    // win은 승리한 말 번호
08
09      srand((unsigned)time(NULL));
10      while (go) {
11          system("cls");     // 화면 지움
12          for (k = 0; k < 12; k++) {
13              horse[k] = horse[k] + rand() % 10;   // 무작위 수 더하기
14              printf("%d번 말 %d미터 전진\n\n", k, horse[k]);
15              if (horse[k] > 100) {   // 결승점에 도착하면
16                  win = k;            // win = 승리한 말 번호
17                  go = 0;             // while 문 종료
18              }
```

```
19          }
20          system("timeout 1 > NULL");     // 1초간 기다리기
21      }
22      printf("\n< %d번 말 승리 >\n", win);
23      return 0;
24  }
```

▼

**실행 결과**

0번 말 89미터 전진

1번 말 85미터 전진

... (생략) ...

10번 말 104미터 전진  ← 100m를 넘은 말이 승리

11번 말 78미터 전진

< 10번 말 승리 >

06행에서 정수형 배열 horse[12]를 선언하고 모두 0으로 초기화합니다. horse[12] = {0}이면 배열의 값이 모두 0으로 초기화됩니다. 07행의 go는 while 문의 반복 조건에 사용할 변수로 초깃값은 1(참)입니다. win은 승리한 말 번호를 저장할 변수입니다.

10행의 while 문은 go가 0(거짓)이 될 때 반복을 멈춥니다. 따라서 어떤 말이 결승점에 도달하여 go를 0으로 바꾸면 while 문을 탈출합니다.

12행의 for 문은 각각의 말을 달리게 합니다. 13행에서 k번째 말의 현재 위치에 10 미만의 무작위 수를 만들어 더합니다. 즉, 말은 무작위 수만큼 앞으로 전진합니다.

15행은 결승점에 도달한 말이 있는지를 검사하는 코드입니다. 결승점에 도달한 말이 있으면, 즉 배열에 저장된 값이 100을 넘으면 해당 인덱스의 값을 win에 저장하고 go를 0(거짓)으로 만듭니다. 그러면 경주가 끝나고 22행에서 승리한 말 번호가 출력됩니다.

만약 17행에서 go = 0 대신 break를 사용하면 어떨까요? break는 해당 반복문만 탈출하므로 12행의 for 문만 탈출합니다. 그러면 for 문 바깥쪽에 있는 while 문은 탈출할 수 없어 무한 반복에 빠집니다.

| 확실하게 내 것으로! | **09장 마무리 문제** |

1   배열을 선언할 때는 변수 다음에 ▭▭▭▭ 을(를) 붙입니다.

2   배열에서 대괄호 안의 숫자를 ▭▭▭▭ (이)라고 합니다.

3   배열을 초기화할 때 사용하는 기호는 ▭▭▭▭ 입니다.

4   배열에서 첫 번째 변수의 인덱스값은 ▭▭▭▭ 입니다.

5   int arr[k]에서 마지막 인덱스값은 ▭▭▭▭ 입니다.

6   배열의 모든 값을 0으로 초기화하려면 ▭▭▭▭ 을(를) 사용하면 됩니다.

7   문자열의 끝을 알리는 문자는 ▭▭▭▭ 입니다.

8   널 문자의 아스키코드 번호는 ▭▭▭▭ 입니다.

9   문자 1개를 나타내는 기호는 ▭▭▭▭ 입니다.

10  문자열을 나타내는 기호는 ▭▭▭▭ 입니다.

11  문자열을 나타내는 서식 문자는 ▭▭▭▭ 입니다.

12  문자 1개를 나타내는 서식 문자는 ▭▭▭▭ 입니다.

▶ 다음 쪽에 계속

**13** 다음 코드에서 잘못된 부분을 찾아 수정하세요.

```c
#include <stdio.h>

int main() {
    char ch = 'A';
    char str[3] = "TED";

    printf("%c\n", ch);
    printf("%s\n", str);

    return 0;
}
```

**14** 다음 코드에서 빈칸 두 곳을 채우세요.

```c
#include <stdio.h>

double print_score(int _____, int size) {
    int sum = 0, k;

    for (k = 0; k < size; k++) {
        printf("%d = %d점, ", k, score[k]);
        sum = sum + score[k];
    }
    return (sum / size);
}

int main() {
    int score[5] = {75, 84, 13, 96, 46};
    double ave;

    ave = print_score(_____, 5);
    printf("\n평균 = %.1lf", ave);
    return 0;
}
```

▶ 모범 답안: 423쪽

# 10장

# 포인터

- ✦ 10-1　포인터 이해하기
- ✦ 10-2　포인터로 데이터에 접근하기
- ✦ 10-3　포인터 상수화
- ✦ 10-4　배열과 포인터
- ✦ 10-5　포인터 연산

**학습 목표**
1. 메모리 주소를 저장하는 포인터의 특징과 사용 방법을 배웁니다.
2. 포인터에 변수의 주소(&)를 대입하고 역참조 연산자(*)로 포인터가 가리키는 곳의 값에 접근하는 방법을 익힙니다.
3. 포인터를 변경할 수 없게 상수화하는 방법을 알아봅니다.
4. 배열과 포인터의 관계를 이해하고 닮은 점과 차이점을 파악합니다.
5. 포인터를 대상으로 연산하는 방법을 메모리 구조와 함께 살펴봅니다.

# 10-1

# 포인터 이해하기

### 직접 접근과 간접 접근

소스 코드에서 메모리에 저장된 데이터에 접근하는 방식은 '직접 접근'과 '간접 접근'으로 나뉩니다. 지금까지는 변수 이름이나 리터럴을 이용해 직접 접근 방식으로 데이터를 이용했습니다. 예를 들어 char alp = 'A'처럼 선언하고 문자 A가 필요할 때 alp라는 이름으로 직접 접근 했습니다.

그러나 **포인터** pointer는 메모리 주소를 이용해 데이터에 간접 접근하는 방법입니다. 휴대폰으로 전화를 거는 상황을 가정해 보죠. 전화번호를 직접 눌러서 전화를 거는 것은 직접 접근 방식으로 볼 수 있으며, 이름을 입력하여 전화를 거는 것은 간접 접근 방식으로 볼 수 있습니다. 다음 그림은 휴대폰에서 '조성호'라는 이름을 입력하여 8번 위치(주소)를 찾은 후에야 간접적으로 전화번호에 접근하는 모습을 보여 줍니다.

직접 접근과 간접 접근

포인터는 메모리 주소를 이용해 데이터에 간접 접근하는 방식이므로 포인터 변수에는 값이 아니라 메모리 주소를 저장합니다. 다시 말해 char는 문자, int는 정수, float는 실수를 다루듯이 포인터는 메모리 주소를 다룹니다. 따라서 int형 변수에 335가 담겼다면 이는 숫자 335를 의미하지만, 포인터 변수에 담긴 숫자 335는 메모리 주소인 335번지를 의미합니다.

직접 접근과 간접 접근 비교

| 특징 | 직접 접근 | 간접 접근 |
|---|---|---|
| 접근 방법 | 변수 이름으로 직접 접근 | 주소를 통해 간접 접근 |
| 연산 | 없음 | 참조(&)와 역참조(*) |
| 장단점 | 값 복사로 인해 느릴 수 있음<br>코드가 간단하고 직관적임 | 참조 전달로 인해 빠름<br>코드가 복잡할 수 있음 |

## 포인터 변수 선언과 초기화

메모리 주소만 저장하는 포인터 변수는 이름 앞에 별표(*)를 붙여서 선언합니다. 포인터 변수 선언문에서 별표(*)는 어떤 연산을 하는 것이 아니라 단지 포인터 변수임을 구분하는 표시일뿐입니다.

❂ 별표(*)는 '역참조 연산자' 또는 '간접 참조 연산자'라고 하며 다음 절에서 자세히 살펴봅니다.

그리고 포인터도 하나의 변수이므로 초기화하지 않으면 쓰레기 값이 들어 있을 수 있습니다. 그래서 사용하기 전에는 꼭 값을 대입하거나 선언할 때 초기화해야 합니다. 다음 코드는 int형 포인터 변수 p를 선언하면서 동시에 NULL로 초기화한 예입니다.

**포인터는 주로 NULL로 초기화함**

```
int *p = NULL;
```

아스키코드에서 0번은 널 문자이므로 \0과 0은 같은 의미입니다. 그러나 포인터 변수에는 주소만 저장할 수 있으므로 int *p = 0처럼 작성하면 0을 주소 형태로 바꿔야 해서 복잡해집니다. 그래서 아무것도 없음을 의미하는 NULL을 사용하여 int *p = NULL처럼 초기화합니다.

❂ 원래는 int *p = (void *)0처럼 0을 포인터로 형 변환을 해야 합니다.

> **핵심 한 줄** 포인터 변수는 이름 앞에 별표(*)를 붙여서 선언하며, NULL로 초기화하면 유효하지 않은 메모리를 가리키지 않도록 예방할 수 있다.

또는 포인터 변수를 선언할 때 다른 변수의 주소로 초기화할 수도 있습니다. 다음 코드는 int형 일반 변수 num과 포인터 변수 *p_num을 선언하고 초기화한 예입니다. 첫 번째 줄은 일반 int형 변수 선언입니다. 그리고 두 번째 줄은 변수 이름 앞에 별표(*)가 있으므로 포인터 변수 선언입니다.

| 포인터 변수 선언 형식 |
| --- |
| ```
int num = 5;         // 일반 변수 선언과 초기화
int *p_num = &num;   // 포인터 변수 선언과 초기화
``` |

두 번째 줄에서 포인터 변수 *p_num을 선언하면서 &num으로 초기화했습니다. &num은 num 변수의 주솟값을 의미합니다. &는 주소 변환 연산자 또는 참조 연산자라고 하며 피연산자의 주소를 가져옵니다. 포인터 변수에는 주소만 저장할 수 있으므로 num 변수의 주소로 초기화한 것입니다.

두 줄이 실행되었을 때 메모리 상태를 그림으로 표현하면 다음과 같습니다.

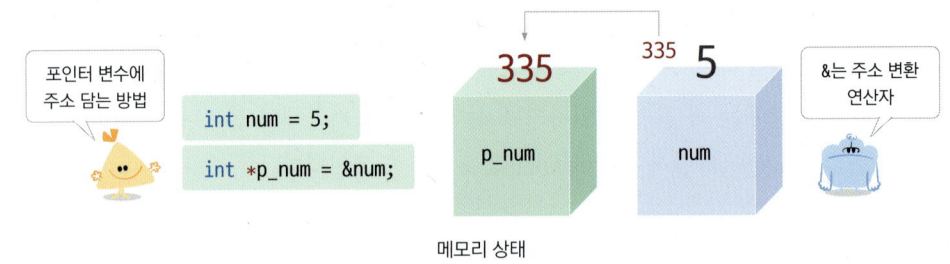

메모리 상태

335번지 메모리에 num 변수가 할당되고 그곳에 숫자 5가 저장됩니다. 그리고 포인터 변수 *p_num에는 num 변수의 메모리 번지(&num)인 335가 저장됩니다.

만약 두 번째 줄을 int *p_num = num처럼 작성하면 어떻게 될까요? 포인터 변수 *p_num은 주소를 다루는 변수인데, num에 저장된 5는 주소가 아니므로 오류가 발생합니다.

> **핵심 한 줄**  주소 변환 연산자(&)는 피연산자의 메모리 위치를 주소로 변환한다.

포인터 변수를 다른 자료형과 함께 선언할 때는 주의해야 합니다. 만약 int a, b라고 선언하면 a와 b는 둘 다 정수형 변수입니다. 그러나 int* c, d처럼 선언하면 c만 정수형 포인터 변수가 되고, d는 일반 정수형 변수로 선언됩니다. 따라서 보통은 int *c, d처럼 포인터 변수 이름 앞에 *를 붙여서 혼동하지 않도록 선언합니다. 물론 포인터 변수는 다른 줄로 따로 선언하는 방법이 가장 좋습니다.

```
int a, b      // 정수형 변수 a와 b 선언
int *c, d     // 정수형 포인터 변수 c와 정수형 변수 d 선언
```
```

## 포인터에 자료형이 필요한 이유

포인터 변수에는 주소를 저장한다고 했습니다. 그렇다면 메모리 주소는 다 같은 형식인데 포인터 변수를 선언할 때 자료형은 왜 필요할까요?

포인터 변수에 지정한 자료형은 메모리를 해석하는 방법입니다. 즉, 포인터 변수에 저장된 주소에서 메모리를 얼마만큼 읽을 것인가를 결정하는 기준이 됩니다. 앞선 예에서 `*p_num`은 `int`형으로 선언했으므로 335번지부터 4bytes를 읽어서 정수로 해석합니다. 만약 char형 포인터 변수를 선언하고 char형 변수의 주소를 대입했다면 참조한 주소부터 1byte를 읽어서 문자로 해석합니다.

> **핵심 한 줄**  포인터 선언문에서 자료형은 메모리를 해석하는 방법이다.

## 10-2

# 포인터로 데이터에 접근하기

### 포인터에 주소 연결

앞에서 int형 변수 num을 선언하면서 5로 초기화하고, int형 포인터 변수 *p_num을 선언하면서 &num의 주소로 초기화했습니다. 이처럼 포인터 변수에 다른 변수의 주소를 대입한다는 것은 서로 연결된다는 의미입니다. 즉, 같은 메모리를 *p_num으로 접근할 수도 있고, num으로도 접근할 수 있습니다.

다음 코드는 포인터를 이용하여 데이터에 접근하는 예를 보여 줍니다.

```
포인터로 데이터에 접근
01  int num = 5;
02  int *p_num = &num;          // 포인터 선언
03
04  printf("%d %d", num, *p_num);    // 숫자 5 출력
05  printf("%p %p", &num, p_num);    // 같은 주솟값 출력
```

04행에서는 변수 num의 값과 포인터 변수 *p_num이 가리키는 주소에 있는 값을 가져옵니다. 포인터 변수 p_num 앞에 *를 붙이면 num에 저장된 5를 출력합니다. 이때 사용하는 별표(*)를 **역참조 연산자**dereference operator라고 합니다. 역참조 연산자는 피연산자에 저장된 위치(주소)를 참조하여 해당 주소에 저장된 값을 가져옵니다.

05행에서는 변수 num의 주소와 포인터 변수 p_num에 저장된 값(주소)을 출력합니다. 변수 num에는 주소를 출력하고자 주소 변환 연산자 &를 붙였지만, 포인터 변수에는 주소가 들어 있으므로 & 연산자를 사용하지 않습니다. 이때 서식 문자는 메모리 주소를 16진수 형식으로 출력해 주는 %p로 지정합니다.

> **핵심 한줄** 포인터에 역참조 연산자(*)를 붙이면 주소를 통해 값을 가져온다.

다음은 포인터로 데이터에 접근하는 전체 코드입니다. 04행에서 num과 copy는 일반 정수형 변수이며, 05행의 *p_num은 정수형 포인터 변수입니다.

### Do it! 실습   포인터 사용하기      📄 1001_pointer1.c

```c
01  #include <stdio.h>
02
03  int main() {
04      int num = 5, copy;
05      int *p_num;        // int형 포인터 *p_num 선언
06
07      copy = num;        // num의 값을 copy에 대입
08      p_num = &num;      // num의 주소를 p_num에 대입
09      printf("num = %d, &num = %p\n", num, &num);
10      printf("p_num = %p, *p_num = %d\n", p_num, *p_num);
11
12      return 0;
13  }
```

### 실행 결과

```
num = 5, &num = 0000006F7FB1F9F4
p_num = 0000006F7FB1F9F4, *p_num = 5
```

07행 copy = num은 num의 변수에 저장된 값 5를 copy에 대입합니다. 정확하게 말하면 정수형 변수 num에 담긴 숫자 5를 복사하여 copy에 대입합니다. 08행은 p_num이 정수형 포인터이므로 주소를 대입해야 합니다. 그래서 num 앞에 주소 변환 연산자(&)를 붙여서 p_num에 대입합니다. 이때부터 p_num은 num의 주소를 가리킵니다.

09행에서 num과 &num의 값을 출력합니다. num은 정수이지만 &num은 주솟값입니다. 따라서 정수는 서식 문자 %d를 사용하고 주소는 %p를 사용합니다. num값은 5가 출력되고 &num값은 주소가 출력됩니다. 출력된 주소는 num이 저장된 메모리 주소이며 16진수입니다. 이 주소는 컴퓨터마다 다르고 프로그램이 실행될 때마다 바뀝니다.

10행에서는 p_num값과 *p_num값을 출력합니다. 포인터 p_num이 num을 가리키는 상태이므로 p_num값은 &num값과 같습니다. 즉, 09행에서 출력한 num의 주솟값이 똑같이 출력됩니다. 그리고 p_num 앞에 역참조 연산자(*)를 붙이면 p_num이 가리키는 주소를 찾아가서 값을 가져옵니다. 즉, num에 저장된 5가 출력됩니다.

## 값 대입과 주소 대입의 의미

앞선 실습에서 값 대입 연산 copy = num은 num에 저장된 값 5를 copy에 대입합니다. 그리고 주소 대입 연산 p_num = &num은 num의 주소를 포인터 변수 p_num에 대입합니다. 값을 대입하는 것과 주소를 대입하는 것은 어떤 차이가 있는지 살펴보겠습니다.

주소를 대입한다는 것은 두 변수가 연결된다는 뜻입니다.

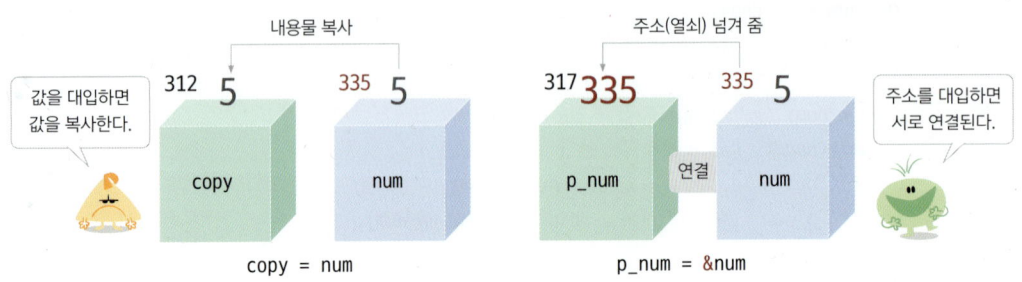

주소를 준다는 것은 공유의 의미

누군가에게 내 자동차 열쇠를 준다는 것은 내 차를 써도 된다는 의미입니다. 주소를 준다는 것도 같은 의미입니다. &num은 주소 변환 연산자(&)를 사용하여 주소(열쇠)를 p_num에 주었으므로 num과 p_num은 같은 메모리 공간을 공유합니다. 이 책에서 & 연산자를 열쇠라고 불렀던 이유가 여기에 있습니다.

메모리 공간을 공유한다는 것은 값을 사용하거나 변경할 수 있다는 의미입니다. 따라서 공유한 이후부터 *p_num에 어떤 값을 대입하면 실제로는 num 값이 변경됩니다. 다시 말해 *p_num = 7이라고 하면 num의 값이 7로 바뀝니다.

이와 유사한 내용을 08장에서 함수를 다룰 때도 설명했습니다. 매개변수를 사용하여 함수를 호출할 때 값에 의한 호출<sup>call by value</sup>과 참조에 의한 호출<sup>call by reference</sup>이 있다고 했습니다. 이 중 참조에 의한 호출이 포인터를 이용한 호출입니다.

scanf() 같은 함수를 사용할 때는 참조에 의한 호출을 사용합니다. 참조에 의한 호출은 변수 앞에 열쇠(&)를 붙여서 보내고 함수에서는 해당 변수의 주소를 전달받습니다. 이는 p_num = &num의 경우와 같으며 포인터에 주소를 넘겨주는 것입니다. 참조에 의한 호출은 포인터를 사용하므로 호출하는 쪽과 호출을 받는 쪽의 변수가 서로 연결됩니다. 그래서 함수의 매개변수가 호출하는 쪽의 변숫값을 변경할 수 있습니다.

다음 코드는 포인터와 변수가 연결되는 것을 살펴보는 예입니다. 04행에서 정수형 변수 num과 copy를 선언하고 num은 5로 초기화합니다. 또한 정수형 포인터 *p_num을 선언하고 06행에서 포인터 p_num에 num의 주소를 대입합니다. 앞에서 설명한 것처럼 주소(열쇠)를 주었다는 것은 변수가 사용하는 공간을 공유한다는 의미입니다.

**Do it! 실습　포인터의 대입 연산**　　　　　　　　　　　　　　　📄 1002_pointer2.c

```c
01  #include <stdio.h>
02
03  int main() {
04      int num = 5, *p_num, copy;
05
06      p_num = &num;      // num 변수의 주소 대입. 두 변수가 연결됨
07      *p_num = 7;        // *p_num은 num과 같음
08      printf("num = %d, p_num = %d\n", num, *p_num);
09
10      num = 9;
11      copy = *p_num;     // *p_num은 num과 같음
12      printf("copy = %d, p_num = %d", copy, *p_num);
13
14      return 0;
15  }
```

▼

**실행 결과**

```
num = 7, p_num = 7
copy = 9, p_num = 9
```

06행 p_num = &num 코드는 num의 주소를 포인터 p_num에 대입합니다. *p_num처럼 포인터에 역참조 연산자(*)를 붙이면 포인터가 가리키는 메모리, 즉 num을 의미합니다. 따라서 07행의 *p_num = 7 코드는 정수 7을 num에 대입합니다. 08행에서 num과 *p_num은 같은 값을 출력하는 것을 확인할 수 있습니다.

10행에서는 num에 9를 대입하고 11행에서는 *p_num이 가리키는 곳의 값을 copy에 대입합니다. 12행에서 copy와 *p_num은 같은 값 9를 출력합니다.

**핵심 한 줄**　포인터에 주소(&)를 넘겨주면 같은 메모리 공간을 공유하게 된다.

> ⊕ **개발 지식 더하기** 참조와 역참조 비교
>
> C 언어에서 참조(reference)는 주소에 접근한다는 의미입니다. 함수 호출 방식 중 하나인 참조에 의한 호출을 생각해 보면 매개변수로 주소를 넘겨서 접근 권한을 허용합니다. 반면에 역참조(dereference)는 주소를 통해 값에 접근한다는 의미입니다. 즉, 주소를 참조한 다음에 해당 주소에 저장된 값에 접근하는 것을 역참조라고 합니다.
>
> 앞에서 소개한 주소 변환 연산자 &는 참조 연산자라고도 합니다. 참조 연산자 &는 피연산자의 주소를 가져오고, 역참조 연산자 *는 피연산자가 참조하는 곳(주소)의 값에 접근합니다.

## ✦실력 향상 프로젝트 17 | 움직이는 경마 게임 만들기
📄 1003_horsegame.c

09장에서 만들어 본 경마 게임은 말이 달린 숫자만 출력하므로 움직임이 없습니다. 기존 경마 게임 코드에 3줄만 추가하면 움직이는 경마 게임을 만들 수 있습니다. 말을 어떻게 움직이게 할지 생각해 보죠.

경마 게임에서 정수형 배열 horse[12]에는 말이 움직인 거리가 저장되어 있습니다. 저장된 거리만큼 공백 문자를 만든 다음에 말을 출력하면 말이 이동한 것처럼 보입니다. 말을 움직이게 하는 코드는 다음과 같습니다.

```c
for (k = 0; k < 12; k++) {
    for (m = 0; m < horse[k]; m++)     // 말 위치까지 공백 생성
        printf(" ");
    printf("%d:>\n\n", k);
}
```

배열 horse[12]에는 경주마가 현재까지 이동한 거리가 담겨 있습니다. 예를 들어 0번 말이 21m를 움직였다고 가정해 봅시다. 그러면 horse[0]에는 21이 들어 있습니다. 이때 m을 사용하는 for 문에서 m은 0~20까지 반복하면서 printf(" ")를 실행합니다. 따라서 총 21개의 공백 문자를 출력합니다. m을 사용하는 for 문이 끝나면 printf("%d:>\n\n", k)가 실행되어 화면에 0:>가 출력됩니다. 다시 말해 21개의 공백 문자 다음에 0:>가 출력되어 마치 경주마가 21m를 이동한 것처럼 보입니다.

만약 horse[0]에 무작위로 만든 5를 누적해 26이 된다면 26개의 공백 문자 다음에 0:>가 출력되어 마치 26m를 이동한 것처럼 보입니다. 이러한 과정을 12마리의 모든 경주마에 적용합니다.

'움직이는 경마 게임'의 전체 코드는 다음과 같습니다. 09장의 '경마 게임'과 비교하면 14~16행이 새로 추가되었습니다.

```c
01  #include <stdio.h>
02  #include <stdlib.h>
03  #include <time.h>
04
05  int main() {
06      int horse[12] = {0};      // horse[] 말의 현재 위치 저장
07      int go = 1, win, k, m;    // win은 승리한 말 번호
08
09      srand((unsigned)time(NULL));
10      while (go) {
11          system("cls");        // 화면 지움
12          for (k = 0; k < 12; k++) {
13              horse[k] = horse[k] + rand() % 10;    // 무작위 수 누적
14              for (m = 0; m < horse[k]; m++)        // 말 위치까지 공백 생성
15                  printf(" ");
16              printf("%d:>\n\n", k);
17              if (horse[k] > 100) {                 // 결승점에 도착하면
18                  win = k;                          // win = 승리한 말 번호
19                  go = 0;                           // while 종료
20              }
21          }
22          system("timeout 1 > NULL");    // 1초간 지연
23      }
24      printf("\n< %d번 말 승리 >\n", win);
25      return 0;
26  }
```

실행 결과

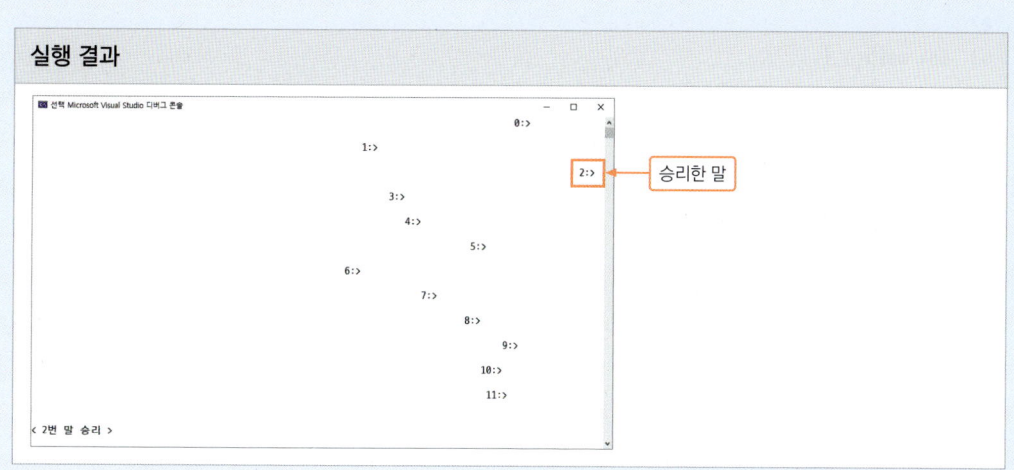

승리한 말

10장 ✦ 포인터  **235**

## 10-3

# 포인터 상수화

상수는 const 예약어로 선언하고 이후에는 값을 변경할 수 없다고 했습니다. 마찬가지로 포인터도 상수화할 수 있습니다. 이때 상수화 대상에 따라 다음처럼 두 가지로 나뉩니다.

- **포인터 자체를 상수화**: 포인터에 새로운 주소를 대입할 수 없음
- **포인터가 가리키는 곳의 값을 상수화**: 포인터가 가리키는 곳에 새로운 값을 대입할 수 없음

### 포인터 자체를 상수화

먼저 포인터 자체를 상수화하는 방법입니다. 다음 코드에서 05행은 포인터 변수 p_num 자체를 상수화합니다. 따라서 한 번 초기화한 후에는 포인터가 가리키는 주소를 변경할 수 없으므로 10행의 코드는 오류가 발생합니다. 그러나 포인터 자체를 상수화해도 07행처럼 포인터가 가리키는 곳의 값을 변경하거나 08행이나 11행처럼 포인터가 가리키는 곳의 값을 읽어 올 수는 있습니다.

**포인터 자체를 상수화**

```c
01  #include <stdio.h>
02
03  int main() {
04      int num = 5, nnum = 9;
05      int *const p_num = &num;
06
07      *p_num = nnum;
08      printf("%d, %d, %d\n", num, nnum, *p_num);
09
10      p_num = &nnum;      // 오류! 새로운 주솟값을 대입할 수 없음
11      printf("%d, %d, %d\n", num, nnum, *p_num);
12
13      return 0;
14  }
```

## 포인터가 가리키는 곳의 값을 상수화

이번에는 포인터가 가리키는 곳의 값을 상수화하는 방법입니다. 다음 코드에서 05행은 포인터 p_num이 가리키는 곳의 값을 상수화합니다. 따라서 07행의 코드는 오류가 발생합니다. 그러나 포인터가 가리키는 곳의 값을 상수화해도 10행처럼 포인터 변수에 새로운 주소를 대입하거나 08행이나 11행처럼 포인터가 가리키는 곳의 값을 읽어 올 수는 있습니다.

**포인터가 가리키는 곳의 값을 상수화**

```
01  #include <stdio.h>
02
03  int main() {
04      int num = 5, nnum = 9;
05      const int *p_num = &num;
06
07      *p_num = nnum;    ◀── 오류! 가리키는 곳의 값을 변경할 수 없음
08      printf("%d, %d, %d\n", num, nnum, *p_num);
09
10      p_num = &nnum;
11      printf("%d, %d, %d\n", num, nnum, *p_num);
12
13      return 0;
14  }
```

# 10-4

# 배열과 포인터

### 포인터와 배열의 닮은 점

배열은 포인터이고 포인터는 곧 배열입니다. 몇 가지 차이점은 있지만, 포인터를 고급 언어의 형태로 만든 것이 배열입니다.

우선 배열을 정리해 보겠습니다. char str[5] = "ABCD"라고 선언하면 문자형 변수 str[0]부터 str[4]가 만들어지고 여기에 "ABCD" 4글자가 차례로 저장됩니다. 문자형 배열의 마지막 (str[4])은 널 문자(\0)가 차지합니다.

이를 그림으로 나타내면 다음과 같습니다. 문자는 1byte 크기를 차지하므로 335번지부터 1byte씩 문자가 저장됩니다. 335번지인 str[0]에 A부터 시작하여 배열의 마지막 339번지인 str[4]에는 널 문자(\0)가 들어갑니다.

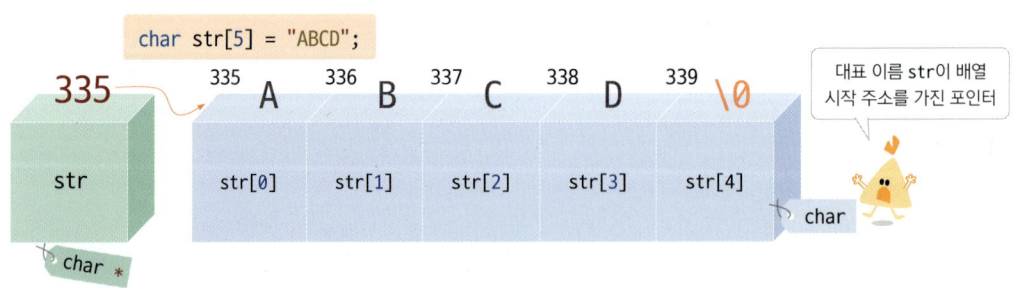

배열의 대표 이름 str이 포인터

배열에 인덱스를 붙이면 하나의 독립된 변수와 같습니다. 다시 말해 str[0], str[1], str[2], str[3] str[4]는 모두 독립된 변수이며 배열을 대표하는 이름은 str입니다. 배열을 대표한다는 의미는 배열 전체가 어디서부터 시작하는지를 알고 있다는 뜻입니다. 그래서 **배열을 대표하는 이름 str은 배열의 시작점을 가리키는 포인터입니다.**

포인터에 일반 변수의 주소를 대입할 때는 주소 변환 연산자(&)를 사용합니다. 배열 각각은 독립된 변수이므로 다음 코드에서 03행의 p = &str[1]은 정상입니다.

```
01  char str[5] = "ABCD", *p;
02
03  p = &str[1];    // 포인터에 str[1]의 주소를 대입
04  p = &str;       // 오류! str 자체가 포인터
```

그렇다면 04행의 p = &str은 어떨까요? 주소 변환 연산자는 일반 변수의 주소를 가져올 때 사용합니다. 그러나 배열 str[5]의 대표 이름인 str은 그 자체로 배열의 시작 주소를 가리키는 포인터입니다. 따라서 포인터 p에 배열의 시작 주소를 대입하려면 p = str처럼 작성해야 합니다.

배열과 포인터

str이 배열의 시작 주소를 가리키는 포인터이므로 포인터끼리 주소를 주고받을 때 주소 변환 연산자는 필요 없습니다. 또한 배열의 대표 이름을 함수에 전달할 때도 열쇠(&) 없이 전달합니다.

> **핵심 한 줄**  배열의 이름은 메모리에서 해당 배열이 할당된 시작 주소를 가리키는 포인터이다.

배열의 대표 이름과 포인터의 관계를 확인해 보겠습니다. 다음 코드는 배열의 대표 이름이 가리키는 주소와 배열에서 맨 처음 변수의 주소(&str[0])가 같은지 확인하는 예입니다.

**Do it! 실습**  배열의 주소 확인  　　　　　　　　　　　　　　　📄 1004_arr_addr1.c

```
01  #include <stdio.h>
02
03  int main() {
04      char str[5] = "ABCD", *p;   // 문자형 배열과 포인터 선언
05
06      printf("str addr = %p, str[0] addr = %p\n", str, &str[0]);
07
```

```
08          p = str;      // str이 포인터이므로 & 없이 대입
09          printf("p = %c, str = %c\n", *p, *str);         // str을 포인터처럼 사용
10          printf("p = %c, str = %c\n", p[1], str[1]);     // p를 배열처럼 사용
11
12          return 0;
13      }
```

**실행 결과**

```
str addr = 009CFB98, str[0] addr = 009CFB98
p = A, str = A
p = B, str = B
```

04행에서 문자형 변수 str[5] = "ABCD"를 선언합니다. 또한 문자형 포인터 *p도 선언합니다. 06행에서 str에 저장된 데이터(주소)와 str[0]의 주소(&)를 서식 문자 %p를 사용하여 주소 형태로 출력합니다. 실행 결과를 보면 같은 주소가 출력되는 것을 알 수 있습니다. 다시 말해 str이 배열의 시작 주소를 가리키는 포인터라는 것을 확인할 수 있습니다.

08행에서 str에 저장된 주소를 p에 대입합니다. 이때 str과 p는 둘 다 포인터이므로 열쇠(&)를 사용하지 않습니다. p = str이 실행된 이후부터 포인터 p는 배열 str과 같은 곳을 가리키게 됩니다. 다시 말해 배열의 시작점인 &str[0]을 가리키게 됩니다.

09행에서 역참조 연산자를 사용하여 *p가 가리키는 곳의 값을 출력합니다. 포인터 p는 배열 str의 시작 주소를 가리키고 있으므로 *p는 str[0]의 값인 'A'를 출력합니다. 앞에서 이야기했지만, 배열은 곧 포인터라고 했습니다. 그래서 str에도 역참조 연산자(*)를 붙여서 출력할 수 있습니다. *str은 포인터처럼 'A'를 출력합니다.

10행에서는 포인터를 배열처럼 사용할 수 있는지 확인합니다. 포인터 p를 대상으로 인덱스를 이용하여 p[1]처럼 작성하면 'B'를 출력합니다. str[1]도 'B'를 출력합니다. 즉, 포인터에도 배열처럼 인덱스를 사용할 수 있습니다.

> **핵심 한 줄** 포인터처럼 배열의 대표 이름에 역참조 연산자(*)를 사용할 수 있으며, 배열처럼 포인터에 인덱스([])를 사용할 수 있다.

## 포인터와 배열의 차이점

배열과 포인터에 차이가 없다면 굳이 포인터를 배열처럼 사용할 필요가 있을까요? 가장 큰 차이는 배열은 한 번 만들면 시작 주소와 크기를 변경할 수 없지만, 포인터는 주솟값을 자유롭게 변경할 수 있다는 것입니다.

배열을 선언하면 배열의 시작 주소를 담은 포인터와 데이터를 저장할 공간이 함께 만들어집니다. 그러나 포인터는 주소를 저장할 공간만 만들어집니다. 예를 들어 char *p와 char str[3]을 선언하는 경우를 그림으로 나타내면 다음과 같습니다.

포인터와 배열의 차이

char *p를 선언하면 문자가 저장된 주소를 저장할 변수 p만 할당됩니다. 반면에 char str[3]은 문자 3개를 담을 수 있는 str[0], str[1], str[2]의 공간이 할당되고, 배열의 시작 주소를 가리키는 str 포인터가 할당됩니다. 결국 포인터는 문자형 데이터를 가리킬 수는 있어도 실제 데이터를 담을 공간은 없습니다.

> 만약 포인터를 선언하고 데이터를 담을 공간을 만들고 싶다면 melloc() 같은 동적 메모리 할당 함수를 사용합니다. 메모리를 동적으로 할당하는 방법은 16장에서 자세히 설명합니다.

사실 배열은 제약 사항이 많습니다. 배열은 한 번 선언하면 크기를 늘리거나 줄일 수 없습니다. 또한 배열의 시작 주소를 변경할 수도 없습니다. 그래서 다음 코드는 두 줄 모두 오류입니다.

**배열의 시작 주소는 변경할 수 없음**
```
str = str[1];
str = p;
```

그림 다음과 같은 코드는 어떨까요? 문자형 배열을 선언하고 "ABCD"로 초기화한 후 str[0] = 'E'처럼 각각의 값을 변경할 수는 있습니다. 그러나 str = "EFGH" 코드는 오류입니다. 문자열 리터럴 "EFGH"도 메모리 어딘가에 저장되어 주소를 가집니다. 따라서 str =

"EFGH"은 str의 주소를 "EFGH" 문자열이 저장된 메모리 주소로 바꾸는 것이므로 오류입니다.

```
char str[5] = "ABCD";
str[0] = 'E';        // 가능: 배열 각각은 독립 변수
str = "EFGH";        // 오류: 배열의 시작 주소 변경 불가
```

> **핵심 한 줄** 배열은 한 번 선언하면 시작 주소를 변경할 수 없다.

다음 코드는 지금까지 설명한 포인터와 배열의 특징을 보여 줍니다. 06행에서 p = str을 수행한 순간부터 포인터 p는 배열 str의 시작 주소를 가리키게 됩니다. 따라서 *p와 *str의 출력 결과를 보면 똑같이 'A'가 출력됩니다. 인덱스 1을 사용하여 p[1]과 str[1]처럼 출력해도 똑같이 'B'가 출력됩니다. 배열은 포인터처럼, 포인터는 배열처럼 사용할 수 있습니다.

**Do it! 실습** 포인터와 배열                                    1005_arr_addr2.c

```
01  #include <stdio.h>
02
03  int main() {
04      char str[5] = "ABCD", *p;    // 문자형 배열과 포인터 선언
05
06      p = str;    // str도 포인터이므로 & 없이 대입
07      printf("p = %c, str = %c\n", *p, *str);       // str을 포인터처럼 사용
08      printf("p = %c, str = %c\n", p[1], str[1]);   // p를 배열처럼 사용
09
10      p = &str[1];    // str[1]은 일반 변수이므로 & 사용
11      printf("p = %s, p[1] = %c\n", p, p[1]);
12
13      return 0;
14  }
```

▼

**실행 결과**

```
p = A, str = A
p = B, str = B
p = BCD, p[1] = C    ← p의 시작이 str[1]이므로 BCD 출력
```

10행의 p = &str[1] 코드를 보면 str[1]의 주소를 포인터 p에 주었습니다. 이 코드가 실행된 이후의 모습은 다음 그림과 같습니다. 10행 전까지는 p와 str이 배열의 시작 주소인 335번지를 가리키다가 p = &str[1] 이후에는 p가 str[1]의 위치인 336번지를 가리키게 됩니다.

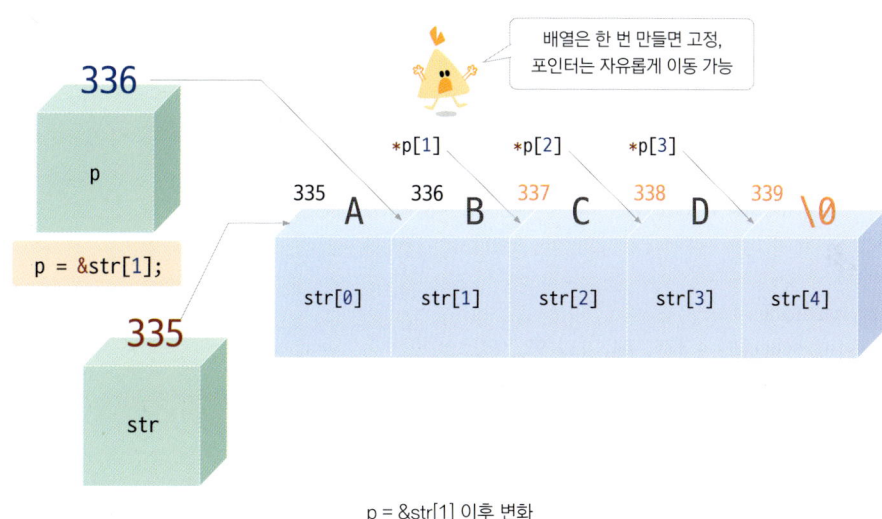

p = &str[1] 이후 변화

이때부터 p는 B가 저장된 336번지를 가리킵니다. 즉, p[0]의 값은 B가 되므로 11행에서 p가 가리키는 배열의 전체를 문자열(%s)로 출력하면 BCD만 출력됩니다. 또한 p[1]을 출력하면 C가 출력됩니다. p = &str[1]로 인하여 p가 가리키는 시작점이 다음 칸(str[1])으로 옮겨졌음을 확인할 수 있습니다.

이것이 포인터와 배열의 가장 큰 차이입니다. 배열은 한 번 만들어지면 시작 주소와 크기를 변경할 수 없지만, 포인터는 가리킬 메모리를 변경(이동)할 수 있습니다.

### 포인터와 매개변수

배열 전체를 함수로 전달할 때는 참조에 의한 호출만 가능합니다. 따라서 함수에 배열 전체를 보낼 때는 주소 변환 연산자(&)를 사용하지 않고 배열의 대표 이름만 보내면 됩니다. 또한 09장 함수에서는 이처럼 배열을 전달받는 매개변수를 크기가 정해지지 않은 배열로 선언했습니다. 그런데 배열을 전달받는 매개변수는 포인터로 선언해도 됩니다.

다음 코드는 09장의 평균을 구하는 코드를 포인터 형태로 바꾼 것입니다. 03행에서 배열을 전달받는 매개변수 score를 크기가 정해지지 않는 배열 score[] 대신에 포인터 *score로 선언합니다.

> **Do it! 실습** 학생 성적 출력(포인터 사용)      📄 1006_score.c

```c
01  #include <stdio.h>
02
03  double print_score(int *score, int size) {
04      int sum = 0, k;
05
06      for (k = 0; k < size; k++) {
07          printf("%d = %d점, ", k, score[k]);
08          sum = sum + score[k];
09      }
10      return (sum / size);
11  }
12
13  int main() {
14      int score[5] = {75, 84, 13, 96, 46};
15      double ave;
16
17      ave = print_score(score, 5);    // 배열의 시작 주소와 크기를 보냄
18      printf("\n평균 = %.1lf", ave);
19      return 0;
20  }
```

▼

**실행 결과**

```
0 = 75점, 1 = 84점, 2 = 13점, 3 = 96점, 4 = 46점,
평균 = 62.0
```

만약 배열의 일부분만 평균을 내고 싶다면 함수를 호출할 때 시작 주소를 변경해서 보내면 됩니다. 예를 들어 score[1]부터 끝까지(score[4]) 평균을 내고 싶다면 다음처럼 호출합니다.

```c
print_score(&score[1], 4);   // 배열의 크기가 줄었으므로 5가 아닌 4를 보냄
```

이렇게 &score[1]를 보내면 print_score() 함수에서는 score[1]~score[4]까지만 값을 더하여 평균을 출력합니다. 이때 배열의 크기를 5에서 4로 줄여서 보내는 것을 잊지 마세요. 참고로 main() 함수에서 배열의 이름 score와 print_score() 함수에서 첫 번째 매개변수인 정수형 포인터 변수 score의 이름이 같지만, 소속 함수가 다르므로 괜찮습니다.

## 10-5

# 포인터 연산

### 포인터 연산에서 자료형의 의미

포인터는 어떤 주소를 가리키는 용도이므로 포인터에 어떤 연산을 한다는 것은 가리킬 곳을 변경(이동)한다는 의미입니다. 예를 들어 포인터 p를 대상으로 p = p + 1이나 p = p − 1처럼 연산할 수 있습니다. 포인터에 1을 더하거나 빼면 주소가 변경됩니다. 이는 포인터가 가리키는 곳이 달라진다는 의미입니다.

그런데 포인터 연산에서는 자료형이 중요합니다. 앞서 포인터의 자료형은 메모리를 해석하는 방법이라고 했습니다. 즉, 가리키는 곳의 주소에서 얼마만큼을 더하고 뺄지를 자료형으로 판단합니다. 따라서 포인터 변수에 1을 더하거나 뺄 때 숫자 1이 꼭 1byte만큼을 의미하지는 않습니다.

예를 들어 문자형(char) 포인터 *p가 225번지를 가리키다가 p + 1 연산으로 226번지를 가리켜도 큰 문제가 없습니다. 문자형의 크기는 1byte이므로 225번지와 226번지가 서로 구별됩니다.

그러나 정수형(int) 포인터 *q가 336번지를 가리키다가 p + 1 연산으로 337번지를 가리키면 문제가 생깁니다. 정수형의 크기는 4bytes이므로 337번지는 의미가 없는 주소이기 때문입니다. 그래서 정수형 포인터를 대상으로 p + 1 연산은 주소에 4bytes가 더해져 340번지를 가리키게 됩니다.

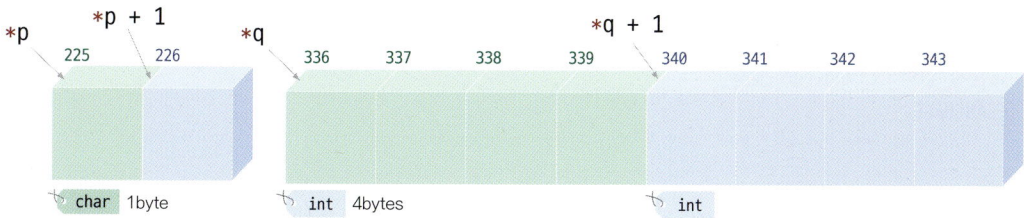

포인터 연산은 자료형의 크기만큼 이동

결국 포인터에 어떤 수를 연산하면 주솟값이 **자료형의 크기만큼 이동**합니다. 예를 들어 덧셈 연산에서 char는 1byte, int는 4bytes, double은 8bytes만큼 주소가 증가합니다. 배열로 생각해 보면 포인터에 +1을 하면 p[0]에서 p[1]로 인덱스가 1만큼 증가하는 것과 같습니다.

사용자에게 알파벳 소문자를 입력받으면 포인터 연산을 이용해 대문자로 출력하는 코드를 작성해 봅시다. 먼저 어떻게 하면 소문자를 대문자로 바꿀 수 있을까요? 알파벳 소문자 a~z는 아스키코드 97~122까지이고, 대문자 A~Z는 65~90까지입니다. 따라서 알파벳 소문자의 아스키코드 값에서 32를 빼면 대문자가 됩니다.

두 번째로 생각해 보아야 할 것은 소문자를 대문자로 바꾸는 것을 언제 멈출 것인가입니다. 사용자가 10자를 입력할지 100자를 입력할지 알 수 없습니다. 다행히 문자열의 맨 끝은 널 문자(\0)이므로 이를 활용하면 됩니다.

**Do it! 실습**  대소 문자 바꾸기  📄 1007_caseconv1.c

```
01  #include <stdio.h>
02
03  int main() {
04      char str[255], *p;
05
06      p = str;
07      printf("소문자 입력: ");
08      scanf("%s", str);
09
10      while (*p != '\0') {        // 문자열의 끝이 아닐 때까지 반복
11          printf("%c", *p - 32);  // 소문자를 대문자로 출력
12          p++;                    // 다음 문자를 가리키는 포인터 연산
13      }
14      return 0;
15  }
```

▼

**실행 결과**

소문자 입력: clanguage [Enter]
CLANGUAGE

04행에서 문자열을 저장할 배열 str을 255로 충분히 크게 잡았습니다. 또한 포인터 *p를 선언합니다. 06행에서 문자열 str의 주소를 p에 대입해 둘을 연결합니다. 08행에서는 scanf() 함수를 사용하여 사용자에게 문자열을 받습니다.

10행에서 *p의 값이 널 문자(\0)가 아닐 때까지 while 문의 안쪽 코드를 반복합니다. 11행에서는 아스키코드값에서 32를 뺀 후 출력하므로 소문자가 대문자로 출력됩니다. 12행에서는 포인터 p에 1을 덧셈합니다. 이는 배열의 인덱스에 1을 더한 것처럼 포인터가 다음 문자를 가리키게 됩니다. 이러한 과정을 널 문자를 만날 때까지 반복합니다. 실행 결과를 보면 소문자가 대문자로 바뀌는 것을 알 수 있습니다. 이처럼 포인터를 잘 사용하면 코드가 단순해집니다.

이 프로그램은 사용자가 123LAN!처럼 숫자, 대문자, 특수 문자를 입력할 경우 이상한 문자가 출력됩니다. 이번 장 끝의 [마무리 문제]에서 알파벳 소문자만 대문자로 바꾸고 나머지는 그대로 출력하는 프로그램을 작성하도록 제시했으니 도전해 보세요.

## 포인터와 증감 연산자 [심화 과정]

지금부터 설명하는 내용은 포인터를 완전히 이해하고 잘 다루는 분들을 위한 것입니다. 포인터의 개념이 아직 확실하지 않은 분들은 이 부분을 지나가도 됩니다.

앞의 실습 코드(1007_caseconv1.c)에서 10~13행은 다음처럼 두 줄로 줄일 수 있습니다.

```c
while (*p != '\0')
    printf("%c", *p++ - 32);
```

*p++에는 일항 연산자를 2개 사용했습니다. 하나는 역참조 연산자(*)이고 또 하나는 후위 증가 연산자(++)입니다. 연산자의 우선순위에서 증감 연산자가 역참조 연산자보다 높습니다. 그러나 후위 증감 연산자는 모든 연산이 끝난 후에야 작동합니다. 그래서 *p++는 *p를 먼저 수행하여 출력이 끝나고 난 다음에 p++를 수행합니다.

이처럼 역참조 연산자와 증감 연산자를 함께 사용할 때는 연산자 우선순위에 주의해야 합니다. 다음 표에서 4개의 식이 의미하는 바를 잘 살펴보기 바랍니다.

역참조와 증감 연산자 사용 예

| 코드 | 의미 | 같은 코드 | 변화되는 값 |
| --- | --- | --- | --- |
| *p++ | 포인터가 가리키는 곳의 값을 가져온 후에 지금 연산을 마치고 포인터에 저장된 주솟값 증가 | *(p++) | 주솟값 |
| (*p)++ | 포인터가 가리키는 곳의 값을 가져온 후에 지금 연산을 마치고 그곳의 값 증가 | (*p)++ | 가리키는 값 |
| *++p | 포인터에 저장된 주솟값을 증가시켜서 그곳의 값을 가져오기 | *(++p) | 주솟값 |
| ++*p | 포인터가 가리키는 곳의 값을 증가시켜서 가져오기 | ++(*p) | 가리키는 값 |

*p++와 (*p)++는 완전히 다른 의미입니다. 둘 다 후위 증가 연산자(++)를 사용하므로 증가는 지금 연산이 끝난 후에 수행됩니다. 따라서 *p가 가리키는 값이 지금 연산에 사용된 후에 증가합니다. 그러나 *p++는 증가 대상이 포인터에 저장된 주솟값이지만, (*p)++는 포인터가 가리키는 곳의 값이 증가합니다.

다음 그림처럼 문자형 배열에 a와 f가 들어 있고 포인터 *p는 a가 저장된 225번지를 가리킨다고 가정해 보죠. *p++는 문자 a를 사용하고 난 후 p++이 되어 포인터가 배열에서 그다음 주소인 226번지를 가리키게 됩니다. 반면에 (*p)++는 문자 a를 사용하고 난 후 포인터가 가리키는 곳의 값을 1만큼 증가시키므로 a에서 아스키코드상 다음 문자인 b로 바뀌며 포인터 p의 주소에는 변화가 없습니다. 즉, 225번지의 값이 a에서 b로 바뀝니다.

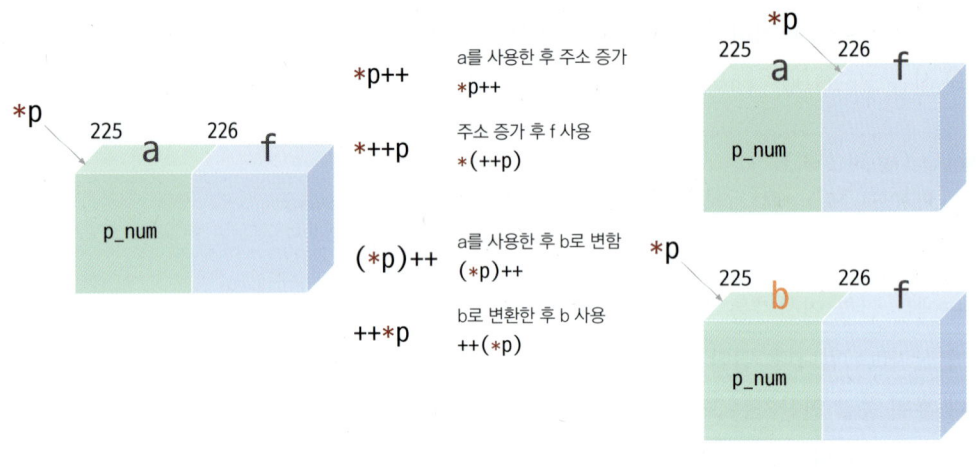

포인터와 증감 연산자

*++p와 ++*p도 마찬가지입니다. 두 코드 모두 전위 증가 연산자를 사용하므로 먼저 증가한 후 지금 연산이 수행됩니다. *++p는 연산자 우선순위에 따라 *(++p)와 같습니다. 그래서 포인터에 저장된 주솟값이 1만큼 증가하여 포인터가 226번지를 가리키고 난 후에 그곳의 값을 가져오므로 f가 됩니다. ++*p는 연산자 우선순위에 따라 ++(*p)와 같습니다. 그래서 포인터가 가리키는 값을 1만큼 증가시키므로 a가 b로 바뀌어 b가 사용됩니다.

소괄호를 사용하면 연산 순서가 좀 더 명확해집니다. 소괄호 안에 역참조 연산자가 있으면 값이 변하고, 소괄호 안에 증감 연산자가 있으면 주소가 변합니다.

## 실력 향상 프로젝트 18 | 움직이는 경마 게임의 경주마 수 조절하기

📄 1008_horsegame.c

지금까지 경마 게임은 총 12마리의 말이 경주에 참가했습니다. 사용자에게 경주에 참가할 말의 수를 입력받도록 수정해 보겠습니다. 단, 경주에 참가하는 최대 말의 수는 30마리 이하입니다.

```c
01  #include <stdio.h>
02  #include <stdlib.h>
03  #include <time.h>
04
05  int racing(int *horse, int size) {
06      int go = 1, win, k, m;
07
08      while (go) {
09          system("cls");
10          for (k = 0; k < size; k++) {
11              horse[k] = horse[k] + rand() % 10;
12              for (m = 0; m < horse[k]; m++)
13                  printf(" ");
14              printf("%d:>\n\n", k);
15              if (horse[k] > 100) {
16                  win = k;
17                  go = 0;
18              }
19          }
20          system("timeout 1 > NULL");
21      }
22      return win;
23  }
24
25  int main() {
26      int horse[30] = {0}, size, win;
27
28      printf("참가하는 경주마의 수(30 이하): ");
29      scanf("%d", &size);    // 경주에 참여할 말 수 입력받기
30
31      srand((unsigned)time(NULL));
32      win = racing(horse, size);
33      printf("\n< %d번 말 승리 >\n", win);
34      return 0;
35  }
```

경마 게임의 본체는 05~23행의 사용자 정의 함수 racing()입니다. 26행에서 int horse[30]으로 배열을 선언하여 최대 30마리까지 경주에 참가할 수 있도록 준비합니다. 29행에서 사용자에게 경주마의 수는 size로 입력받습니다. 32행에서 win = racing(horse, size)로 경주를 시작합니다.

racing() 함수의 내부 구조는 이전에 만든 구조와 똑같습니다. racing() 함수는 09장에서 배운 3가지 함수의 종류를 모두 엿볼 수 있습니다. 먼저 포인터 매개변수 horse는 참조에 의한 호출을 사용하며 size는 값에 의한 호출을 사용합니다. 또한 경주에서 이긴 말의 번호를 반환하여 win 변수에 전달됩니다.

## 확실하게 내 것으로! 10장 마무리 문제

1  포인터를 선언할 때는 _____ 기호를 사용합니다.

2  포인터는 메모리 주소를 이용해 데이터에 _____ 접근하는 방법입니다.

3  역참조 연산자는 _____ 입니다.

4  주소 변환 연산자는 _____ 입니다.

5  포인터가 가리키는 곳의 값을 가져오는 연산자는 _____ 입니다.

6  서식 문자 %p는 메모리 _____ 을(를) 16진수 형식으로 출력합니다.

7  pnum = num에서 pnum은 포인터이고 num은 일반 변수일 때 num 앞에는 _____ 연산자를 붙여야 합니다.

8  pnum = &num 이후에 num의 값을 가져오려면 pnum 앞에 _____ 연산자를 붙여야 합니다.

9  int* a, b, c, d;처럼 선언하면 포인터는 _____ 개 만들어집니다.

10  배열의 대표 이름은 _____ 입니다.

11  포인터를 초기화할 때는 주로 _____ 을(를) 사용합니다.

▶ 다음 쪽에 계속

**12** 다음 코드에서 잘못된 부분을 찾아 수정하세요.

```c
01  #include <stdio.h>
02
03  int main() {
04      int num = 5, copy;
05      int *p_num;
06
07      copy = num;
08      p_num = num;
09      printf("참조값 = %d\n", p_num);
10
11      return 0;
12  }
```

**13** 포인터를 사용하여 소문자를 대문자로 바꾸는 프로그램을 작성하세요. 단, 숫자, 대문자, 특수 문자는 다음처럼 그대로 출력되도록 합니다.

> **실행 결과**
> 소문자 입력: 23abcD! [Enter]
> 23ABCD!

▶ 모범 답안: 423쪽

# 11장

# 문자와 문자열

- ✦ 11-1  문자와 문자열 입출력 기초
- ✦ 11-2  문자/문자열 처리 라이브러리 함수
- ✦ 11-3  문자열 묶음 다루기

**학습 목표**
1. 입출력 버퍼를 이해하고 문자와 문자열 입출력 라이브러리 함수의 기본 사용법을 익힙니다.
2. 문자열을 처리하는 라이브러리 함수들을 알아보고 문자열 복사, 붙이기, 찾기, 비교, 숫자로 변환 등을 실습합니다.
3. 이차원 배열과 포인터 배열을 사용해 문자열을 묶음으로 처리하는 방법을 살펴봅니다.

# 11-1

# 문자와 문자열 입출력 기초

## 문자열 복습하기

C 언어에는 **문자열**string 처리에 사용할 수 있는 라이브러리 함수들이 준비되어 있습니다. 이 함수들의 특성을 파악하면 문자열을 쉽게 처리할 수 있습니다. 문자열 관련 함수들을 설명하기 전에 지금까지 문자열에 관하여 공부한 내용을 정리해 보겠습니다.

문자열은 1개 이상의 문자로 구성됩니다. 문자 1개는 char형 변수에 저장되며 크기는 1byte입니다. 문자는 메모리에 아스키코드로 저장되므로 정수처럼 취급할 수 있습니다. 문자열은 char형 배열에 저장되며 한 번 선언하면 그 크기를 변경할 수 없습니다. 문자의 서식 문자는 **%c**를 사용하고, 문자열의 서식 문자는 **%s**를 사용합니다.

문자 리터럴은 작은따옴표(' ')로 표현하고 문자열 리터럴은 큰따옴표("")로 표현합니다. 문자열의 맨 끝에는 널 문자가 들어갑니다. 널 문자는 '\0'이며 아스키코드 0번입니다. 큰따옴표로 문자열 리터럴을 작성하면 마지막에 널 문자가 자동으로 삽입됩니다.

문자열은 다음처럼 다양한 방법으로 초기화할 수 있습니다. 01행은 배열의 각 변수에 문자를 대입하는 방식입니다. 이때는 마지막에 널 문자를 꼭 넣어 주어야 합니다. 02행처럼 큰따옴표를 사용해도 결과는 01행과 같습니다. 03행은 크기가 6인 char형 배열을 선언했지만, 초기화한 글자는 3개뿐입니다. 이때는 배열의 나머지 공간이 모두 널 문자로 채워집니다. 04행은 6칸 모두를 널 문자로 채웁니다.

### 문자열 초기화 방법

```
01  char str[4] = {'A', 'B', 'C', '\0'};   // 문자열 끝은 널 문자로 채워야 함
02  char str[4] = "ABC";
03  char str[6] = "ABC";         // 나머지 공간은 널 문자로 채움
04  char str[6] = "";            // 모든 공간을 널 문자로 채움
05  char str[] = "ABCD";         // 배열의 크기(5)가 자동으로 결정됨
```

05행은 배열의 크기를 지정하지 않고 초기화했습니다. 이때는 널 문자를 포함하여 "ABCD\0"이 저장되므로 str[5]처럼 선언한 것과 결과는 같습니다. 정수나 실수형 배열에서 크기를 지정하지 않으면 배열의 끝을 알기 어렵습니다. 그러나 문자열은 맨 마지막에 널 문자가 있으므로 배열의 크기를 지정하지 않아도 문자열의 끝을 알 수 있습니다.

문자열은 선언과 동시에 초기화할 수 있지만, **배열의 이름에 문자열을 대입할 수는 없습니다.** 배열의 이름은 메모리의 시작 주소를 의미하는데, 배열은 포인터와 달리 시작 주소를 변경할 수 없기 때문입니다. 따라서 다음 코드에서 02행은 오류입니다.

| 배열 이름에 문자열을 대입할 수 없음 |
| --- |
| 01  char str[4] = "AB"; |
| 02  str = "XYZ";    // 오류: 배열의 주소를 바꿀 수 없음 |

그러면 char형 배열에 문자열을 대입하려면 어떻게 해야 할까요? 문자열 복사 함수인 strcpy()를 사용해야 합니다. strcpy() 함수는 첫 번째 매개변수로 전달받은 시작 주소부터 두 번째 매개변수로 전달받은 문자열을 복사합니다.

| 문자열 대입 방법 |
| --- |
| 01  char str[4] = "AB"; |
| 02  strcpy(str, "XYZ");    // 문자열 대입은 strcpy() 함수 사용 |

> **핵심 한줄** 배열은 시작 주소와 크기를 변경할 수 없으므로 문자형 배열에 새로운 문자열을 대입할 수 없다. 새로운 문자열을 대입하려면 strcpy()와 같은 함수를 이용해야 한다.

### 입출력 버퍼

문자열을 본격적으로 다루기 전에 입출력 버퍼에 관해 알아야 합니다. **버퍼**buffer는 속도 차이가 나는 두 장치 사이에서 속도 차이를 완화해 주는 도구입니다. 예를 들어 귤 5개를 옮긴다고 가정해 보죠. 한 번에 1개씩 옮기면 5번을 왕복해야 합니다. 그러나 귤을 바구니에 담아서 옮기면 한 번에 5개를 옮길 수 있어서 효율적입니다. 이러한 바구니가 곧 버퍼입니다.

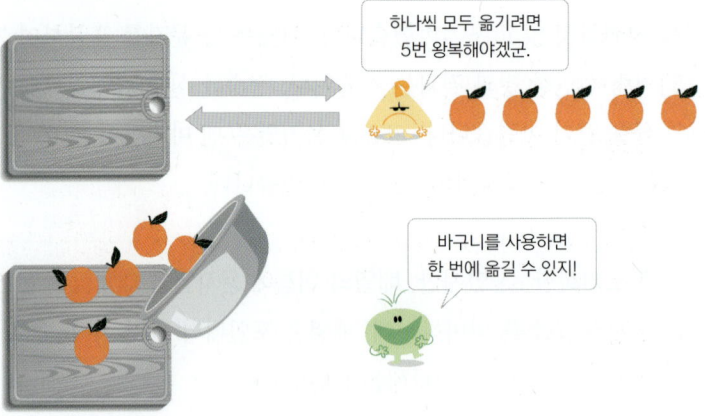

작업 효율을 높이는 버퍼

입출력 장치에서 데이터를 가져오는 경우를 생각해 보죠. CPU는 매우 빠른 장치이지만 키보드, 모니터, 하드 디스크 등은 느린 장치입니다. 느린 입출력 장치에서 데이터를 읽을 때마다 하나씩 전송하면 작업량에 비해 실제 전송되는 데이터의 양은 적습니다. 그러나 일정량의 데이터를 모아 한꺼번에 전송하면 적은 노력으로도 많은 양의 데이터를 옮길 수 있어서 효율성이 높아집니다. 버퍼는 이처럼 일정량의 데이터를 모아 옮김으로써 속도 차이를 완화해 줍니다. 따라서 모든 입출력 장치는 버퍼를 사용합니다.

scanf() 함수를 사용하여 값을 입력받을 때 사용자가 키보드에서 abcde를 차례로 입력하면 키를 누를 때마다 1개씩 scanf() 함수로 전달되는 것이 아닙니다. 키보드로 입력되는 모든 데이터는 입력 버퍼라는 곳에 모입니다. 그리고 특정 신호를 받으면 **입력 버퍼에 쌓인 데이터가 한꺼번에 프로그램에 전달됩니다.**

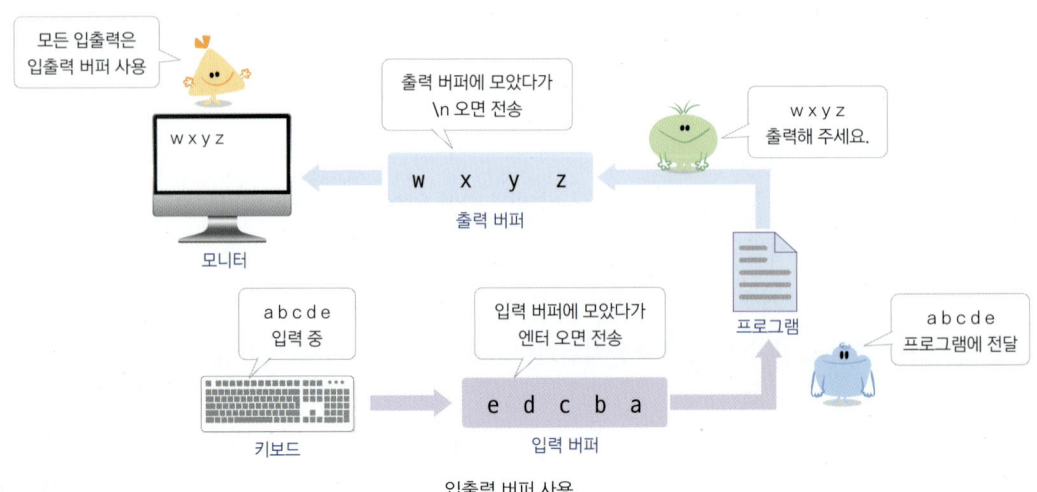

입출력 버퍼 사용

이때 대표적인 특정 신호는 Enter 입니다. 사용자가 abcde를 입력하고 Enter 를 눌러야만 비로소 scanf() 함수로 전달됩니다. 이렇게 버퍼에 쌓인 데이터를 한꺼번에 전송하고 버퍼를 비우는 작업을 플러시flush라고 합니다. 플러시의 원래 뜻은 "변기의 물을 내리다"입니다. 따라서 Enter 는 입력이 끝났다는 신호인 동시에 버퍼에 있는 데이터를 전송하고 버퍼를 비우라는 의미입니다.

> ⊕ **개발 지식 더하기** 키보드 보안 프로그램
>
> 어떤 바이러스는 입력 버퍼의 값을 몰래 읽어서 사용자의 비밀번호를 알아냅니다. 그래서 인터넷 뱅킹을 할 때 키보드 보안 프로그램을 설치하여 입력 버퍼를 보호합니다.
>
> 또 다른 방법으로는 오른쪽 그림처럼 가상 키보드를 사용하여 입력 버퍼를 쓰지 않고 입력하도록 합니다.
>
>
>
> 보안을 위한 가상 키보드

출력할 때도 버퍼를 사용합니다. printf() 함수가 xywz라는 문자열을 모니터로 보내면 출력 버퍼에 들어갑니다. 문자열이 실제로 화면에 나타나는 것은 출력 버퍼에 있는 내용을 화면으로 보내라는 플러시 신호를 받은 후입니다. 대표적인 플러시 신호가 \n입니다. \n은 플러시 신호인 동시에 화면에서 줄을 바꿔 새로운 줄에서 시작하라는 명령입니다.

이처럼 데이터를 입출력할 때 버퍼를 사용하므로 코드를 작성할 때 제약이 따릅니다. 예를 들어 방향 키를 눌러 그림을 이동하는 프로그램을 만든다고 해보죠. 사용자가 방향 키를 누르면 입력 버퍼에 저장되는데, 이때 Enter 를 눌러야 프로그램에 전달됩니다. 즉, 방향 키와 Enter 를 눌러야 그림이 움직입니다. 방향 키만 눌러도 그림이 이동하게 할 수는 없을까요? 이러한 문제를 해결할 수 있는 함수들을 살펴보겠습니다.

## 버퍼를 사용하는 문자 입출력 — getchar(), putchar()

문자 1개를 입출력하는 데 사용하는 대표적인 함수가 getchar()와 putchar()입니다. getchar()는 키보드에서 문자 하나를 입력받는 함수이며, putchar()는 문자 하나를 모니터에 출력하는 함수입니다. 두 함수 모두 <stdio.h> 헤더에 선언돼 있습니다.

문자 입출력 함수

getchar() 함수는 ch = getchar()처럼 사용하며 사용자가 입력한 문자의 아스키코드를 반환합니다. 주의해야 할 점은 getchar() 함수가 반환하는 값은 문자(char)가 아닌 정수(int) 아스키코드라는 것입니다.

getchar() 함수는 입력 버퍼를 사용하므로 Enter 를 눌러야 해당 문자를 읽을 수 있습니다. 만약 문자를 여러 개 입력하고 Enter 를 누르면 어떻게 될까요? 버퍼에는 여러 개의 문자가 들어오겠지만, getchar() 함수는 그중 첫 번째 문자 1개만 읽어서 반환합니다. 나머지 문자는 버퍼에 남아 있습니다. 입력 버퍼에 남아 있는 문자들은 이후 getchar() 함수를 호출할 때마다 순서대로 반환됩니다.

만약 getchar() 함수가 EOF를 반환하면 가져올 데이터가 없다는 의미입니다. EOF$^{end\ of\ file}$는 파일의 끝처럼 더 이상 읽을 데이터가 없음을 나타내며, C 언어 표준 라이브러리에 −1로 정의된 상수입니다. 그래서 EOF 대신 −1을 써도 결과는 같습니다. 윈도우 콘솔 화면에서 EOF는 Ctrl + Z 로 입력하며 ^Z처럼 표시됩니다.    ➕ 리눅스, 유닉스, macOS에서는 Ctrl + D 입니다.

putchar()는 getchar()와 쌍을 이루는 함수로, 화면에 글자 하나를 출력합니다. putchar(ch) 처럼 사용하며 이때 ch는 정수입니다. 만약 문자를 전달해도 해당 문자의 아스키코드로 인식하여 문자를 출력해 줍니다. putchar() 함수도 EOF를 반환하면 출력할 데이터가 없음을 의미합니다.

다음 코드는 getchar()와 putchar() 함수를 사용하여 키보드로 문자를 입력받고 화면에 그대로 출력하는 프로그램입니다.

**Do it! 실습**  에코 프로그램                                    📄 1101_echo1.c

```
01  #include <stdio.h>
02  #include <stdlib.h>
03
04  int main() {
05      int ch;
06
07      while (1) {      // 무한 반복
```

```
08              ch = getchar();     // 한 글자를 받아 해당 아스키코드(정수) 반환
09              if (ch != EOF)      // EOF는 -1
10                  putchar(ch);    // 모니터에 한 글자 출력
11              else break;         // EOF(Ctrl+Z 입력)를 입력하면 무한 반복 종료
12          }
13          return 0;
14      }
```

실행 결과

```
123 Enter
123
^Z Enter    ← Ctrl+Z 입력 후 Enter로 종료
```

08행에서 getchar() 함수로 키보드에서 입력받은 문자 하나를 가져와 ch에 대입합니다. getchar() 함수는 정수를 반환하므로 04행에서 ch는 정수(int)로 선언합니다. 09행에서 getchar() 함수가 반환한 값(ch)이 EOF인지 확인합니다. EOF가 아니라면 10행에서 putchar() 함수로 ch에 저장된 문자 하나를 출력합니다.

이 과정은 사용자가 Ctrl+Z와 Enter를 눌러 EOF를 발생시키기 전까지 계속 반복합니다. 즉, getchar()와 putchar() 함수는 문자 하나를 입출력하는 함수지만, 무한 반복문을 이용하면 사용자가 Enter를 누를 때까지 입력한 모든 문자를 그대로 출력해 주는 기능을 할 수 있습니다.

getchar() 함수는 입력 버퍼를 사용하므로 Enter를 눌러야 입력된 내용이 전달됩니다. 이때 Enter는 EOF가 아니라 입력 완료를 의미합니다. 따라서 사용자가 Enter를 눌러 입력이 완료되고, 버퍼에 있는 모든 문자를 가져와 출력한 다음에는 다시 입력 대기 상태가 됩니다. 이 프로그램에서 EOF는 사용자가 Ctrl+Z를 눌렀을 때 발생하며, 11행이 실행되어 무한 반복을 빠져나와 프로그램을 종료합니다.

◎ getchar() 함수는 입력 버퍼를 사용하므로 Ctrl+Z 다음에 Enter까지 눌러야 합니다.

참고로 07~12행은 다음처럼 간추려서 작성할 수도 있습니다.

```
while ((ch = getchar()) != EOF)
    putchar(ch);
```

> **개발 지식 더하기** 엔터와 EOF 비교
>
> getchar() 함수는 문자를 입력하고 Enter를 눌러야 버퍼에서 문자 1개를 읽어서 가져온다고 했는데, 이때 Enter는 EOF와는 관련이 없습니다. Enter는 입력 완료와 줄 바꿈을 의미합니다. 따라서 abc를 입력하고 Enter를 누르면 입력 버퍼에는 'a', 'b', 'c', '\'가 차례대로 저장되고 이 상태에서 getchar() 함수는 첫 번째 문자인 'a'를 가져옵니다.
>
> EOF는 파일이나 스트림의 끝을 나타내는 상태 신호이며 버퍼에 저장되지 않습니다. 버퍼는 입출력 데이터를 임시로 저장하는 메모리 공간이고, 스트림은 장치와 메모리 간의 입출력 경로를 의미합니다.

이번에는 문자열을 회전시키면서 출력하는 코드를 만들어 보겠습니다. 예를 들어 love라는 문자열이 있으면 처음에는 love를 출력하고 화면을 지웁니다. 그다음은 ovel을 출력하고 그다음은 velo, 그다음은 elov를 출력하고 화면을 지웁니다. 다시 love를 출력하면 LED 광고판처럼 한 글자씩 이동하면서 회전하는 것처럼 보입니다.

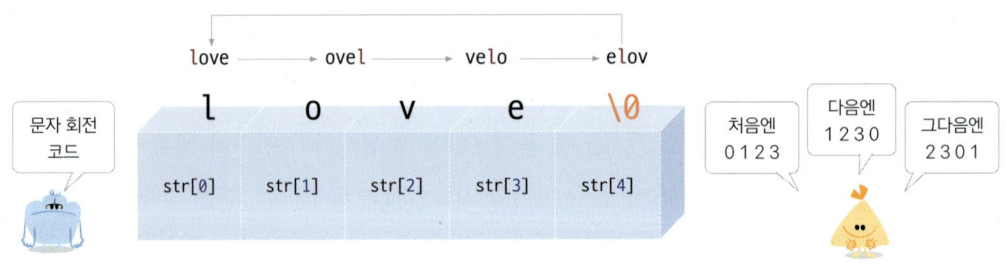

한 글자씩 회전하기

다음 코드는 문자열을 회전시키는 프로그램입니다. 코드의 구조를 보면 09행에서 화면을 지우고 11행에서 `putchar()` 함수로 문자 1개를 출력합니다. 10행에서 `for` 문은 m이 0~3까지 반복하므로 문자 4개를 출력합니다. 12행에서는 `system("timeout 1 > NULL")`을 사용하여 1초간 기다립니다. 구조는 매우 간단하지만, 11행이 쉽게 이해되지 않을 수 있습니다.

**Do it! 실습** 문자열 회전시키기 　　　　　　　　　　　　　　　　1102_round1.c

```
01  #include <stdio.h>
02  #include <stdlib.h>   // system() 함수가 선언된 헤더 파일
03
04  int main() {
05      char str[5] = "love";
06      int k, m;
```

```
07
08      for (k = 0; k < 30; k++) {
09          system("cls");
10          for (m = 0; m < 4; m++)    // 4글자를 출력하는 반복문
11              putchar(str[(m + k) % 4]);
12          system("timeout 1 > NULL");
13      }
14      return 0;
15  }
```

**실행 결과**

ovel ← 글자가 1초 간격으로 회전함

이 코드의 핵심은 str[(m + k) % 4]입니다. str[] 배열 안의 (m + k) % 4가 문자열을 회전하도록 인덱스를 만듭니다. 10행에서 m을 사용하는 for 문이 처음 실행될 때는 인덱스가 0, 1, 2, 3(str[0], str[1], str[2], str[3])이 되어야 하고, 다시 실행될 때는 1, 2, 3, 0이 되어야 합니다. 그다음은 2, 3, 0, 1, 그다음은 3, 0, 1, 2가 되어야 합니다. 그래서 (m + k) % 4라는 식으로 인덱스를 구합니다.

각 반복문을 제어하는 k와 m의 변화에 따라 (m + k) % 4의 결괏값, 즉 str[] 배열의 인덱스가 어떻게 결정되는지 살펴보면 오른쪽 표와 같습니다.

인덱스별 (m + k) % 4 식의 결괏값과 출력 문자

| k | m | (m + k) % 4 | 출력 문자 |
|---|---|---|---|
| 0 | 0 | 0 | l |
|   | 1 | 1 | o |
|   | 2 | 2 | v |
|   | 3 | 3 | e |
| 1 | 0 | 1 | o |
|   | 1 | 2 | v |
|   | 2 | 3 | e |
|   | 3 | 0 | l |
| 2 | 0 | 2 | v |
|   | 1 | 3 | e |
|   | 2 | 0 | l |
|   | 3 | 1 | o |
| ... | ... | ... | ... |

(m + k) % 4 식은 바깥쪽 반복문을 제어하는 k가 0일 때는 0, 1, 2, 3이 만들어지고, k가 1일 때는 1, 2, 3, 0이 됩니다. str[] 배열에는 love라는 4글자를 넣었으므로 인덱스가 3을 넘으면 안 됩니다. 따라서 인덱스를 4로 나눈 나머지(% 4)를 사용합니다. 이런 식으로 계속 반복하면 회전하는 문자열을 출력할 수 있습니다.

## 버퍼를 사용하지 않는 문자 입출력 — _getch()와 _putch()

앞에서 알아본 getchar() 함수는 문자 1개를 입력하고 Enter 를 눌러야만 프로그램에 전달됩니다. 버퍼를 사용하므로 마지막에는 Enter 를 꼭 눌러야 합니다. 반면에 버퍼를 사용하지 않고 문자 1개를 입력받을 수 있는 함수로 _getch()와 _getche()도 있습니다. 또한 버퍼를 사용하지 않는 출력 함수로 _putch()가 있습니다.

3가지 함수 모두 함수 이름 앞에 밑줄이 붙은 비표준 함수● 이며 conio.h 헤더에 선언되어 있습니다. 입출력에 문자가 아닌 정수를 사용하는 것은 앞에서 살펴본 getchar()나 putchar() 함수와 같습니다.

● 비표준 함수란 표준 라이브러리에 포함되지 않은 함수를 의미합니다. 주로 윈도우에서만 사용할 수 있으며 유닉스 계열(리눅스, macOS)에서는 기본으로 사용할 수 없습니다.

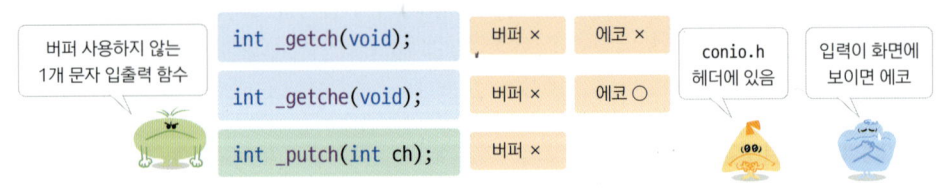

버퍼를 사용하지 않는 입출력 함수

_getch() 함수는 입력되는 문자가 화면에 찍히지 않지만, _getche() 함수는 키를 눌렀을 때 해당 문자가 화면에 출력된 후에 프로그램에 전달된다는 점에서 차이가 있습니다. 이러한 기능을 에코echo라고 합니다. _getche() 함수 이름에서 마지막에 붙은 'e'는 에코 기능을 의미합니다.

다음 코드는 화면의 별표를 좌우로 이동시키는 예입니다. 숫자 2 를 누르면 별이 오른쪽으로 움직이고, 1 을 누르면 왼쪽으로 움직입니다. 또한 Q 를 누르면 프로그램이 종료됩니다.

**Do it! 실습**    별 이동시키기    1103_star_move.c

```
01  #include <stdio.h>
02  #include <stdlib.h>    // system() 함수가 선언된 헤더 파일
03  #include <conio.h>     // _getch(), _putch() 함수가 선언된 헤더 파일
04
```

```c
05  int main() {
06      int pos = 0, ch, k;
07
08      _putch('*');
09      while ((ch = _getch()) != 'q') {        // 입력이 q이면 종료
10          if (ch == '1' && pos > 0) pos--;    // 1이면 pos값 감소
11          if (ch == '2' && pos < 81) pos++;   // 4이면 pos값 증가
12          system("cls");
13          for (k = 0; k < pos; k++)
14              _putch(' ');    // pos값만큼 빈칸 생성
15          _putch('*');
16      }
17      return 0;
18  }
```

### 실행 결과

```
*        ← 1과 2를 누르면 별이 좌우로 이동한다.
```

06행에서 위치를 가리키는 변수 pos와 입력된 값을 저장하는 ch, for 문을 위한 변수 k를 선언합니다. 사용자가 입력하기 전까지 화면에 아무것도 없으면 어색하므로 08행에서 _putch('*')를 사용하여 별표를 출력합니다.

키보드가 눌릴 때마다 별이 움직이게 하고자 09행에서 버퍼를 사용하지 않는 _getch() 함수를 이용하여 입력을 받습니다. 입력된 값은 ch에 저장되며 만일 q이면 while 문을 종료합니다. 별표의 위치는 pos가 담당합니다. 키보드에서 숫자 키 2를 누르면 pos값은 증가하고, 숫자 키 1을 누르면 pos값은 감소합니다. 별표가 화면을 벗어나는 것을 방지하고자 pos값은 항상 0보다 크고 81보다는 작게 유지합니다.

12행에서 화면을 지우고 13행에서 pos값만큼 공백 문자를 출력합니다. 먼저 공백 문자를 출력하고 나서 15행에서 별을 출력하면 별이 움직이는 것처럼 보입니다. _getch() 함수를 사용하면 숫자 키를 누른 다음에 Enter를 누르지 않아도 별이 움직이는 것을 확인할 수 있습니다. 이것이 버퍼를 사용하는 것과 사용하지 않는 것의 차이입니다.

만약 _getch()와 _getche() 함수의 차이점을 알고 싶다면 09행을 다음처럼 수정합니다. _getche() 함수는 에코 기능이 있으므로 별표 옆에 입력한 숫자가 나타납니다.

```
09    while ((ch = _getche()) != 'q') {
```

## 문자열 입출력 — gets( ), puts( )

scanf() 함수는 Enter뿐만 아니라 공백 문자를 만나도 입력이 끝났다고 판단합니다. 예를 들어 "Good Luck!"이라고 입력하면 첫 번째 변수에는 "Good"이 저장되고, 두 번째 변수에는 "Luck!"이 저장됩니다. 이러한 특징 때문에 공백 문자를 포함하여 "Good Luck!" 전체를 입력받으려면 scanf() 함수를 사용할 수 없습니다.

공백 문자를 포함하여 한 줄 전체를 입력받을 때는 gets() 함수를 사용합니다. gets() 함수는 줄 바꿈 문자 \n를 만날 때까지 공백을 포함한 한 줄 전체를 입력받습니다. gets() 함수는 입력 마지막의 줄 바꿈 문자 \n을 널 문자 \0으로 바꿉니다.

gets()와 쌍을 이루는 출력 함수가 puts()입니다. puts(char *str)에 문자열을 전달하면 해당 문자열을 화면에 출력합니다.

gets()와 puts() 함수 모두 표준 입출력 헤더인 <stdio.h>에 선언되어 있으며, 매개변수로 문자형 배열 char str[]이나 문자열 포인터 char *str를 사용합니다.

공백 포함 한 줄 전체 문자열 입출력 함수

그런데 gets() 함수는 줄 바꿈 문자를 만날 때까지 버퍼에 계속 쌓으므로 버퍼가 가득 차서 넘치는 문제 buffer overflow가 발생할 수 있습니다. 따라서 일부 컴파일러에서는 gets() 함수를 사용할 때 경고합니다.

버퍼가 넘치는 문제를 해결한 함수가 gets_s()입니다. gets_s() 함수는 매개변수로 문자열 포인터 char *str와 함께 글자 수(크기)도 전달받습니다.

| gets_s() 함수의 형식 |
|---|
| gets_s(char *str, int size) |

gets_s()는 C11 표준 라이브러리에 포함된 함수이지만, 주로 윈도우에서 사용할 수 있으며 유닉스 계열의 운영체제에서는 사용할 수 없습니다. 따라서 유닉스 계열 운영체제에서는 fgets()와 같은 대체 함수를 권장합니다.

지금까지 실습에서 일정 시간을 지연시킬 때 system("timeout 1 > NULL")처럼 작성했습니다. 그러나 timeout은 1초 단위로만 사용할 수 있습니다. 만약 0.1초나 0.5초를 지연시키고 싶을 때는 사용할 수 없습니다. Sleep()은 밀리초$^{millisecond, ms}$ 단위로 지연시키는 함수입니다. 밀리초는 천 분의 1초를 의미합니다. 따라서 Sleep(1000)은 1초를 지연시키며 Sleep(100)은 0.1초를 지연시킵니다.

◐ Sleep()은 윈도우 전용 함수로 windows.h 헤더에 선언되어 있습니다.

| 밀리초 단위로 지연시키기 |
|---|
| Sleep(1000);   // 1000 = 1초 |

다음 코드는 앞에서 작성한 문자열 회전시키기 프로그램을 사용자가 입력한 문자열을 회전시키는 프로그램으로 수정한 것입니다. 사용자가 공백 문자를 포함한 문자열도 입력할 수 있도록 gets_s() 함수를 사용합니다.

**Do it! 실습**  입력받은 문자열 회전시키기                                                  📄 1104_round2.c

```
01  #include <stdio.h>
02  #include <stdlib.h>
03  #include <windows.h>    // Sleep() 함수가 선언된 헤더 파일(VS에서는 생략 가능)
04
05  int main() {
06      char str[40] = "";   // 문자열 선언과 초기화
07      int len = 0, k, m;
08
09      printf("회전할 문자열 입력: ");
10      gets_s(str, 40);
11      while (str[len] != 0) len++;    // 입력받은 문자열의 길이 계산
12
13      for (k = 0; k < 300; k++) {
14          system("cls");
15          for (m = 0; m < len; m++) {    // 입력받은 글자 수만큼 반복
```

```
16              putchar(str[(m + k) % len]);
17              Sleep(200);
18          }
19          return 0;
20      }
```

실행 결과

uck!Good L  ← Good Luck!을 입력한 경우

06행에서 문자열 str[40]을 선언하고 초기화합니다. 10행에서 gets_s(str, 40)을 사용하여 문자열을 입력받습니다. 이때 두 번째 매개변수로 전달한 40은 버퍼에 어떤 값이 들어오든지 문자 40개만 받겠다는 의미입니다. scanf() 함수와 달리 공백 문자를 포함하는 문자열을 받을 수 있습니다.

문자열을 회전시키려면 사용자가 입력한 글자의 개수를 알아야 합니다. 11행에서 입력된 글자의 개수를 세어 len에 저장합니다. while 문으로 str[len] != 0일 때까지 반복하면서 len++를 수행합니다. str[len]이 0이면 널(\0)을 만났다는 의미이므로 while 문을 종료합니다.

앞서 문자열 love를 회전시키는 프로그램에서는 4글자이므로 안쪽 for 문이 4까지 반복했습니다. 또한 putchar()에서 str[(m + k) % 4]에 해당하는 문자를 출력했습니다. 그러나 이 프로그램에서는 4라는 상수 리터럴 대신 문자 길이가 저장된 len으로 바꾸었습니다. 또한 17행에서 Sleep(200)을 사용하여 0.2초간 지연시킵니다.

## 실력 향상 프로젝트 19 | 40칸 광고판 만들기
📄 1105_round3.c

앞에서 만든 문자열 회전시키기 프로그램은 광고판의 크기가 글자 수와 같았습니다. 여기에서는 40칸짜리 광고판이 있다고 가정하고 글자 수에 상관없이 40칸에서 문자열이 회전하는 프로그램을 만들어 보죠. 예를 들어 C Programming을 입력했을 때 출력 결과는 다음과 같습니다.

실행 결과

mming                          C Progra
|———— 40칸 ————|

어떻게 만들면 될까요? 아이디어는 단순합니다. 40칸에서 사용자에게 문자열을 입력받고 나머지를 모두 공백 문자로 채우면 됩니다. 즉, 공백 문자까지도 하나의 문자열로 보고 회전시키면 됩니다.

다음 코드는 40칸 광고판 프로그램입니다. 05행의 #define WIDTH 40은 광고판의 크기를 나타내며, 더 큰 광고판을 만들고 싶다면 40을 다른 값으로 변경하면 됩니다.

```
01  #include <stdio.h>
02  #include <stdlib.h>
03  #include <windows.h>
04
05  #define WIDTH 40
06
07  int main() {
08      char str[WIDTH + 1] = "";
09      int len = 0, k, m;
10
11      printf("회전할 문자열 입력: ");
12      gets_s(str, WIDTH);
13      while (str[len] != 0) len++;    // 입력받은 문자열의 길이 계산
14
15      for (k = len; k < WIDTH; k++)
16          str[k] = ' ';
17
18      for (k = 0; k < 300; k++) {
19          system("cls");
20          for (m = 0; m < WIDTH; m++)
21              printf("%c", str[(m + k) % WIDTH]);
22          Sleep(200);
23      }
24      return 0;
25  }
```

문자열의 마지막은 널 문자이므로 문자 배열의 크기는 전체 문자 길이(WIDTH)보다는 1만큼 커야 합니다. 따라서 08행에서 char str[WIDTH + 1] = ""로 선언합니다. 15~16행에서 for (k = len; k < WIDTH; k++) str[k] = ' '를 사용하여 str[] 배열에서 사용자에게 입력받은 문자열 다음을 모두 공백 문자로 채웁니다. 이제 전체 문자열의 길이가 40이라고 가정하고 회전시키면 됩니다.

## 11-2

# 문자/문자열 처리 라이브러리 함수

### 문자 처리 함수

지금부터 설명하는 문자 처리 함수는 문자 1개를 대문자, 소문자로 바꾸거나 숫자, 특수 문자인지를 판단하는 데 사용합니다. 문자 처리 함수의 이름은 보통 is~나 to~로 시작하며 ctype.h 헤더에 선언되어 있습니다. 또한 값 반환 형태의 함수입니다.

> **문자 처리 함수 헤더 파일**
>
> `#include <ctype.h>`

ctype.h 헤더에 선언된 함수 가운데 to~로 시작하는 함수는 문자를 변환해 줍니다. toupper()는 소문자를 입력하면 대문자 값을 반환합니다. 반대로 tolower()는 대문자를 입력하면 소문자 값을 반환하고, toascii()는 입력된 문자의 아스키코드값을 반환합니다.

is~로 시작하는 함수는 소문자, 대문자, 숫자, 특수 문자처럼 문자의 특징을 파악하는 데 사용합니다. 따라서 참이면 1, 거짓이면 0을 반환합니다. islower()는 소문자인지를 알려 주고 isupper()는 대문자인지를 알려 줍니다. isalpha()는 영문자(대문자나 소문자)인지를 알려 줍니다.

ctype.h 헤더에 선언된 문자 처리 함수

| 함수명 | 의미 | 반환값 |
|---|---|---|
| toupper(ch) | 대문자로 변환 | 대문자 |
| tolower(ch) | 소문자로 변환 | 소문자 |
| toascii(ch) | 아스키코드값 반환 | 아스키코드 |
| islower(ch) | 소문자인지 확인 (a~z) | 1(참), 0(거짓) |
| isupper(ch) | 대문자인지 확인 (A~Z) | 1(참), 0(거짓) |

| isalpha(ch) | 영문자인지 확인 (a~z, A~Z) | 1(참), 0(거짓) |
|---|---|---|
| isdigit(ch) | 숫자인지 확인 (0~9) | 1(참), 0(거짓) |
| isalnum(ch) | 영문자 또는 숫자인지 확인 (a~z, A~Z, 0~9) | 1(참), 0(거짓) |
| isspace(ch) | 공백 문자인지 확인 (' ', '\n', '\t', '\r') | 1(참), 0(거짓) |
| ispunct(ch) | 특수 문자인지 확인 (!, @, #, $, %, ^, >, <, &, * 등) | 1(참), 0(거짓) |
| iscntrl(ch) | 제어 문자인지 확인 | 1(참), 0(거짓) |
| isprint(ch) | 출력 가능한 문자인지 확인 | 1(참), 0(거짓) |
| isxdigit(ch) | 십육진수인지 확인 | 1(참), 0(거짓) |

다음 코드는 사용자가 입력하는 문자 중 대문자를 소문자로, 소문자는 대문자로 변경하여 출력합니다. 문자 처리 함수들을 사용하고자 02행에서 `ctype.h` 헤더를 포함합니다.

**Do it! 실습  대소문자 바꾸기**　　　　　　　　　　　　　　　　　　📄 1106_echo2.c

```c
#include <stdio.h>
#include <ctype.h>     // 문자 처리 함수들이 선언된 헤더 파일

int main() {
    int ch;

    while ((ch = getchar()) != EOF)    {
        if (islower(ch)) ch = toupper(ch);         // 소문자는 대문자로
        else if (isupper(ch)) ch = tolower(ch);    // 대문자는 소문자로
        putchar(ch);
    }
    return 0;
}
```

**실행 결과**

```
Love Enter
lOVE
12to34 Enter
12TO34
^Z Enter    ← Ctrl + Z 입력 후 Enter로 종료
```

07행에서 getchar() 함수를 사용하여 한 문자씩 입력받은 값을 정수 ch에 넣습니다. 08행에서 islower(ch) 함수로 ch가 소문자인지 확인합니다. 소문자이면 toupper(ch) 함수를 사용해 대문자로 바꿉니다.

09행에서는 isupper(ch) 함수로 ch가 대문자인지 확인하고 맞으면 tolower() 함수를 사용해 소문자로 바꿉니다. 대소 문자를 변환한 후에는 10행에서 putchar(ch)를 사용하여 화면에 출력합니다.

## 문자열 처리 함수

문자열 처리 함수는 문자열의 복사, 길이 구하기, 비교하기와 같이 문자열을 다루는 데 필요한 함수입니다. 특히 strcpy()는 문자열에 새로운 문자열을 대입할 때 무조건 써야 하는 함수입니다. 문자열을 처리하는 함수들은 string.h 헤더에 선언되어 있습니다.

| 문자열 처리 함수 헤더 파일 |
| --- |
| #include <string.h> |

문자열은 배열로 이루어졌으므로 한 번 만들면 시작 주소를 변경할 수 없습니다. 따라서 이미 만들어진 문자열 str에 str = "XYZ"처럼 새로운 문자열을 대입할 수 없습니다. 이미 만들어진 문자열에 새로운 문자열을 대입하고 싶다면 문자열을 복사하는 strcpy() 함수를 사용해야 합니다. string.h 헤더에 포함된 문자열 처리 함수 가운데 자주 사용하는 함수는 다음과 같습니다.

string.h 헤더에 선언된 문자열 처리 함수들

| 함수명 | 의미 | 반환값 |
| --- | --- | --- |
| strlen(s1) | s1의 길이 | 문자열의 길이(int) |
| strcpy(s1, s2) | s2를 s1에 복사 | s1의 포인터 |
| strncpy(s1, s2, n) | n만큼 s2를 s1에 복사 | |
| strcat(s1, s2) | s2를 s1 끝에 이어 붙이기 | |
| strncat(s1, s2, n) | n만큼 s2를 s1 끝에 이어 붙이기 | |
| strcmp(s1, s2) | s1과 s2를 비교 | 같다 = 0, 앞 = -1, 뒤 = 1 |
| strncmp(s1, s2, n) | n만큼 s1과 s2를 비교 | 같다 = 0, 앞 = -1, 뒤 = 1 |
| strchr(s1, ch) | s1에서 ch 문자 검색 | 찾은 위치, NULL |
| strstr(s1, s2) | s1에서 s2 문자열 검색 | 찾은 위치, NULL |

strcpy(s1, s2)는 s2 문자열을 s1 문자열에 복사하는 문자열 처리 함수입니다. 이와 유사한 strncpy(s1, s2, n) 함수는 복사되는 문자열의 길이를 지정합니다. strncpy(s1, s2, n) 함수는 s2 문자열에서 길이를 나타내는 n만큼을 s1 문자열에 복사합니다.

strcpy(s1, s2)와 strncpy(s1, s2, n) 함수는 s1 문자열의 내용을 모두 지운 후 s2 문자열에 복사합니다. s1 문자열의 내용을 그대로 유지하면서 s2 문자열을 끝에 이어 붙이려면 strcat(s1, s2)를 사용합니다. strncat(s1, s2, n) 함수는 s2 문자열에서 n만큼을 s1 문자열에 이어 붙입니다.

strcmp(s1, s2)는 s1 문자열과 s2 문자열이 같은지를 비교하는 함수입니다. 이 함수는 두 개의 문자열이 같으면 0을 반환합니다. 만약 s1과 s2가 다르면 아스키코드의 순서를 나타냅니다. s1이 더 앞이면 음수 -1을 반환하고, 반대로 s1이 s2보다 뒤라면 양수 1을 반환합니다. strncmp(s1, s2, n)는 s1과 s2 문자열에서 n만큼만 비교해서 같은지 다른지를 반환하는 함수입니다. 반환값의 의미는 strcmp() 함수와 같습니다.

- -1: s1 문자열이 s2 문자열보다 앞에 있다.
- 0: 같다.
- 1: s1 문자열이 s2 문자열보다 뒤에 있다.

strchr(s1, ch)는 s1 문자열에 ch 문자가 있는지를 찾는 함수입니다. 즉, s1 문자열에서 ch 문자가 있는 위치의 주소를 반환하고, 찾는 문자가 없으면 NULL을 반환합니다. 이와 유사한 strstr(s1, s2) 함수는 s1 문자열에 s2 문자열이 있는지를 찾습니다. 문자열이 있으면 s1 문자열에서 s2 문자열이 시작되는 주소를 반환하고, 없으면 NULL을 반환합니다.

지금까지 문자열 처리 함수를 알아보았습니다. 이제 실습으로 문자열 처리 함수를 어떻게 사용하는지 살펴봅시다.

## 문자열 복사와 붙이기

다음 코드는 문자열을 복사해서 붙입니다. 02행에서는 문자열 처리 함수를 사용하고자 #include <string.h>를 포함합니다. 05행에서 20글자 크기의 문자열 str1을 선언하고 널 문자로 초기화합니다. 06~07행에서는 str2와 str3을 선언하고 각각 "Love You"와 "So Much!!"로 초기화합니다.

## Do it! 실습    문자열 복사와 붙이기        1107_string1.c

```c
01  #include <stdio.h>
02  #include <string.h>    // 문자열 처리 함수들이 선언된 헤더 파일
03
04  int main() {
05      char str1[20] = "";
06      char str2[10] = "Love You";
07      char str3[10] = "So Much!!";
08
09      strcpy(str1, str2);        // 문자열 str2 -> str1로 복사
10      printf("%s: %d\n", str1, strlen(str1));
11      strcat(str1, " ");         // 문자열 str1 뒤에 공백 문자 붙임
12      printf("%s: %d\n", str1, strlen(str1));
13      strncat(str1, str3, 7);    // 문자열 str1 뒤에 7글자 붙임
14      printf("%s: %d\n", str1, strlen(str1));
15      return 0;
16  }
```

### 실행 결과

```
Love You: 8
Love You : 9
Love You So Much: 16
```

09행에서 `strcpy()` 함수로 str1에 str2를 복사합니다. 10행에서 str1을 출력하고 `strlen()` 함수로 str1의 길이를 출력합니다. 그 결과 "Love You: 8"이 출력됩니다.

`strlen()` 함수는 선언된 배열의 크기에 상관없이 문자의 개수만 출력합니다. 앞서 문자열을 회전시키는 프로그램에서 문자열의 길이는 `while (str[len] != 0) len++` 코드로 구했지만, `strlen()` 함수를 이용하면 더 쉽게 구할 수 있습니다.

### 문자열의 길이 구하기

```
len = strlen(str);    // #include <sting.h> 헤더를 추가해야 함
```

11행에서 문자열을 이어 붙이는 `strcat()` 함수로 str1 뒤에 공백 문자 하나를 붙입니다. 그 결과 "Love You : 9"가 출력됩니다. 이때 공백 문자를 1개만 붙인다고 해도 작은따옴표가 아닌 큰따옴표를 사용해야 합니다. `string.h` 헤더에 있는 문자열 처리 함수 대부분은 매개변수

로 문자열을 받습니다. 따라서 문자열을 처리할 때 널 문자를 만날 때까지 계속해야 합니다. 만약 ' '처럼 공백 문자 1개만 매개변수로 전달하면 오류가 발생합니다.

13행에서는 strncat() 함수로 str3 문자열에서 7글자만 str1 뒤에 붙입니다. 그 결과 "Love You So Much: 16"이 출력됩니다.

## 문자열 비교와 찾기

다음 코드는 문자열끼리 비교하고 찾는 함수를 사용한 예입니다. 두 문자열을 비교하고자 str1과 str2를 선언하고 각각 초기화합니다. 또한 찾은 문자열의 주소를 반환받을 포인터 *p를 선언합니다. 07행에서는 비교 결과를 받을 변수 st를 선언합니다.

**Do it! 실습  문자열 비교하기**  📄 1108_string2.c

```c
01  #include <stdio.h>
02  #include <string.h>
03
04  int main() {
05      char str1[20] = "Love You So Much!";
06      char str2[10] = "Love you", *p;
07      int st;
08
09      st = strcmp(str1, str2);        // 문자열 비교: 같다 = 0, 앞 = -1, 뒤 = 1
10      printf("str1과 str2 비교: %d\n", st);
11      st = strncmp(str1, str2, 5);    // 앞에서 5글자 비교
12      printf("앞에서 5글자 비교: %d\n", st);
13
14      p = strchr(str1, 'v');          // 문자열에서 문자 찾기: 주소, NULL
15      if (p != NULL) printf("%s\n", p);
16      else printf("찾는 문자가 없네요!\n");
17      p = strstr(str1, "so");         // 문자열에서 문자열 찾기: 주소, NULL
18      if (p != NULL) printf("%s\n", p);
19      else printf("찾는 문자열이 없네요!\n");
20      return 0;
21  }
```

▼

**실행 결과**

```
str1과 str2 비교: -1
앞에서 5글자 비교: 0
ve You So Much!
찾는 문자열이 없네요!
```

09~12행은 두 문자열을 비교하는 함수인 strcmp()와 strncmp()를 사용합니다. 비교하는 문자열이 같으면 0을 반환합니다. 만약 다를 때는 아스키코드의 순서에 따라 s1이 앞이면 -1을 반환하고, s1이 뒤에 있으면 1을 반환합니다.

09행에서는 strcmp() 함수로 str1과 str2를 비교합니다. 두 문자열은 같지 않습니다. str1은 대문자로 시작하는 You, str2는 소문자로 시작하는 you이므로 다릅니다. 아스키코드에서 대문자는 소문자보다 앞에 위치합니다.○ 따라서 str1이 str2보다 앞에 있으므로 -1이 출력됩니다.

○ 아스키코드에서 대문자 Y는 89, 소문자 y는 121입니다.

11행에서 strncmp(str1, str2, 5)는 str1과 str2를 대상으로 앞에서 5글자만 비교합니다. 두 문자열은 앞에서 5글자까지는 같으므로 0이 출력됩니다.

14~19행은 문자열을 찾는 함수인 strchr()과 strstr()을 사용합니다. 원하는 문자나 문자열을 찾으면 s1에서 해당 위치(시작 주소)를 반환합니다. 따라서 strchr()이나 strstr() 함수가 반환하는 값은 문자형 포인터(char *)로 받아야 합니다. 따라서 문자형 포인터 *p로 주소를 받습니다.

만약 찾는 문자나 문자열이 없으면 널을 반환합니다. 널을 출력하면 화면에 아무것도 나타나지 않으므로 코드가 정상으로 작동했는지 확인하기가 어렵습니다. 따라서 널을 반환할 때는 적당한 문장을 화면에 출력하는 것이 좋습니다.

14행에서 strchr(str1, 'v')를 이용하여 str에 v가 있는지 찾습니다. strchr(s1, ch) 함수는 두 번째 매개변수가 문자열이 아닌 문자 1개입니다. 따라서 'v' 대신 문자열을 나타내는 "v"를 사용하면 오류가 발생합니다. 문자열 str1에는 v 문자가 포함돼 있으므로 v로 시작하는 문자열 "ve You So Much!"이 출력됩니다.

17행의 strstr(str1, "so")는 문자열에서 문자열을 찾습니다. str1에 So가 있지만 S가 대문자입니다. 따라서 찾는 문자열이 없으므로 널을 반환합니다. 그 결과 "찾는 문자열이 없네요!"가 출력됩니다.

## 문자열을 숫자로 변환하기

132는 정수이지만 문자로 보면 '1', '3', '2'로 구성된 문자열입니다. 문자열을 입력받을 때 문자열에 포함된 숫자를 정수나 실수로 변환해야 할 때가 있습니다. 이때 사용하는 함수가 atoi()와 atof()입니다. 두 함수는 stdlib.h 헤더에 선언되어 있습니다.

atoi() 함수는 ascii to integer라는 의미로, 문자열을 정수(int)로 반환합니다. atof()는 ascii to float라는 의미로, 문자열을 배정도 실수(double)로 반환합니다.

stdlib.h 헤더에 선언된 문자열을 숫자로 변환하는 함수

| 함수명 | 특징 | 반환값 |
|---|---|---|
| atoi(str) | 문자열을 정수로 변환 | int |
| atof(str) | 문자열을 배정도 실수(double)로 변환 | double |

다음 코드는 문자열 2개를 입력받아 덧셈하는 예입니다. 물론 정수로 입력받아 덧셈해도 되지만, atoi() 함수를 사용해 보자는 의도이므로 문자열로 된 숫자를 입력받아 덧셈을 수행합니다.

atoi() 함수를 사용하고자 02행에서 stdlib.h 헤더를 포함합니다. 09행에서는 scanf() 함수를 사용하여 문자열로 된 숫자 2개를 입력받습니다. 첫 번째 문자열은 str1에 저장하고, 두 번째 문자열은 str2에 저장합니다. 두 변수는 문자형 배열로 선언했으므로 scanf() 함수의 매개변수로 배열의 대표 이름을 보낼 때는 & 기호를 붙이지 않습니다.

**Do it! 실습**  문자열로 된 숫자 덧셈하기  📄 1109_plus.c

```c
01  #include <stdio.h>
02  #include <stdlib.h>    // atoi(), atof() 함수가 선언된 헤더 파일
03
04  int main() {
05      char str1[10], str2[10];
06      int sum = 0;
07
08      printf("더할 숫자 2개 입력: ");
09      scanf("%s%s", str1, str2);
10
11      sum = sum + atoi(str1);
12      sum = sum + atoi(str2);
13      printf("%s + %s = %d\n", str1, str2, sum);
14      return 0;
15  }
```

▼

**실행 결과**

더할 숫자 2개 입력: 123 45 [Enter]
123 + 45 = 168

11행의 `atoi(str1)`은 문자 str1을 정수(int)로 바꾸고 바꾼 정수를 sum에 더합니다. 12행에서 `atoi(str2)`는 문자 str2를 정수로 바꾼 후 sum에 더합니다. 13행에서 결과를 출력하면 덧셈이 이뤄진 것을 확인할 수 있습니다.

## 실력 향상 프로젝트 20 | 비밀번호 유효성 검사 프로그램 만들기
📄 1110_passwd.c

문자 처리 함수를 사용하여 비밀번호가 유효한지 확인하는 코드를 작성해 봅시다. 인터넷에서 회원 가입을 할 때 비밀번호를 만들다 보면 "소문자, 대문자, 숫자, 특수 문자 중 3가지 이상을 조합하여 비밀번호를 만드세요." 같은 안내문을 본 적이 있을 겁니다.

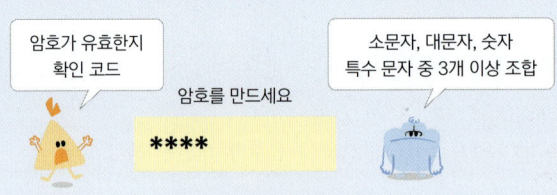

비밀번호 유효성 검사

다음 코드는 사용자가 입력한 문자열이 비밀번호로 유효한지 확인하는 예입니다. 유효한 비밀번호는 소문자, 대문자, 숫자, 특수문자 중 3가지 이상을 포함해야 합니다.
06행에서는 사용자가 입력한 문자열에 소문자가 있는지 확인하는 `low`, 대문자 `upp`, 숫자 `dig`, 특수 문자 `pct`라는 변수를 만듭니다. 4개의 변수를 0으로 초기화하고 비밀번호에 해당 글자가 1개라도 있으면 1로 바뀌도록 코드를 작성합니다.

```c
01  #include <stdio.h>
02  #include <ctype.h>    // 문자 처리 함수가 선언된 헤더 파일
03
04  int main() {
05      char pwd[20];
06      int low = 0, upp = 0, dig = 0, pct = 0, k;
07
08      printf("사용할 비밀번호 입력: ");
09      scanf("%s", pwd);
10
```

```
11      for (k = 0; pwd[k] != 0; k++) {
12          if (islower(pwd[k])) low = 1;        // 소문자 low = 1
13          else if (isupper(pwd[k])) upp = 1;   // 대문자 upp = 1
14          else if (isdigit(pwd[k])) dig = 1;   // 숫자 dig = 1
15          else if (ispunct(pwd[k])) pct = 1;   // 특수 문자 pct = 1
16      }
17      if ((low + upp + dig + pct) >= 3) printf("사용 가능한 비밀번호!\n");
18      else printf("불가능한 비밀번호!\n");
19      return 0;
20  }
```

**실행 결과**

사용할 비밀번호 입력: passwd123 ◀ 소문자와 숫자 2종류만 사용하므로 탈락
불가능한 비밀번호!

**실행 결과**

사용할 비밀번호 입력: 12passwd!! ◀ 소문자, 숫자, 특수 문자 3종류를 사용하므로 성공
사용 가능한 비밀번호!

09행에서는 비밀번호로 사용할 문자열을 scanf() 함수로 입력받은 후 11~16행에서 문자열의 구성을 확인합니다. 소문자가 있으면 low는 1이 되고, 대문자가 있으면 upp는 1, 숫자가 있으면 dig는 1, 특수 문자가 있으면 pct는 1이 됩니다.

17행에서는 low + upp + dig + pct의 결과가 3 이상이면 사용할 수 있는 비밀번호임을 출력하고, 아니면(3 미만) 사용할 수 없는 비밀번호임을 출력합니다.

## 11-3

# 문자열 묶음 다루기

### 이차원 배열로 문자열 묶음 다루기

정수나 실수를 묶음으로 처리하려면 배열을 사용해야 합니다. 그러나 문자열은 그 자체가 배열이므로 묶음으로 처리하려면 이차원 배열을 사용해야 합니다. 만약 char = str[3][5]라고 선언하면 문자열 3개를 사용하겠다는 의미입니다. 이때 문자열 하나당 최대 길이는 4입니다. str[3][5]에서 [5]가 문자열의 최대 길이를 의미하지만, 문자열의 마지막은 항상 널 문자(\0)이므로 문자열 하나당 최대 길이는 4입니다.

다음 그림은 char str[3][5] 배열을 선언하고 "ring", "my", "bell"로 초기화했을 때 문자열 배열이 메모리에 어떻게 저장되는지를 보여 줍니다.

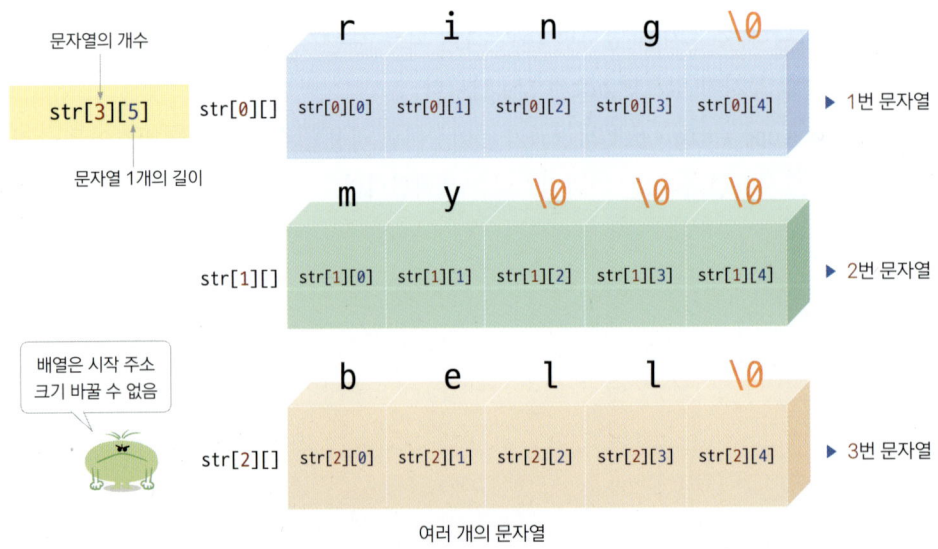

여러 개의 문자열

그림에서 문자열 배열로 선언한 str[3][5]는 최대 4글자 문자열 3개를 저장할 수 있는 메모리를 할당받습니다. 첫 번째 인덱스는 문자열의 개수, 두 번째 인덱스는 문자열당 길이를 의미합니다.

만약 "ring"을 출력하고 싶으면 문자열의 시작 주소를 넘겨야 하므로 &str[0][0]처럼 작성합니다. 그런데 이차원 배열의 특성상 &str[0][0]의 주소는 str[0]이므로 str[0]만 써도 같은 결과를 얻습니다. 결국 str[0]은 "ring"의 시작 주소를, str[1]은 "my"의 시작 주소를, str[2]는 "bell"의 시작 주소를 가집니다.

> **두 코드는 동일함**
>
> ```
> printf("%s\n", &str[0][0]);
> printf("%s\n", str[0]);
> ```

다음 코드는 이차원 배열을 이용하여 문자열 묶음을 선언하고 출력하는 예입니다. 04행에서 str[3][5]를 선언하고 str[0]에는 "ring", str[1]에는 "my", str[2]에는 "bell"로 초기화합니다. 07~08행에서 for 문을 이용하여 str[0]~str[2]까지 문자열을 출력합니다. 실행 결과를 보면 모든 문자열이 출력됩니다.

**Do it! 실습   이차원 문자열 배열 출력하기**　　　　　　　　　　　　　　　　1111_st_array1.c

```c
01  #include <stdio.h>
02
03  int main() {
04      char str[3][5] = {"ring", "my", "bell"};
05      int k;
06
07      for (k = 0; k < 3; k++)
08          printf("%s\n", str[k]);    // &str[k][0]과 같은 의미
09      return 0;
10  }
```

**실행 결과**

```
ring
my
bell
```

## 포인터 배열로 문자열 묶음 다루기

한 번 선언한 배열은 시작 주소와 크기를 변경할 수 없다고 했습니다. 따라서 char = str[3][5]처럼 이차원 배열로 선언하면 str은 [3][5]의 크기로 고정됩니다. 앞선 그림을 보면 str[1][]은 "my"를 제외한 나머지 공간을 널 문자로 채웁니다.

만약 문자열의 크기에 맞게 선언하려면 포인터를 이용하면 됩니다. char = str[3][5]처럼 선언한 이차원 배열을 포인터를 이용한 배열로 선언하면 다음과 같습니다.

| 포인터를 이용한 문자열 배열 선언과 초기화 |
| --- |
| char *str[3] = {"ring", "my", "bell"}; |

이처럼 포인터 배열로 선언하면 메모리에는 다음 그림처럼 저장됩니다. *str[0]과 *str[2]는 5bytes지만, *str[1]은 3bytes 크기의 문자열이 됩니다.

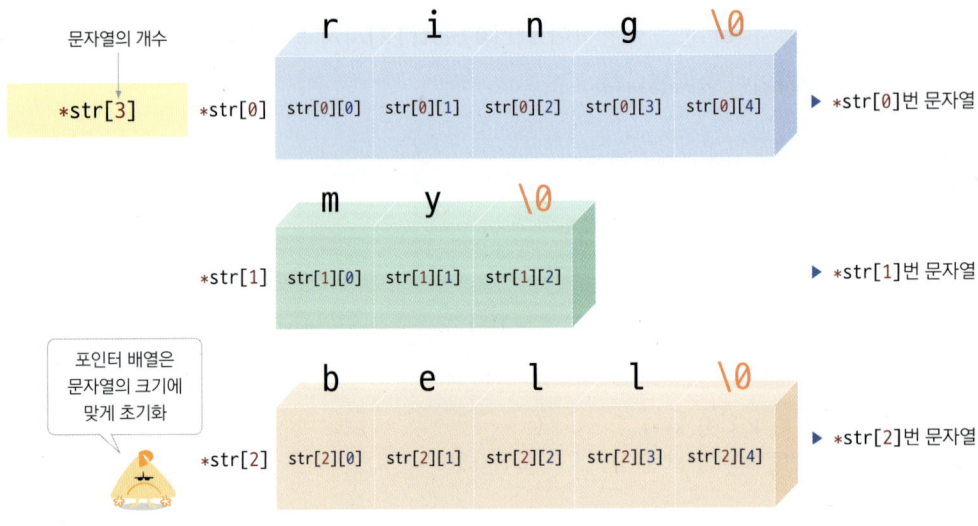

포인터 배열의 구조

배열과 포인터는 서로 유사하므로 char **str = {"ring", "my", "bell"}처럼 선언해도 될 것 같지만, 실제로는 허용되지 않습니다. 포인터는 주소를 다루는 자료형으로 특정 메모리 공간을 할당받지 않습니다. 따라서 char **str은 사용할 수 있는 메모리를 할당받지 못하므로 문자열로 초기화할 수 없습니다.

다음 코드는 포인터 배열로 선언하고 출력하는 예입니다.

**Do it! 실습** 포인터 배열 출력하기　　　　　　　　　　　　　📄 1112_st_array2.c

```
01  #include <stdio.h>
02
03  int main() {
04      char *str[3] = {"ring", "my", "bell"};
05      int k;
06
07      for (k = 0; k < 3; k++)
08          printf("%s\n", str[k]);    // 문자열 출력 후 인덱스 1 증가
09      return 0;
10  }
```

▼

**실행 결과**

```
ring
my
bell
```

07~08행에서 for 문을 사용하여 str[k]의 값을 출력합니다. str[0]의 "ring", str[1]의 "my", str[2]의 "bell"이 출력됩니다. 포인터를 이용한 문자열도 이차원 문자열 배열의 사용 방법과 같다는 것을 확인할 수 있습니다.

## 실력 향상 프로젝트 21 | 사다리 타기 프로그램 만들기
📄 1113_sadari.c

사다리 타기 프로그램을 만들어 보겠습니다. 예를 들어 6가지 항목이 있는 사다리를 만든다고 가정해 보죠. 프로그램을 실행하면 각 항목을 문자열로 입력합니다. 모든 항목을 입력했으면 [Enter]만 입력하여 입력을 끝냅니다.

**실행 결과_사다리 항목 입력**
```
항목 입력(엔터 종료): pop corn 10000 [Enter]
항목 입력(엔터 종료): ice cream 20000 [Enter]
항목 입력(엔터 종료): coffee 30000 [Enter]
항목 입력(엔터 종료): pizza 40000 [Enter]
항목 입력(엔터 종료): lunch 50000 [Enter]
항목 입력(엔터 종료): movie 60000 [Enter]
항목 입력(엔터 종료): dinner 70000 [Enter]
항목 입력(엔터 종료): [Enter]
```

그러면 0.5초 간격으로 각 항목이 섞이면서 사다리를 타는 것 같은 효과를 냅니다. 사다리를 모두 탄 후에는 최종 결과를 표시합니다. 몇 번 사다리에 어떤 항목이 있는지 확인할 수 있습니다.

**실행 결과_사다리를 모두 탄 후 결과 표시**
```
0 : dinner 70000
1 : pizza 40000
2 : ice cream 20000
3 : lunch 50000
4 : movie 60000
5 : coffee 30000
6 : pop corn 10000
```

다음은 사다리 타기 프로그램의 전체 코드입니다. 07행에서 사다리의 각 항목을 입력받기 위해 sadari[20][100]처럼 이차원 문자열 배열을 선언합니다. 항목은 최대 20개까지 입력할 수 있으며 각 항목은 공백 문자를 포함하여 최대 99자까지 입력할 수 있습니다.

```c
01  #include <stdio.h>
02  #include <stdlib.h>
03  #include <string.h>
04  #include <time.h>
05  #include <windows.h>
06
07  int main() {
08      char sadari[20][100], temp[100];
09      int j, k, m, max;
10
11      srand((unsigned)time(NULL));    // 무작위 함수 초기화
12      for (k = 0; k < 20; k++) {      // 최대 20개 항목 입력
13          printf("항목 입력(엔터 종료): ");
14          gets_s(sadari[k], 99);
15          if (strlen(sadari[k]) < 2) break;   // 문자열의 크기가 1 이하이면 종료
16      }
17      max = k;
18      for (k = 0; k < 20; k++) {
19          m = rand() % max;
20          j = rand() % max;
21          strcpy(temp, sadari[m]);    // 두 아이템 바꾸기
22          strcpy(sadari[m], sadari[j]);
23          strcpy(sadari[j], temp);
24          system("cls");
25          for (m = 0; m < max; m++)
26              printf("%d : %s\n", m, sadari[m]);
27          Sleep(500);
28      }
29      return 0;
30  }
```

11행에서 srand()로 무작위 함수를 매번 다른 값으로 초기화합니다. 이 코드를 생략하면 매번 같은 결과가 나오므로 주의해야 합니다. 14행에서는 공백 문자를 포함하여 문자열을 입력받아야 하므로 scanf() 대신 gets_s() 함수를 사용합니다. gets_s() 함수는 문자열과 동시에 최대 크기도 함께 전송해야 합니다. 그래서 gets_s(sadari[k], 99)처럼 작성합니다.

15행에서 strlen(&sadari[k])는 입력받은 문자열의 크기를 확인하는 코드입니다. 크기가 2보다 작으면 더 이상 입력하지 않는 것으로 간주하여 반복문을 빠져나옵니다. 즉, Enter 만 입력하면 항목 입력이 끝난 것으로 간주합니다.

17행에서 현재 k값을 max 변수에 넣습니다. 19~24행까지가 입력된 항목을 섞는 코드입니다. m = rand() % max와 j = rand() % max를 사용하여 무작위 수를 만든 후 sadari[m]과 sadari[j]를 바꿉니다. 25~26행까지는 두 문자열이 바뀌고 난 후의 값을 출력하는 코드입니다. 27행은 Sleep(500)을 작성하여 항목이 0.5초 간격으로 섞이도록 조정합니다.

## 확실하게 내 것으로! 11장 마무리 문제

1. 문자 입력의 끝을 알리는 것은 _____ 입니다.

2. 모든 입출력은 _____ 을(를) 사용합니다.

3. 문자 1개를 입력받는 함수 중 버퍼를 사용하지 않고 에코가 없는 함수는 _____ 입니다.

4. _getch() 함수가 선언된 헤더 파일 이름은 _____ 입니다.

5. _getch() 함수가 선언된 헤더 파일 이름은 _____ 입니다.

6. 문자 1개를 출력하는 함수 중 버퍼를 사용하지 않는 함수는 _____ 입니다.

7. 문자 1개를 출력하는 함수 중 버퍼를 사용하는 함수는 _____ 입니다.

8. 공백 문자를 포함하여 문자열을 입력받을 수 있는 표준 함수는 _____ 입니다.

9. is나 to로 시작하는 문자 처리 함수들이 선언된 헤더 파일 이름은 _____ 입니다.

10. 문자열을 복사할 때 사용하는 `strcpy()` 함수가 선언된 헤더 파일 이름은 _____ 입니다.

11. 문자열을 정수로 바꾸는 함수는 _____ 입니다.

12. 문자열을 배정도 실수로 바꾸는 함수는 _____ 입니다.

▶ 다음 쪽에 계속

**13** 다음 코드는 문자열을 한 글자씩 천천히 출력하는 예입니다. 빈칸에 알맞은 코드를 작성하세요.

```
01  #include <stdio.h>
02  #include <stdlib.h>
03
04  int main() {
05      char str[] = "C Programming", *p = str;
06
07      while (                                    ) {
08          printf("%c", *p++);
09          Sleep(500);
10      }
11      return 0;
12  }
```

**14** 비밀번호가 유효한지 검사하는 코드(1110_passwd.c)를 수정하여 비밀번호가 7글자 이하이면 유효하지 않은 것으로 결정하는 코드를 작성하세요.

| 실행 결과 |
| --- |
| 사용할 비밀번호 입력: !pass12 [Enter]<br>비밀번호가 너무 짧아요! |

▶ 모범 답안: 424쪽

# 12장

# 구조체

- ✦ 12-1 구조체 이해하기
- ✦ 12-2 구조체 배열과 포인터
- ✦ 12-3 구조체와 함수

**학습 목표**
1. 서로 다른 종류의 자료형을 하나로 묶는 구조체를 이해합니다.
2. 사용자 정의 자료형을 만드는 typedef 예약어를 배웁니다.
3. 구조체 배열과 구조체 포인터를 어떻게 사용하는지 알아봅니다.
4. 구조체가 자신을 가리킬 수 있는 구조체 포인터 멤버에 관해 살펴봅니다.
5. 함수에 구조체를 보내거나 반환하는 방법을 학습합니다.

## 12-1

# 구조체 이해하기

### 구조체 정의와 변수 선언

정수(int), 실수(float), 문자(char)와 같은 기본 자료형의 변수에는 데이터를 한 개만 저장할 수 있습니다. 데이터를 여러 개 저장할 때는 배열을 사용합니다. 같은 종류의 자료형을 하나로 묶어 놓은 배열과 달리 **구조체**<sup>structure</sup>는 서로 다른 종류의 자료형을 하나로 묶어 놓은 것입니다.

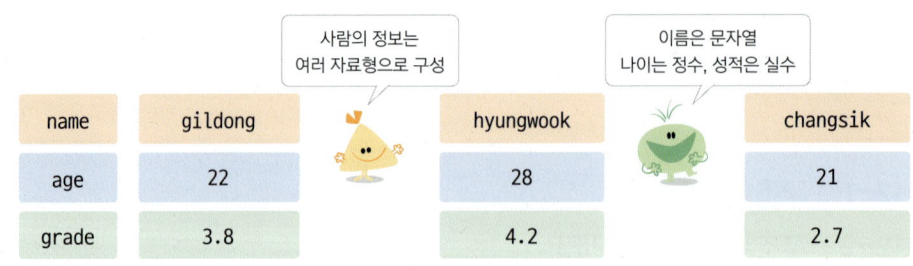

사람을 구성하는 자료형

> **핵심 한줄** 구조체는 서로 다른 종류의 자료형을 묶어서 사용자가 직접 정의하는 자료형이다.

예를 들어 길동이, 형욱이, 창식이를 구분하는 데이터로 이름, 나이, 성적이 있다고 가정해 보죠. 이름은 문자열이고 나이는 정수형, 성적은 실수형입니다. 3명의 이름, 나이, 성적을 저장하려면 변수를 다음처럼 만들어야 합니다.

**3명의 이름, 나이, 성적을 저장할 변수 선언**
```
char h1_name[10], h2_name[10], h3_name[10];
int h1_age, h2_age, h3_age;
float h1_grade, h2_grade, h3_grade;
```

사람은 3명인데 변수는 9개나 만들어야 합니다. 또한 h1_, h2_, h3_로 구분해 놓았지만 변수가 각각 따로 떨어져 있어서 사용하기가 불편합니다. 구조체를 사용하면 name, age, grade를 하나의 덩어리로 관리할 수 있습니다.

**구조체는 사용자가 정의하는 자료형**입니다. 따라서 '구조체 정의'와 '구조체 변수 선언'이라는 두 가지 단계가 필요합니다. 먼저 구조체 정의가 왜 필요한지 생각해 보죠. int, float, char는 C 언어가 제공하는 자료형입니다. int는 정수를 저장하고 크기는 주로 4bytes라고 미리 정해 놓았습니다. 그래서 int는 새로 정의할 필요가 없습니다.

그러나 구조체는 그 안에 어떤 데이터가 저장될지 아직 정해지지 않았습니다. 따라서 구조체를 만들려면 그 안에 어떤 데이터가 들어가는지를 먼저 정의해야 합니다. 따라서 **구조체 정의** structure definition 단계에서는 구조체의 이름과 데이터 형식을 정합니다. 붕어빵을 만들려면 붕어빵을 구울 틀이 필요하듯이, 구조체 정의는 사용자 정의 자료형의 틀을 만드는 작업으로 생각할 수 있습니다.

구조체를 정의하고 나면 그다음으로 실제 데이터를 저장할 **구조체 변수를 선언** declaration 해야 합니다. 구조체 변수를 선언하면 정의한 형식에 맞게 메모리가 할당되어 데이터를 저장할 수 있습니다.

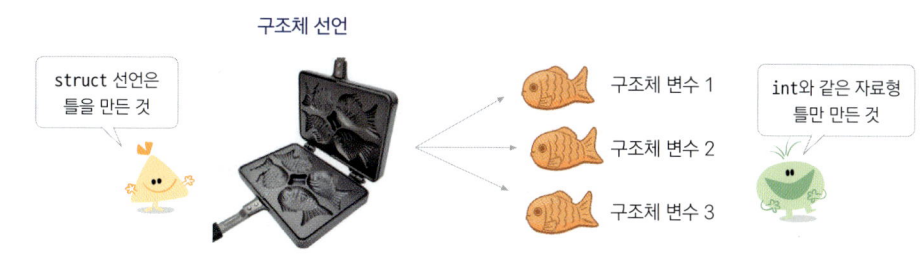

구조체 정의는 자료형의 틀을 만드는 것

> **핵심 한 줄** 구조체를 사용하려면 먼저 구조체를 정의해서 틀(자료형)을 만들고 이를 이용해 구조체 변수를 선언한다.

## 구조체 정의 방법

구조체는 struct 예약어로 시작하여 구조체 이름을 작성하고 이어서 구조체에 포함할 멤버들을 중괄호로 묶어서 정의합니다. 그리고 닫는 중괄호 다음에 세미콜론을 붙입니다.

**구조체 정의 형식**

struct 구조체_이름 {멤버1, 멤버2};

예를 들어 구조체 이름이 human이고 그 안에 이름(name), 나이(age), 성적(grade)을 멤버로 포함하는 구조체를 정의하는 방법은 다음 그림과 같습니다.

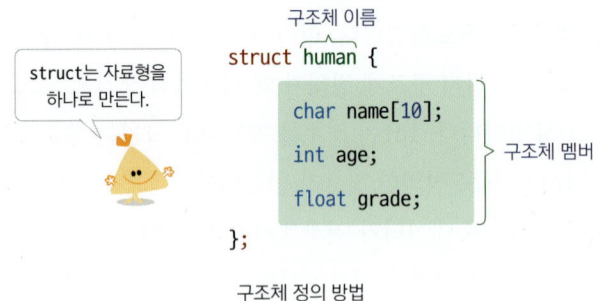

구조체 정의 방법

구조체의 이름은 사용자가 정의하는 자료형의 이름입니다. 구조체에서 **멤버**<sup>member</sup>란, 구조체를 구성하는 변수를 의미합니다. 그림에서 구조체 이름은 human이고 멤버는 char name[10], int age, float grade입니다.

### 구조체 변수 선언 방법

구조체 변수는 struct 예약어로 시작하여 구조체 이름과 변수 이름을 작성해서 선언합니다.

| 구조체 변수 선언 형식 |
| --- |
| struct 구조체_이름 변수_이름 |

예를 들어 human 구조체의 변수를 선언할 때는 다음처럼 작성합니다.

| human 구조체 변수 선언 |
| --- |
| struct human h1; |

다음 코드는 human 구조체를 정의하고 구조체 변수 h1을 선언하는 전체 구조를 보여 줍니다. 구조체 변수는 실제 데이터를 담는 그릇입니다. 구조체 변수 h1을 선언하면 human 구조체의 정의에 따라 이름, 나이, 성적 데이터를 담을 수 있습니다.

| 구조체 정의와 변수 선언 |
|---|

```c
// human 구조체 정의
struct human {
    char name[10];    // 문자형 배열 멤버
    int age;          // 정수형 멤버
    float grade;      // 실수형 멤버
};  // 구조체 정의 끝에 세미콜론 사용

int main() {
    struct human h1;   // human 구조체 변수 h1 선언
```

struct human h1처럼 구조체 변수를 만드는 것이 낯설게 느껴질 수도 있습니다. 그러나 일반 변수를 자료형과 변수 이름으로 선언하듯이 human도 하나의 자료형으로 생각할 수 있습니다. 단지 선언문 앞에 구조체 변수임을 나타내는 struct 예약어를 붙이면 됩니다.

정리해 보죠. human 구조체는 문자열 name 10bytes, 정수 age 4bytes, 실수 grade 4bytes를 한 묶음으로 처리할 수 있는 자료형으로 정의한 것입니다. 그리고 h1은 human 구조체 형식으로 선언한 변수입니다. 이후 실제 데이터는 h1에 저장합니다.

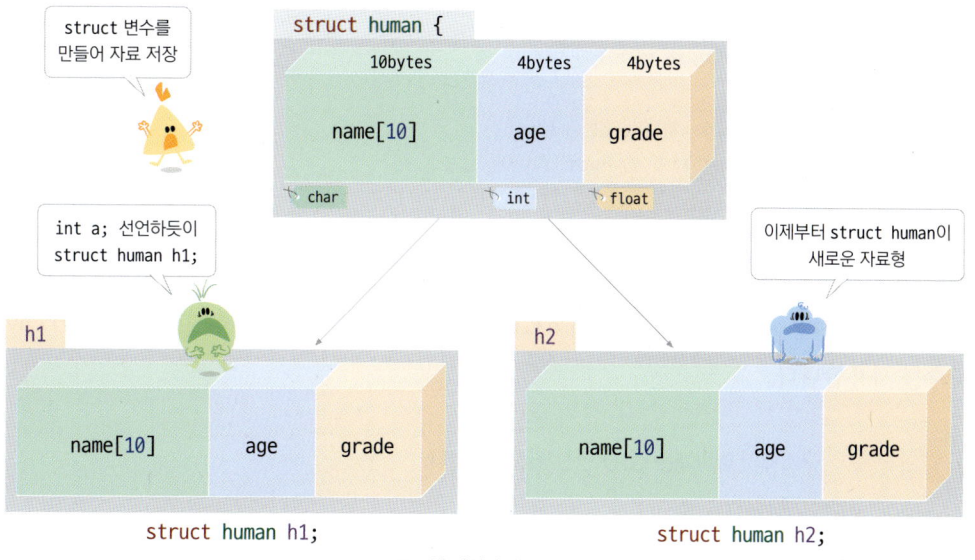

구조체 정의와 변수 선언

| 핵심 한줄 | 실제 데이터는 구조체 변수 선언으로 할당된 메모리에 저장된다. |
|---|---|

일반적으로 구조체는 함수 밖에 정의하고, 구조체 변수는 함수 안에 선언합니다. 구조체를 함수 안에 정의할 수도 있지만, 그러면 해당 함수 안에서만 사용할 수 있는 구조체가 되어 다른 함수에서는 사용할 수 없습니다.

### 구조체에 데이터 넣기

구조체를 정의하고 구조체 변수를 선언했으면 이제 메모리 공간이 확보되었으므로 데이터를 저장하고 출력할 수 있습니다. 구조체는 멤버를 모아 놓은 사용자 정의 자료형이므로, 구조체에 데이터를 저장한다는 것은 각 멤버에 데이터를 저장한다는 의미입니다. 따라서 구조체 변수에 데이터를 저장할 때는 다음처럼 점(.) 연산자로 각 멤버에 접근합니다.

> 점(.) 연산자는 멤버 접근 연산자라고도 합니다.

| 구조체 멤버에 접근 |
|---|
| 구조체_변수.멤버 |

다음은 앞에서 만든 human 구조체 변수 h1의 멤버에 값을 각각 대입하는 예입니다.

| 구조체 멤버에 접근 |
|---|
| ```
struct human h1;     // 구조체 변수 h1 선언

h1.age = 22;         // age 멤버에 값 대입
strcpy(h1.name, "gildong");   // name 멤버에 문자열 복사
``` |

11장에서 강조했듯이 문자열은 문자 배열에 바로 대입할 수 없으므로 strcpy() 같은 문자열 복사 함수를 사용해야 합니다. 따라서 h1.name에 문자열 gildong을 넣고 싶다면 strcpy() 함수를 사용합니다.

> **핵심 한 줄**  구조체의 멤버에는 점(.) 연산자로 접근한다.

다음은 구조체를 정의하고 변수를 선언하여 사용하는 전체 코드입니다. 04~08행까지 human 구조체를 정의합니다. 멤버로는 문자형 배열 name[10], 정수 age, 실수 grade가 있습니다.
```

### Do it! 실습    구조체 선언과 사용      📄 1201_struct1.c

```c
01  #include <stdio.h>
02  #include <string.h>
03
04  struct human {          // 구조체 정의
05      char name[10];      // 문자형 배열 멤버
06      int age;            // 정수형 멤버
07      float grade;        // 실수형 멤버
08  };   // 구조체 정의 끝에 세미콜론 사용
09
10  int main() {
11      struct human h1;    // human 구조체 변수 h1 선언
12
13      strcpy(h1.name, "gildong");    // h1의 name 멤버에 문자열 gildong 복사
14      h1.age = 22;        // h1의 age 멤버에 정수 22 대입
15      h1.grade = 3.8f;    // h1의 grade 멤버에 실수 3.8 대입
16
17      printf("name = %s\n", h1.name);
18      printf("age = %d\n", h1.age);
19      printf("grade = %.1f\n", h1.grade);
20      return 0;
21  }
```

**실행 결과**

```
name = gildong
age = 22
grade = 3.8
```

11행에서 구조체 human의 변수 h1을 선언합니다. 13~15행까지 h1 구조체 변수의 멤버에 값을 넣습니다. 17~19행에서는 h1 구조체의 멤버에 저장된 값을 출력합니다. 점(.) 연산자를 사용하는 것 외에는 일반 변수와 똑같이 사용하면 됩니다.

구조체 변수를 여러 개 선언할 때는 일반 변수를 여러 개 선언할 때처럼 쉼표(,)를 이용하면 됩니다. human 구조체 변수 h1, h2, h3을 동시에 선언하고 싶으면 다음처럼 작성합니다.

**구조체 변수를 여러 개 선언하기**

```c
struct human h1, h2, h3;
```

구조체 변수를 선언하고 초기화하는 방법은 배열을 초기화할 때와 유사합니다. 중괄호와 쉼표를 사용하여 멤버 순서에 맞게 값을 나열하면 됩니다. 다음 코드는 human 구조체 변수를 선언하고 초기화하는 예입니다.

### Do it! 실습 　구조체 선언과 초기화　　　　　　　　　　　　📄 1202_struct2.c

```c
#include <stdio.h>

struct human {
    char name[10];
    int age;
    float grade;
};

int main() {
    struct human h1 = {"gildong", 22, 3.8f}, h2 = {"hyungwook"}, h3 = {""};

    printf("h1: %s, %d, %.1f\n", h1.name, h1.age, h1.grade);
    printf("h2: %s, %d, %.1f\n", h2.name, h2.age, h2.grade);
    printf("h3: %s, %d, %.1f\n", h3.name, h3.age, h3.grade);
    return 0;
}
```

실행 결과

```
h1: gildong, 22, 3.8
h2: hyungwook, 0, 0.0
h3: , 0, 0.0
```

10행에서 human 구조체 변수 h1은 이름은 gildong, 나이는 22, 성적은 3.8로 초기화합니다. 구조체에서 멤버를 정의한 순서대로(name, age, grade) 중괄호 안에 쉼표를 이용하여 값을 넣습니다. 이때 name은 문자열이므로 큰따옴표("")를 사용합니다.

구조체 변수를 초기화할 때 값을 하나만 넣으면 나머지 멤버들은 자동으로 초기화됩니다. 정수나 실수는 0으로 초기화되고 문자나 문자열은 널 문자(\0)로 초기화됩니다. 구조체 변수 h2는 이름만 hyungwook으로 초기화했지만, 실행 결과를 보면 나머지 멤버들은 0으로 초기화된 것을 확인할 수 있습니다.

구조체 변수를 초기화할 때 h3 = {}처럼 빈 중괄호를 사용하면 오류가 발생하므로 값을 최소한 1개는 지정해야 합니다. 그래서 10행의 h3은 빈 문자열("")로 초기화했습니다.

## 사용자 정의 자료형 만들기 — typedef

C 언어에서는 기존의 자료형을 새로 정의한 이름(별명)으로 사용할 수 있습니다. 이때 typedef라는 예약어를 사용합니다. typedef는 기존의 자료형에 별명을 만들어 주는 역할을 합니다. 예를 들어 unsigend int를 UINT라는 이름으로 새로 정의하고 싶다면 typedef unsigend int UINT라고 작성한 후에 사용하면 됩니다. 그러면 UINT num1처럼 변수를 선언해도 num1은 unsiged int형 변수가 됩니다.

**자료형의 별명 만들기**

```
typedef 기존_자료형 별명;
```

typedef 예약어로 자료형을 새로 정의하더라도 기존의 자료형이 사라지는 것은 아닙니다. 따라서 기존의 자료형과 별명을 둘 다 사용할 수 있습니다.

**기존 자료형과 별명으로 선언하기**

```
typedef unsigned int UINT;    // unsigned int의 별명 정의

int main() {
    unsigned int num2;    // 기존 자료형으로 선언
    UINT num1;            // 별명으로 선언
```

또한 typedef는 구조체 변수를 간단히 선언할 수 있게 해줍니다. 앞서 human 구조체를 정의할 때도 struct 예약어를 사용했고, 구조체 변수를 선언할 때도 struct human h1처럼 struct 예약어를 사용했습니다. 구조체 변수를 선언할 때 간단히 하고 싶으면 typedef를 사용하여 구조체의 별명을 지어 줍니다. 그러면 human h2처럼 struct 예약어를 생략하고 구조체 변수를 선언할 수 있습니다.

**typedef로 구조체의 별명 정의**

```
typedef struct human human;    // human은 struct human의 별명

int main() {
    struct human h1;    // 기존 방법으로 선언
    human h2;           // 별명을 사용하면 struct 생략 가능
```

구조체를 정의할 때 별명을 함께 지정할 수도 있습니다. 구조체 정의를 `typedef` 예약어로 시작하고 마지막에 닫는 중괄호와 세미콜론 사이에 별명을 작성하면 됩니다. 구조체를 `typedef`로 정의하면 human h2처럼 `struct` 예약어를 생략하고 구조체 변수를 선언할 수 있습니다. 구조체 이름(human)과 별명(human)이 같아도 문제가 없습니다.

> **구조체를 정의할 때 별명도 정의하기**
> ```c
> typedef struct human {     // typedef로 human 구조체 정의
>     char name[10];
>     int age;
>     float grade;
> } human;     // 구조체의 별명으로 human 정의
>
> int main() {
>     struct human h1;
>     human h2;
> ```

이처럼 `typedef` 예약어는 구조체의 별명을 만들 때 주로 사용합니다. 처음 보는 자료형인데 `struct` 예약어가 생략됐다면 `typedef`로 만든 구조체라고 생각하면 됩니다.

> ⊕ **개발 지식 더하기** 구조체 별명
>
> 별명을 정하는 데 특별한 규칙은 없지만, 잘 알려진 구조체의 경우에만 대문자를 사용합니다. 대표적인 구조체 별명으로 파일 정보를 담고 있는 FILE이나 디렉터리 정보를 담고 있는 DIR이 있습니다. 그런데 모든 구조체 별명이 대문자인 것은 아닙니다. 시간 정보를 가지는 time_t나 프로세스 정보를 가진 pid_t의 경우 소문자와 접미사 _t를 결합하여 구조체 별명을 만들었습니다.

## 구조체 복사하기

구조체의 값을 다른 구조체로 간단하게 복사할 수 있습니다. 예를 들어 h1 구조체에 들어 있는 값을 h2 구조체에 복사하고 싶다면 h2 = h1라고만 쓰면 됩니다. 이때 문자열까지 모두 복사됩니다.

**Do it! 실습**  구조체 복사하기   1203_struct3.c

```c
01  #include <stdio.h>
02
03  typedef struct human {
04      char name[10];
05      int age;
06      float grade;
07  } human;    // human 구조체의 별명(구조체 이름과 같음)
08
09  int main() {
10      human h1, h2;    // 별명으로 구조체 변수 선언
11
12      printf("이름 나이 성적을 순서대로 입력: ");
13      scanf("%s %d %f", h1.name, &h1.age, &h1.grade);
14
15      h2 = h1;    // 구조체 h1 값을 h2로 복사
16      printf("h1: %s, %d, %.1f\n", h1.name, h1.age, h1.grade);
17      printf("h2: %s, %d, %.1f\n", h2.name, h2.age, h2.grade);
18      return 0;
19  }
```

**실행 결과**

```
이름 나이 성적을 순서대로 입력: hyungwook 28 4.2 [Enter]
h1: hyungwook, 28, 4.2
h2: hyungwook, 28, 4.2
```

03~07행까지 human 구조체를 정의합니다. 앞에서 배운 typedef를 사용하여 human 구조체를 정의하고 별명도 구조체 이름과 똑같이 human으로 정했습니다. 10행에서 human 구조체 변수 h1과 h2를 선언합니다. typedef로 별명을 만들었으므로 struct 예약어를 사용하지 않아도 구조체 변수를 선언할 수 있습니다.

13행에서는 구조체 변수 h1의 멤버에 값을 하나씩 입력받습니다. scanf() 함수에는 h1.name, &h1.age, &h1.grade를 전달합니다. h1.name은 문자열이므로 %s로 받고 &h1.age와 &h1.grade 앞에는 주소 변환 연산자(&)를 붙입니다.

15행 h2 = h1은 구조체 h1의 멤버를 h2의 멤버에 그대로 대입하라는 의미입니다. 복사가 제대로 이뤄졌는지 확인하기 위해 16행에서는 h1의 멤버값을 출력하고 17행에서는 h2의 멤버값을 출력합니다. 출력 결과를 보면 문자열을 포함하여 모든 값이 그대로 복사되었습니다.

h2 = h1처럼 구조체를 대입하는 연산은 허용하지만, if (h1 == h2)처럼 구조체와 구조체를 비교하는 연산은 허용하지 않습니다. 만약 h1 == h2를 허용한다면 h1 > h2나 h1 < h2처럼 크기를 비교할 수 있다는 의미입니다. 그런데 구조체에서 많은 멤버를 모두 비교한다는 것은 불가능하므로 직접 비교는 허용하지 않습니다.

구조체 비교 연산은 불가능
```
if (h1 == h2)
    printf("둘이 같다");
```

그러나 구조체 안의 멤버끼리 비교 연산은 가능합니다. `h1.age`와 `h2.age`를 비교한다든지 `h1.grade`와 `h2.grade`를 비교할 수 있습니다. 또한 `h1.name`과 `h2.name`을 비교하려면 `strcmp()` 같은 문자열 비교 함수를 사용하면 됩니다.

멤버끼리 비교 연산은 가능
```
if (h1.age == h2.age)
    printf("둘이 친구");
```

## 멤버 구조체

사용자가 정의한 구조체는 다른 구조체에서 다시 사용할 수 있습니다. 즉, 구조체에서 다른 구조체를 멤버로 사용할 수 있습니다.

다음 코드를 보죠. 맨 위에는 `int year`, `int month`, `int day`를 멤버로 포함하는 `date`라는 구조체가 있습니다. 그리고 구조체 `date`는 다른 구조체인 `human`에서 재사용합니다. `human` 구조체에서 생일을 나타내는 멤버인 `birth`는 `data` 구조체를 사용하여 정의합니다. 이때 `dete` 구조체는 `human` 구조체의 멤버 구조체가 됩니다.

멤버 구조체 정의
```
struct date {      // date 구조체 정의, 사용하기 전에 먼저 정의해야 함
    int year;
    int month;
    int day;
};

struct human {     // human 구조체 정의
    char name[10];
```

```
    struct date birth;    // 생일을 나타내는 birth는 date 구조체 사용
};

int main() {
    struct human h1;
```

함수를 사용하기 전에 먼저 정의해야 하는 것처럼 구조체를 다른 구조체의 멤버로 사용할 때에도 먼저 정의해야 합니다. 따라서 date 구조체와 human 구조체의 정의 순서를 바꾸면 오류가 발생합니다.

date 구조체를 멤버로 사용하지 않고 human 구조체 안에 int year, int month, int day라는 멤버를 직접 선언해도 됩니다. 그러나 구조체를 다시 사용함으로써 코드가 명확하고 단순해지는 장점이 있습니다.

예를 들어 제품(product) 구조체를 만든다면 제품의 생산 날짜를 나타내는 make에 date 구조체를 사용할 수 있습니다. 또한 시험(exam) 구조체를 만든다면 시험 시작 날짜와 끝나는 날짜를 나타내는 start와 end 멤버에 date 구조체를 사용할 수 있습니다. 이처럼 date 구조체를 여러 구조체에 멤버로 사용함으로써 코드가 단순해지고 명확해집니다.

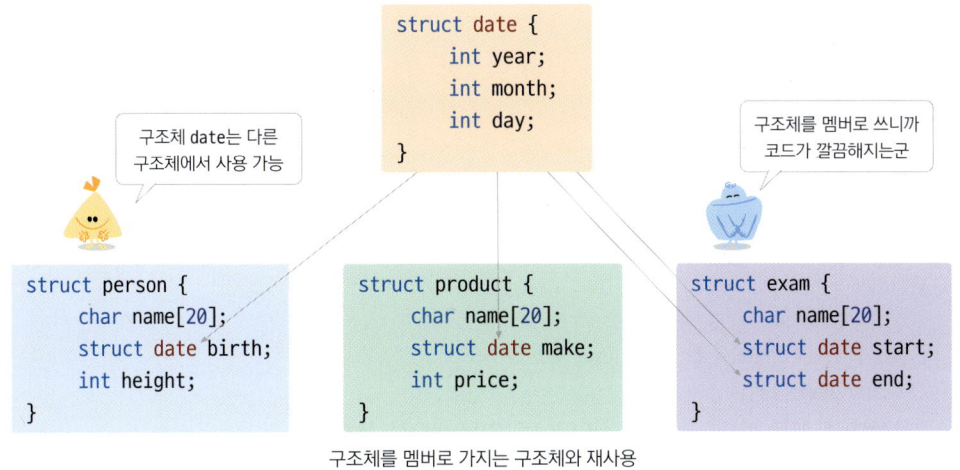

구조체를 멤버로 가지는 구조체와 재사용

멤버 구조체에 있는 변수에 접근할 때는 점(.)으로 연결하여 사용합니다. 앞에서 예로 든 human 구조체의 멤버에 값을 대입하는 코드는 다음과 같습니다.

### 멤버 구조체에 값 대입하기

```
strcpy(h1.name, "gildong");     // h1의 name 멤버에 값 대입
h1.birth.year = 1989;           // h1의 birth.year 멤버에 값 대입
h1.birth.month = 2;             // h1의 birth.month 멤버에 값 대입
h1.birth.day = 11;              // h1의 birth.day 멤버에 값 대입
```

태어난 해인 year에 값을 넣을 때는 h1.birth.year처럼 작성합니다. h1.birth처럼 human 구조체 변수 h1의 birth 멤버에 접근한 다음, 다시 점을 찍고 year에 접근합니다. month나 day도 마찬가지로 h1.birth.month와 h1.birth.day처럼 접근하면 됩니다.

## 실력 향상 프로젝트 22 | 누가 형님일까? – 나이 비교 프로그램 만들기
**1204_arrange1.c**

이제는 나이를 셀 때 만 나이로 통일해서 사용합니다. 전에는 태어나면서부터 한 살로 셌습니다. 그리고 한때는 같은 2000년생이라고 할지라도 빠른 연생이라고 하여 학번이 높았습니다. 그래서 그런지 위아래를 정할 때 태어난 연도뿐 아니라 태어난 달까지 따지는 경향이 있습니다.

다음 코드는 2명의 이름과 생일을 입력받아 연도와 월을 비교하여 형님을 정하는 예입니다.

```
01  #include <stdio.h>
02
03  struct date {       // date 구조체 정의
04      int year, mon, day;
05  };
06
07  typedef struct human {   // human 구조체 정의
08      char name[10];
09      struct date bt;      // bt(birth)는 date 구조체 사용
10  } human;
11
12  int main() {
13      human h1, h2;
14      int jud = 0;    // 누가 형인지 판단, jud가 0일 경우 친구
15
```

```
16        printf("사람1-이름, 태어난 연도, 월 입력: ");
17        scanf("%s %d %d", h1.name, &h1.bt.year, &h1.bt.mon);
18        printf("사람2-이름, 태어난 연도, 월 입력: ");
19        scanf("%s %d %d", h2.name, &h2.bt.year, &h2.bt.mon);
20
21        if (h1.bt.year < h2.bt.year) jud = 1;
22        else if (h1.bt.year > h2.bt.year) jud = 2;
23        else if (h1.bt.year == h2.bt.year && h1.bt.mon < h2.bt.mon) jud = 1;
24        else if (h1.bt.year == h2.bt.year && h1.bt.mon > h2.bt.mon) jud = 2;
25
26        if (jud == 1) printf("%s 형님\n", h1.name);         // h1이 형님
27        else if (jud == 2) printf("%s 형님\n", h2.name);    // h2가 형님
28        else printf("둘은 친구\n");                          // jud가 0이면 둘은 친구
29        return 0;
30     }
```

### 실행 결과

사람1-이름, 태어난 연도, 월 입력: changsik 2000 4 [Enter]
사람2-이름, 태어난 연도, 월 입력: gildong 2000 2 [Enter]
gildong 형님

date 구조체를 정의하고 이를 human 구조체의 멤버로 사용합니다. 03~05행까지 date 구조체를 정의합니다. 연도, 월, 일을 나타내는 year, mon, day가 모두 같은 정수형이므로 04행에서 한꺼번에 정의합니다. 이처럼 자료형이 같은 변수들은 한 줄로 정의할 수 있습니다. 코드가 너무 길어져서 month는 mon으로, birth는 bt로 줄였습니다.

07~10행까지는 typedef 예약어로 human 구조체를 정의하고 별명도 human으로 정의합니다. human 구조체에서 생일을 나타내는 bt는 date 구조체를 사용하여 정의합니다. 그리고 13행에서 human 구조체 변수 h1과 h2를 선언합니다.

14행의 정수형 jud는 누가 형인지를 결정하는 데 사용됩니다. jud가 0이면 둘은 친구이고 1이면 h1이 형, 2이면 h2를 형으로 판단합니다. 초깃값은 0으로 합니다.

16~19행까지는 scanf() 함수로 h1과 h2의 이름, 태어난 연도, 월을 입력받습니다. h1의 태어난 연도와 월은 &h1.bt.year, &h1.bt.mon로 입력받고, h2도 같은 방식으로 입력받습니다.

21~24행까지가 누가 형인지를 결정하는 코드입니다. 만약 h1.bt.year < h2.bt.year이면 h1의 태어난 연도가 작은 숫자이므로 먼저 태어났다는 의미입니다. 따라서 h1이 형이므로 jud = 1이 됩니다. 반대일 때는 jud = 2가 됩니다. 둘 다 태어난 연도가 같으면 태어난 월을 비교하여 jud값이 결정됩니다. 만약 태어난 연도와 달까지 같으면 jud값은 초깃값인 0에서 변화가 없습니다. 따라서 둘은 친구입니다.

26~27행까지는 jud값에 따라 메시지를 출력합니다. jud가 1이면 h1의 이름과 "형님"을 출력하고, jud가 2이면 h2의 이름과 "형님"을 출력합니다. 그리고 jud가 0일 때는 "둘은 친구"를 출력합니다.

## 12-2

# 구조체 배열과 포인터

### 구조체 배열 만들기

구조체 배열을 만드는 방법은 일반 배열을 만들 때와 똑같습니다. 구조체 변수 뒤에 대괄호 [ ]를 사용하여 배열을 만들면 됩니다. 다음 코드는 human 구조체 변수 ho[3]을 배열로 선언한 예입니다. struct human ho[3]처럼 선언하면 ho[0], ho[1], ho[2]의 구조체 변수 3개가 만들어집니다.

**구조체 배열 선언하기**
```c
struct human {
    char name[10];
    int age;
    float grade;
};

int main() {
    struct human ho[3];     // 구조체 배열 선언
```

구조체 배열의 변수들은 중괄호로 묶어서 초기화합니다. 다음 코드는 human 구조체 배열을 선언하고 모든 값을 초기화하는 예입니다.

**Do it! 실습    구조체 배열 선언과 초기화**                              📄 1205_struct4.c

```c
01  #include <stdio.h>
02
03  struct human {
04      char name[10];
05      int age;
06      float grade;
07  };
08
09  int main() {
```

```
10      struct human ho[3] = { {"gildong", 22, 3.8f},
11                             {"hyungwook", 28, 4.2f},
12                             {"changsik", 21, 2.1f} };
13      int k;
14
15      for (k = 0; k < 3; k++)
16          printf("%d: %s %d %.1f\n", k, ho[k].name, ho[k].age, ho[k].grade);
17      return 0;
18  }
```

실행 결과

```
0: gildong 22 3.8
1: hyungwook 28 4.2
2: changsik 21 2.1
```

struct human ho[3]으로 선언한 구조체 배열에서 ho[0]은 {"gildong", 22, 3.8}로 초기화됩니다. "gildong"은 ho[0].name 멤버의 초깃값이며, 22는 ho[0].age 멤버의 초깃값, 3.8은 ho[0].grade 멤버의 초깃값입니다. 같은 방식으로 ho[1]은 {"hyungwook", 28, 4.2}로 초기화되며, ho[2]는 {"changsik", 21, 2.1}로 초기화됩니다. 중괄호로 묶은 초깃값은 쉼표(,)로 구분하고 전체를 다시 중괄호로 묶습니다.

15~16행에서 구조체 배열의 값을 출력해 보면 초기화된 값이 정상으로 출력되는 것을 확인할 수 있습니다. 구조체의 구조를 보여 주고자 일부러 typedef를 사용하지 않았지만, typedef를 사용하면 코드가 좀 더 깔끔해집니다.

## 구조체 배열 사용하기

다음 코드는 구조체 배열을 초기화한 후에 두 값을 서로 바꾸는 프로그램입니다. 03~07행까지 human 구조체를 정의할 때 typedef를 사용합니다. 별명은 구조체 이름과 같은 human으로 정합니다. 이렇게 하면 10행에서 human 구조체 배열 ho[3]을 선언할 때나 11행에서 temp를 선언할 때 struct 예약어를 사용하지 않아도 됩니다.

> **Do it! 실습**  구조체 배열 값 바꾸기                    1206_struct5.c

```c
01  #include <stdio.h>
02
03  typedef struct human {
04      char name[10];
05      int age;
06      float grade;
07  } human;
08
09  int main() {
10      human ho[3] = { {"gildong", 22, 3.8f}, {"hyungwook", 28, 4.2f},
                        {"changsik", 21, 2.1f} };
11      human temp;
12      int k;
13
14      temp = ho[0];
15      ho[0] = ho[2];
16      ho[2] = temp;
17
18      for (k = 0; k < 3; k++)
19          printf("%d: %s %d %.1f\n", k, ho[k].name, ho[k].age, ho[k].grade);
20      return 0;
21  }
```

▼

**실행 결과**

```
0: changsik 22 2.1
1: hyungwook 28 4.2
2: gildong 22 3.8
```

10행에서 human 구조체 배열 ho[3]을 선언하고 gildong, hyungwook, changsik의 순서로 초기화합니다. 이전 실습과 달리 구조체 배열의 초깃값을 한 줄로 나열했지만 결과는 똑같습니다. 두 값을 서로 바꿀 때 임시로 저장하기 위해 11행에서 human 구조체 변수 temp도 선언합니다.

14~16행은 temp를 사용하여 gildong의 ho[0]와 changsik의 ho[2] 값을 바꾸는 코드입니다. 그 결과 ho[] 배열은 changsik, hyungwook, gildong의 순서로 바뀝니다.

## 구조체 포인터 이해하기

구조체 포인터는 구조체의 주소를 저장하는 자료형으로, 일반 포인터처럼 구조체 변수 이름 앞에 별표(*)를 붙여서 선언합니다. 구조체 포인터는 C 언어를 깊이 배우려는 사람, 전산 관련 학과에 속한 사람, 시스템과 관련된 기술을 개발하려는 사람이라면 꼭 알아야 하는 자료 구조입니다.

### 구조체 포인터 사용하기

다음 코드는 구조체 변수 h1과 구조체 포인터 *sp를 선언하는 예입니다.

**구조체 포인터 선언과 주소 대입**

```c
struct human {
    char name[10];
    int age;
    float grade;
};

int main() {
    struct human h1 = {"gildong", 22, 3.8f};
    struct human *sp;    // 구조체를 가리키는 포인터 선언
    sp = &h1;            // 구조체 h1의 주소를 구조체 포인터 sp에 대입
```

구조체 포인터를 사용하는 방법은 일반 포인터를 사용할 때와 같습니다. 주소 변환 연산자(&)를 사용하여 sp = &h1처럼 h1의 주소를 구조체 포인터 sp에 대입합니다. 그러면 sp를 이용하여 h1 구조체의 멤버에 접근할 수 있게 됩니다. 데이터 관점에서 자신의 메모리 주소를 넘긴다는 것은 접근 권한을 넘기는 것과 같습니다.

### 구조체 포인터로 멤버에 접근하기

구조체 포인터로 멤버에 접근하는 방법은 2가지입니다. 첫 번째 방법은 기존처럼 점(.) 연산자를 사용하는 방법으로, (*sp).name이라고 쓰면 멤버 name에 접근할 수 있습니다. 또 다른 방법은 화살표(->) 연산자를 사용하는 방법입니다. sp->name이라고 쓰면 멤버 name에 접근할 수 있습니다. 따라서 화살표 ->는 구조체에서 (*).을 대신하는 연산자입니다.

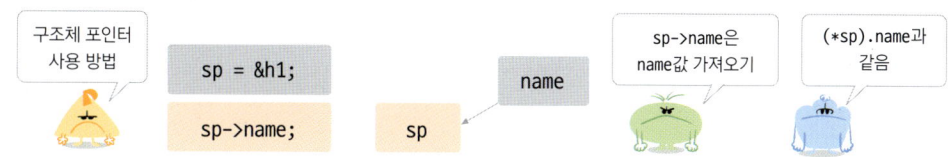

포인터형 구조체를 사용한 멤버 접근

구조체 포인터로 멤버에 접근할 때는 점(.) 연산자보다 화살표(->) 연산자를 사용하는 것이 편리합니다. 화살표(->) 연산자는 화살표가 가리키는 멤버에 접근한다는 뜻입니다.

### 구조체 포인터로 멤버 접근 방법

```
(*sp).name    // 점 연산자로 멤버에 접근하기
sp->name      // 화살표 연산자로 멤버에 접근하기
```

다음 코드는 구조체 포인터를 선언하고 출력하는 예입니다. 10행에서 human 구조체 h1을 선언하고 초기화합니다. 11행에서 구조체 포인터 *sp를 선언합니다. 13행에서 주소 변환 연산자(&)를 사용하여 h1의 주소를 sp에 대입합니다.

### Do it! 실습  구조체 포인터 사용하기   📄 1207_struct6.c

```c
01  #include <stdio.h>
02
03  struct human {
04      char name[10];
05      int age;
06      float grade;
07  };
08
09  int main() {
10      struct human h1 = {"gildong", 22, 3.8f};
11      struct human *sp;    // 구조체를 가리키는 포인터 선언
12
13      sp = &h1;            // 구조체 h1의 주소를 구조체 포인터 sp에 대입
14      printf("%s %d %.1f\n", (*sp).name, (*sp).age, (*sp).grade);
15      printf("%s %d %.1f\n", sp->name, sp->age, sp->grade);
16      return 0;
17  }
```

| 실행 결과 |
|---|
| gildong 22 3.8<br>gildong 22 3.8 |

14행에서 (*sp).name, (*sp).age, (*sp).grade가 가리키는 값을 출력하면 정상으로 출력되는 것을 확인할 수 있습니다. 15행에서 sp->name, sp->age, sp->grade를 출력하면 14행의 결과와 같습니다. 따라서 (*sp).name은 sp->name과 같은 의미라는 것을 확인할 수 있습니다.

> ⊕ 개발 지식 더하기 (*sp).name와 *sp.name의 차이점
>
> (*sp).name 대신 *sp.name이라고 쓰면 안 될까요? 점(.) 연산자는 포인터 연산자(*)보다 우선순위가 높아서 먼저 연산됩니다. 그래서 *sp.name은 *(sp.name)과 같은 뜻입니다. *(sp.name)은 sp.name이 가리키는 곳을 접근하므로 멤버 name 변수가 주소를 가진 포인터일 때만 정상으로 작동합니다. 그렇지 않으면 오류가 발생합니다.
> 연산자의 우선순위 때문에 구조체 포인터로 멤버에 접근할 때마다 (*sp)처럼 괄호를 사용하는 것은 불편합니다. 그래서 sp가 가리키는 name이라는 뜻으로 sp->name처럼 작성하는 것이 좋습니다.

### 구조체 포인터를 멤버로 가지는 구조체

이번에는 구조체의 멤버가 구조체 포인터인 경우를 살펴보죠. 앞서 만들었던 date 구조체를 human 구조체의 포인터 멤버로 사용하고 싶다면 struct date *bt처럼 선언합니다.

| 구조체 포인터를 멤버로 가지는 구조체 |
|---|

```
struct date {
    int year, mon, day;
};
struct human {
    char name[10];
    struct date *bt;    // date 구조체를 가리키는 포인터 선언
};
```

다음 코드는 구조체 포인터를 멤버로 가지는 구조체를 만들고 출력하는 예입니다. 07~09행까지 human 구조체의 멤버 name과 *bt를 선언합니다. *bt는 date 구조체를 가리킬 수 있는 구조체 포인터입니다.

**Do it! 실습** 　구조체 포인터를 멤버로 가지는 구조체　　　　　　　　　　　　　1208_struct7.c

```c
01  #include <stdio.h>
02
03  struct date {
04      int year, mon, day;
05  };
06
07  struct human {
08      char name[10];
09      struct date *bt;    // date 구조체를 가리키는 포인터 선언
10  };
11
12  int main() {
13      struct human h1 = {"gildong"};
14      struct date d1 = {1989, 12, 12};    // date 구조체를 만들고 초기화
15
16      h1.bt = &d1;    // 구조체 포인터 멤버인 h1.bt에 d1의 주소 대입
17      printf("이름: %s\n", h1.name);
18      printf("%d년 %d월 %d일", h1.bt->year, h1.bt->mon, h1.bt->day);
19      return 0;
20  }
```

**실행 결과**

```
이름: gildong
1989년 12월 12일
```

14행을 눈여겨보기 바랍니다. 포인터는 주소를 가리킬 뿐이므로 14행처럼 date 구조체 d1을 만들고 값을 초기화한 다음, 16행에서 h1.bt = &d1처럼 d1의 주소를 대입합니다. 그러면 구조체 포인터 멤버로 선언된 h1.bt는 d1이 할당받은 메모리 주소를 가리키게 됩니다.

18행에서는 화살표 연산자를 사용하여 h1.bt->year, h1.bt->mon, h1.bt->day가 태어난 연도, 월, 일을 출력합니다. 실행 결과를 보면 정상으로 출력되는 것을 확인할 수 있습니다.

## 자신을 가리킬 수 있는 구조체 포인터 멤버 정의하기

구조체의 멤버로 구조체 포인터를 포함하는 가장 큰 이유는 연결 리스트를 만들기 위해서입니다. **연결 리스트** linked list는 데이터를 다루는 자료 구조의 한 종류로 16장에서 자세히 다룹니다. 연결 리스트를 만들려면 구조체가 자신을 가리킬 수 있는 포인터를 멤버로 가져야 합니다.

---

**자신을 가리킬 수 있는 구조체 포인터 멤버 정의 방법**

```
typedef struct human {
    char name[10];
    struct human *next;
} human;
```

---

우선 `typedef`를 사용하여 human 구조체를 정의합니다. `typedef`를 사용하면 별명도 정해야 하는데 구조체 이름과 같은 human으로 했습니다. 여기까지는 일반 구조체 정의와 같습니다.

자신을 가리킬 수 있는 구조체 포인터 멤버는 `struct human *next`처럼 작성합니다. `struct`를 빼고 `human *next`라고만 작성하면 오류가 발생합니다. 그 이유는 human 구조체가 모두 정의되기 전에 *next를 만드는 것이므로 struct human을 가리킬 수 있는 포인터라는 의미에서 `struct human *next`라고 작성해야 합니다.

다음 코드는 자기 자신을 가리킬 수 있는 구조체 포인터를 정의하고 사용하는 예입니다. 03~06행까지 `typedef`를 사용하여 human를 정의하고, `struct human *next`를 사용하여 human 구조체를 가리킬 수 있는 포인터를 정의합니다.

---

**Do it! 실습** 자신을 가리킬 수 있는 구조체 포인터      📄 1209_struct8.c

```
01  #include <stdio.h>
02
03  typedef struct human {
04      char name[10];
05      struct human *next;    // struct로 선언해야 함
06  } human;
07
08  int main() {
09      human h1 = {"gildong"}, h2 = {"hyungwook"}, h3 = {"changsik"};
10      human *sp;
11
12      h1.next = &h2;
13      h2.next = &h3;
14      h3.next = NULL;
```

```
15
16       sp = &h1;
17       printf("%s\n", sp->name);
18       sp = sp->next;
19       printf("%s\n", sp->name);
20       sp = sp->next;
21       printf("%s\n", sp->name);
22       return 0;
23  }
```

**실행 결과**

gildong
hyungwook
changsik

09행에서 human 구조체 변수 h1, h2, h3을 선언하고 초기화합니다. 10행에서 human의 구조체 포인터 *sp를 선언합니다.

12~14행이 구조체를 연결하는 코드입니다. 12행에서 h1.next = &h2는 h2의 주소를 h1.next에 대입합니다. 따라서 h1.next는 h2를 가리키게 됩니다. 13행에서 h2.next = &h3은 h3의 주소를 h2.next에 대입하므로 h2.next는 h3을 가리키게 됩니다. 14행에서 h3.next에는 NULL을 대입해서 연결 리스트의 끝을 만들어 줍니다.

이렇게 만든 연결 리스트는 다음 그림과 같은 구조가 됩니다. 이제 next 멤버를 따라서 구조체 변수에 차례대로 접근할 수 있습니다. 16행에서는 next를 따라서 접근하기 위해 구조체 포인터 sp에 h1의 주소를 대입합니다.

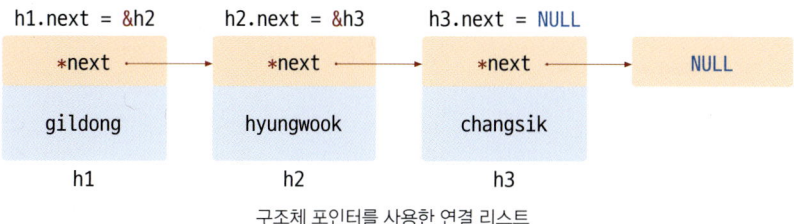

구조체 포인터를 사용한 연결 리스트

17행에서 sp->name을 출력합니다. sp는 현재 구조체 h1의 주소를 가리키므로 h1.name의 값인 "gildong"이 출력됩니다. 18행에서 sp = sp->next 코드는 sp에 sp->next가 가리키는 곳을 대입하라는 의미입니다. 따라서 sp는 구조체 h2를 가리키게 됩니다. 19행에서 sp->name을 출력하면 h2.name의 값인 "hyungwook"이 출력됩니다.

20행에서 next를 따라서 sp를 한 번 더 이동시킵니다. 그러면 구조체 h3을 가리키게 되고 "changsik"이 출력됩니다.

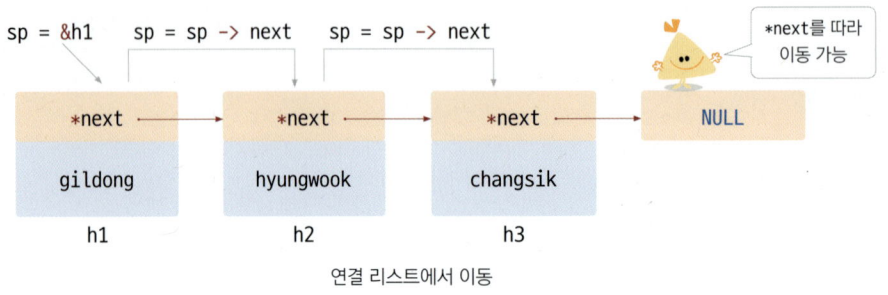

연결 리스트에서 이동

## 실력 향상 프로젝트 23 | 반복문을 이용해 연결 리스트 출력하기
📄 1210_struct9.c

while 문으로 연결 리스트를 출력하는 코드를 작성해 봅시다. 다음은 앞서 배운 코드를 while 문을 사용하여 줄인 것입니다. 연결 리스트의 내용을 출력하려면 17~19행의 빈칸에 어떤 코드를 작성해야 하는지 고민해 보기 바랍니다.

```
01  #include <stdio.h>
02
03  typedef struct human {     // human 구조체 정의
04      char name[10];
05      struct human *next;
06  } human;
07
08  int main() {
09      struct human h1 = {"gildong"}, h2 = {"hyungwook"}, h3 = {"changsik"};
10      struct human *sp;
11
12      h1.next = &h2;
```

```
13        h2.next = &h3;
14        h3.next = NULL;
15
16        sp = &h1;
17        while (                        ) {
18            printf("%s\n",                    );
19                                ;
20        }
21        return 0;
22    }
```

**실행 결과**

gildong
hyungwook
changsik

17행은 반복 조건이 들어가야 합니다. 참인 동안에는 18행과 19행을 반복해야 하고, 거짓이 되면 반복문을 탈출합니다. 따라서 `sp != NULL`이 정답입니다.

18행은 출력하는 내용의 코드가 들어가야 합니다. 따라서 `sp->name`입니다.

19행은 출력이 끝났으니 연결 리스트를 한 칸 옆으로 이동하는 코드가 들어가야 합니다. 따라서 `sp = sp->next`입니다.

## 12-3

# 구조체와 함수

구조체는 사용자가 만든 자료형으로, 일반 자료형과 똑같이 취급합니다. 따라서 함수를 호출할 때 구조체를 보낼 수 있으며 이때 값에 의한 호출, 참조에 의한 호출, 값 반환 방식 등 일반 함수의 호출 방식을 모두 사용할 수 있습니다.

### 함수에 구조체 보내기

구조체를 매개변수로 사용하는 방법을 살펴보죠. 단체 대항전이 열렸는데 성적이 높은 사람이 먼저 나가 싸우기로 했습니다. 다음 코드는 먼저 나가서 싸울 사람을 결정하는 attack() 함수에 구조체를 매개변수로 보낼 때 값에 의한 호출 방식을 사용한 예입니다.

**Do it! 실습**  매개변수로 구조체 사용(값에 의한 호출)  📄 1211_funct1.c

```c
#include <stdio.h>

struct human {
    char name[10];
    float grade;
};

void attack(struct human f1, struct human f2) {
    if (f1.grade > f2.grade)
        printf("출동 %s\n", f1.name);
    else printf("출동 %s\n", f2.name);
}

int main() {
    struct human h1 = {"gildong", 3.8f}, h2 = {"hyungwook", 4.2f};

    attack(h1, h2);    // 값에 의한 호출

    return 0;
}
```

| 실행 결과 |
|---|
| 출동 hyungwook |

08행에서 attack() 함수는 struct human f1과 struct human f2라는 매개변수를 가집니다. 17행에서 attack(h1, h2)처럼 호출합니다. 값에 의한 호출은 구조체 h1과 h2의 모든 멤버값이 그대로 복사되어 호출됩니다. 따라서 attack() 함수에서는 h1과 h2의 값을 변경할 수 없습니다.

## 함수에 구조체 주소 보내기

이번에는 참조에 의한 호출 방식으로 변경한 예를 보겠습니다. 08행에서 attack() 함수의 매개변수를 *f1과 *f2처럼 구조체 포인터로 선언합니다. 따라서 attack() 함수에서 f1과 f2의 멤버에 접근할 때 화살표(->) 연산자를 사용합니다. 17행에서 attack() 함수를 호출할 때도 구조체의 주소를 보내기 위해 주소 변환 연산자(&)를 사용합니다.

**Do it! 실습**  매개변수로 구조체 포인터 사용(참조에 의한 호출)   1212_funct2.c

```c
01  #include <stdio.h>
02
03  struct human {
04      char name[10];
05      float grade;
06  };
07
08  void attack(struct human *f1, struct human *f2) {
09      if (f1->grade > f2->grade)
10          printf("출동 %s\n", f1->name);
11      else printf("출동 %s\n", f2->name);
12  }
13
14  int main() {
15      struct human h1 = {"gildong", 3.8f}, h2 = {"hyungwook", 4.2f};
16
17      attack(&h1, &h2);     // 참조에 의한 호출
18
19      return 0;
20  }
```

| 실행 결과 |
|---|
| 출동  hyungwook |

참조에 의한 호출 방식을 사용했으므로 attack() 함수 안에서도 h1과 h2의 멤버값을 변경할 수 있습니다. 구조체는 일반 변수보다 크기가 크므로 값을 복사하는 것보다는 참조에 의한 호출을 사용하는 것이 바람직합니다.

### 함수에서 구조체 반환하기

다음 코드는 값 반환 방식을 사용한 예입니다. attack() 함수가 구조체를 반환하므로 void 대신 struct human attack(...)처럼 선언합니다. 17행에서 attack() 함수가 반환하는 구조체를 att에 대입하고 18행에서 그 구조체의 name 멤버를 출력합니다.

**Do it! 실습**  구조체 반환하기(값 반환 방식 호출)  1213_funct3.c

```c
01  #include <stdio.h>
02
03  struct human {
04      char name[10];
05      float grade;
06  };
07
08  struct human attack(struct human f1, struct human f2) {
09      if (f1.grade > f2.grade)
10          return f1;         // 구조체 반환
11      else return f2;        // 구조체 반환
12  }
13
14  int main() {
15      struct human h1 = {"gildong", 3.8f}, h2 = {"hyungwook", 4.2f}, att;
16
17      att = attack(h1, h2);     // 반환값(구조체) 대입
18      printf("출동 %s\n", att.name);
19      return 0;
20  }
```

| 실행 결과 |
|---|
| 출동  hyungwook |

## 함수에 구조체 배열 보내기

구조체 배열도 함수에 매개변수로 보낼 수 있습니다. 구조체 배열은 일반 배열을 매개변수로 보낼 때와 마찬가지로 참조에 의한 호출만 가능합니다.

다음 코드는 함수를 사용하여 사람의 이름, 나이, 성적을 출력하는 예입니다. 17행에서 구조체 배열 ho[4]를 만들고 초기화합니다. human 구조체를 정의할 때 typedef를 사용했으므로 struct human 대신 human만으로 구조체 배열 ho[4]를 선언할 수 있습니다.

**Do it! 실습** 구조체 배열 출력 함수 · 1214_funct4.c

```c
01  #include <stdio.h>
02
03  typedef struct human {
04      char name[10];
05      int age;
06      float grade;
07  } human;
08
09  void print_human(human *hp, int j) {
10      int k;
11
12      for (k = 0; k < j; k++)
13          printf("%s %d %.1f\n", hp[k].name, hp[k].age, hp[k].grade);
14  }
15
16  int main() {
17      human ho[4] = { {"gildong", 22, 3.8f}, {"hyungwook", 28, 4.2f},
18                     {"changsik", 21, 2.1f}, {"hosik", 29, 3.1f} };
19
20      print_human(ho, 4);
21
22      return 0;
23  }
```

**실행 결과**

```
gildong 22 3.8
hyungwook 28 4.2
changsik 21 2.1
hosik 29 3.1
```

20행에서 구조체 배열의 이름(시작 주소)인 ho와 배열의 크기 4를 보냅니다. 출력 함수는 void print_human(human *hp, int j)처럼 정의합니다. 구조체 배열을 전달받아야 하므로 human *hp처럼 구조체 포인터를 선언했으며, 구조체 배열의 크기는 int j가 전달받습니다. 12~13행에서 구조체 배열의 내용을 차례로 출력합니다.

| 확실하게 내 것으로! | **12장 마무리 문제** |

1  서로 다른 자료형을 묶어 사용자 정의 자료형으로 만든 것을 _____ (이)라고 합니다.

2  구조체는 _____ 단계에서 이름과 형식을 결정합니다.

3  구조체를 정의할 때 중괄호 안에는 _____ 을(를) 구성합니다.

4  구조체 안의 멤버에 접근할 때 사용하는 연산자는 _____ 입니다.

5  구조체를 정의할 때 _____ 예약어를 사용합니다.

6  자료형의 별명을 만들 때 _____ 예약어를 사용합니다.

7  h1과 h2가 구조체일 때 h2를 h1에 복사하려면 _____ 연산을 수행합니다.

8  점(.) 연산자 외에 포인터를 이용하여 구조체 멤버에 접근할 때는 _____ 연산자를 사용합니다.

9  다음 코드에서 14~15행의 빈칸을 완성하세요. 14행에서는 점(.) 연산자를 사용하고, 15행에서는 화살표 연산자(->)를 사용해 보세요.

```
01  #include <stdio.h>
02
03  struct human {
04      char name[10];
05      int age;
06      float grade;
07  };
08
09  int main() {
10      struct human h1 = {"gildong", 22, 3.8f};
11      struct human *sp;
12
```

▶ 다음 쪽에 계속

```
13      sp = &h1;
14      printf("%s %d %.1f\n", ▓▓▓▓▓▓▓▓▓▓▓▓▓▓▓▓▓▓▓▓);
15      printf("%s %d %.1f\n", ▓▓▓▓▓▓▓▓▓▓▓▓▓▓▓▓▓▓▓▓);
16      return 0;
17  }
```

**실행 결과**

```
gildong 22 3.8
gildong 22 3.8
```

**10** 다음 코드에서 빈칸을 완성하세요.

```
01  #include <stdio.h>
02
03  struct human {
04      char name[10];
05      float grade;
06  };
07
08  void attack(struct human *f1, struct human *f2) {
09      if (▓▓▓▓▓▓▓▓▓▓▓▓▓▓▓▓▓▓▓▓)
10          printf("출동 %s\n", f1->name);
11      else printf("출동 %s\n", f2->name);
12  }
13
14  int main() {
15      struct human h1 = {"gildong", 3.8f}, h2 = {"hyungwook", 4.2f};
16
17      attack(▓▓▓▓▓▓▓▓▓▓▓▓▓▓);
18
19      return 0;
20  }
```

**실행 결과**

```
출동 hyungwook
```

▶ 모범 답안: 424쪽

# 13장

# 파일 입출력

✦ **13-1** 파일 이해하기
✦ **13-2** 파일 입출력 다루기

**학습 목표**
1. 키보드나 모니터의 입출력 방식과 비교하여 파일 입출력의 특징을 살펴봅니다.
2. 파일 입출력에 사용하는 다양한 함수를 학습합니다.
3. 파일 위치 지시자의 특징과 이를 제어하는 방법을 이해합니다.

## 13-1

# 파일 이해하기

**스트림과 버퍼**

컴퓨터에는 키보드, 모니터, 하드 디스크, 프린터, 네트워크 카드와 같은 다양한 입출력 장치가 있습니다. 그런데 장치마다 입출력 방식이 다르다면 어떨까요? 각 장치의 입출력 방식을 배우고 그에 맞는 코드를 작성해야 해서 매우 힘들 것입니다. 운영체제는 이러한 문제를 해결하기 위해 모든 입출력 장치에 일관되게 접근할 수 있도록 스트림이라는 방법을 제공합니다.

**스트림** stream이란 운영체제가 생성하는 가상의 연결 고리로, 데이터가 흐르는 통로를 의미합니다. 컴퓨터의 입출력 장치는 기본적으로 이 스트림을 통해 데이터를 주고받습니다. 예를 들어 키보드에서 입력한 데이터는 스트림을 따라 프로그램에 전달되며, 모니터 역시 스트림을 통해 받은 데이터를 차례대로 화면에 출력합니다. 즉, 입력 장치에서 프로그램으로 들어오는 데이터와 출력 장치로 보내는 데이터 모두 스트림 형태로 처리됩니다.

키보드나 모니터뿐만 아니라 파일도 마찬가지입니다. 파일에서 데이터를 읽어 오면 순서대로 프로그램에 전달됩니다. 반대로 파일에 데이터를 쓰는 것도 스트림 형태로 전달되어 파일의 앞쪽부터 한 글자씩 기록됩니다. 결국 모든 입출력 장치의 데이터 흐름은 스트림 형태가 기본입니다.

11장에서 문자열을 다룰 때 입출력 장치의 데이터 전송에는 버퍼를 사용한다고 했습니다. 느린 입출력을 보완하기 위해 버퍼에 일정 양의 데이터를 모아 두었다가 한꺼번에 전송합니다. 따라서 입출력 장치로 전송되는 데이터 스트림은 버퍼에 저장되었다가 다시 일정한 양만큼 보냅니다.

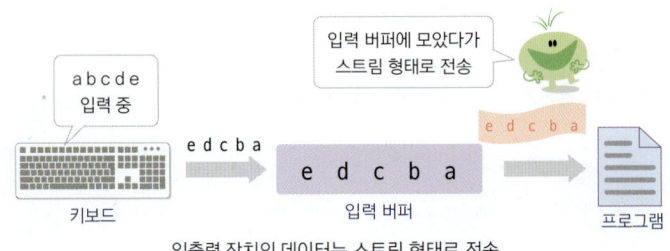

입출력 장치의 데이터는 스트림 형태로 전송

그런데 이러한 버퍼 때문에 예상하지 못한 문제가 발생합니다. 특히 scanf() 함수를 사용할 때는 주의해야 합니다. 다음 코드를 보면 08행에서 숫자를 입력받아 num1 변수에 넣은 후 09행에서 출력하고, 12행에서는 문자를 입력받아 c1 변수에 넣고 13행에서 출력합니다. 문법적으로는 문제가 없지만, 실행 결과는 정상적이지 않습니다.

**Do it! 실습   문제가 있는 입력 코드**　　　　　　　　　　　　　　　　📄 1301E_scanf1.c

```c
01  #include <stdio.h>
02
03  int main() {
04      int num1;
05      char c1;
06
07      printf("숫자 입력: ");
08      scanf("%d", &num1);
09      printf("숫자: [%d]\n", num1);
10
11      printf("문자 입력: ");
12      scanf("%c", &c1);
13      printf("문자: [%c]\n", c1);
14
15      return 0;
16  }
```

▼

**실행 결과**

```
숫자 입력: 100 Enter
숫자: [100]
문자 입력: 문자: [      ← 입력하기도 전에 입력이 종료되고 줄 바꿈된 채 프로그램 종료
]
```

프로그램을 실행한 후 숫자 100을 입력해 보면 문자를 입력할 겨를도 없이 프로그램이 종료됩니다. 이는 12행의 두 번째 scanf() 함수가 자동으로 실행되기 때문입니다. 그리고 출력 결과를 보면 "문자 입력: 문자: [ ]"에서 대괄호 사이에 줄 바꿈(\n)이 됩니다.

사용자가 100을 입력하고 Enter 를 누를 때 버퍼에는 "100\n"이 들어갑니다. scanf() 함수는 버퍼에 있는 값에서 100을 꺼내 num1 변수에 넣고 버퍼에서 100을 지웁니다. 그러면 버퍼에는 \n이 남습니다. 이런 상황에서 12행의 scanf() 함수가 실행되면 사용자가 입력하기도

전에 버퍼에 남아 있던 \n이 c1 변수에 전달되고 scanf() 함수는 종료돼 버립니다. 그래서 대괄호 사이에 줄 바꿈이 된 것입니다.

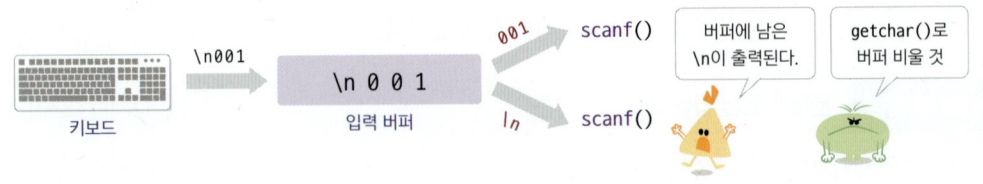

scanf() 함수와 버퍼 문제

이와 같은 문제를 해결하려면 11장에서 배운 getchar() 함수를 사용해야 합니다. getchar()는 문자 1개를 입력받는 함수로, 버퍼에 남아 있는 \n을 받아서 처리합니다.

다음 코드는 \n을 만날 때까지 getchar() 함수를 호출하면서 버퍼에 있는 내용을 가져옵니다. 즉, 버퍼를 비웁니다. 앞선 코드에서 10행에 다음 코드를 추가한 후 다시 실행하면 문제가 해결됩니다.

**getchar() 함수로 버퍼 비우기**

```
10   while (getchar() != '\n');
```

## 파일 사용 준비하기

컴퓨터의 메인 메모리(RAM)는 전원이 꺼지면 저장했던 내용이 모두 사라집니다. 따라서 소스 코드에서 변수에 저장한 데이터들은 전원이 꺼지면 모두 사라집니다. 이러한 문제를 해결하려면 데이터들을 어딘가에 저장해야 합니다. 데이터를 저장하는 가장 간단한 방법이 파일입니다.

파일은 하드 디스크와 같은 저장 장치에 존재합니다. 파일에서 데이터를 읽거나 쓸 때는 기존의 입출력 함수와 유사한 함수를 사용합니다. 예를 들어 파일에 데이터를 쓸 때는 printf()의 파일 버전인 fprintf() 함수가 있고, 파일에서 데이터를 읽어 올 때는 scanf()의 파일 버전인 fscanf() 함수가 있습니다. 키보드에서 입력받고 모니터로 출력했던 것을 파일에서 입력받고read 파일로 출력write하면 됩니다.

그러나 파일에 읽거나 쓰기 전에는 꼭 해야 할 일이 있습니다. 키보드나 모니터는 모든 프로그램이 공동으로 사용하는 입출력 장치입니다. 따라서 모든 프로그램은 키보드나 모니터를 제약 없이 사용할 수 있습니다. 그러나 파일은 모든 프로그램이 공동으로 사용하지 않습니다.

따라서 파일을 사용하려면 해당 파일이 존재하는지, 존재한다면 파일에 접근할 권한이 있는지를 먼저 살펴봐야 합니다.

예를 들어 test.txt 파일에서 데이터를 읽어 오는 프로그램을 만든다고 가정해 보죠. 일단 test.txt 파일이 있어야만 읽을 수 있습니다. 또한 해당 파일이 있더라도 접근 권한이 없으면 문제가 됩니다. 만약 운영체제만 사용하는 파일의 내용을 수정한다면 시스템이 위험해질 수도 있습니다. 이처럼 권한이 없는 파일에는 접근할 수 없어야 합니다.

따라서 파일을 사용하려면 준비 단계가 필요한데, 이때 open() 함수를 사용합니다. open()은 파일을 여는 함수로, 파일이 있는지와 접근 권한을 확인해서 문제가 없으면 열쇠를 반환해 줍니다.

파일에 접근하려면 열쇠가 필요함

이 책에서는 변수에 저장된 값을 참조하거나 변경할 때 열쇠(&)를 사용한다고 했습니다. 마찬가지로 파일에 있는 데이터를 참조하거나 변경하려면 열쇠가 필요합니다. fd = open("파일_이름") 코드에서 fd가 열쇠입니다.

열쇠를 사용하여 읽기나 쓰기와 같은 작업을 한 후에는 열쇠를 돌려줘야 합니다. **열쇠를 돌려주는 작업은 close() 함수가 수행**합니다. 즉, close() 함수로 열었던 파일을 닫아야 합니다.

파일에 대한 작업 순서를 요약하면 'open() → 읽기/쓰기 → close()'입니다.

## 파일 디스크립터와 위치 지시자

fd = open("파일_이름")처럼 파일을 요청하고 여러 검사를 통과하면 파일에 접근할 수 있는 열쇠가 주어진다고 했습니다. 이 열쇠의 정확한 이름은 **파일 디스크립터**<sup>file descriptor</sup>입니다. 파일 디스크립터는 운영체제에서 파일이나 입출력 리소스를 관리하고 식별하는 데 사용되는 정수형 식별자입니다.

운영체제는 파일 디스크립터를 통해 파일 시스템과 상호 작용하면서 파일에서 읽기와 쓰기 같은 작업을 수행합니다. 이때 파일에서 현재 위치를 나타내는 값을 활용하는데, 이를 **파일 위치 지시자**file position indicator라고 합니다. 파일 위치 지시자는 현재 파일에서 읽거나 쓸 위치를 나타내는 값으로, 파일의 시작 위치에서 얼마나 떨어져 있는지를 바이트로 표시합니다.

운영체제는 파일 디스크립터 테이블이라는 데이터 구조를 만듭니다. open() 함수가 반환하는 정수는 이 파일 디스크립터 테이블의 인덱스입니다. 이 인덱스와 연결된 곳에 파일 위치 지시자가 들어 있습니다. 즉, open() 함수가 반환하는 파일 디스크립터를 사용하여 모든 파일 작업이 이루어집니다.

따라서 `fd = open("test.txt")`와 같은 코드로 파일 디스크립터 fd를 받으면 `read(fd)`, `write(fd)`, `close(fd)`처럼 시스템 호출을 이용해 파일에서 데이터를 읽거나 쓰고, 작업을 마친 후에는 파일을 닫을 수 있습니다.

만약 다음 그림처럼 test.txt라는 파일에 "This is a cow"라는 문자열이 들어 있다고 가정해 보죠. `fd = open("test.txt")`가 정상으로 수행되면 파일 디스크립터 fd의 파일 위치 지시자는 0번 위치를 가리킵니다. 파일의 0번 위치부터 읽거나 쓸 준비가 된 것이죠.

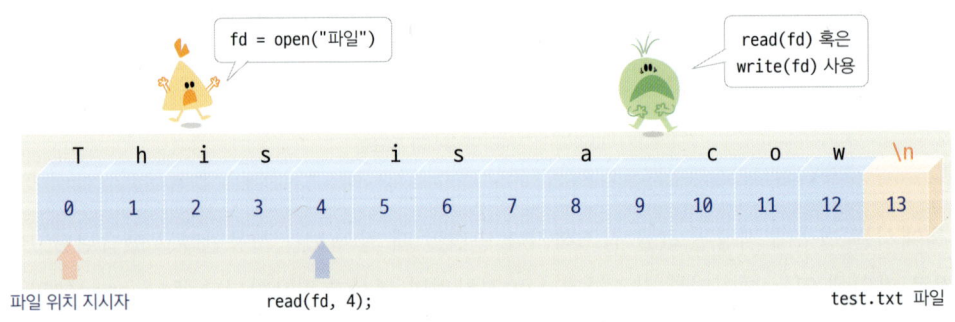

파일과 파일 위치 지시자

파일에서 데이터를 읽을 때는 `read(fd)`를 사용하고, 파일에 데이터를 쓸 때는 `write(fd)`를 사용합니다. 또한 파일을 읽거나 쓸 때마다 위치 지시자는 앞으로 전진합니다. 예를 들어 `read(fd, 4)`로 4bytes를 읽으면 파일에 있는 "This"를 읽은 후에 위치 지시자는 4번 위치로 이동합니다.

## 파일 열기와 닫기

파일은 크게 **텍스트 파일**text file과 **이진 파일**binary file로 나뉩니다. 텍스트 파일이란 데이터가 텍스트 형태(아스키코드)로 저장된 파일이고, 이진 파일은 데이터가 이진수 형태로 저장된 파일입니다. 윈도우 메모장에서 열리는 파일을 제외하고 거의 모든 파일이 이진 파일입니다. 예를 들어 C 소스 파일은 텍스트 파일이지만, 컴파일하여 만든 실행 파일은 이진 파일입니다.

일반적으로는 텍스트 파일을 대상으로 읽기와 쓰기 작업을 합니다. 키보드로 입력하는 것도, 모니터에 출력되는 것도 텍스트이기 때문입니다. 따라서 이 책에서는 텍스트 파일을 읽고 쓰는 방법을 설명합니다.

> ⊕ **개발 지식 더하기**  이진 파일이 더 많은 이유
>
> MP3, JPG, MP4와 같은 데이터 파일도 모두 이진 파일입니다. 텍스트 파일은 우리가 읽을 수 있지만, 이진 파일은 읽기가 어렵습니다. 그런데도 이진 파일을 많이 사용하는 이유는 공간의 효율성 때문입니다. 예를 들어 256을 텍스트 파일로 저장한다면 2, 5, 6 각각의 아스키코드가 저장되므로 총 3bytes가 필요합니다. 그러나 256을 이진 파일로 저장할 때는 11111111로 저장되므로 1byte면 됩니다.

다음 그림처럼 test.txt라는 파일에 텍스트가 4줄 작성돼 있다고 가정해 보죠. 우리가 보기에는 4줄이지만, 파일에는 길게 한 줄(스트림)로 저장되어 있습니다. 그리고 중간중간에 한 줄의 끝을 알리는 줄 바꿈 문자(\n)가 저장되어 있습니다. 파일에는 한 줄로 저장되어 있지만 화면에 표시될 때는 줄 바꿈 문자(\n)를 해석하여 4줄로 나눕니다.

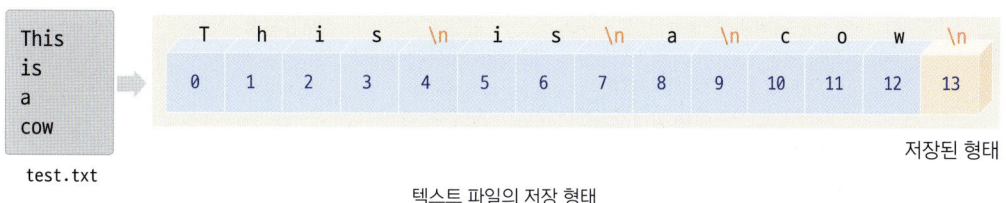

텍스트 파일의 저장 형태

C 언어에서 한 줄의 끝을 알리는 줄 바꿈 문자는 \n이지만, 파일에는 운영체제마다 다르게 저장됩니다. 하지만 파일을 읽어 올 때에는 모두 \n으로 바꿔 줍니다.

### 저수준 접근과 고수준 접근

파일에 접근하는 방법은 저수준과 고수준으로 나뉩니다. 저수준의 파일 접근은 앞서 설명한 open(), read(), write(), close() 함수를 사용합니다. 저수준의 파일 관련 함수들은 파일에

서 바이트 단위로 읽고 쓰는 것 외에는 다른 기능이 없습니다. 따라서 개발자가 모든 작업을 알아서 처리해야 하므로 사용하기가 불편합니다.

반면에 고수준의 파일 함수들은 지금까지 사용한 printf()나 scanf() 같은 입출력 관련 함수와 비슷합니다. 고수준의 파일 함수는 기존의 입출력 함수 이름 앞에 f만 추가한 형태입니다. 예를 들어 open() — fopen(), close() — fclose(), read() — fread(), write() — fwrite(), printf() — fprintf(), scanf() — fscanf()처럼 f로 시작하는 함수가 고수준 파일 함수입니다.

## 파일 열기

고수준 파일 입출력을 자세히 알아보죠. 우선 파일을 열 때는 fopen() 함수를 사용합니다. fopen() 함수는 파일을 정상으로 열었으면 FILE 구조체를 가리키는 포인터를 반환하고, 파일이 없거나 여는 데 문제가 있으면 널(NULL)을 반환합니다.

FILE 구조체에는 파일 디스크립터와 위치 지시자 등 파일을 다루는 데 필요한 다양한 정보가 담겨 있습니다. 따라서 fopen() 함수가 반환하는 값은 FILE 구조체의 포인터 변수로 받아야 합니다. FILE 구조체의 포인터를 얻었으면 이제 이를 이용해 파일을 읽고 쓰고 닫을 수 있습니다.

fopen() 함수와 FILE 구조체 포인터

> **핵심 한 줄**  FILE 구조체 포인터는 파일에 접근할 수 있는 열쇠이다.

다음은 FILE 구조체의 포인터 변수 fp를 선언하고 fopen() 함수로 test.txt 파일을 열어서 fp에 대입한 예입니다.

**파일 열기**

```
FILE *fp;
fp = fopen("test.txt", "r");
```

fopen() 함수의 매개변수는 파일 이름과 접근 모드입니다. 접근 모드란 파일을 어떻게 사용할지 결정하는 것입니다. 읽기 read 전용은 "r", 쓰기 write 전용은 "w", 추가 append 전용은 "a"입니다.

접근 모드의 특징

파일을 읽기 모드("r")로 열 때 파일이 없으면 오류가 발생합니다. 쓰기 모드("w")로 열 때 파일이 있으면 내용을 지우고, 없으면 새 파일을 만듭니다. 추가 모드("a")로 열 때 파일이 있으면 파일의 끝에 데이터를 이어서 붙이고, 없으면 새 파일을 만듭니다.

접근 모드

| 모드 | 설명 | 파일이 있을 때 | 파일이 없을 때 |
| --- | --- | --- | --- |
| "r" | 읽기 전용 | 정상 | 오류 |
| "w" | 쓰기 전용 | 내용물 삭제 | 새 파일 만듦 |
| "a" | 추가 전용 | 파일 끝에 이어 붙임 | 새 파일 만듦 |
| "r+" | 읽기와 쓰기 | 정상 | 오류 |
| "w+" | 읽기와 쓰기 | 내용물 삭제 | 새 파일 만듦 |
| "a+" | 읽기와 추가 | 파일 끝에 이어 붙임 | 새 파일 만듦 |
| t | 텍스트 파일 - 단독 사용 불가 | "rt", "wt", "at", "r+t", "w+t", "a+t" | |
| b | 이진 파일 - 단독 사용 불가 | "rb", "wb", "ab", "r+b", "w+b", "a+b" | |

"r+"와 "w+"는 읽기와 쓰기가 모두 가능한 모드입니다. "r+" 모드는 파일이 없으면 오류가 발생합니다. "w+" 모드는 파일에 내용물이 있으면 삭제하고 파일이 없으면 새 파일을 만듭니다. "a+"는 읽기와 추가가 가능한 모드입니다.

t와 b는 파일을 텍스트 형태로 사용할지, 이진 형태로 사용할지를 나타냅니다. 단독으로는 사용할 수 없고 "rt", "wb"처럼 다른 모드와 조합해서 사용합니다. t나 b를 생략하면 텍스트 모드가 기본입니다.

> **핵심 한줄**  파일에 데이터가 있을 때 "w"과 "w+" 모드는 모든 내용을 지우므로 조심해야 한다.

### 파일 닫기

파일은 다 사용하고 나면 닫아야 합니다. 파일을 열면 시스템 자원이 할당되므로 닫지 않으면 자원을 낭비하게 될 뿐만 아니라 최악의 경우에는 파일 안의 데이터가 사라질 수도 있습니다. 따라서 파일을 열었으면 반드시 닫아야 합니다.

파일을 닫을 때는 fclose() 함수를 사용합니다. 이 함수는 파일 닫기에 성공하면 0, 실패하면 EOF를 반환합니다. 이 반환값으로 파일을 제대로 닫았는지 확인할 수 있습니다.

| 파일 닫기 |
|---|
| fclose(fp); |

> **⊕ 개발 지식 더하기**  close( ) 함수의 역할
>
> close() 함수는 버퍼에 있는 내용을 파일에 저장하고, 파일을 정상으로 닫아서 다시 사용할 수 있도록 합니다. 그런데 파일을 닫지 않고 코드가 종결되면 버퍼에 남아 있던 데이터가 파일에 저장되지 않을 수 있습니다. 또한 파일이 열린 상태로 남아 있어서 다른 프로그램이 해당 파일을 수정하거나 삭제할 수 없는 상태가 될 수도 있습니다.

## ✦실력 향상 프로젝트 24 | 파일 열고 닫기
📄 1302_file_open.c

파일을 열고 닫는 실습을 해봅시다. 다음 코드는 04행에서 FILE 구조체의 포인터 *fp를 선언합니다. 06행에서는 test.txt 파일을 읽기 전용("r")으로 엽니다. 작업 폴더에 해당 파일이 있으면 값이 반환되고, 없으면 NULL이 반환됩니다.

이 프로그램이 정상으로 작동하려면 소스 파일(1302_file_open.c)이 있는 폴더에 test.txt 파일이 있어야 합니다. 메모장을 열어 아무 글자나 입력한 후 소스 파일이 있는 폴더에 저장하고 프로그램을 실행해 보세요.

```
01  #include <stdio.h>
02
03  int main() {
04      FILE *fp;
05
06      fp = fopen("test.txt", "r");
07      if (fp == NULL) {
08          printf("파일 open 실패\n");
09          return 1;
10      }
11      else printf("파일 open 성공\n");
12      fclose(fp);
13
14      return 0;
15  }
```

**실행 결과**

파일 open 성공

07행에서 fp가 NULL이면 파일을 여는 데 실패한 것입니다. 그러면 08행에서 실패 메시지를 출력하고 09행에서 return 1로 프로그램을 종료합니다. 파일을 열 때는 07~10행처럼 열기에 실패했을 때 적절하게 대처하는 것이 좋습니다. 파일이 있으면 12행의 fclose() 함수가 실행되어 파일을 닫습니다.

## 13-2

# 파일 입출력 다루기

앞서 파일을 열고 닫는 방법을 알아봤습니다. 이제 파일에 읽고 쓰는 방법을 알아보겠습니다. 파일에 입출력할 때는 문자나 문자열 단위 또는 서식을 사용할 수 있습니다.

파일 관련 입출력 함수는 기존의 입출력 함수에서 이름 앞에 f가 붙습니다. 기존 입출력 함수와 다른 점은 입출력 대상이 키보드나 모니터가 아니라 파일이라는 것입니다. 따라서 `fopen()` 함수를 사용하여 정상으로 얻은 *fp를 매개변수로 전달받습니다.

또한 입출력의 끝을 알려 주는 EOF$^{\text{end of file}}$가 파일의 끝도 알려 줍니다. 파일의 끝에 도달하거나 입출력 도중 오류가 발생하면 EOF가 반환됩니다. EOF는 보통 -1로 정의되어 있습니다.

> **핵심 한 줄** 입출력의 끝과 파일의 끝은 EOF이다.

### 문자 단위 입출력

파일에 문자 단위로 읽고 쓰는 실습을 진행해 보겠습니다. 여기에는 `fgetc()`와 `fputc()` 함수를 사용합니다. 그리고 파일의 내용을 새 파일에 복사하는 실습도 진행해 보겠습니다.

### 파일 쓰기

먼저 파일에 글자를 저장해 보죠. 다음 코드는 `fputc()` 함수로 test.txt 파일에 한 글자씩 쓰는 예입니다. 05행에서 문자열 배열 `buf[]`를 "This is a cow"로 초기화합니다. 08행에서는 test.txt를 쓰기 전용(`"w"`)으로 엽니다. 파일을 여는 데 실패하면(`if (fp == NULL)`) 메시지를 출력하고 프로그램을 종료합니다.

## Do it! 실습    파일에 문자 단위로 쓰기    📄 1303_fputc.c

```c
01  #include <stdio.h>
02
03  int main() {
04      FILE *fp = NULL;
05      char buf[14] = "This is a cow";
06      int k;
07
08      fp = fopen("test.txt", "w");   // test.txt 파일을 쓰기 전용으로 열기
09      if (fp == NULL) {
10          printf("파일 open 실패\n");
11          return 1;
12      }
13      printf("test.txt에 한 글자씩 쓰기\n");
14      for (k = 0; k < 14; k++)
15          fputc(buf[k], fp);   // 문자열의 내용을 한 글자씩 파일에 쓰기
16
17      fclose(fp);
18      return 0;
19  }
```

### 실행 결과

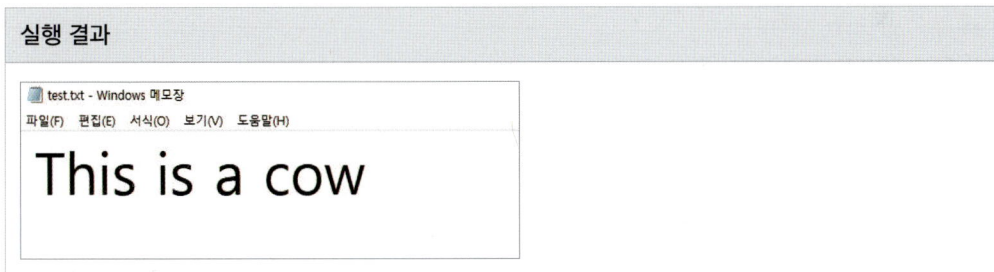

15행에서 for 문을 사용하여 buf[k]의 글자를 fp가 가리키는 파일에 저장합니다. 그리고 17행에서 fclose() 함수로 파일을 닫습니다. 프로그램을 실행한 후 이 소스 파일이 있는 작업 폴더를 보면 test.txt 파일이 생성되어 있습니다. 이 파일을 열면 buf[]의 모든 글자가 파일에 입력된 것을 확인할 수 있습니다.

○ 비주얼 스튜디오에서 실습 중이라면 메뉴에서 [파일 → 열기 → 파일]을 선택하세요. 그러면 test.txt 파일이 생성된 작업 폴더가 열립니다.

## 파일 읽기

이제 파일에서 글자를 읽어 보죠. 다음 코드는 `fgetc()` 함수를 사용하여 파일에 있는 글자를 하나씩 읽어서 화면에 출력합니다. 이 프로그램은 작업 폴더에 test.txt 파일이 있어야 제대로 동작합니다. 07행에서 test.txt 파일을 읽기 전용("r")으로 엽니다. 실수로 "w"나 "w+"를 사용하면 파일 안의 데이터를 모두 지우므로 조심해야 합니다.

**Do it! 실습**  파일에서 문자 단위로 읽기  `1304_fgetc.c`

```c
01  #include <stdio.h>
02
03  int main() {
04      FILE *fp = NULL;
05      char c;
06
07      fp = fopen("test.txt", "r");    // test.txt 파일을 읽기 전용으로 열기
08      if (fp == NULL) {
09          printf("파일 open 실패\n");
10          return 1;
11      }
12      while ((c = fgetc(fp)) != EOF)   // 파일에서 한 글자씩 가져오기
13          putchar(c);
14
15      printf("\n");
16      fclose(fp);
17      return 0;
18  }
```

**실행 결과**

```
This is a cow
```

12행에서 `fgetc()` 함수를 사용하여 fp에서 한 글자를 읽어 문자 c에 넣습니다. 만약 c가 파일의 끝을 알리는 EOF이면 while 문을 종료합니다. 파일에서 가져온 문자 c는 13행에서 `putchar()` 함수로 화면에 출력합니다.

## 파일 내용 복사

지금까지 배운 함수를 사용하여 파일을 복사하는 코드를 작성해 보죠. 다음 코드는 test.txt의 내용을 test_b.txt 파일로 복사하는 예입니다. 04행에서 읽기용으로 사용할 **fpr**과 쓰기용으로 사용할 **fpw**를 선언합니다. 07행과 08행에서 각각 test.txt와 test_b.txt 파일을 엽니다. 09행에서 둘 중 한 파일이라도 여는 데 실패하면 프로그램을 종료합니다.

### Do it! 실습 — 파일 내용을 문자 단위로 복사하기  `1305_file_copy1.c`

```c
01  #include <stdio.h>
02
03  int main() {
04      FILE *fpr = NULL, *fpw = NULL;
05      char c;
06
07      fpr = fopen("test.txt", "r");        // test.txt 파일을 읽기 전용으로 열기
08      fpw = fopen("test_b.txt", "w");      // test_b.txt 파일을 쓰기 전용으로 열기
09      if (fpr == NULL || fpw == NULL) {
10          printf("파일 open 실패\n");
11          return 1;
12      }
13      printf("파일 복사 시작\n");
14      while ((c = fgetc(fpr)) != EOF)      // EOF를 만날 때까지 한 글자씩 읽기
15          fputc(c, fpw);                   // fpw가 가리키는 파일에 문자 c를 쓰기
16
17      fclose(fpr);
18      fclose(fpw);
19      return 0;
20  }
```

### 실행 결과

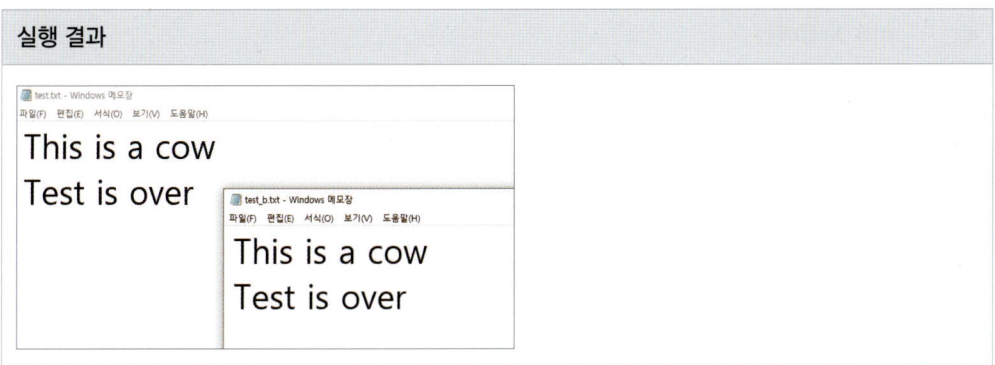

이 프로그램은 작업 폴더에 test.txt 파일이 있어야 제대로 동작합니다. 14~15행에서는 fgetc()와 fputc() 함수를 사용하여 파일의 내용을 한 글자씩 복사합니다. 파일의 끝인 EOF를 만나면 while 문을 종료합니다.

## 문자열 단위 입출력

이번에는 파일에 문자열 단위로 읽고 쓰는 실습을 진행해 보겠습니다. 여기에는 fgets()와 fputs() 함수를 사용합니다.

파일에서 문자열을 읽는 fgets() 함수는 char *fgets(char *buf, int size, FILE *fp)로 정의되어 있습니다. 읽어 온 데이터를 담을 문자 배열인 buf와 여기에 담을 글자의 크기, 그리고 FILE 구조체 포인터를 매개변수로 받습니다. 문자열의 끝에는 언제나 널 문자(\0)를 자동으로 붙여 줍니다.

파일에 문자열을 쓰는 fputs() 함수는 char *fputs(const char *buf, FILE *fp)로 정의되어 있습니다. 첫 번째 매개변수인 const char *buf는 값에 의한 호출로 buf값에 변화가 없다는 의미입니다.

다음 코드는 앞에서 파일을 복사하는 프로그램을 fgets()와 fputs() 함수를 사용해 문자열 단위로 복사하도록 바꾼 것입니다. 이 프로그램 역시 작업 폴더에 test.txt 파일이 있어야 제대로 동작합니다. 05행에서 문자열 복사에 사용할 배열 char buf[80]을 선언합니다. 14행에서 fgets() 함수는 fpr이 가리키는 파일에서 80bytes를 읽어서 배열에 넣습니다.

**Do it! 실습**  문자열 단위로 복사하기  　1306_file_copy2.c

```c
01  #include <stdio.h>
02
03  int main() {
04      FILE *fpr = NULL, *fpw = NULL;
05      char buf[80];
06
07      fpr = fopen("test.txt", "r");      // test.txt 파일을 읽기 전용으로 열기
08      fpw = fopen("test_b.txt", "w");    // test.txt 파일을 쓰기 전용으로 열기
09      if (fpr == NULL || fpw == NULL) {
10          printf("파일 open 실패\n");
11          return 1;
12      }
13      printf("파일 복사 시작\n");
14      fgets(buf, 80, fpr);
15      fputs(buf, fpw);
16
```

```
17      fclose(fpr);
18      fclose(fpw);
19      return 0;
20  }
```

실행 결과

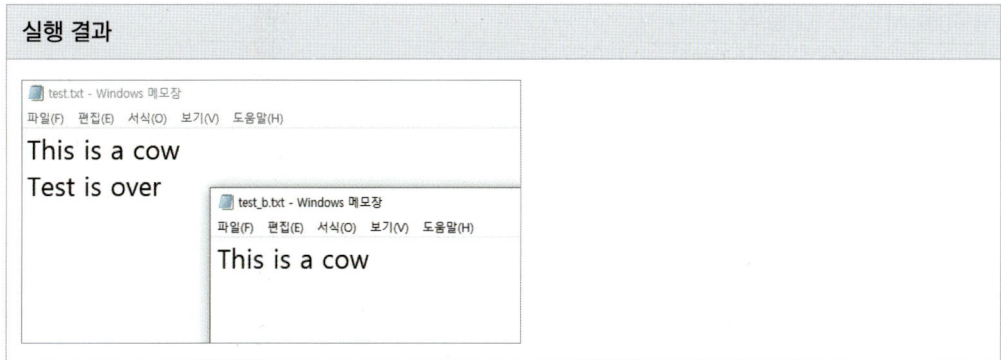

fgets() 함수는 줄 바꿈 문자(\n)나 EOF를 만나면 종료됩니다. 또한 버퍼의 크기보다 1개 적을 때까지만 문자열을 읽습니다. 따라서 이 코드에서는 79글자만 읽습니다. 입력이 종료되면 지금까지 읽은 문자열 맨 마지막에 널 문자(\0)를 자동으로 삽입합니다. 만약 14행을 fgets(buf, 10, fpr)이라고 쓰면 "This is a"까지 9글자와 10번째 널 문자가 배열에 저장됩니다.

15행에서는 buf에 있는 문자열을 fpw가 가리키는 파일에 씁니다. 그런데 출력 결과를 보면 원본 파일에서 한 줄만 복사되었습니다. fgets() 함수가 첫 번째 줄에서 맨 끝에 있는 줄 바꿈 문자(\n)를 만나 입력이 종료되기 때문입니다. 그래서 buf에는 첫 번째 줄만 저장되고 결국 한 줄만 복사됩니다.

만약 파일의 전체 내용을 복사한다면 14~15행을 다음처럼 수정합니다. while 문을 사용하여 fgets() 함수가 NULL을 반환할 때까지 복사하면 됩니다.

파일의 전체 내용을 복사

```
while (fgets(buf, 80, fpr) != NULL)
    fputs(buf, fpw);
```

이 코드에서 실수를 많이 하는 부분이 있습니다. 바로 NULL 대신 EOF를 사용하는 것입니다. fgets() 함수가 더 이상 읽을 데이터가 없을 때 반환하는 값은 EOF가 아니라 NULL입니다. 따라서 다음과 같은 코드는 무한 반복에 빠지니 조심해야 합니다.

> **NULL 대신 EOF를 사용하면 무한 반복에 빠짐**
> ```
> while (fgets(buf, 80, fpr) != EOF)
>     fputs(buf, fpw);
> ```

## 서식을 사용한 입출력

앞서 사용한 함수들은 파일에 문자만 쓰거나 읽을 수 있습니다. 만약 정수나 실수 같은 숫자를 쓰거나 읽을 때는 fprintf()와 fscanf() 함수를 사용합니다. 두 함수는 printf()와 scanf() 함수처럼 다양한 서식을 사용하여 입출력할 수 있습니다. 차이점은 첫 번째 매개변수가 FILE 구조체 포인터라는 것입니다.

### 파일 쓰기

다음 코드는 서식으로 파일에 쓰는 함수 fprintf()를 사용한 예입니다. 12행의 fprintf() 함수에서 첫 번째 매개변수는 fp입니다. fp가 가리키는 파일에 쓰겠다는 의미입니다. 두 번째 매개변수는 문자열과 숫자를 나타내는 서식 지정자 %s와 %d입니다. 세네 번째 매개변수는 파일에 쓸 문자열과 숫자입니다. 13행도 같은 형식으로 한 번 더 씁니다.

**Do it! 실습** 파일에 서식을 사용하여 쓰기　　　　　　　　　　　　　1307_fprintf.c

```c
01  #include <stdio.h>
02
03  int main() {
04      FILE *fp = NULL;
05
06      fp = fopen("test.txt", "w");
07      if (fp == NULL) {
08          printf("파일 open 실패\n");
09          return 1;
10      }
11      printf("파일 쓰기 시작\n");
12      fprintf(fp, "%s %d", "gildong", 1000);
13      fprintf(fp, "%s %d", "hyungwook", 2000);
14
15      fclose(fp);
16      return 0;
17  }
```

### 실행 결과

```
test.txt - Windows 메모장
파일(F)  편집(E)  서식(O)  보기(V)  도움말(H)
gildong 1000hyungwook 2000
```

프로그램을 실행한 후 파일을 열어 출력 결과를 확인해 보면 "1000"과 "hyungwoo" 사이에 빈칸이 없습니다. 그런데 이렇게 빈칸이 없어도 "1000"과 "hyungwook"을 구분할 수 있을까요? 이를 확인해 보기 위해 test.txt 파일을 읽어서 화면에 출력해 봅시다.

### 파일 읽기

다음 코드에서 13행은 fscanf() 함수를 사용하여 fp가 가리키는 파일에서 문자열 1개와 숫자 1개를 읽고 14행에서 화면에 출력합니다. 15행에서 다시 문자열 1개와 숫자 1개를 읽고 16행에서 출력합니다.

**Do it! 실습** 파일에 서식을 사용하여 읽기 · 1308_fscanf.c

```c
01  #include <stdio.h>
02
03  int main() {
04      FILE *fp = NULL;
05      char buf[80];
06      int num;
07
08      fp = fopen("test.txt", "r");
09      if (fp == NULL) {
10          printf("파일 open 실패\n");
11          return 1;
12      }
13      fscanf(fp, "%s %d", buf, &num);
14      printf("%s %d\n", buf, num);
15      fscanf(fp, "%s %d", buf, &num);
16      printf("%s %d\n", buf, num);
17
18      fclose(fp);
19      return 0;
20  }
```

| 실행 결과 |
|---|
| gildong 1000<br>hyungwook 2000 |

실행 결과를 보면 문자열과 숫자를 구분해 정상으로 출력하는 것을 볼 수 있습니다. `fprintf()`와 `fscanf()` 함수를 사용할 때 주의할 점은 `fprintf()` 함수로 파일에 쓸 때 사용했던 서식 지장자를 `fscanf()` 함수로 파일을 읽을 때도 똑같이 지정해야 한다는 것입니다. 만약 조금이라도 다르면 전혀 다른 결과가 나올 수 있습니다. 만약 `%s`만 사용하여 파일을 읽으면 "gildong", "1000hyungwook", "2000"처럼 문자열 3개로 읽습니다.

`fscanf()` 함수는 파일 끝에 도달해도 `NULL`이나 `EOF`를 반환하지 않습니다. 따라서 `while` 문으로 데이터를 여러 개 읽을 때는 `feof()` 함수를 사용해야 합니다. `feof()` 함수에 파인 포인터를 전달하면 파일 끝에 도달했는지 알려 줍니다.

| 파일의 끝을 알려 주는 함수 |
|---|
| `int feof(FILE *fp)` |

`feof()` 함수는 파일의 끝이면 참(1), 끝이 아니면 거짓(0)을 반환합니다. 주의할 점은 파일이 끝에 도달하면 1을 반환한다는 것입니다. 앞의 코드를 다음처럼 바꾸면 파일의 끝을 만날 때 프로그램을 자동으로 종료합니다.

```c
while (feof(fp) == 0) {
    fscanf(fp, "%s %d", buf, &num);
    printf("%s %d\n", buf, num);
}
```

## 파일 위치 지시자

파일 위치 지시자file position indicator는 파일 내에서 현재 위치를 나타내는 값입니다. 즉, 파일에서 현재 읽기나 쓰기 작업을 수행할 위치를 나타냅니다. 파일이 열리면 파일 위치 지시자는 파일의 시작 위치(첫 번째 바이트)를 가리킵니다. 파일 입출력 함수(`fread()`, `fwrite()`, `fseek()` 등)를 사용하여 파일에서 읽거나 쓸 때 파일 위치 지시자는 자동으로 업데이트됩니다.

예를 들어 test.txt 파일에 "This is a cow"라는 문자열이 저장되어 있고 `fp = fopen("test.txt", "r")` 코드로 파일을 열었다면 파일 위치 지시자는 맨 앞의 'T'를 가리킵니다.

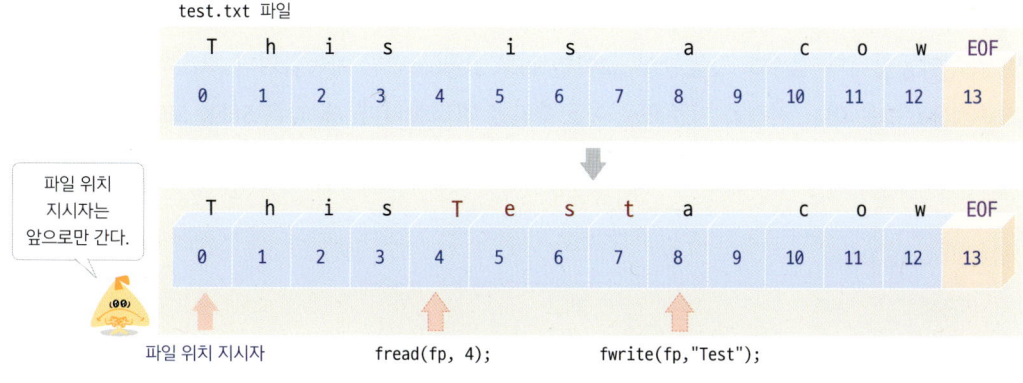

파일을 읽거나 쓸 때 파일 위치 지시자 이동

파일 위치 지시자는 fread()와 fwrite() 함수가 공유합니다. 또한 파일 위치 지시자는 어떤 작업을 하든 간에 앞으로 전진만 합니다. 예를 들어 fread(fp, 4) 함수를 호출한 후에 fwrite(fp, "Test") 함수를 호출했다고 가정해 보죠. fread(fp, 4) 함수는 0~3번까지의 문자열 "This"를 읽은 후 fp의 파일 위치 지시자는 다음 위치인 4번을 가리킵니다. 마지막에 읽은 's'의 위치 3번이 아니라 4번 위치로 이동했음에 주의하세요. 이처럼 파일 위치 지시자는 작업이 끝나면 다음 작업을 위해 다음 위치로 이동합니다.

이어서 fwrite(fp, "Test") 함수는 문자열을 4~7번까지 쓴 후 fp의 파일 위치 지시자는 다음 위치인 8번을 가리킵니다. 이처럼 파일을 대상으로 읽거나 쓸 때 파일 위치 지시자는 앞으로 전진합니다.

> **핵심 한 줄** 파일 위치 지시자는 읽기와 쓰기 작업에서 공유하며 작업을 수행할 때마다 앞으로 이동한다.

### 파일 위치 지시자 이동시키기

파일에서 여러 번 읽는 다든지, 파일의 특정 위치에 데이터를 쓸 때는 파일 위치 지시자를 앞이나 뒤로 이동시켜야 합니다. 이때 fseek() 함수를 사용합니다. fseek() 함수의 매개변수는 FILE 구조체 포인터와 이동 거리 그리고 기준점입니다.

| 파일 위치 지시자를 이동시키는 함수 |
| --- |
| int fseek(FILE *fp, long offset, long mark) |

이동 거리(offset)는 얼마만큼 이동시킬 것인지를 나타냅니다. 예를 들어 3이면 3bytes만큼 앞으로 이동합니다. 음수도 가능한데 -2이면 뒤로 2bytes만큼 이동합니다.

기준점(mark)은 어느 지점을 기준으로 이동할지를 결정합니다. 맨 앞은 SEEK_SET, 현재 위치는 SEEK_CUR, 맨 끝은 SEEK_END이라는 상수를 사용합니다.

기준점을 나타내는 상수

| 기준점 | 숫자 | 비고 |
| --- | --- | --- |
| SEEK_SET | 0 | 파일의 맨 앞 기준 |
| SEEK_CUR | 1 | 현재 파일 위치 지시자 기준 |
| SEEK_END | 2 | 파일의 맨 끝 기준(EOF 위치 기준) |

기준점 3가지를 그림으로 나타내면 다음과 같습니다. 현재 파일 위치 지시자는 6번을 가리킨다고 가정해 봅시다. SEEK_SET는 언제나 0번 위치를 기준으로 하며, SEEK_CUR은 6번 위치를 기준으로 합니다. 그리고 SEEK_END는 13번 위치를 기준으로 합니다. SEEK_END는 데이터의 끝인 12번 위치가 아니라 EOF가 있는 13번 위치를 기준으로 한다는 것에 주의하세요.

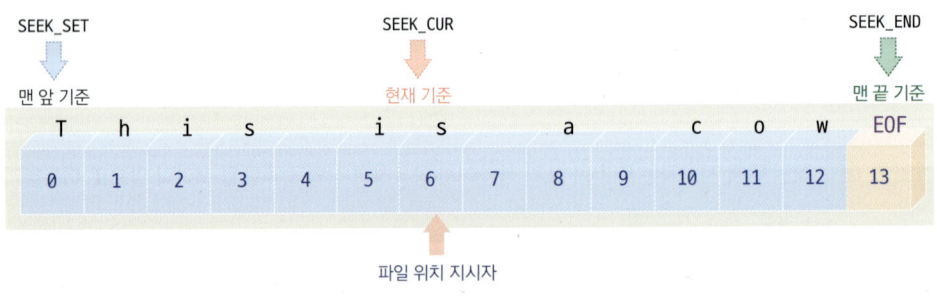

파일 위치 지시자 이동의 기준점

만약 맨 앞을 기준으로 2bytes 앞으로 이동하고 싶다면 fseek(fp, 2, SEEK_SET)처럼 작성합니다. 현재 파일 위치 지시자를 기준으로 1byte 앞으로 이동하고 싶다면 fseek(fp, 1, SEEK_CUR), 맨 뒤를 기준으로 3bytes 뒤로 이동하고 싶다면 fseek(fp, -3, SEEK_END)라고 작성합니다.

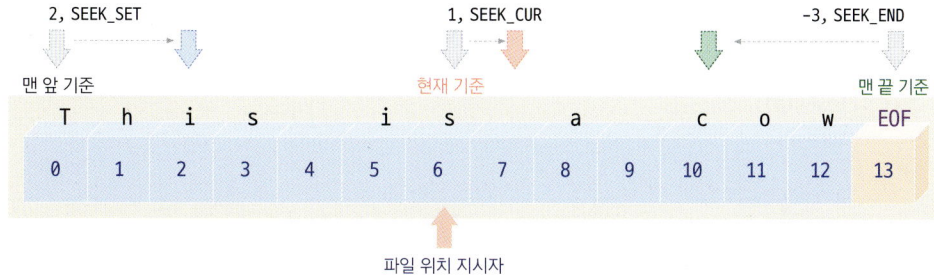

기준점별 파일 위치 지시자 이동 예

여러 가지 작업을 하다 보면 파일 위치 지시자가 현재 어디를 가리키는지 알고 싶을 때가 있습니다. 이때는 ftell() 함수를 사용합니다. ftell() 함수는 FILE 구조체 포인터를 매개변수로 전달받아 파일 위치 지시자가 가리키는 현재 위치를 long 형태로 돌려줍니다.

**파일 위치 지시자의 현재 위치를 구하는 함수**

long ftell(FILE *fp)

다음 코드는 파일 위치 지시자를 이동시키는 함수 fseek()을 사용하는 예입니다.

**Do it! 실습** 파일 위치 지시자 이동시키기 　　　　　　　　　　　　　　1309_fseek1.c

```
01  #include <stdio.h>
02
03  int main() {
04      FILE *fp = NULL;
05      long pos;
06
07      fp = fopen("test.txt", "w+");
08      if (fp == NULL) {
09          printf("파일 open 실패\n");
10          return 1;
11      }
12      fputs("0123456789", fp);
13      pos = ftell(fp);
14      printf("현재 파일 위치 %d\n", pos);
15      fseek(fp, 2, SEEK_SET);
16      printf("2, SEEK_SET값은 %c\n", fgetc(fp));
17      fseek(fp, 3, SEEK_CUR);
18      printf("3, SEEK_CUR값은 %c\n", fgetc(fp));
19      fseek(fp, -1, SEEK_END);
```

```
20      printf("-1, SEEK_END값은 %c\n", fgetc(fp));
21
22      fclose(fp);
23      return 0;
24 }
```

실행 결과

```
현재 파일 위치 10
2, SEEK_SET값은 2
3, SEEK_CUR값은 6
-1, SEEK_END값은 9
```

07행에서 test.txt 파일을 "w+" 모드로 열었습니다. 기존의 데이터가 있다면 모두 지우고 읽기와 쓰기 작업을 할 수 있는 모드입니다. 12행에서 fputs() 함수로 문자열 "0123456789"를 파일에 씁니다. 이후 파일의 데이터와 파일 위치 지시자의 상태는 다음 그림과 같습니다.

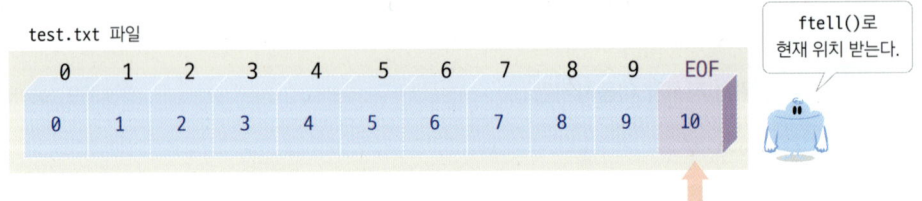

fputs() 이후 파일 위치 지시자

13행에서 ftell() 함수로 fp의 위치 지시자가 현재 가리키는 곳을 pos로 받은 후 14행에서 출력합니다. 그 결과로 10이 출력됩니다. 15행에서 fseek(fp, 2, SEEK_SET)로 위치 지시자를 이동시킨 후 16행에서 fgetc() 함수로 현재 위치 지시자가 가리키는 곳의 문자를 출력합니다. 그 결과로 2가 출력됩니다.

17행에서 fseek(fp, 3, SEEK_CUR)로 파일 위치 지시자를 이동시킨 후, 현재 위치의 문자를 출력합니다. 그 결과로 5가 나올 것 같지만, 6이 출력됩니다. 그 이유는 16행의 fgetc() 함수가 끝나면 위치 지시자는 1byte 앞으로 이동해 3번을 가리키기 때문입니다. 이 상태에서 fseek(fp, 3, SEEK_CUR) 함수가 호출되므로 위치 지시자는 5가 아닌 6을 가리키게 됩니다. 읽기든 쓰기든 파일에서 어떤 작업을 하고 나면 파일 위치 지시자는 앞으로 이동한다는 것을 기억하세요.

다시 19행에서 fseek(fp, -1, SEEK_END)로 파일 위치 지시자를 이동시킨 후, 현재 위치의 문자를 출력합니다. 이때 기준점으로 지정한 SEEK_END는 데이터의 끝인 9가 아니라 EOF가 있는 10이므로 fseek(fp, -1, SEEK_END)의 결과로 9가 출력됩니다.

## 실력 향상 프로젝트 25 | 파일 내용을 거꾸로 출력하기
1310_fseek2.c

파일에 작성된 데이터를 뒤에서 앞으로 한 글자씩 읽어서 화면에 출력하는 코드를 작성해 보죠. 먼저 작업 폴더의 test.txt 파일에는 "0123456789"라는 문자열이 작성돼 있어야 합니다. 다음은 이 파일을 거꾸로 읽어서 출력하는 코드입니다. 05행에서 파일 위치 지시자를 담을 pos 변수를 선언하고, 06행에서 읽어 온 문자를 담을 ch 변수를 선언합니다. 그리고 08행에서 test.txt 파일을 읽기 전용으로 엽니다.

```c
01  #include <stdio.h>
02
03  int main() {
04      FILE *fp = NULL;
05      long pos;
06      char ch;
07
08      fp = fopen("test.txt", "r");
09      if (fp == NULL) {
10          printf("파일 open 실패\n");
11          return 1;
12      }
13      fseek(fp, 0, SEEK_END);      // 맨 뒤로 이동
14      pos = ftell(fp);             // 맨 뒤 위칫값 pos에 저장
15      fseek(fp, -1, SEEK_END);     // 맨 뒤 문자 위치로 이동
16      while (pos > 0) {
17          ch = fgetc(fp);
18          printf("%c", ch);
19          fseek(fp, -2, SEEK_CUR); // 현재 위치에서 -2 이동
20          pos--;
21      }
22      printf("\n");
23      fclose(fp);
24      return 0;
25  }
```

| 실행 결과 |
| --- |
| 9876543210 |

13행에서 fseek(fp, 0, SEEK_END) 함수로 fp의 위치 지시자를 맨 뒤로 옮깁니다. 기준점이 SEEK_END이므로 EOF가 있는 위치(10)로 이동합니다. 14행에서 ftell(fp) 함수로 현재 위치(10)를 pos 변수에 넣습니다. 그리고 15행에서 fp의 위치 지시자가 EOF에서 한 칸 앞(9가 있는 위치)을 가리키도록 fseek(fp, -1, SEEK_END)를 작성합니다.

16~21행은 파일에서 한 문자씩 읽어서 화면에 출력하는 코드입니다. while 문의 조건은 pos > 0입니다. 따라서 pos는 10에서 1씩 줄다가 1이 될 때까지 총 10번을 반복합니다. pos가 0이 되는 순간 반복문을 빠져나옵니다.

17행에서는 ch = fgetc(fp) 코드로 문자 하나를 읽고 18행에서 화면에 출력합니다. 문자를 읽으면 fp의 위치 지시자는 다음 문자를 가리키게 되므로 2칸 전으로 돌려 놓아야 합니다. 따라서 19행에서 fseek(fp, -2, SEEK_CUR)처럼 작성합니다. 실행 결과를 보면 뒤에서 앞으로 한 문자씩 읽어서 출력되는 것을 확인할 수 있습니다.

## 확실하게 내 것으로! 13장 마무리 문제

1. 모든 입출력 장치의 데이터 전송은 [        ] 형태가 기본입니다.

2. 파일에 접근할 때 필요한 열쇠로, 운영체제에서 파일이나 입출력 리소스를 관리하고 식별하는 데 사용하는 정수형 식별자를 [        ](이)라고 합니다.

3. 파일 디스크립터를 얻으려면 [        ] 함수를 사용합니다.

4. 파일 디스크립터를 반환하려면 [        ] 함수를 사용합니다.

5. 모든 입출력의 끝은 [        ] 입니다.

6. 파일 접근 모드 중 읽기 전용 접근 모드는 [      ] 입니다.

7. 파일 접근 모드 중 쓰기 전용 접근 모드는 [      ] 입니다.

8. 파일 접근 모드 중 추가 전용 접근 모드는 [      ] 입니다.

9. 파일 접근 모드 중 파일이 없을 때 오류가 나는 모드는 [      ] 입니다.

10. 파일 접근 모드 중 파일이 있을 때 내용이 삭제되는 모드는 [      ] 입니다.

11. 파일 접근 모드 중 파일이 있을 때 파일 끝에 이어 붙이는 접근 모드는 [      ] 입니다.

12. fseek() 함수에서 파일의 맨 앞 기준을 나타내는 상수는 [        ] 입니다.

13. fseek() 함수에서 현재 파일 위치 지시자 기준을 나타내는 상수는 [        ] 입니다.

▶ 다음 쪽에 계속

**14** fseek() 함수에서 파일의 맨 끝 기준을 나타내는 상수는 _____ 입니다.

**15** 다음 코드는 test.txt 파일의 내용을 test_b.txt 파일로 복사합니다. 14행과 15행을 fgetc() 와 fputc() 함수를 사용하여 완성하세요.

```c
01  #include <stdio.h>
02
03  int main() {
04      FILE *fpr = NULL, *fpw = NULL;
05      char c;
06
07      fpr = fopen("test.txt", "r");        // test.txt 파일을 읽기 전용으로 열기
08      fpw = fopen("test_b.txt", "w");      // test.txt 파일을 쓰기 전용으로 열기
09      if (fpr == NULL || fpw == NULL) {
10          printf("파일 open 실패\n");
11          return 1;
12      }
13      printf("파일 복사 시작\n");
14      while (                        )
15                           ;
16      fclose(fpr);
17      fclose(fpw);
18      return 0;
19  }
```

▶ 모범 답안: 425쪽

# 14장

# 전처리와 다중 소스 파일

- ✦ 14-1 전처리와 매크로
- ✦ 14-2 다중 소스 파일

**학습 목표**
1. 컴파일하기 전에 먼저 처리하는 전처리의 특징과 활용 방법을 이해합니다.
2. 함수 매크로와 매크로에서 문자열 사용법, 내장 매크로 등을 익힙니다.
3. 변수가 가질 수 있는 값을 열거하는 열거형을 배웁니다.
4. 헤더 파일과 다중 소스 파일을 만드는 방법을 이해합니다.
5. static으로 선언하는 정적 변수와 extern으로 선언하는 외부 변수를 알아봅니다.

## 14-1

# 전처리와 매크로

### 전처리 이해하기

소스 파일에서 printf() 함수를 사용하려면 위쪽에 #include <stdio.h> 코드를 작성해야 합니다. 여기서 #include처럼 #으로 시작하는 지시문은 전처리 단계에서 처리됩니다. **전처리**preprocess란 컴파일하기 전에 먼저 처리한다는 의미입니다.

다음은 소스 파일을 컴파일할 때 전처리 과정을 나타냅니다.

전처리 과정

전처리 단계에서는 다음처럼 3가지 작업을 주로 수행합니다.

- **헤더 파일 포함:** #include 지시문으로 지정한 헤더 파일의 전체 내용을 복사하여 소스 파일에 삽입합니다.
- **매크로 치환:** #define 지시문으로 정의한 매크로가 있으면 실제 코드로 치환합니다.
- **주석 제거:** // 또는 /**/으로 작성한 주석을 제거합니다.

전처리 지시문은 컴파일 전에 처리되므로 컴파일 단계에서는 보이지 않습니다. 처리 작업이 이미 끝나고 컴파일러에 전달되기 때문입니다. 또한 컴파일러가 읽는 문장이 아니라서 **전처리 지시문 끝에 세미콜론(;)을 붙이지 않습니다.** 그래서 #include나 #define 문장 끝에 세미콜론이 없습니다.

## 함수 매크로

전처리 단계에서 수행하는 작업으로 매크로 치환이 있습니다. 매크로는 다음과 같은 형태로 정의합니다.

> **매크로 정의**
>
> #define 매크로_이름 매크로_값

매크로는 일반 변수와 구분하고자 전통적으로 대문자를 사용합니다. 예를 들어 #define MAX 5처럼 정의하면 전처리 과정에서 코드에 쓰인 모든 MAX를 5로 바꿔 줍니다. 만약 값을 10으로 변경하고 싶다면 #define MAX 10처럼 한 곳만 바꿔 주면 됩니다.

함수도 매크로 형태로 정의할 수 있습니다. 매크로 이름에 함수 이름과 매개변수를 쓰고, 매크로 값에 몸체를 작성하면 됩니다. 다음 코드는 두 수를 곱하는 함수를 매크로로 정의한 예입니다. 이렇게 하면 전처리 단계에서 MUL(a, b)가 쓰인 곳을 찾아 a b로 바꿔 줍니다.

> **MUL() 함수 매크로 선언**
>
> #define MUL(a, b) a * b

함수를 매크로를 정의할 때 함수 이름과 괄호 사이에 공백 문자가 들어가면 안 됩니다. 다시 말해 MUL(a, b)를 MUL (a, b)처럼 쓰면 안 됩니다. 그 대신 함수의 소괄호 안이나 몸체에 해당하는 부분에는 공백 문자를 사용할 수 있습니다.

함수를 매크로 형태로 정의하면 변수의 종류에 상관없이 사용할 수 있습니다. MUL(3, 5)나 MUL(2.7, 4.2)처럼 정수나 실수를 모두 사용할 수 있습니다.

다음 코드는 함수를 매크로 형태로 정의한 예입니다.

**Do it! 실습** 함수 매크로 정의하기 　　　　　　　　　　　　　　📄 1401_macro1.c

```
01  #include <stdio.h>
02
03  #define MUL(a, b) a * b
04
05  int main() {
06      printf("5와 7 곱하기 결과 %d\n", MUL(5, 7));
07      printf("2.7과 4.2 곱하기 결과 %f\n", MUL(2.7f, 4.2f));
08      printf("2+3과 3+4 곱하기 결과 %d\n", MUL(2 + 3, 3 + 4));
```

```
09
10        return 0;
11   }
```

▼

**실행 결과**

```
5와 7 곱하기 결과 35
2.7과 4.2 곱하기 결과 11.340000
2+3과 3+4 곱하기 결과 15
```

정수를 사용한 06행의 MUL(5, 7)이나 실수를 사용한 07행의 MUL(2.7f, 4.2f)의 결과를 보면 정상으로 작동합니다. 그러나 08행의 MUL(2 + 3, 3 + 4) 결과는 15로 틀린 답을 출력합니다. 왜냐하면 MUL(2 + 3, 3 + 4) 코드는 2 + 3 * 3 + 4로 치환되는데, 연산자 우선순위에 따라 곱하기가 먼저 계산되기 때문입니다. 이를 해결하려면 다음처럼 소괄호로 묶어 주면 됩니다. 그러면 (2 + 3) * (3 + 4)가 되어 의도한 결과가 나옵니다.

```
#define MUL(a, b) (a) * (b)
```

함수 매크로에 구문을 여러 개 정의할 때는 중괄호 {}를 사용합니다. 예를 들어 두 수를 바꾸는 SWAP() 함수를 매크로 형태로 만들면 매우 편리합니다. 정수를 바꾸는 SWAP()은 다음처럼 정의할 수 있습니다. 중괄호 안쪽에 임시 변수 int t를 선언하고 t=a; a=b; b=t;로 작성합니다.

**여러 구문을 매크로로 정의하기**

```
#define SWAP(a, b) {int t; t=a; a=b; b=t;}
```

> **핵심 한 줄** 함수 매크로를 정의할 때 이름 뒤에 공백이 오면 안 되며, 몸체에 구문이 여러 개이면 중괄호로 묶는다.

보통 매크로는 한 줄로 작성하지만, 여러 줄에 걸쳐 작성할 수도 있습니다. 매크로를 여러 줄에 걸쳐 작성할 때는 줄 끝에 \를 붙입니다. 앞의 SWAP() 함수 예를 여러 줄에 걸쳐 정의하면 다음과 같습니다.

### 여러 줄에 걸쳐 매크로 정의하기

```c
#define SWAP(a, b) {    \
    int t;     \
    t = a;     \
    a = b;     \
    b = t; }
```

## 매크로에서 문자열 사용

함수를 매크로로 정의할 때 함수 안의 매개변수는 일반 변수로 인식합니다. 예를 들어 MUL(a, b)에서 a나 b는 변수입니다. 이러한 특징 때문에 매크로 함수에서 문자열을 사용할 때는 주의해야 합니다.

예를 들어 #define SPRINT(s) printf("%s\n", s)처럼 매크로 함수를 정의하고, SPRINT(I LOVE YOU)처럼 사용하면 오류가 발생합니다. SPRINT(s)의 s가 I LOVE YOU로 바뀌면 컴파일러는 I 변수, LOVE 변수, YOU 변수로 인식하기 때문입니다. 이를 방지하려면 I LOVE YOU를 문자열 형태인 SPRINT("I LOVE YOU")로 써야 합니다. 그러면 s가 "I LOVE YOU"로 바뀐 후 정상으로 출력됩니다.

또 다른 방법은 변수 s 앞에 #s처럼 #을 붙이면 됩니다. #은 문자열 변환 연산자로 s를 문자열로 바꾸라는 의미입니다.

다음 코드는 매크로에서 문자열 변환 연산자를 사용했을 때 어떤 차이가 있는지 보여 주는 예입니다.

### Do it! 실습  매크로에서 문자열 변환                                1402_macro2.c

```c
01  #include <stdio.h>
02
03  #define SPRINT(s) printf("%s\n", s)
04  #define NPRINT(s) printf("%s\n", #s)
05
06  int main() {
07      SPRINT("I LOVE YOU");
08      NPRINT(I LOVE YOU);
09
10      return 0;
11  }
```

| 실행 결과 |
|---|
| I LOVE YOU |
| I LOVE YOU |

03행의 SPRINT(s)는 문자열 s를 받아서 출력하는 일반 매크로 정의입니다. 04행의 NPRINT(s)는 s 앞에 #을 붙여서 s를 문자열로 변환하는 매크로입니다. SPRINT()는 07행에서 SPRINT("I LOVE YOU")처럼 큰따옴표를 붙여서 사용했고, NPRINT()는 08행에서 NPRINT(I LOVE YOU)처럼 큰따옴표가 없지만, #s에 의해 I LOVE YOU를 문자열로 바꿉니다. 따라서 07행과 08행의 출력 결과는 같습니다.

> **핵심 한 줄** 매크로에서 변수 앞에 #을 붙이면 문자열로 변환한다.

## 내장 매크로

**내장 매크로**predefined macro란 컴파일러나 전처리기가 미리 정의해 놓은 매크로입니다. 예를 들어 코드가 컴파일된 날짜나 시각, 코드가 들어 있는 파일의 이름 같은 정보들을 알려 줍니다. 대표적인 내장 매크로는 다음과 같습니다. \_\_LINE\_\_은 정수를 반환하고 나머지는 문자열을 반환합니다.

주요 내장 매크로

| 내장 매크로 | 의미 | 반환값 형태 |
|---|---|---|
| \_\_DATE\_\_ | 현재 소스 파일이 컴파일된 날짜 | 문자열 |
| \_\_TIME\_\_ | 현재 소스 파일이 컴파일된 시간 | 문자열 |
| \_\_TIMESTAMP\_\_ | 현재 소스 파일이 컴파일된 날짜와 시간(MS 전용) | 문자열 |
| \_\_FILE\_\_ | 현재 소스 파일의 이름(경로 포함) | 문자열 |
| \_\_LINE\_\_ | 현재 소스 파일의 줄 번호 | 정수 |

⊕ 더 많은 내장 매크로는 https://learn.microsoft.com/ko-kr/cpp/preprocessor/predefined-macros?view=msvc-170에서 확인할 수 있어요.

다음 코드는 내장 매크로의 값을 출력하는 예입니다.

| Do it! 실습 | 내장 매크로 출력 | 1403_macro3.c |

```c
01  #include <stdio.h>
02
03  int main() {
04      printf("컴파일 날짜: %s\n", __DATE__);
05      printf("컴파일 시간: %s\n", __TIME__);
06      printf("컴파일 날짜 시간: %s\n", __TIMESTAMP__);
07      printf("파일위치: %s\n", __FILE__);
08      printf("라인번호: %d\n", __LINE__);
09
10      return 0;
11  }
```

**실행 결과**

```
컴파일 날짜: Feb 15 2025
컴파일 시간: 17:18:39
컴파일 날짜 시간: Tue Fef 15 17:18:37 2025
파일위치: C:\C_code\ch14\Project1\1403_macro3.c
라인번호: 8
```

## 열거형

**열거형** enumeration이란 변수가 가질 수 있는 값을 모아 놓은 것입니다. 변수가 가질 수 있는 값만 모아 놓으면 잘못된 값을 사용하여 생기는 오류를 방지할 수 있습니다. 예를 들어 가위바위보 게임에서 가위 = 0, 바위 = 1, 보 = 2로 정의하면 사용자가 잘못된 값을 입력하지 않도록 막을 수 있습니다.

열거형은 구조체처럼 열거형을 정의한 후에 열거형 변수를 만들어 사용합니다. 열거형은 enum 이라는 예약어를 사용해 다음처럼 정의합니다.

| 열거형 정의 형식 |
|---|
| enum 열거형_이름 {멤버1, 멤버2}; |

만약 열거형으로 일주일을 정의하면 다음처럼 작성할 수 있습니다. 예시에서 열거형의 이름은 week이며 멤버는 SUN, MON, TUE, WED, THU, FRI, SAT입니다.

| 열거형 정의 |
|---|
| `enum week {SUN, MON, TUE, WED, THU, FRI, SAT};` |

열거형은 정수에 이름을 붙여 놓은 것입니다. enum을 사용하면 SUN은 0, MON은 1, TUE는 2처럼 0부터 차례로 정수가 대입됩니다.

다음은 열거형 week를 정의하고 열거형 변수 w1을 선언한 예시 코드입니다. w1에 MON을 대입하면 정수 1이 들어갑니다. 즉, week 열거형에서 정수 1의 이름은 MON입니다.

```c
enum week {SUN, MON, TUE, WED, THU, FRI, SAT};
int main() {
    enum week w1;           // 열거형 변수 선언

    w1 = MON;               // w1에 숫자 1 대입
    printf("%d\n", w1);     // 숫자 1 출력
```

열거형은 다음처럼 #define 지시문을 사용하여 멤버를 상수로 정의하는 것과 같습니다. 그러나 #define을 사용하면 줄이 길어지고 모든 값을 일일이 나열해야 하는 단점이 있습니다. 이를 줄여 놓은 것이 열거형입니다.

```c
#define SUN 0
#define MON 1
#define TUE 2
... (생략) ...
```

열거형의 멤버에는 기본적으로 0부터 시작하는 정수가 차례로 배정됩니다. 만약 멤버에 배정되는 값을 1부터 시작하고자 한다면 첫 번째 멤버에 시작값을 지정해 주면 됩니다. 그러면 이후 멤버에는 1씩 증가한 값이 배정됩니다.

```c
enum week {SUN = 1, MON, TUE, WED, THU, FRI, SAT};
```

만약 멤버가 불규칙한 값을 가져야 한다면 다음처럼 각 멤버에 값을 지정할 수도 있습니다.

```c
enum week {RED = 7, GREEN = 10, BLUE = 13};
```

열거형은 서로 연관된 값을 하나로 묶음으로써 열거형 변수를 정수처럼 사용할 수 있는 장점이 있습니다. 또한 열거형에서 열거형 이름을 생략하고 정의하면 열거형 변수를 만들지 않아도 멤버 이름으로 정수를 사용할 수 있습니다. 가장 많이 사용하는 이름 없는 열거형은 다음과 같습니다.

```
enum {FALSE, TRUE};
```

C 언어에서는 참이나 거짓을 나타내는 불리언<sup>boolean</sup> 자료형을 기본으로 제공하지 않습니다. 그 대신 0이면 거짓, 0이 아니면 참으로 인식합니다. 그러나 0과 1로 거짓과 참을 판단하기보다 FALSE와 TRUE처럼 사용할 수 있다면 코드가 좀 더 명확해집니다. 이때 열거형을 사용할 수 있습니다.

> stdbool.h 헤더 파일을 포함하면 불리언 자료형 bool과 true, false 등을 사용할 수 있습니다.

다음 코드는 03행에서 이름 없는 열거형으로 FALSE는 0, TRUE는 1이 정의됩니다. 그리고 11행에서 참과 거짓을 판단할 때 0 대신 FALSE, 1 대신 TRUE를 사용할 수 있습니다.

**Do it! 실습** 이름 없는 열거형 정의 · 1404_enum.c

```c
01  #include <stdio.h>
02
03  enum {FALSE, TRUE};     // 이름 없는 열거형 정의
04
05  int main() {
06      int rain;
07
08      printf("비가 오나요? YES=1, NO=0: ");
09      scanf("%d", &rain);
10
11      if (rain == TRUE)   // 열거형 멤버 사용
12          printf("우산 준비\n");
13      else
14          printf("모자 준비\n");
15
16      printf("소개팅 간다.\n");
17
18      return 0;
19  }
```

> **실행 결과**
>
> 비가 오나요? YES=1, NO=0: 0 `Enter`
> 모자 준비
> 소개팅 간다.

## 실력 향상 프로젝트 26 | 매크로를 사용해 정렬 알고리즘 만들기
📄 1405_bubble.c

정렬$^{sort}$은 배열의 값을 순서대로 나열하는 알고리즘입니다. 유명한 정렬 알고리즘으로는 선택$^{selection}$, 삽입$^{insertion}$, 버블$^{bubble}$이 있습니다. 이 가운데 비교적 쉬운 버블 정렬 알고리즘을 구현해 보겠습니다.

버블 정렬은 앞에서부터 뒤로 두 수를 비교하며 진행합니다. 두 수를 비교하여 뒤의 수가 더 작으면 앞의 수와 자리를 바꿉니다. 이러한 작업을 계속 반복하면 배열의 값을 오름차순으로 정렬할 수 있습니다.

예를 들어 2, 7, 3, 5, 4, 1, 6로 초기화한 배열이 있고 이를 버블 알고리즘으로 정렬한다고 가정해 봅시다. 맨 처음 2와 7을 비교합니다. 2가 더 작은 수이므로 아무런 변화가 없습니다.

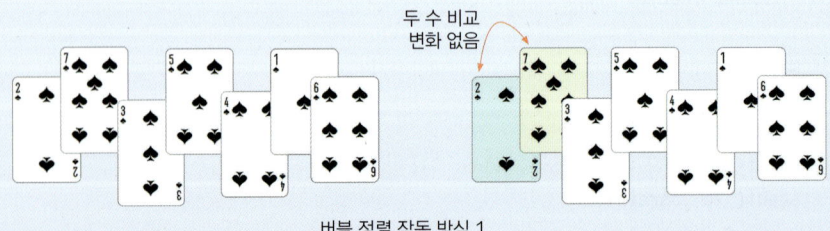

버블 정렬 작동 방식 1

그다음 7과 3을 비교합니다. 3이 더 작은 수이므로 자리를 서로 바꿉니다. 7과 3의 자리를 바꾼 다음 7과 5를 비교합니다. 5가 더 작은 수이므로 7과 5의 자리를 바꿉니다.

버블 정렬 작동 방식 2

그다음 7과 4를 비교하여 7과 4의 자리를 바꿉니다. 이렇게 끝까지 진행하면 가장 큰 수인 7은 맨 마지막에 자리합니다.

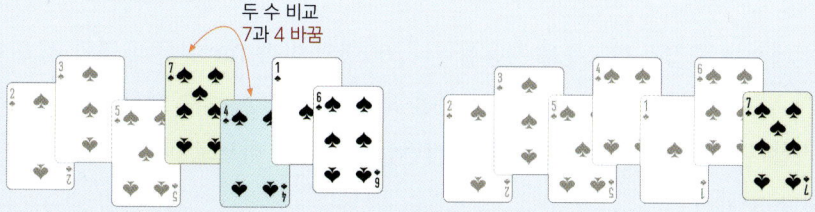

버블 정렬 작동 방식 3

이처럼 버블 정렬 알고리즘으로 처음부터 끝까지 한 번 정렬하면 가장 큰 수 하나가 맨 뒤에 자리하게 됩니다. 따라서 배열의 전체 값을 정렬하려면 이러한 과정을 배열의 크기(예에서는 7)만큼 반복해야 합니다.

다음 코드는 버블 정렬 알고리즘으로 배열의 값을 정렬하는 예를 보여 줍니다. 03행에서 함수 매크로를 사용해 두 수를 바꾸는 SWAP()을 정의합니다.

```c
01  #include <stdio.h>
02
03  #define SWAP(a, b) {int t; t=a; a=b; b=t;}    // 두 수를 바꾸는 함수 매크로 정의
04
05  void bubble_sort(int *pd, int size) {         // 배열을 포인터로 받음
06      int j, k;
07
08      for (k = 0; k < size; k++) {              // 배열의 크기만큼 반복
09          for (j = 1; j < size; j++) {
10              if (pd[j-1] > pd[j])              // 두 수 비교
11                  SWAP(pd[j-1], pd[j]);
12          }
13      }
14  }
15
16  int main() {
17      int data[9] = {2, 7, 3, 5, 9, 8, 6, 1, 4}, k;
18
19      bubble_sort(data, 9);
20      for (k = 0; k < 9; k++)
21          printf("%d ", data[k]);               // 배열값 출력
22      return 0;
23  }
```

| 실행 결과 |
|---|
| 1 2 3 4 5 6 7 8 9 |

버블 정렬에서는 중첩된 반복문을 사용합니다. 09행의 안쪽 for 문은 배열의 첫 번째 원소부터 끝까지 두 수를 비교합니다. 안쪽 반복문을 모두 돌면 가장 큰 수 하나가 배열에서 맨 마지막에 자리합니다. 이러한 작업을 배열의 크기만큼 반복해야 하므로 08행에서 바깥쪽 for 문을 작성합니다.

11행에서 두 수를 바꾸는 SWAP(pd[j-1], pd[j]) 코드는 03행의 매크로로 치환되어 컴파일됩니다. 09행의 안쪽 for 반복문에서 j는 0이 아닌 1로 시작한다는 것에 주의해야 합니다. j를 0부터 시작하면 if (pd[j-1] > pd[j]) 코드에서 pd[-1]과 pd[0]을 비교하므로 오류가 발생합니다.

## 14-2

# 다중 소스 파일

### 다중 소스 파일 이해하기

프로그램을 2명이 나눠 작성하는 팀 프로젝트를 수행한다고 가정해 봅시다. 각자 어떤 부분을 맡을지 결정한 후 코드를 작성하고, 나중에 복사와 붙여넣기를 하여 하나의 소스 파일로 합치려고 합니다.

그런데 이렇게 작업하면 소스 파일을 합치는 사람은 상대방이 작성한 코드를 완전히 이해하지 않는 한 혼란스러울 수 있습니다. 코드를 혼자 작성해도 많은 오류가 발생하는데, 2명이 각각 따로 만든 코드를 하나로 합쳐서 컴파일하면 더 많은 오류가 발생할 가능성이 큽니다. 내가 작성한 코드의 오류를 잡기도 버거운데 남이 작성한 코드의 오류를 찾는 일은 결코 쉬운 일이 아닙니다. 차라리 혼자 작성하는 것이 낫겠다는 생각이 들 수도 있습니다.

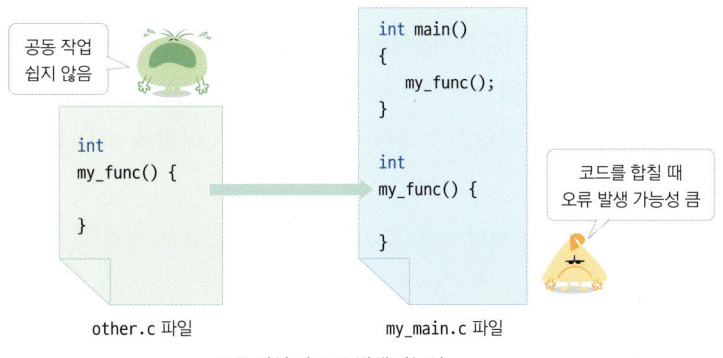

공동 작업 시 오류 발생 가능성

이때 다중 소스 파일을 사용하면 각자 자신이 작성한 소스 코드의 오류를 점검할 수 있어 합리적입니다. **다중 소스 파일** multiple source file 이란 소스 파일을 여러 개 작성하여 하나의 프로그램으로 완성하는 것입니다.

또한 프로그램에서 자주 사용하거나 여러 명이 공동으로 사용하는 함수가 있을 때 매번 복사와 붙여넣기를 하려면 번거롭습니다. 이때는 자주 사용하는 함수를 모아서 헤더 파일로 작성해 놓으면 소스 파일에서 해당 헤더 파일을 포함하여 함수를 호출하기만 하면 되므로 편리합니다. 이처럼 소스 파일과 헤더 파일을 나눠 개발하는 것도 다중 소스 파일의 한 예입니다.

다중 소스 파일을 사용하면 여러 가지 장점이 있는데 정리하면 다음과 같습니다.

- 코드 관리: 소스 파일을 여러 개로 분리하면 더 작고 읽기 쉬워져 유지·보수가 쉽습니다.
- 모듈성: 각 소스 파일은 다른 파일에 영향을 주지 않고 독립적으로 개발하고 테스트할 수 있으며 다른 사람에게 쉽게 공유할 수 있습니다.
- 재사용성: 특정 기능을 담당하는 코드를 재사용하기 쉽게 하여 코드 중복을 줄이고 효율성을 높입니다. 공통으로 사용하는 라이브러리는 별도의 소스 파일로 분리하여 여러 프로젝트에서 재사용할 수 있습니다.
- 협업: 팀 프로젝트에서 여러 개발자가 동시에 다른 소스 파일을 작업할 수 있습니다. 여러 개발자가 같은 파일을 수정할 때 발생할 수 있는 충돌을 줄일 수 있습니다.
- 빌드 시간 단축: 여러 소스 파일을 병렬로 컴파일할 수 있어 컴파일 속도를 높일 수 있으며, 소스 파일이 변경될 때 변경된 파일만 다시 컴파일할 수 있습니다.

## 다중 소스 파일의 처리 과정

다중 소스 파일이 어떻게 처리되는지를 이해하려면 컴파일 단계를 이해해야 합니다. 소스 파일을 컴파일하면 **오브젝트 파일**<sup>object file</sup>이 만들어집니다. 오브젝트 파일은 오류 검사를 거쳐 만든 실행 파일 직전의 파일이지만, 소스 파일에 정의한 함수 이외의 외부 함수는 비어 있는 상태입니다.

예를 들어 A와 B라는 사람이 협업하여 프로그램을 만든다고 가정해 보죠. A가 작성한 other.c 파일에는 `my_func()` 함수가 정의되어 있고, B가 작성한 my_main.c 파일에는 `my_func()` 함수를 호출하는 `main()` 함수가 있습니다. 각자 자신이 작성한 소스 파일을 컴파일하여 오브젝트 파일을 만듭니다. 이때 my_main.obj 파일에는 `my_func()` 함수의 실행 코드가 빈 상태로 있습니다.

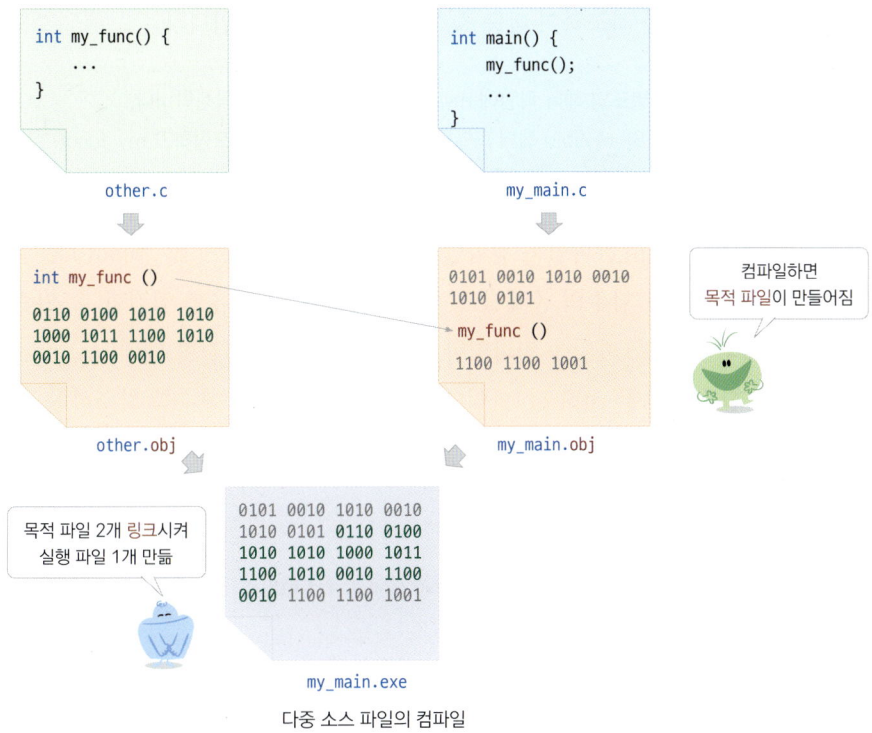

다중 소스 파일의 컴파일

이제 other.c 파일을 작성한 A는 오류 검사를 마친 오브젝트 파일 other.obj를 B에게 전달합니다. 이를 전달받은 B는 자신이 작성한 my_main.c 소스 파일을 컴파일하여 얻은 오브젝트 파일 my_main.obj와 other.obj를 연결합니다. 이 단계를 **링크**link라고 합니다. 링크 단계에서 my_main.obj 파일에 비어 있던 `my_func()` 함수의 실행 코드가 채워지면서 실행 파일인 my_main.exe가 만들어집니다.

## 다중 소스 파일 설계

`printf()`나 `scanf()`와 같은 표준 라이브러리 함수도 링크 단계에서 실행 코드가 삽입됩니다. 그런데 `#include <stdio.h>` 지시문을 컴파일하기 전에 먼저 처리하는 이유는 무엇일까요? 그 이유는 함수에서 발생할 수 있는 오류를 처리하기 위해서입니다.

앞선 예에서 other.c 파일에서는 `my_func(int a, int b)`처럼 선언하고, my_main.c 파일에서는 `my_func(3)`처럼 호출했다고 가정해 보죠. my_main.c 파일을 컴파일할 때 매개변수의 개수와 자료형이 맞는지 등을 확인해야 하는데, 링크는 컴파일 이후에 일어납니다. 따라서 my_main.c 소스 파일을 컴파일하기 전에 전처리 과정에서 `my_func()` 함수의 선언부를 삽입하여 오류가 있는지를 검사해야 합니다.

다음은 이러한 내용을 참고하여 다중 소스 파일을 설계한 예입니다.

- **mylib.h 헤더 파일**: 별도의 헤더 파일에 my_func() 함수의 선언을 작성합니다.
- **my_main.c 소스 파일**: mylib.h 헤더 파일을 #include 지시문으로 포함하고 my_func() 함수를 호출합니다.
- **other.c 소스 파일**: my_func() 함수를 정의합니다.

이렇게 하면 my_main.c 파일을 컴파일할 때 전처리 과정에서 my_func() 함수의 선언이 포함되므로 컴파일러가 함수의 존재를 인식하고 호출문의 오류를 점검할 수 있습니다. 그리고 링크 단계에서 각 소스 파일을 컴파일한 오브젝트 파일을 연결할 때에 my_main.c 파일에서 my_func() 함수 호출은 other.c 파일에 정의한 my_func() 함수를 참조하여 실행 파일을 생성합니다.

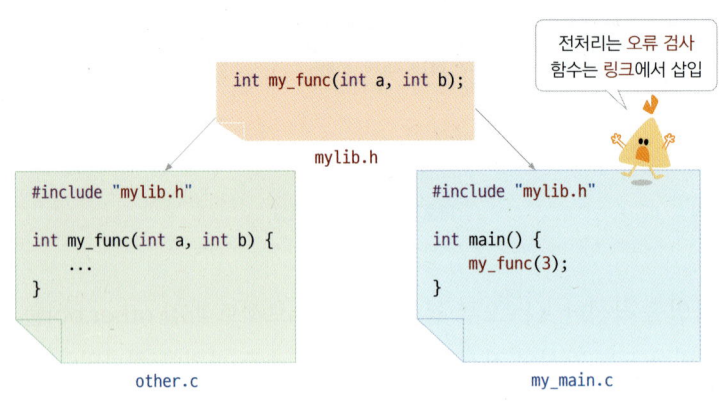

전처리는 오류 검사를 하는 것

> **핵심 한 줄** 함수의 선언부를 전처리하여 오류를 점검하고 실행 코드는 링크 단계에서 삽입된다.

마찬가지로 stdio.h 헤더 파일에는 `printf()`와 `scanf()` 같은 표준 입출력 함수가 선언만 되어 있습니다. 따라서 `#include` 전처리 지시문으로 소스 파일에 stdio.h 헤더 파일을 포함한 후 `printf()` 함수를 호출하면 전처리 과정에서 `printf()` 호출문의 오류를 점검합니다. 그리고 링크 단계에서 실제 `printf()` 함수의 실행 코드가 삽입됩니다.

◐ C 언어 표준 라이브러리 함수의 실행 코드는 libc라는 라이브러리 파일에 저장돼 있습니다.

> **⊕ 개발 지식 더하기** 정적 링크와 동적 링크
>
> C 컴파일에서 링크는 정적 링크 또는 동적 링크로 수행할 수 있습니다. 정적 링크(static linking)는 필요한 라이브러리를 실행 파일에 직접 포함하는 방식입니다. 반면에 동적 링크(dynamic linking)는 라이브러리를 실행 파일과 분리하여 저장하고 실행할 때 연결하는 방식입니다. 예를 들어 어떤 함수의 코드가 업그레이드 된 경우, 정적 링크 방식에서는 새로운 라이브러리를 받아서 다시 컴파일한 후에 실행 파일을 만들어야 합니다. 동적 링크 방식에서는 실행 파일은 그대로 둔 체 해당 라이브러리만 배포받아서 사용하면 됩니다.

컴파일 과정을 이해했다면 다중 소스 파일을 어떻게 설계해야 할지 분명해집니다. 가장 먼저 여러 소스 파일에서 공동으로 사용할 함수를 정의하고 해당 함수가 어떻게 동작할지를 결정해야 합니다. 만약 구조체를 사용한다면 구조체에는 어떤 변수가 들어가고 구조체 변수의 이름과 자료형을 정의합니다.

이렇게 정의한 함수와 구조체를 헤더 파일에 모아 놓은 후 각 소스 파일에 헤더 파일을 포함해서 작업합니다. 헤더 파일에는 함수의 몸체까지 전체를 작성해도 되고, 아니면 선언부만 작성하고 함수의 몸체는 다른 파일에 작성해도 됩니다.

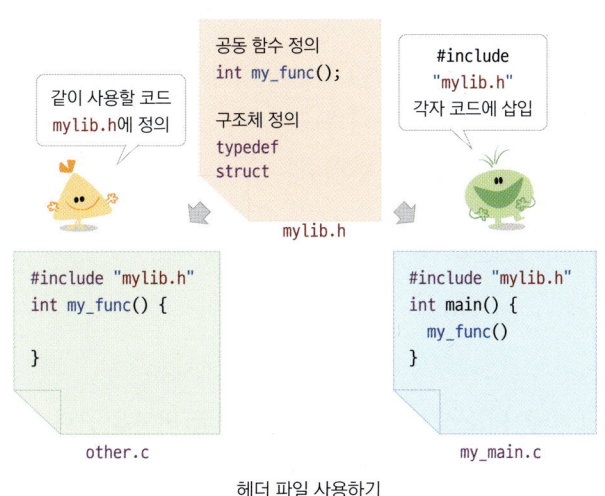

헤더 파일 사용하기

## 다중 소스 파일 실습

그럼 다중 소스 파일을 실습해 보겠습니다. 다중 소스 파일로 만들 프로그램은 LED 광고판처럼 문자열 회전시키기입니다. 문자열을 회전시키는 `round()` 함수의 정의는 round.c 파일에, 선언부는 round.h 파일에 작성합니다. 그리고 `main()` 함수는 main.c 파일에 작성합니다.

먼저 비주얼 스튜디오에서 빈 프로젝트를 만들고 솔루션 탐색기에서 [헤더 파일]에 마우스 오른쪽 버튼을 클릭하여 [추가 → 새 항목]을 선택합니다. 그리고 round.h라는 이름으로 헤더 파일을 만듭니다.

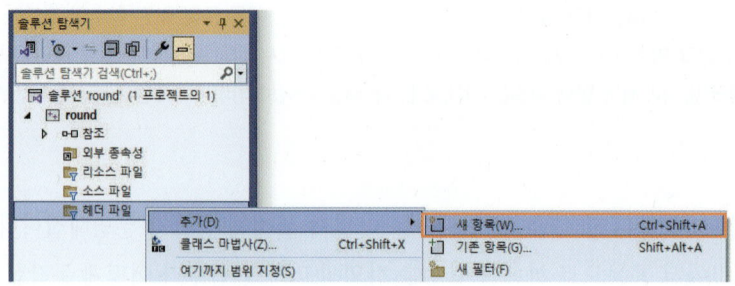

헤더 파일 만들기

> ⊕ **개발 지식 더하기** 새로운 헤더 파일의 첫 줄에 #pragma once는 무엇일까?
>
> 비주얼 스튜디오에서 새로운 헤더 파일을 추가하면 첫 줄에 #pragma once라는 지시문이 작성돼 있습니다. 이는 헤더 파일이 여러 번 포함되는 것을 방지하는 데 사용됩니다. 같은 헤더 파일이 여러 번 포함될 경우 발생할 수 있는 컴파일 오류를 방지할 수 있습니다.

round.h 헤더 파일에는 다음처럼 round() 함수의 선언부를 작성합니다. round() 함수는 매개변수로 문자열 str과 문자열의 크기를 나타내는 정수 size를 받습니다. 여기서 문자열의 크기는 널 문자를 제외한 문자의 개수라고 정합니다.

**Do it! 실습**  round() 함수 선언 헤더 파일                                    round.h

```
01  int round(char *str, int size);    // size는 널 문자를 제외한 문자 개수
```

이번에는 솔루션 탐색기에서 [소스 파일]에 마우스 오른쪽 버튼을 클릭하여 [추가 → 새 항목]을 선택합니다. 그리고 round.c라는 이름으로 소스 파일을 만들고 다음과 같은 코드를 작성합니다.

**Do it! 실습**  round() 함수 정의 소스 파일                                   1406_round.c

```
01  #include <stdio.h>
02  #include <stdlib.h>
03  #include "round.h"    // 사용자 헤더 파일은 큰따옴표로 묶기
04
```

```
05  int round(char *str, int size) {
06      int k, m;
07
08      for (k = 0; k < 30; k++) {
09          system("cls");
10          for (m = 0; m < size; m++)
11              putchar(str[(m + k) % size]);
12      }
13      return 0;
14  }
```

round.c 파일에는 round() 함수를 정의합니다. 표준 입출력 헤더 파일인 <stdio.h>와 화면을 지우는 데 사용할 system() 함수가 정의된 <stdlib.h> 헤더 파일을 포함합니다. 03행에서는 round() 함수가 정의된 "round.h"를 포함합니다. #include 지시문을 사용할 때 C 언어가 제공하는 기본 헤더 파일은 홑화살괄호 <>를 사용하고, 사용자가 만든 헤더 파일은 큰따옴표 ""를 사용해야 합니다.

마지막으로 솔루션 탐색기에서 [소스 파일]에 마우스 오른쪽 버튼을 클릭하여 [추가 → 새 항목]을 선택합니다. 그리고 main.c라는 이름으로 소스 파일을 만든 후에 다음과 같은 코드를 작성합니다.

**Do it! 실습** main() 함수 정의 소스 파일　　　　　　　　　　　　📄 1407_main.c

```
01  #include "round.h"
02
03  int main() {
04      round("LOVE AGAIN", 10);
05      round("GOOD BYE", 8);
06      return 0;
07  }
```

main.c 파일에서는 round() 함수를 사용하므로 round.h 파일을 포함합니다. 그리고 04행과 05행에서 문자열과 숫자를 인자로 round() 함수를 두 번 호출합니다. 지금까지 계속 포함하던 <stdio.h>는 생략했습니다. 이 소스 파일에서는 printf() 같은 입출력 함수를 사용하지 않으므로 포함할 필요가 없습니다.

프로젝트에 round.h 파일과 round.c, main.c 파일을 추가하고 각각의 소스 코드를 작성했습니다. 이제 프로젝트를 빌드하면 세 파일을 컴파일하여 각각의 오브젝트 파일을 만들고 링크 단계에서 하나로 합쳐 실행 파일을 생성합니다. 프로그램을 실행하면 round() 함수가 동작하여 문자열이 왼쪽으로 흐르는 것 같은 효과를 확인할 수 있습니다.

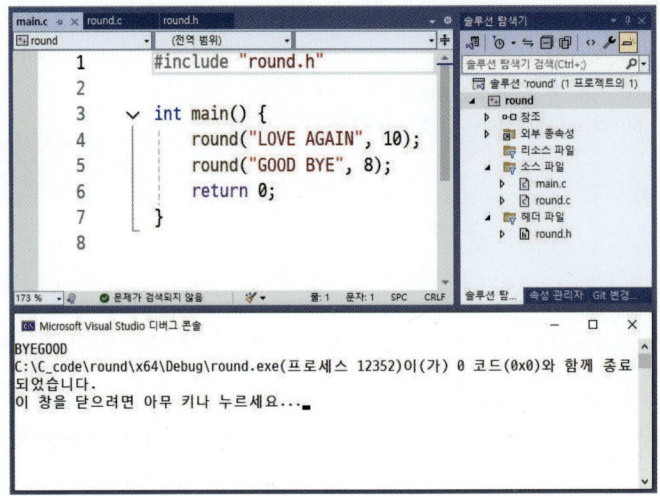

실행 결과

## 정적 변수와 외부 변수 — static, extern

08장에서 변수의 생존 범위scope를 다룰 때 지역 변수와 전역 변수로 구분해서 설명했습니다. 지역 변수는 블록 안에 선언하며 말 그대로 해당 지역에서만 사용할 수 있습니다. 반면에 전역 변수는 어느 블록에도 포함되지 않는 바깥쪽, 즉 코드에서 위쪽에 선언하며 어떤 함수에서나 사용할 수 있습니다.

### 정적 변수

지역 변수와 전역 변수 이외에 정적static 변수도 있습니다. 정적 변수는 static이라는 예약어로 선언하며 지역 변수나 전역 변수로 선언할 수 있습니다. 즉, 지역 변수나 전역 변수 앞에 static 예약어를 붙이면 각각 정적 지역 변수, 정적 전역 변수로 선언됩니다.

| 정적 변수 선언 형식 |
| --- |
| static 변수_이름; |

원래 지역 변수는 선언된 곳에서 생성되어 블록이 끝나면 사라집니다. 하지만 static 예약어를 붙여 정적 지역 변수로 선언하면 블록이 끝나도 사라지지 않고 유지되는 특징이 있습니다. 또한 처음에 0으로 자동 초기화됩니다.

static 지역 변수

다음 코드는 정적 지역 변수의 특징을 보여 주는 예입니다. 03행 static_test() 함수를 정의하고 04행에서 order 변수를 static int로 선언합니다. 정수형 정적 변수로 선언한 order는 static_test() 함수가 처음 호출될 때 만들어지고 0으로 초기화됩니다. 그리고 static_test() 함수가 종료되더라도 사라지지 않고 계속 유지됩니다.

**Do it! 실습   정적 지역 변수**　　　　　　　　　　　　　　　　　　　　📄 1408_static1.c

```
01  #include <stdio.h>
02
03  void static_test(int num) {
04      static int order;    // order는 정적 지역 변수. 처음 한 번만 0으로 초기화
05
06      order = order + num;
07      printf("정적 지역 변수 값 = %d\n", order);
08  }
09
10  int main() {
11      static_test(3);
12      static_test(4);
13
14      return 0;
15  }
```

**실행 결과**

```
정적 지역 변수 값 = 3
정적 지역 변수 값 = 7
```

11행에서 static_test() 함수를 호출합니다. 이때 04행에서 order 변수가 만들어지고 0으로 초기화됩니다. 06행에서 매개변수로 받은 3을 order에 누적하고 07행에서 order값을 출

력하면 3이 출력됩니다. 그리고 static_test() 함수가 종료되는데 이때 order 변수는 정적 변수이므로 사라지지 않고 유지됩니다.

따라서 12행에서 다시 static_test() 함수를 호출하지만, order 변수는 3을 유지하므로 06행에서 매개변수로 전달받은 4가 누적되어 07행에서는 7이 출력됩니다. 앞의 코드에서 static_test() 함수가 두 번째 호출될 때는 04행이 무시된다고 생각하면 됩니다.

> **핵심 한 줄** static 예약어를 붙여 선언한 정적 변수는 프로그램이 시작될 때 생성되고 끝날 때 소멸하는 특징이 있다.

하지만 지역 변수에 static 예약어를 붙여 정적으로 선언해도 접근 범위는 달라지지 않습니다. 즉, 일반 지역 변수와 마찬가지로 선언한 블록에서만 접근할 수 있고 다른 블록에서는 접근할 수 없습니다.

만약 다른 블록에서도 접근하고자 한다면 전역 변수로 선언하면 됩니다. 즉, 앞의 코드에서 04행을 다음처럼 함수 밖으로 옮겨 정적 전역 변수로 선언하면 main() 함수에서도 접근할 수 있습니다.

**정적 전역 변수로 선언**

```
01  #include <stdio.h>
02
03  static int order;    // order는 정적 전역 변수
04
05  void static_test(int num) {
06      order = order + num;
07      printf("정적 전역 변수 값 = %d\n", order);
08  }
09
10  int main() {
11      static_test(3);
12      static_test(4);
13
14      printf("main() 함수에서 정적 전역 변수 값 = %d\n", order);
15
16      return 0;
17  }
```

## 외부 변수

정적 지역 변수는 함수가 종료되더라도 값을 유지하는 특징이 있어서 일반 지역 변수와 차이가 뚜렷하지만, 정적 전역 변수는 일반 전역 변수와 차이가 없는 것처럼 보입니다. 하지만 정적 전역 변수도 일반 전역 변수와 차이가 있습니다.

일반 전역 변수에 extern 예약어를 붙이면 **프로그램 전체에서 접근할 수 있으며 여러 소스 파일이 변수를 공유**할 수 있습니다. 이를 외부 변수external variable라고 합니다. 다중 소스 파일에서 외부 변수를 사용하는 예를 보겠습니다.

다음 코드에서는 다른 소스 파일에 공유할 전역 변수 turn을 선언합니다.

**Do it! 실습  전역 변수 선언**  1409_main.c

```
01  #include "round.h"
02
03  int turn;
04
05  int main() {
06      turn = 50;
07      round("GOOD BYE", 8);
08      return 0;
09  }
```

그리고 다음 코드에서는 앞의 소스 파일에서 전역 변수로 선언한 turn을 extern 예약어를 이용해 외부 변수로 선언합니다.

**Do it! 실습  외부 변수 선언**  1410_round.c

```
01  #include <stdio.h>
02  #include <stdlib.h>
03  #include "round.h"
04
05  extern int turn;    // 1409_main.c 파일에 선언한 전역 변수 turn 사용
06
07  int round(char *str, int size) {
08      int k, m;
09
10      for (k = 0; k < turn; k++) {    // 외부 변수 turn 사용. 50번 반복
11          system("cls");
12          for (m = 0; m < size; m++)
13              putchar(str[(m + k) % size]);
14      }
15      return 0;
16  }
```

main.c 파일에서 전역 변수 turn을 선언하고 50을 넣습니다. 이 상태에서 round.c 파일의 05행처럼 extern int turn이라고 선언하면 main.c 파일의 turn 변수를 사용할 수 있습니다. 따라서 10행은 50번 반복됩니다.

이때 외부 변수를 선언하는 extern int turn 코드는 새로운 변수를 만들지 않고 이미 선언된 전역 변수를 사용하겠다는 의미입니다. 따라서 main.c 파일의 03행에 전역 변수 int turn이 선언되어 있지 않으면 오류가 발생합니다. 이러한 방법으로 전역 변수는 프로그램 전체에서 접근할 수 있으며 여러 소스 파일이 변수를 공유할 수 있습니다.

반면에 **정적 전역 변수는 해당 변수가 선언된 파일에서만 접근할 수 있습니다.** 이는 다중 소스 파일에서 모듈성을 높이고 변수 이름이 충돌하는 것을 방지하는 효과가 있습니다.

즉, main.c 파일에서 int turn 앞에 static 예약어를 붙이면 정적 전역 변수로 선언되어 다른 소스 파일에서는 사용하지 못합니다. 이렇게 하면 예상하지 못한 곳에서 값이 변경되는 것을 막을 수 있습니다.

정리해 보죠. static 예약어로 정적 전역 변수를 선언하면 해당 파일에서만 접근할 수 있는 변수가 됩니다. 다른 파일에서 extern으로 정적 전역 변수를 접근하려고 시도하면 오류가 발생합니다. 따라서 내가 작성하는 소스 파일의 함수들에서만 사용하고 다른 파일에서는 접근할 수 없게 하려면 정적 전역 변수로 선언하면 됩니다.

## 확실하게 내 것으로! 14장 마무리 문제

1. 전처리에 해당하는 예약어는 [　　　] 기호로 시작합니다.

2. 전처리 지시문에서는 문장의 끝에 [　　　]을(를) 생략할 수 있습니다.

3. 매크로 전처리에 사용되는 예약어는 [　　　]입니다.

4. 함수 매크로에서 변수를 문자열로 취급하려 할 때 변수 앞에 붙이는 기호는 [　　　]입니다.

5. 오브젝트 파일의 확장자는 [　　　]입니다.

6. 링크 단계에서는 [　　　] 파일을 사용합니다.

7. 소스 파일을 컴파일하면 라이브러리가 비어 있는 채로 [　　　] 파일이 만들어집니다.

8. 컴파일러 제작자가 제공하는 헤더 파일을 포함할 때는 [　　　] 기호를 사용합니다.

9. 사용자가 만든 헤더 파일을 포함할 때는 [　　　] 기호를 사용합니다.

10. 블록 안에 선언하지만 블록이 끝나도 사라지지 않는 변수를 선언할 때는 [　　　] 예약어를 사용합니다.

11. 외부 변수를 사용할 때는 [　　　] 예약어를 사용합니다.

12. 해당 파일에서만 접근할 수 있고 외부 파일에서는 접근할 수 없는 전역 변수를 선언할 때는 [　　　] 예약어를 사용합니다.

▶ 다음 쪽에 계속

**13** 다음 코드에서 08행도 정상으로 출력되도록 03행에 작성한 매크로를 바르게 수정하세요.

```c
#include <stdio.h>

#define MUL(a, b) a * b

int main() {
    printf("5와 7 곱하기 결과 %d\n", MUL(5, 7));
    printf("2.7과 4.2 곱하기 결과 %f\n", MUL(2.7f, 4.2f));
    printf("2+3과 3+4 곱하기 결과 %d\n", MUL(2 + 3, 3 + 4));

    return 0;
}
```

**14** 다음 코드의 실행 결과를 작성하세요.

```c
#include <stdio.h>

void static_test(int num) {
    static int order;

    order = order + num;
    printf("%d ", order);
}

int main() {
    static_test(3);
    static_test(4);

    return 0;
}
```

▶ 모범 답안: 425쪽

# 15장

# 이중 포인터와 함수 포인터

- ✦ 15-1  이중 포인터
- ✦ 15-2  함수 포인터

### 학습 목표
1. 이중 포인터의 개념과 사용 방법을 이해합니다.
2. main() 함수의 매개변수와 사용 방법을 알아봅니다.
3. 함수 포인터를 사용하여 함수를 동적으로 호출하는 방법을 살펴봅니다.

## 15-1

# 이중 포인터

### 이중 포인터 이해하기

**이중 포인터**<sup>double pointer</sup>란 포인터를 가리키는 포인터를 의미합니다. 포인터는 메모리 주소를 저장하는 자료 구조라고 했습니다. 포인터가 가리키는 주소에는 데이터가 있습니다. 예를 들어 int* 포인터가 가리키는 주소에는 int형 데이터가 있습니다. 이중 포인터도 주소를 가리키는데 그 주소에는 값이 아니라 또 다른 포인터가 있습니다. 즉, 이중 포인터는 값이 아니라 포인터만 상대합니다.

이중 포인터는 다음처럼 이름 앞에 별표(*) 2개를 연속으로 사용해서 선언합니다.

**이중 포인터 정의**

```
int **dp;
```

포인터와 이중 포인터는 어떤 차이가 있는지 코드를 보면서 살펴보겠습니다. 다음 코드는 이중 포인터를 선언하고 사용하는 예입니다. 04행에서 정수형 변수 num과 정수형 포인터 *p를 선언합니다. 그리고 05행에서 정수형 이중 포인터 **dp를 선언합니다.

**Do it! 실습**  이중 포인터 사용하기  📄 1501_dpoint1.c

```c
01  #include <stdio.h>
02
03  int main() {
04      int num = 7, *p;
05      int **dp;       // 이중 포인터 dp 선언
06
07      p = &num;       // 포인터 p에 num 주소 대입
08      dp = &p;        // 이중 포인터 dp에 p 주소 대입
09      printf("%p %p\n", p, *dp);      // p와 *dp에 저장된 데이터를 주소 형식으로 출력
10      printf("%d %d\n", *p, **dp);    // *p와 **dp에 저장된 데이터를 정수로 출력
```

```
11
12        **dp = 9;
13        printf("%d %d\n", *p, **dp);
14        return 0;
15    }
```

**실행 결과**

```
0000003BBB5FF534 0000003BBB5FF534
7 7
9 9
```

07행에서 포인터 변수 p에는 num의 주소를 대입합니다. 이때부터 포인터 p는 num의 주소를 가리킵니다. num의 주소를 포인터 p에 대입한다는 것은 num값을 공유하겠다는 의미입니다. 따라서 *p에 새로운 값을 넣으면 num에 저장됩니다.

08행에서는 주소 변환 연산자(&)를 사용하여 포인터 변수 p의 주소를 이중 포인터 dp에 대입합니다. num과 *p가 같은 메모리를 공유하는 것처럼 p의 주소를 이중 포인터 dp에 대입함으로써 **dp도 num의 공간을 쓸 수 있는 권한이 생깁니다. 이러한 상태를 그림으로 나타내면 다음과 같습니다.

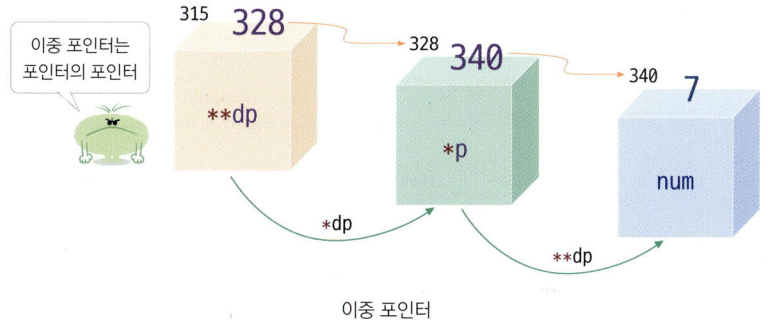

이중 포인터

그림처럼 num에 7이 들어 있고 포인터 p는 num의 시작 주소인 340번지를 가지고 있습니다. 여기에 이중 포인터 dp는 포인터 p의 주소인 328번지를 가지고 있습니다. 이중 포인터는 역참조 연산(*)을 두 번 거쳐 num에 있는 값에 접근할 수 있습니다.

09행에서 포인터 p와 이중 포인터 *dp를 출력해 보면 같은 주소가 나옵니다. 포인터에 역참조 연산자(*)를 붙이면 값을 가져오지만, 이중 포인터에 역참조 연산자(*)를 1개만 붙이면 값이 아니라 포인터(주소)를 가져 옵니다.

10행에서 *p와 **dp가 가리키는 곳의 값을 출력해 보면 똑같이 7이 출력됩니다. 따라서 *p와 **dp가 가리키는 곳은 같습니다.

12행에서 **dp에 9를 대입합니다. 이는 num = 9나 *p = 9의 결과와 같습니다. 따라서 13행에서 *p와 **dp가 가리키는 곳의 값을 출력해 보면 똑같이 9가 출력됩니다.

이번 실습으로 이중 포인터가 포인터의 포인터라는 사실을 알았습니다. **이중 포인터에는 포인터의 주소만 대입**할 수 있습니다. 만약 &num처럼 일반 변수의 주소를 이중 포인터에 대입하면 어떻게 될까요?

| 이중 포인터에 일반 변수의 주소를 대입 |
| --- |
| dp = &num; |

만약 dp = &num 코드가 실행되면 다음 그림과 같은 모양이 됩니다. 이중 포인터 dp가 num의 주소인 340번지를 가지게 됩니다. 이 상태에서 이중 포인터를 한 번 역참조하면 그 결과는 값이 아니라 포인터(주소)입니다. 따라서 *dp는 num에 저장된 7을 주소라고 착각합니다. 그리고 **dp는 7번지에 접근하므로 오류가 발생합니다.

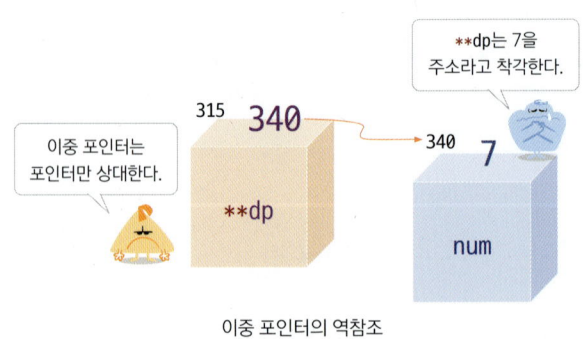

이중 포인터의 역참조

> **핵심 한 줄** 이중 포인터에는 일반 변수의 주소를 대입하면 안 된다. 이중 포인터에는 항상 포인터의 주소만 대입한다.

## 이차원 배열과 이중 포인터

앞의 실습에서 num을 *p가 가리키고, *p를 이중 포인터 **dp가 가리키는 것과 같은 코드는 거의 사용하지 않습니다. 이중 포인터의 특성을 설명하려고 만든 예일 뿐입니다. 이중 포인터는 이차원 배열에서 주로 사용합니다. 이차원 배열은 이중 포인터의 구조를 가지므로 이차원 배열은 이중 포인터에 대입해야 합니다.

다음은 포인터를 이용하여 문자열 배열을 선언한 예입니다. 문자열 3개를 저장하는 배열과 각 문자열의 시작 주소를 가지는 배열을 조합하여 이차원 배열의 구조가 만들어집니다.

> **문자열 배열 선언**
> 
> char *str[3] = {"ring", "my", "bell"};

문자열 ring의 시작 주소를 가리키는 포인터는 str[0]입니다. my의 시작 주소는 str[1]이 가리키고, bell의 시작 주소는 str[2]가 가리키게 됩니다. 이를 그림으로 표현하면 다음과 같습니다.

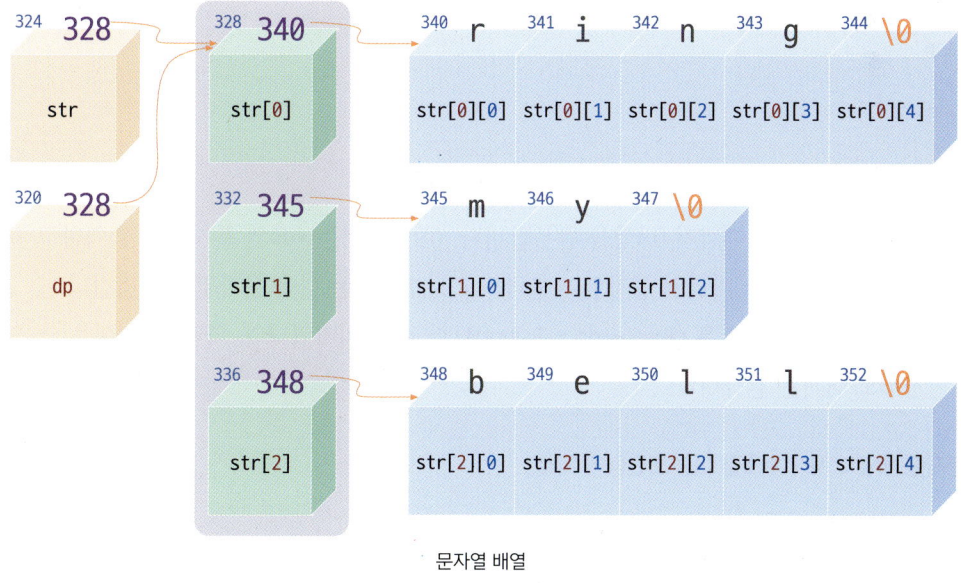

문자열 배열

포인터 str[0], str[1], str[2]도 배열이므로 메모리에 연속으로 존재합니다. 각 문자열의 시작 주소를 가리키는 포인터 배열의 시작 주소는 str이 가리키고 있습니다. 따라서 *str[3]에서 str은 이중 포인터입니다.

다음은 이차원 배열을 선언하고 이중 포인터로 출력하는 코드입니다. 04행 char *str[3] = {"ring", "my", "bell"}은 문자열 배열 *str[3]을 선언하고 초기화합니다. 05행에서 이중 포인터 **dp를 선언하고 str을 대입합니다. 이때부터 이중 포인터 dp는 str의 문자열에 접근할 수 있습니다.

**Do it! 실습** 이중 포인터를 이용한 출력  1502__dpoint2.c

```
01  #include <stdio.h>
02
03  int main() {
04      char *str[3] = {"ring", "my", "bell"};
05      char **dp = str;      // 이중 포인터 선언 후 str 대입
06
07      while (*dp)                    // 배열의 끝이면(0) 반복 종료
08          printf("%s\n", *dp++);     // 문자열 출력 후 포인터 1 증가
09      return 0;
10  }
```

▼

**실행 결과**

```
ring
my
bell
```

07행은 *dp가 0이 될 때까지 08행을 반복합니다. 08행에서는 *dp의 문자열을 출력하고 *dp = dp + 1을 실행합니다. 따라서 문자열이 출력되고 나면 *dp는 다음 문자열을 가리킵니다.
05행의 char **dp = str은 char **dp = &str[0]과 같은 의미입니다. 따라서 05행을 다음처럼 변경해도 결과는 같습니다.

**문자열 배열의 시작 주소를 이중 포인터에 대입**

char **dp = &str[0];

만약 문자열 bell만 출력하고 싶다면 05행을 다음처럼 변경하면 됩니다. **dp에 bell의 시작 주소인 &str[2]를 대입하면 됩니다.

| 문자열 bell의 시작 주소를 이중 포인터에 대입 |
|---|
| char **dp = &str[2]; |

> **핵심 한줄** 문자열 배열은 포인터 배열로 만들 수 있으며, 문자열 배열의 이름은 이중 포인터이다.

## 함수와 이중 포인터

이중 포인터를 이해했다면 함수에 문자열 배열을 매개변수로 전달할 때 이중 포인터를 사용할 수 있습니다. 다음 코드는 사용자 정의 함수를 사용하여 문자열 배열을 출력하는 예입니다. 12행에서 매개변수 str로 보낸 값은 03행 print_string() 함수에서 이중 포인터인 **dp로 전달받습니다.

**Do it! 실습**  이중 포인터를 매개변수로 사용하기   📄 1503__dpoint3.c

```
01  #include <stdio.h>
02
03  void print_string(char **dp) {    // 이중 포인터 매개변수
04
05      while (*dp)
06          printf("%s\n", *dp++);
07  }
08
09  int main() {
10      char *str[3] = {"ring", "my", "bell"};
11
12      print_string(str);
13      return 0;
14  }
```

▼

**실행 결과**

```
ring
my
bell
```

03행에서 `print_string()` 함수의 매개변수인 이중 포인터 `**dp`를 다음처럼 선언해도 결과는 같습니다.

```
03  void print_string(char *dp[])
```

### 함수에서 포인터로 전달받은 메모리에 문자열 생성하기

다음 코드는 문자 배열을 선언한 후 함수에서 새로운 문자열을 만드는 예입니다. 09행에서 `char str[100]`을 선언하고 11행에서 `str_make()` 함수에 문자 배열을 전달합니다. 배열의 이름인 `str`은 포인터이므로 `str_make()` 함수에서 `char *p` 매개변수로 받습니다.

#### Do it! 실습  문자열 생성하기  · 1504_make1.c

```c
01  #include <stdio.h>
02  #include <string.h>    // strcpy() 함수가 선언된 라이브러리
03
04  void str_make(char *p) {
05      strcpy(p, "ring my bell");
06  }
07
08  int main() {
09      char str[100];
10
11      str_make(str);
12      printf("%s\n", str);
13      return 0;
14  }
```

▼

#### 실행 결과

```
ring my bell
```

참조에 의한 호출 방식은 함수에서 원래의 값을 변경할 수 있습니다. 그러나 문자형 배열 `p`가 가리키는 `str`은 주소와 크기를 변경할 수 없는 문자형 배열입니다. 따라서 `*p = "ring my bell"`이라고 작성하면 안 됩니다. 그래서 문자열 복사 함수인 `strcpy()`를 사용했습니다.

## 함수에서 이중 포인터로 전달받은 메모리에 문자열 생성하기

앞의 코드는 큰 문제가 없지만, str_make() 함수에서 만들 문자열의 크기를 알 수 없어 str[100]으로 선언했습니다. 이럴 때는 다음 코드처럼 이중 포인터를 이용할 수 있습니다. 그러면 글자 크기에 딱 맞는 문자열 배열을 만들 수 있습니다.

**매개변수를 이중 포인터로 변경하기**

```c
01  #include <stdio.h>
02
03  void str_make(char **p) {     // 포인터의 주소를 전달받음 - 이중 포인터
04
05      *p = "ring my bell";
06  }
07
08  int main() {
09      char *words = NULL;
10
11      str_make(&words);    // 문자형 포인터 words의 주소 전달
12      printf("%s\n", words);
13      return 0;
14  }
```

09행에서 문자형 포인터 변수 words를 정의하고 NULL로 초기화합니다. 앞선 실습에서는 문자열의 크기를 알 수 없어 str[100]으로 선언했지만, 여기서는 words를 문자형 포인터로 선언했습니다. 이처럼 포인터를 사용하면 str[100]처럼 불확실한 공간을 미리 만들 필요가 없습니다.

11행에서 문자열 포인터의 주소 &words를 str_make() 함수에 보냅니다. words는 문자형 포인터이고 현재 NULL이 담겨 있습니다. 만약 주소 변환 연산자를 사용하지 않으면 str_make() 함수에 NULL을 보내는데, 이 값은 의미가 없습니다. 따라서 주소 변환 연산자를 사용하여 words의 주소를 보냅니다.

그리고 03행에서 포인터의 주소를 받고자 str_make() 함수의 매개변수를 이중 포인터 char **로 선언합니다. 호출하는 쪽에서 포인터의 주소를 보냈으므로 함수에서는 이중 포인터로 받아야 합니다.

이렇게 하면 이전 실습처럼 strcpy() 함수를 사용하지 않아도 05행에서 *p가 가리키는 곳에 문자열 ring my bell을 넣을 수 있습니다. 이중 포인터는 문자열의 주소를 가질 수 있으므로 *p = "ring my bell"처럼 작성할 수 있습니다.

이중 포인터를 사용할 때 typedef로 타입을 재정의하면 일반 포인터처럼 생각하고 사용할 수 있습니다. 다음 코드에서 03행의 typedef char *string에 주목합니다. typedef를 사용하여 char *를 string으로 정의하므로 코드에서 문자형 포인터가 필요할 때 자료형처럼 string을 사용할 수 있게 합니다.

**Do it! 실습**  이중 포인터 사용하기   `1505_make2.c`

```c
#include <stdio.h>

typedef char *string;        // 문자형 포인터를 string으로 정의

void str_make(string *p) {   // words의 자료형인 string으로 받음

    *p = "ring my bell";
}

int main() {
    string words = NULL;     // stirng은 문자형 포인터를 의미

    str_make(&words);        // words의 주소 전달
    printf("%s\n", words);
    return 0;
}
```

**실행 결과**
```
ring my bell
```

main() 함수에서 words를 선언할 때와 str_make() 함수의 매개변수를 선언할 때 string을 사용했습니다. string은 03행에서 char *로 정의했으므로 05행은 이중 포인터, 11행은 포인터 변수가 선언됩니다.

### main() 함수의 매개변수

지금까지 main() 함수를 int main()처럼 작성했지만, 정확히는 int main(void)라고 작성해야 합니다. main()도 함수이므로 매개변수가 존재합니다. 매개변수를 사용하지 않는다는 뜻에서 int main(void)라고 작성해야 하지만, 특별한 경우가 아니라면 main() 함수가 매개변수를 사용하지 않으므로 void를 생략합니다.

## 명령 줄 인수

일반 함수는 main() 함수에서 호출할 때 인자를 전달하지만, main() 함수는 프로그램의 시작점이므로 운영체제가 실행합니다. 그리고 main() 함수에 매개변수를 지정하면 프로그램을 실행할 때 입력되는 문자열을 전달받아 main() 함수에서 사용할 수 있습니다. 이를 **명령 줄 인수**<sub>command line arguments</sub>라고 합니다.

비주얼 스튜디오에서 Project1이라는 프로젝트를 만들고 my_prog.c라는 소스 파일을 작성한 후에 이를 컴파일하면 출력 창에서 빌드 내용을 확인할 수 있습니다.

실행 파일의 경로 확인

출력된 내용을 보면 작성한 코드는 my_prog.c이고 컴파일 결과 실행 파일인 Project1.exe가 만들어졌음을 알 수 있습니다. 표시된 경로를 찾아가면 확장자가 exe인 실행 파일이 있습니다. 이 파일을 명령 프롬프트에서 실행해 보겠습니다.

윈도우에서 명령 프롬프트를 열고 cd 명령어로 실행 파일이 있는 위치로 이동합니다. 그리고 실행 파일 이름을 작성한 후 Enter 를 누르면 프로그램이 실행됩니다.

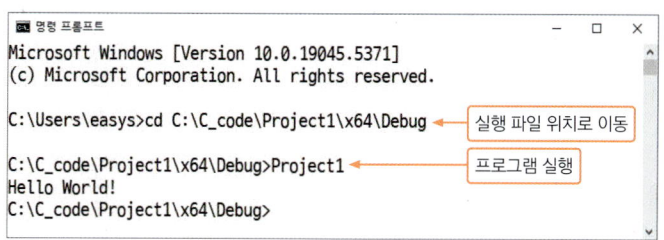

명령 프롬프트에서 실행 파일 실행

이처럼 명령 프롬프트에서 프로그램을 실행할 때는 옵션을 주고 그에 따라 다르게 실행할 수 있습니다.

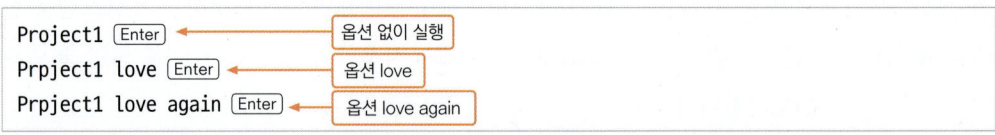

프로그램을 실행할 때 전달하는 옵션은 프로그램을 실행한 후에 입력하는 것과 다릅니다. 프로그램을 실행한 후에는 scanf() 같은 함수를 사용하여 키보드에서 입력받습니다. 그러나 프로그램의 실행 옵션은 프로그램 실행과 동시에 입력받으며, 이 옵션은 main() 함수의 매개변수로 전달됩니다.

main() 함수의 매개변수에는 프로그램의 이름을 포함하여 전체 문자열의 개수를 담고 있는 int argc와 문자열 배열인 char *argv[]가 전달됩니다.

| main() 함수의 매개변수 |
| --- |
| int main( int argc, char *argv[] ) |

다음 표에서는 project1이라는 프로그램을 실행할 때 옵션에 따라 main() 함수의 매개변수인 argc와 *argv[]에 어떤 값이 전달되는지를 보여 줍니다.

main() 함수의 매개변수

| 실행 | argc | *argv[] |
| --- | --- | --- |
| project1 | 1 | {"project"} |
| project1 love | 2 | {"project", "love"} |

프로그램을 실행할 때 입력한 옵션은 공백 문자를 기준으로 잘라서 문자열 배열의 형태로 main() 함수의 매개변수에 전달됩니다. argc는 문자열이 몇 개인지를 나타냅니다. 따라서 project1 love again으로 실행하면 argc는 3이 되고, *argv[]에는 {"project", "love", "again"}이 전달됩니다.

## main( ) 함수의 매개변수 출력하기

다음 코드는 main() 함수의 매개변수를 출력하는 예입니다. main() 함수의 매개변수로 int argc와 char *argv[]를 선언하며, 06행에서 k는 0부터 시작하여 argc보다 작을 때까지 반복하면서 argv[k] 문자열을 출력합니다.

### Do it! 실습   main() 함수의 매개변수 출력하기   1506_main.c

```c
01  #include <stdio.h>
02
03  int main(int argc, char *argv[]) {
04      int k;
05
06      for (k = 0; k < argc; k++)
07          printf("%s\n", argv[k]);
08      return 0;
09  }
```

### 실행 결과

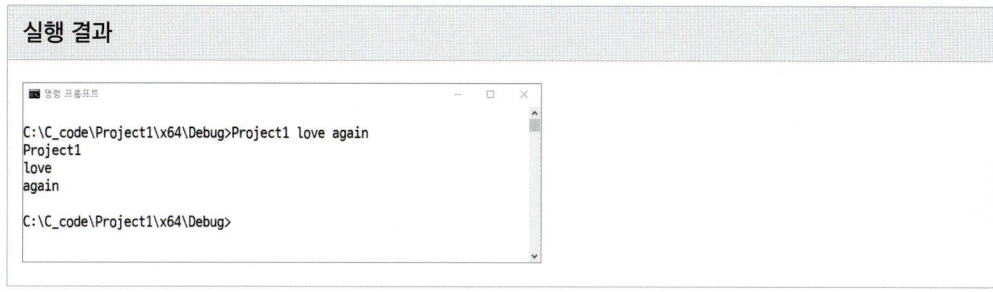

```
C:\C_code\Project1\x64\Debug>Project1 love again
Project1
love
again

C:\C_code\Project1\x64\Debug>
```

비주얼 스튜디오에서 코드를 작성한 후에 F5를 눌러 컴파일합니다. 그리고 명령 프롬프트에서 cd 명령어로 실행 파일이 있는 곳으로 이동한 다음, 실행 파일 이름과 옵션을 작성하여 프로그램을 실행합니다. 실행 결과를 보면 Project1 love again을 입력했을 때 "Project1", "love", "again"이 출력되는 것을 확인할 수 있습니다.

명령 프롬프트 창에 익숙하지 않다면 비주얼 스튜디오에서 명령 줄 인수를 지정할 수도 있습니다. [프로젝트 → 속성]을 선택하면 다음과 같은 화면이 나옵니다. 왼쪽에서 [디버깅]을 선택하고 **명령 인수**에 love again을 입력하면 같은 결과를 얻습니다.

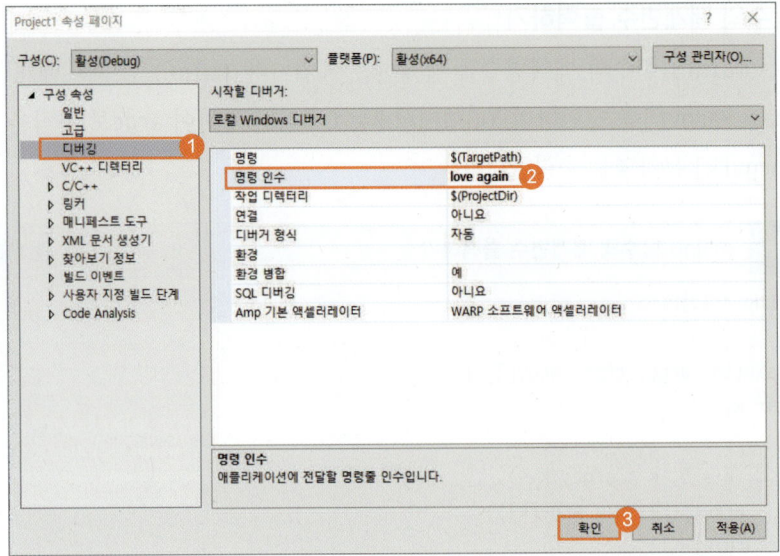

비주얼 스튜디오에서 명령 인수 지정하기

앞에서 설명했듯이 *argv[]는 이중 포인터입니다. 따라서 char **argv처럼 선언해도 됩니다.

```
01   include <stdio.h>
02
03   int main(int argc, char **argv) {
04
05       while (*argv)
06           printf("%s\n", *argv++);
07       return 0;
08   }
```

## 환경 변수 출력하기

main() 함수의 매개변수에는 옵션 이외에 자동으로 전달되는 문자열이 또 있습니다. main() 함수의 세 번째 매개변수는 환경 변수입니다. 환경 변수란 프로그램이 실행되는 시스템 환경에 대한 정보입니다. 환경 변수에는 로그인 아이디, 컴퓨터 이름, 운영체제와 같은 정보들이 문자열 배열로 들어 있습니다.

다음 코드는 환경 변수를 전달받아 출력하는 예입니다. 실행 결과를 보면 여러 가지 환경 변수가 출력됩니다.

> **Do it! 실습** main() 함수의 세 번째 매개변수(환경 변수) 출력하기 　　1507_main.c

```c
01  #include <stdio.h>
02
03  int main(int argc, char *argv[], char *env[]) {
04
05      while (*env)
06          printf("%s\n", *env++);
07      return 0;
08  }
```

**실행 결과**

```
ALLUSERSPROFILE=C:\ProgramData
APPDATA=C:\Users\zoch\AppData\Roaming
CommonProgramFiles=C:\Program Files (x86)\Common Files
CommonProgramFiles(x86)=C:\Program Files (x86)\Common Files
CommonProgramW6432=C:\Program Files\Common Files
... (생략) ...
```

main() 함수에서 매개변수로 받는 int argc, char *argv[], char *env[]는 윈도우나 유닉스에서 모두 사용할 수 있습니다. 다만 환경 변수로 들어오는 문자열의 순서나 내용은 운영체제나 사용자 환경에 따라 다릅니다.

## void 포인터

포인터 중에 조금 이상한 게 하나 있는데 바로 void 포인터입니다. void 포인터란 자료형에 상관없이 주소를 가지는 포인터를 의미합니다. void는 포인터에만 해당하는 자료형이며 일반 변수에서는 사용할 수 없습니다.

void 포인터는 자료형이 없는 포인터입니다. 원래 포인터는 int *, char *, float *처럼 자료형을 지정해서 선언해야 하지만, void 포인터는 자료형이 없으므로 **어떤 자료형의 주소든지 저장**할 수 있습니다.

포인터의 자료형은 가리키는 곳에 저장된 자료의 크기를 판단하는 용도로 쓰입니다. 그러나 void 포인터는 주소만 가질 뿐이므로 자료의 크기를 판단할 수 없습니다. 따라서 void 포인터는 덧셈과 뺄셈 같은 포인터 연산을 할 수 없습니다. 다시 말하면 배열의 시작 주소를 가질 수는 있지만, 배열 안에서 이동할 수는 없습니다.

void 포인터

다음 코드는 void 포인터를 선언하고 사용하는 예입니다. 06행에서 void 포인터를 선언하고, 08행에서 void 포인터에 정수 num의 주소를 대입합니다.

**Do it! 실습**    void 포인터 사용하기    📄 1508_dpoint1.c

```c
#include <stdio.h>

int main() {
    int num = 7;
    char ch = 'A';
    void *vp;        // void 포인터 선언

    vp = &num;       // void 포인터에 num 주소 대입
    printf("%d\n", *(int *)vp);    // int형 포인터로 형 변환 후에 역참조
    vp = &ch;                       // void 포인터에 ch 주소 대입
    printf("%c\n", *(char *)vp);   // char형 포인터로 형 변환 후에 역참조

    return 0;
}
```

**실행 결과**

```
7
A
```

09행에서는 void 포인터 vp를 역참조한 값, 즉 vp가 가리키는 주소에 저장된 값을 출력합니다. 일반 포인터라면 역참조 연산자(*)를 사용하여 *vp처럼 작성하면 됩니다. 그러나 void 포인터는 시작 주소만 가질 뿐, 가리키는 곳의 데이터 유형을 알지 못합니다. vp를 역참조하여 값을 구하려면 vp가 가리키는 주소에 저장된 데이터를 어떻게 해석할지를 알려 줘야 합니다. 따라서 역참조 연산을 하기 전에 vp를 (int *)로 형 변환을 해야 합니다. 그리고 나서 역참조하면, 즉 *(int *)vp는 vp가 가리키는 주소에 저장된 데이터를 정수로 해석합니다.

같은 방법으로 10행에서 문자형 변수 ch의 주소를 void 포인터 vp에 대입하고 11행에서 역참조한 값을 출력합니다. 이때는 문자로 해석해야 하므로 (char *)로 형 변환하고 *(char *)vp 처럼 역참조합니다.

void 포인터는 시작 주소만 가질 뿐, 가리키는 곳의 데이터 유형을 알지 못합니다. 이는 시작 주소에서 얼마만큼의 메모리를 해석할지 판단할 수 없다는 의미입니다. 따라서 void 포인터는 배열처럼 사용할 수 없습니다. 예를 들어 포인터 p에 배열 주소를 대입한 후에 p = p + 1처럼 연산할 수 있습니다. 그러나 void 포인터는 p = p + 1처럼 연산할 수 없습니다. 시작 주소에서 얼마만큼 이동해야 하는지 알 수 없기 때문입니다. 결국 void 포인터는 다양한 자료형의 주소를 가질 수 있지만, 포인터 연산을 하려면 형 변환을 해야 하므로 불편합니다.

그런데도 void 포인터를 제공하는 이유가 있습니다. 어떤 함수의 매개변수를 void 포인터로 선언하면 다양한 자료형에 대응할 수 있습니다. 이 내용은 다음 절에서 살펴보겠습니다. 그리고 16장에서 다룰 동적 메모리 할당 함수는 void 포인터를 반환합니다. 이를 통해 다양한 자료형의 메모리를 동적으로 할당받을 수 있습니다.

## 15-2

# 함수 포인터

### 함수 포인터 이해하기

**함수 포인터**function pointer란 함수의 시작 위치를 가리키는 역할을 합니다. 일반적으로 포인터는 특정 자료형의 시작 주소를 가리키는데, 함수 포인터는 함수의 시작 주소를 저장하여 함수 호출을 동적으로 제어할 수 있는 기능을 제공합니다.

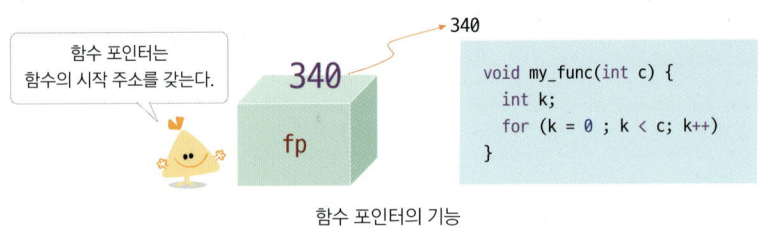

함수 포인터의 기능

> **핵심 한 줄** 함수 포인터는 변수가 아니라 함수를 가리키는 기능을 하며, 여러 함수를 배열처럼 관리하거나 다른 함수의 매개변수로 전달할 때 사용할 수 있다.

윈도우에서 프로그램 창의 오른쪽 위에는 버튼이 3개 있습니다. 그중에 왼쪽은 창을 숨기는 최소화 버튼, 가운데는 창의 크기를 변경하는 버튼, 맨 오른쪽은 창을 닫아 프로그램을 종료하는 버튼입니다.

각 버튼을 누르면 프로그램 창에 변화가 일어나는데 이를 **이벤트**event라고 합니다. 프로그램에는 여러 가지 이벤트가 존재하고 각 이벤트가 발생할 때 처리할 로직이 작성돼 있습니다.

그런데 이 책에서 지금까지 배운 방법으로는 이벤트를 처리할 방법이 없습니다. 그 이유는 사용자가 버튼을 언제 누를지 알 수 없기 때문입니다. 따라서 프로그램은 버튼을 누를 때까지 기다리며 다른 작업을 진행하지 못합니다.

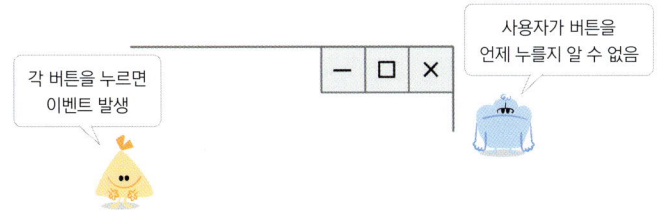

윈도우에서 프로그램 창의 버튼 3개

이러한 문제를 해결하려면 다른 작업을 진행하는 도중에 사용자가 버튼을 눌렀을 때(이벤트가 발생할 때) 하던 작업을 멈추고 버튼에 연결된 함수를 실행할 수 있어야 합니다. 이처럼 이벤트로 실행되는 함수를 이벤트 기반 함수 event driven function라고 하는데, 이 함수를 만들 때 함수 포인터를 사용합니다.

각 버튼에 해당하는 함수를 구현하고 함수 포인터에 등록해 놓으면 사용자가 창을 숨기는 버튼을 누를 때 `minimize()` 함수가 실행되고, 창의 크기를 바꾸는 버튼을 누를 때 `re_size()` 함수가 실행되고, 닫기 버튼을 누를 때 `abort()` 함수가 실행되게 할 수 있습니다.

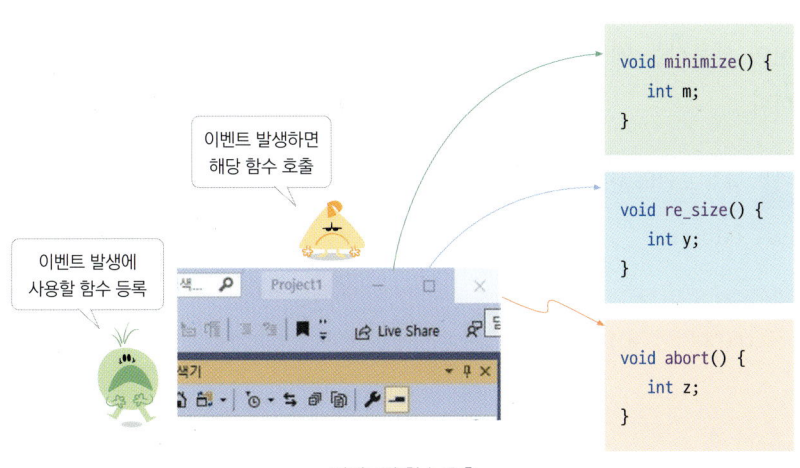

이벤트와 함수 호출

원래 윈도우 프로그램 창의 세 버튼에는 이벤트가 발생할 때 호출되는 기본 함수가 함수 포인터에 연결되어 있습니다. 이 함수 연결을 내가 만든 함수로 바꾸면 크기 변경을 못하게 막는다든지, 창을 닫을 때 작업한 내용을 자동으로 저장하도록 변경할 수 있습니다. 다시 말해 기존에 연결된 기본 함수 대신 내가 만든 함수로 다시 지정하면 버튼이 하는 작업을 원하는 대로 바꿀 수 있습니다.

## 함수 포인터 사용하기

함수 포인터는 다음처럼 함수에 별표(*)를 붙여서 선언합니다.

> **함수 포인터 정의**
>
> void (*fp)(int);

함수의 원래 모양은 void fp(int)인데 void *fp(int)처럼 별표(*)를 붙이면 함수 포인터가 됩니다. 그런데 소괄호의 우선순위가 높아서 int를 먼저 해석하여 일반 함수로 인식합니다. 따라서 포인터 함수 이름인 fp가 포인터이면서 동시에 함수의 이름이라는 것을 인식시키기 위해 (*fp)처럼 소괄호로 감쌉니다. 즉, fp가 포인터이면서 함수임을 나타내려면 소괄호를 빼면 안 됩니다.

> **핵심 한 줄** 함수 포인터는 이름 앞에 별표를 붙이고 소괄호로 감싸서 선언한다.

함수 포인터를 선언했으면 여기에 함수를 대입할 수 있습니다. 다음 코드는 함수 포인터에 함수를 연결하여 사용하는 예입니다. 03~05행 my_fp() 함수는 fp 함수 포인터에 연결할 함수의 원형입니다.

**Do it! 실습**  함수 포인터 사용하기    1509_fpoint1.c

```c
01  #include <stdio.h>
02
03  void my_fp(int a) {        // 함수 원형
04      printf("%d\n", a);
05  }
06
07  int main() {
08      void (*fp)(int);       // 함수 포인터 정의
09      fp = my_fp;            // 함수 포인터에 함수 연결
10      fp(10);                // 함수 포인터로 연결된 함수 호출
11      return 0;
12  }
```

**실행 결과**

10

08행에서 void (*fp)(int)로 함수 포인터 fp를 선언하고, 09행에서 my_fp 함수를 fp에 대입합니다. 함수 이름 앞에 주소 변환 연산자(&)를 붙이지 않아도 됩니다. 컴파일러는 my_fp가 함수라는 것을 알기 때문에 자동으로 함수의 주소를 대입합니다. 09행으로 인하여 함수 포인터 fp는 my_fp() 함수를 제어할 수 있게 됩니다.

10행에서 fp(10)처럼 호출하면 my_fp(10)처럼 호출한 것과 같은 결과를 얻습니다. 10은 my_fp() 함수의 매개변수 a에 전달됩니다. 사실은 (*fp)(10)라고 호출해야 정확한 문법입니다. 그러나 fp가 함수 포인터라는 것을 알고 있으므로 대부분의 컴파일러가 fp(10)을 허용합니다.

**함수 포인터는 선언된 형태와 똑같은 함수의 주소만 가질 수 있습니다.** 예를 들어 함수 포인터는 void (*fp)(int)라고 선언하고 다음처럼 4개의 함수를 정의했다고 가정해 봅시다. 이 가운데 함수 포인터 fp에 연결할 수 있는 함수는 fp_ex4()뿐입니다. 즉, 반환 자료형, 매개변수의 개수와 자료형이 같을 때만 함수 포인터에 연결할 수 있습니다.

◯ 함수의 이름, 매개변수의 개수와 자료형, 반환값의 자료형 등의 요소를 가리켜 함수의 시그니처(signature)라고 합니다.

**함수 포인터는 같은 형태의 함수만 연결 가능**

```
int fp_ex1(int a);           // 연결 불가: 반환형이 다름
void fp_ex2(char a);         // 연결 불가: 매개변수 자료형이 다름
void fp_ex3(int a, int b);   // 연결 불가: 매개변수 개수가 다름
void fp_ex4(int a);          // 연결 가능
```

### 함수 포인터 배열

함수 포인터는 배열로 만들 수도 있습니다. 함수 포인터 배열을 이용하면 관련 있는 함수끼리 묶어서 처리할 수 있습니다. 다음은 함수 포인터 배열을 선언한 예입니다. 함수 포인터 옆에 대괄호 []를 쓰고 원소의 개수를 적으면 됩니다.

**함수 포인터 배열 선언**

```
void (*fp[3])(int);
```

함수 포인터 배열을 초기화하는 방법은 중괄호 {} 안에 함수 이름을 나열하면 됩니다. 함수 포인터 배열 (*fp[3])()을 선언하고 minimize(), re_size(), abort() 함수를 초기화하는 코드는 다음과 같습니다.

**함수 포인터 배열 선언과 초기화**

```
void (*fp[3])() = {minimize, re_size, abort};
```

(*fp[0])()에는 minimize() 함수의 주소가 들어가고, (*fp[1])()에는 re_size() 함수의 주소, (*fp[2])()에는 abort() 함수의 주소가 들어갑니다.

## 실력 향상 프로젝트 27 | 이벤트 시뮬레이터 만들기
📄 1510_event1.c

함수 포인터는 순차 프로그래밍에서 다루기 힘든 이벤트 처리를 위해 만들어졌습니다. 따라서 함수 포인터를 기존의 프로그래밍 방식으로만 사용한다면 큰 이득이 없습니다. 유닉스에서는 시그널과 같은 이벤트 처리에 함수 포인터를 사용합니다. 그러나 윈도우에서는 적당한 예를 찾기 어렵습니다. 그래서 이벤트 처리가 어떻게 진행되는지를 시뮬레이션하는 코드를 작성해 보겠습니다.

다음 코드는 사용자가 버튼의 번호를 입력하면 해당 함수가 호출되는 예입니다. 사용자가 버튼의 번호를 입력한다는 것은 해당 버튼을 누른 것으로 가정하고 코드를 살펴보기 바랍니다.

```c
01  #include <stdio.h>
02
03  void minimize() {
04      printf("창을 최소화함\n");
05  }
06
07  void re_size() {
08      printf("창의 크기를 변경함\n");
09  }
10
11  void abort() {
12      printf("프로그램을 종료함\n");
13  }
14
15  void my_re_size() {    // 이벤트 재정의
16      printf("크기를 변경할 수 없음\n");
17  }
18
19  int main() {
20      void (*button[3])() = {minimize, re_size, abort};
21      int event;
22
23      printf("이벤트 입력(최소화=0, 크기 변경=1, 프로그램 종료=2: ");
```

```
24        scanf("%d", &event);
25        button[event]();     // 이벤트에 해당하는 함수 실행
26
27        button[1] = my_re_size;     // 1번 버튼의 함수 바꾸기
28        printf("이벤트 입력(최소화=0, 크기 변경=1, 프로그램 종료=2: ");
29        scanf("%d", &event);
30        button[event]();
31        return 0;
32    }
```

> **실행 결과**
>
> 이벤트 입력(최소화=0, 크기 변경=1, 프로그램 종료=2: 1 [Enter]
> 창의 크기를 변경함
> 이벤트 입력(최소화=0, 크기 변경=1, 프로그램 종료=2: 1 [Enter]
> 창의 크기를 변경할 수 없음

03~13행까지는 버튼을 눌렀을 때 실행할 함수들을 선언합니다. minimize() 함수는 창을 최소화하고, re_size() 함수는 크기를 변경하고, abort() 함수는 프로그램을 종료합니다. 각 함수에서는 어떤 작업을 했는지 printf() 함수로 출력합니다.

20행에서는 void형 함수 포인터 배열 *button[3]을 선언하고 button[0]에는 minimize() 함수의 주소, button[1]에는 re_size() 함수의 주소, button[2]에는 abort() 함수의 주소로 초기화합니다. 함수 포인터 배열을 초기화하는 방법은 일반 배열과 같습니다.

24행에서 사용자에게 이벤트 번호를 입력받으면 25행에서 해당 이벤트에 해당하는 함수를 호출합니다. 함수 포인터를 호출하는 방법은 간단하게 button[event]()라고 작성하면 됩니다. 출력 결과를 보면 알겠지만, 사용자가 1을 입력하면 button[1]()에 연결된 re_size() 함수가 호출됩니다.

minimize(), re_size(), abort()는 윈도우 프로그램의 창을 제어하려고 운영체제가 기본으로 등록해 놓은 함수라고 생각할 수 있습니다. 만약 버튼을 누를 때 원래 동작과 다르게 실행되게 하고 싶다면 사용자 정의 함수로 재정의하고 함수 포인터에 다시 지정하면 됩니다.

15~17행은 `re_size()` 함수를 재정의한 `my_re_size()` 함수입니다. 이 함수에서는 사용자가 창의 크기를 조정하지 못하도록 막았습니다. 27행은 재정의한 함수로 다시 지정하는 코드입니다. `button[1]`에는 `re_size()` 함수의 주소가 지정되어 있었지만, `button[1] = my_re_size`가 실행되어 1번 버튼을 눌렀을 때 실행할 함수가 `my_re_size()` 함수로 바뀝니다. 따라서 28행에서 사용자가 1을 입력하면 이제 크기를 변경할 수 없다는 메시지가 출력됩니다.

운영체제에서 이벤트를 처리하는 방법은 이와 유사합니다. 함수를 만들어 이벤트 배열에 등록해 놓으면 해당 이벤트가 발생할 때마다 등록한 함수가 호출되어 작업을 진행합니다. 이때 함수 포인터가 사용됩니다. 또한 기본으로 등록된 함수 대신 재정의한 함수를 사용하려면 다시 지정하면 됩니다.

## 확실하게 내 것으로! 15장 마무리 문제

1. 포인터의 주소만 담을 수 있는 자료형은 _____ 입니다.

2. `*dp[]`와 똑같은 의미의 코드는 _____ 입니다.

3. `main()` 함수의 매개변수 중 프로그램 이름을 포함한 전체 문자열의 개수는 _____ (으)로 전달받습니다.

4. `main()` 함수의 매개변수 중 프로그램 이름을 포함한 전체 문자열은 _____ (으)로 전달받습니다.

5. `main()` 함수의 매개변수 중 환경 변수와 관련된 문자열은 _____ (으)로 전달받습니다.

6. 자료형에 상관없이 주소를 가질 수 있는 포인터를 _____ (이)라고 합니다.

7. 함수의 주소를 가지는 포인터는 _____ 입니다.

8. 다음은 이중 포인터를 사용하는 코드입니다. 빈칸에 알맞은 코드를 작성하세요.

```
01  #include <stdio.h>
02
03  int main() {
04      int num = 7, *p;
05      int **dp;
06
07      p = &num;
08      _____ ;
09      printf("%p %p\n", p, *dp);
10      printf("%d %d\n", *p, _____ );
11
12      return 0;
13  }
```

▶ 다음 쪽에 계속

**9** 다음은 함수에 이중 포인터를 전달하여 문자열을 출력하는 코드입니다. 빈칸에 알맞은 코드를 작성하세요.

```c
01  #include <stdio.h>
02
03  void str_make(char            ) {
04      *p = "ring my bell";
05  }
06
07  int main() {
08      char *words = NULL;
09
10      str_make(              );
11      printf("%s\n", words);
12      return 0;
13  }
```

▶ 모범 답안: 425쪽

# 16장

# 동적 메모리 할당

- ✦ 16-1 동적 메모리 할당하기
- ✦ 16-2 연결 리스트 만들기

**학습 목표**
1. 메모리를 동적으로 할당받고 해제하는 방법을 살펴봅니다.
2. 동적 메모리 할당을 사용하여 연결 리스트를 만들고 노드를 삽입하는 방법을 이해합니다.

## 16-1

# 동적 메모리 할당하기

### 동적 메모리 할당의 필요성

초기 컴퓨터의 메인 메모리는 매우 작았습니다. 그래서 변수 하나를 만들더라도 신중해야 했습니다. 이후 메모리 가격이 내려가고 컴퓨터에 대용량 메모리가 장착됨에 따라 변수를 만드는 것에 부담이 줄었습니다. 그러나 같은 프로그램이더라도 메모리를 많이 사용하는 코드가 메모리를 적게 사용하는 코드보다 느리게 동작합니다.

전문가들은 코드를 작성하고 나면 최적화 작업을 합니다. 최적화란 불필요한 작업을 줄이고 메모리를 최대한 적게 사용하는 코드로 만드는 것입니다. 이러한 코드 최적화는 임베디드embedded 시스템에 들어가는 코드를 개발할 때 더욱 중요합니다. 임베디드 시스템은 개인용 컴퓨터와 달리 CPU의 성능이 낮고 메모리의 크기도 작습니다. 따라서 일반적인 방법으로 코딩할 경우 매우 느리게 동작할 가능성이 높습니다. 그래서 필요할 때 필요한 만큼만 메모리를 사용하는 동적 메모리 할당 방식을 주로 사용합니다.

프로그램에서 많은 양의 데이터를 사용할 때는 배열을 사용했습니다. 배열은 한 번 선언하면 크기와 시작 주소를 변경할 수 없습니다. 예를 들어 사람의 이름을 저장하는 코드를 작성한다면 작성 당시에는 저장할 이름의 개수를 알 수 없습니다.

정적 메모리 할당과 동적 메모리 할당

사용자가 몇 명의 이름을 입력할지 몰라 배열의 크기를 대충 12개로 선언했다고 가정해 보죠. 배열은 12개의 메모리를 차지하지만, 정작 3명의 이름만 입력한다면 나머지 9개가 낭비됩니다. 더 큰 문제는 선언된 배열의 크기보다 더 많은 13번째 이름부터는 저장할 수 없습니다. 그렇다고 해서 배열의 크기를 1000으로 선언해 버리면 많은 메모리 공간이 낭비됩니다.

배열은 선언할 때 크기가 정해지며 한 번 정해진 크기는 바꿀 수 없습니다. 그래서 배열은 정적 메모리 할당 static memory allocation이라고 합니다. 반면에 메모리를 필요한 만큼만 할당하고 필요 없을 때 반환하는 방법은 **동적 메모리 할당** dynamic memory allocation이라고 합니다.

동적 메모리 할당에서는 데이터가 입력될 때마다 메모리 공간을 만듭니다. 필요할 때마다 만들어 쓰기 때문에 동적 할당 방식을 사용하면 사람 이름이 3개든 3,000개든 상관없이 저장할 수 있습니다.

12장에서 설명한 연결 리스트를 동적 메모리 할당 방식으로 구현하면 데이터의 유지·보수도 간단하게 처리할 수 있습니다. 배열에서는 저장된 데이터를 삭제하면 빈 공간으로 남지만, 동적 할당에서는 필요 없는 메모리를 해제할 수 있습니다. 따라서 낭비되는 공간이 줄어듭니다. 또한 이름순으로 저장된 배열에 새로운 이름이 들어오면 순서에 맞게 데이터를 정렬해야 합니다. 그러나 동적 메모리 할당에서는 새로운 데이터를 연결만 하면 됩니다. 동적 메모리 할당에서는 데이터를 삽입하거나 삭제할 때 데이터를 이동시키지 않아도 순서대로 관리할 수 있습니다.

## 동적 메모리 할당 함수

동적 메모리 할당에서 고려해야 할 점은 할당받은 메모리 공간을 어떤 용도로 사용할 것인가입니다. 지금까지 변수는 문자, 정수, 실수, 배열, 구조체처럼 여러 가지 용도로 만들어 사용했습니다. 메모리를 동적으로 할당받을 때도 어떤 자료형으로 사용할 메모리 공간인지를 알려 주어야 합니다.

두 번째로는 할당받은 메모리 공간에 어떻게 접근할 것인가를 고민해야 합니다. 일반 변수는 변수 이름으로 메모리에 접근합니다. 마찬가지로 동적으로 할당받은 메모리 공간에 접근할 방법이 필요한데, 보통은 포인터를 사용합니다.

메모리를 동적으로 할당해 주는 대표적인 함수는 `malloc()`입니다.❶ `malloc()`을 비롯하여 모든 동적 메모리 할당 함수는 stdlib.h 헤더 파일에 들어 있습니다. 따라서 동적 메모리 할당 관련 함수를 사용하려면 소스 파일 위쪽에 `#include <stdlib.h>`를 포함해야 합니다.

❶ malloc은 memory allocation(메모리 할당)을 의미합니다.

malloc() 함수는 메모리를 할당하고 시작 주소를 가리키는 void형 포인터를 반환합니다. 따라서 이 주소를 받을 포인터가 필요합니다. 또한 할당받은 메모리를 어떤 용도로 사용할지도 (자료형) 알려 주어야 합니다. 다음은 malloc() 함수로 동적 메모리를 할당받는 형식을 보여 줍니다.

**동적 메모리 할당**

```
#include <stdlib.h>

int *dmp;

dmp = (int *)malloc(sizeof(int));
```

먼저 정수형 포인터 *dmp를 선언하고 여기에 malloc() 함수가 반환하는 포인터를 대입합니다. 이때 malloc() 함수가 반환하는 포인터는 void형입니다. 즉, 동적으로 할당한 메모리의 시작 주소를 가리키는 포인터만 반환할 뿐 자료형은 정해지지 않았습니다. 따라서 int형 포인터 변수에 대입할 때는 (int *)처럼 형 변환을 해줘야 합니다.

◐ 15장에서 void형 포인터는 자료형이 정해지지 않은 포인터라고 했습니다.

그리고 malloc() 함수에는 메모리를 얼마만큼 할당받을지 그 크기를 보냅니다. 이번 예에서는 sizeof 연산자를 사용하여 정수 크기의 메모리를 할당받습니다.

이렇게 메모리를 할당하고 그 시작 주소를 포인터에 연결했으면 나머지 코드는 일반적인 포인터 사용법과 같습니다. *dmp에 정수 100을 넣고 출력하는 코드는 다음과 같습니다.

**일반 포인터처럼 사용**

```
*dmp = 100;
printf("%d\n", *dmp);
```

만약 동적 메모리 할당 방식으로 배열을 선언한다면 malloc() 함수에 메모리의 크기만 지정해 주면 됩니다. 다음은 정수형 배열 3개를 동적으로 할당받는 코드입니다.

**동적 메모리 할당으로 배열 선언**

```
dmp = (int *)malloc(sizeof(int) * 3);
```

이 코드는 배열의 원소 하나당 int형의 크기(4bytes)를 가지는 메모리를 할당하고 메모리의 시작 주소를 dmp에 대입합니다. 이 코드가 실행된 후에 메모리의 모양은 다음과 같습니다.

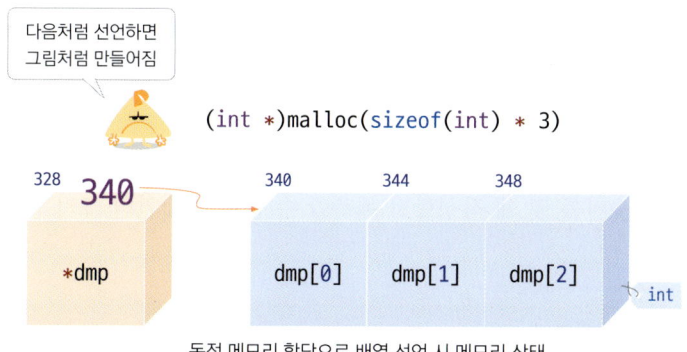

동적 메모리 할당으로 배열 선언 시 메모리 상태

이렇게 할당받은 메모리에 접근할 때는 배열의 인덱스를 사용할 수 있습니다. 다음은 배열의 각 원소에 숫자를 대입하는 코드입니다.

**배열의 인덱스로 접근**

```
dmp[0] = 100;
dmp[1] = 200;
dmp[3] = 300;
```

또는 *(dmp + 1)처럼 포인터 연산과 역참조 연산자를 사용하여 메모리에 접근할 수도 있습니다. 다음은 배열에 저장된 값을 출력하는 코드입니다.

**포인터 연산과 역참조 연산자로 배열 값 출력**

```
printf("%d\n", *dmp);
printf("%d\n", *(dmp + 1));
printf("%d\n", *(dmp + 2));
```

동적으로 할당받은 메모리를 사용하다가 메모리를 해제할 때는 free() 함수를 사용합니다. 다음처럼 동적으로 할당받은 메모리의 시작 주소를 가리키는 포인터를 free() 함수에 보내면 메모리가 해제됩니다.

> **동적 메모리 해제**
>
> free(dmp);

동적 메모리를 할당하여 사용하는 전체 코드를 작성해 보겠습니다. 다음은 사용자에게 값을 입력받아 평균을 출력하는 프로그램입니다. 09장에서 유사한 코드를 배열로 만든 적이 있었는데, 그때는 사용자가 입력하는 숫자의 개수를 배열의 크기로 한정했습니다. 평균을 구하는 프로그램은 사용자가 숫자를 몇 개 작성할지 예측할 수 없어서 배열의 크기를 한정할 수밖에 없었습니다.

**Do it! 실습   동적 메모리 할당**  `1601_dynamic1.c`

```c
#include <stdio.h>
#include <stdlib.h>    // 동적 메모리 할당 함수가 선언된 헤더

int main() {
    int max, k;
    double *dmp, sum = 0.0;
    
    printf("입력하는 숫자는 몇 개? ");
    scanf("%d", &max);
    dmp = (double *)malloc(sizeof(double) * max);    // 동적 메모리 할당
    
    printf("%d개 값을 입력하시오: ", max);
    for (k = 0; k < max; k++) {    // k가 0부터 max보다 작을 때까지 반복
        scanf("%lf", &dmp[k]);
        sum = sum + dmp[k];
    }
    free(dmp);    // 동적 할당 메모리 해제
    printf("평균 = %.1lf", sum / max);
    
    return 0;
}
```

**실행 결과**

```
입력하는 숫자는 몇 개? 3 [Enter]
3개 값을 입력하시오: 22 56 24 [Enter]
평균 = 34.0
```

09행에서 scanf() 함수로 사용자에게 숫자 하나를 입력받아 max 변수에 대입합니다. 이 숫자는 사용자가 입력할 점수의 개수입니다. 10행에서는 사용자가 입력한 수만큼 동적으로 메모리를 할당받아 double형 포인터로 형 변환하여 dmp에 대입합니다.

13행 for 문에서 k가 max보다 작을 때까지 반복합니다. 14행에서 사용자에게 점수를 입력받아 &dmp[k]에 대입하고, 15행에서 dmp[k]의 값을 sum에 누적합니다. 이로써 사용자가 입력한 점수를 모두 더한 값이 sum에 저장됩니다.

이제 동적으로 할당받은 메모리를 더 이상 사용할 필요가 없으므로 17행에서 free(dmp)처럼 호출해 메모리를 해제합니다. 그리고 18행에서 평균값인 sum / max를 출력합니다.

동적 메모리 할당은 배열을 사용하는 방법보다 조금 더 복잡하지만, 사용자가 요구하는 만큼만 메모리를 사용할 수 있습니다.

> **핵심 한줄** 동적 메모리를 할당받는 방법은 (자료형 *)malloc(sizeof(자료형))이며 같은 자료형의 포인터로 받는다. 다 쓴 메모리는 free(포인터)로 해제한다.

### 초기화된 동적 메모리 할당 — calloc() 함수

배열을 선언할 때 값을 초기화할 수 있는 것처럼 동적 메모리를 할당받을 때도 초기화할 수 있습니다. 초기화된 동적 메모리를 할당받으려면 calloc() 함수를 사용합니다.

**초기화된 동적 메모리 할당**

```
dmp = (int *)calloc(size, sizeof(int));
```

calloc() 함수는 malloc()과 거의 유사하지만, 할당받을 메모리의 전체 크기와 메모리 1개의 크기를 매개변수로 전달받습니다. 그리고 메모리를 0으로 초기화해 줍니다. 다음 그림은 malloc()와 calloc() 함수의 차이점을 보여 줍니다.

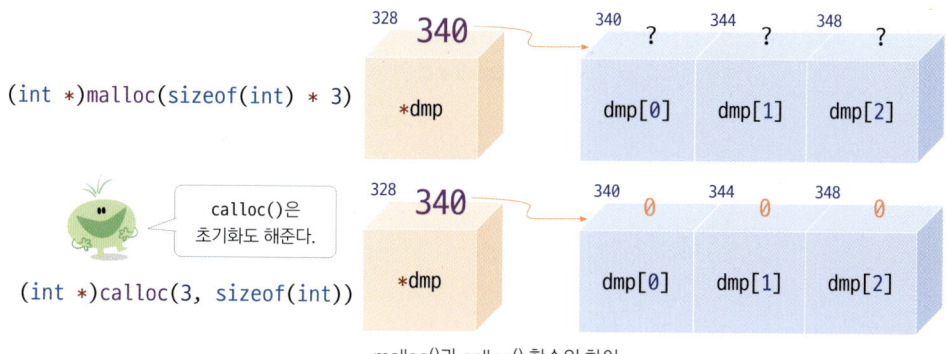

malloc()과 calloc() 함수의 차이

## 동적으로 할당받은 메모리 크기 변경 — realloc( ) 함수

malloc()이나 calloc() 함수로 동적 메모리를 할당받아 사용하다가 메모리를 더 늘리고 싶을 때는 realloc() 함수를 사용합니다. realloc() 함수는 할당받은 메모리의 크기를 변경해 줍니다.

예를 들어 다음처럼 선언하면 dmp의 크기를 sizeof(int) * size만큼으로 변경해 줍니다. 이때 메모리의 자료형은 그대로 유지되므로 realloc() 앞에 (int *)처럼 형 변환을 하지 않아도 됩니다.

메모리 크기 변경

```
dmp = realloc(dmp, sizeof(int) * size);
```

realloc() 함수로 메모리의 크기를 늘려도 이미 저장된 데이터는 변경되지 않습니다. 만약 크기를 줄이면 저장된 데이터는 삭제됩니다. 다음 그림은 dmp = (int *)malloc(sizeof(int) * 3)으로 할당받은 메모리를 사용하다가 realloc(dmp, sizeof(int) * 5)로 메모리를 늘린 후의 변화를 나타냅니다. 기존의 데이터를 유지한 채 새로운 정수형 저장 공간 2개가 늘어납니다.

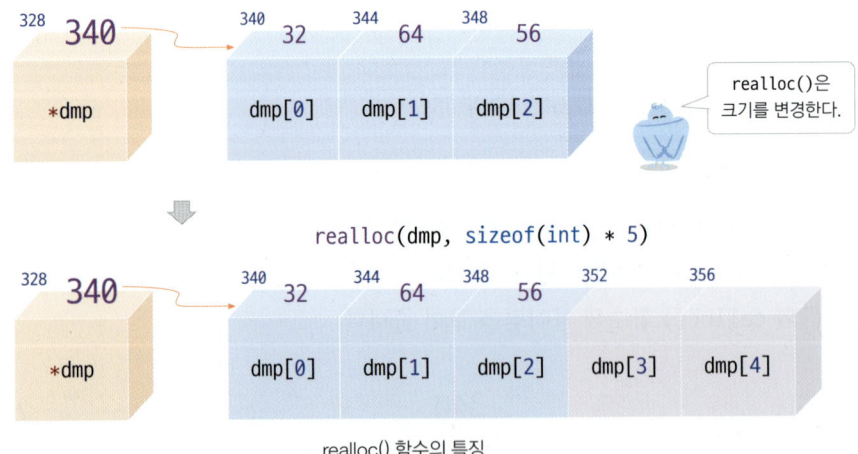

realloc() 함수의 특징

## 실력향상 프로젝트 28 | 유연한 평균 출력 프로그램 만들기
1602_dynamic2.c

calloc()과 realloc() 함수를 사용하여 평균을 출력하는 프로그램을 좀 더 유연하게 수정해 보겠습니다. 사용자가 점수의 개수와 각 점수를 입력하는 행위를 두 번 수행하도록 수정합니다. 그리고 추가로 입력받은 점수까지 포함해 전체 평균을 출력합니다.

10행에서 malloc() 대신 메모리를 0으로 초기화까지 해주는 calloc() 함수를 사용합니다. 할당받을 메모리의 전체 크기를 나타내는 max의 위치에 주의하기 바랍니다.

```c
01  #include <stdio.h>
02  #include <stdlib.h>
03
04  int main() {
05      int max, add, k;
06      double *dmp, sum = 0.0;
07
08      printf("입력하는 숫자는 몇 개? ");
09      scanf("%d", &max);
10      dmp = (double *)calloc(max, sizeof(double));    // 동적 메모리 할당과 초기화
11
12      printf("%d개 값을 입력하시오: ", max);
13      for (k = 0; k < max; k++) {    // k가 0부터 max보다 작을 때까지 반복
14          scanf("%lf", &dmp[k]);
15          sum = sum + dmp[k];
16      }
17      printf("추가 숫자는 몇 개? ");
18      scanf("%d", &add);
19      dmp = realloc(dmp, sizeof(double) * (max + add));    // 메모리 크기 변경
20
21      printf("추가되는 %d개 값을 입력하시오: ", add);
22      for (k = max; k < (max + add); k++) {    // max부터 max + add보다 작을 때까지 반복
23          scanf("%lf", &dmp[k]);
24          sum = sum + dmp[k];
25      }
26      free(dmp);
27      printf("평균 = %.1lf", sum / (max + add));
28
29      return 0;
30  }
```

> **실행 결과**
>
> 입력하는 숫자는 몇 개? 3 `Enter`
> 3개 값을 입력하시오: 11 22 33 `Enter`
> 추가 숫자는 몇 개? 2 `Enter`
> 추가되는 2개 값을 입력하시오: 44 55 `Enter`
> 평균 = 33.0

12~16행은 사용자에게 점수를 입력받고 sum에 누적하는 코드입니다. 18행에서 추가로 입력할 점수의 개수를 add로 입력받습니다. 그리고 19행에서 realloc() 함수로 (max + add)만큼의 메모리를 늘립니다.

22~25행까지는 점수를 추가로 입력받습니다. 이때 dmp[0]부터 dmp[max − 1]에는 이미 점수가 저장되어 있음을 기억해야 합니다. 따라서 추가로 입력받는 점수는 dmp[max]부터 dmp[(max + add) − 1]에 저장해야 합니다. 22행 for 문에서 k의 시작값과 반복 조건에 주의하기 바랍니다.

26행에서 할당받은 메모리를 해제하고, 27행에서 평균을 출력합니다. 출력 결과를 보면 메모리가 추가로 늘어나고 정상으로 출력되는 것을 확인할 수 있습니다.

# 16-2

# 연결 리스트 만들기

### 동적 메모리를 이용한 연결 리스트

12장에서 구조체를 다룰 때 자신을 가리키는 구조체를 설명했습니다. 연결 리스트linked list는 자신을 가리키는 구조체를 사용한 자료 구조로, 많은 데이터를 다룰 때 데이터의 삽입, 삭제, 관리가 배열보다 쉬워서 자주 사용됩니다.

12장에서도 연결 리스트를 다뤘지만, 동적 메모리 할당을 배우기 전이어서 구조만 알아봤습니다. 이 절에서는 동적 메모리 할당을 이용한 연결 리스트를 자세히 살펴봅니다.

연결 리스트에서 각 노드node는 구조체로 구현합니다. 노드는 데이터 영역과 다른 노드를 가리키는 링크 영역으로 구성됩니다.

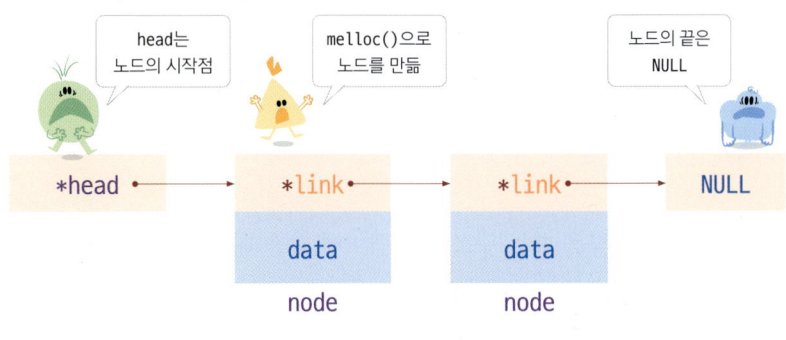

연결 리스트 구조

보통 연결 리스트는 *head에서 시작합니다. *head는 연결 리스트에서 첫 번째 노드를 가리키는 포인터입니다. 헤드를 만들지 않고 맨 앞의 노드만으로 운영할 수도 있지만, 맨 앞의 노드가 삭제되면 연결 리스트를 잃어버릴 수 있으므로 *head를 사용하는 것이 좋습니다. 연결 리스트의 맨 끝은 항상 NULL입니다. NULL이 있어야 연결 리스트의 끝을 알 수 있습니다.

노드는 자신을 가리키는 구조체로 만듭니다. 다음 코드는 typedef를 사용하여 struct node를 정의합니다. node 구조체는 데이터 영역과 링크 영역으로 나뉩니다. 다음 코드에서 문자열 name과 정수 age가 데이터입니다. 마지막으로 node 구조체를 가리키는 포인터 *link를 정의합니다.

**연결 리스트의 노드 정의**

```c
typedef struct node {      // 노드 구조체 정의
    char name[10];         // 첫 번째 데이터
    int age;               // 두 번째 데이터
    struct node *link;     // node 구조체를 가리키는 포인터
} node;
```

*link를 정의할 때 struct node *link라고 작성해야 합니다. struct 예약어를 빼면 오류가 발생합니다. 그 이유는 node 구조체가 정의되기 전에 *link를 만드는 것이기 때문입니다. 자신을 가리키는 구조체 선언에서 typedef를 빼면 오류가 발생합니다.

구조체를 정의했으면 다음처럼 노드를 만듭니다. 우선 구조체 포인터 *p1을 선언하고 malloc() 함수로 노드를 생성한 후에 동적으로 할당받은 메모리의 시작 주소를 p1에 대입합니다.

**노드 만들기**

```c
node *p1;
p1 = (node *)malloc(sizeof(node));
```

노드의 데이터 영역에 값을 넣을 때는 구조체의 멤버에 값을 대입하는 방법을 사용합니다. 포인터를 이용해 구조체의 멤버에 접근할 때는 점(.)이 아닌 화살표(->) 연산자를 사용합니다. 다음 코드는 strcpy() 함수로 p1->name에 "gildong"을 넣고, p1->age에는 22를 넣습니다. p1->link에 NULL을 넣는 것을 잊지 말아야 합니다.

**노드에 값 설정**

```c
strcpy(p1->name, "gildong");
p1->age = 22;
p1->link = NULL;
```

## 연결 리스트 구현

다음 코드는 연결 리스트를 만들고 출력하는 예입니다. 05~09행까지는 구조체 node를 정의합니다. 12행에서는 연결 리스트의 맨 앞을 나타내는 node 구조체 포인터 *head를 선언하고 NULL을 대입합니다. *np는 새로운 노드를 만들 때 사용할 node 구조체이며, *tp는 연결 리스트를 따라 출력할 때 사용할 node 구조체입니다.

**Do it! 실습   연결 리스트**                                                  1603_dynamic3.c

```c
01  #include <stdio.h>
02  #include <stdlib.h>
03  #include <string.h>
04
05  typedef struct node {
06      char name[10];
07      int age;
08      struct node *link;
09  } node;
10
11  int main() {
12      node *head = NULL, *np, *tp;
13
14      np = (node *)malloc(sizeof(node));
15      strcpy(np->name, "gildong");
16      np->age = 22;
17      np->link = NULL;
18      head = np;     // head는 연결 리스트의 맨 앞을 가리킴
19
20      np = (node *)malloc(sizeof(node));
21      strcpy(np->name, "hyungwook");
22      np->age = 28;
23      np->link = NULL;
24      head->link = np;    // 새로운 노드를 연결 리스트 맨 뒤에 연결
25
26      tp = head;
27      while (tp != NULL) {
28          printf("[%s:%d] -> ", tp->name, tp->age);
29          tp = tp->link;    // tp를 연결 리스트 다음 노드로 이동
30      }
31      printf("NULL\n");
32      return 0;
33  }
```

> **실행 결과**
> [gildong:22] -> [hyungwook:28] -> NULL

14~17행까지는 새로운 노드를 만들고 데이터를 채우는 부분입니다. np = (node *)malloc (sizeof(node))는 동적 메모리 할당 함수로 새로운 노드를 만듭니다. strcpy() 함수로 문자열 np->name에 "gildong"을 복사하고, np->age에는 22를 대입합니다. np->link는 NULL로 초기화합니다.

18행에서는 head에 np의 주소를 대입합니다. 18행 이후부터 연결 리스트의 맨 앞은 head가 가리키게 됩니다.

20~23행까지는 두 번째 노드를 만들어 데이터를 대입하는 코드입니다. 20행에서 새로운 노드를 생성하고, 21행에서 name에 "hyungwook"을, 22행에서 age에 28을 넣습니다. 23행에서 node->link를 NULL로 초기화합니다.

24행에서 head->link를 np와 연결합니다. head->link는 처음에 만든 gildong 노드의 링크입니다. 따라서 다음 그림과 같은 모양이 됩니다.

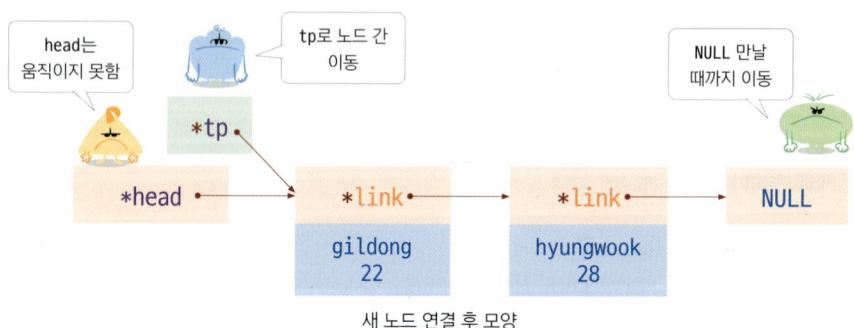

새 노드 연결 후 모양

26~30행은 연결 리스트를 따라 데이터를 출력하는 코드입니다. head는 연결 리스트의 맨 앞을 가리켜야 하므로 움직일 수가 없습니다. 따라서 node형 포인터 tp를 움직이면서 출력합니다.

26행에서 head가 가리키는 위치를 tp에 대입합니다. 27행에서 tp가 NULL을 만날 때까지 28~29행을 반복합니다. 28행에서 데이터를 출력하고 29행에서 tp = tp->link 코드는 tp가 링크를 따라 다음 노드를 가리키도록 합니다.

## 연결 리스트에 노드 삽입

이번에는 사용자에게 값을 입력받아 연결 리스트를 만들고 출력하는 코드를 작성해 보겠습니다. 15행의 for 문을 사용하여 16~25행을 반복합니다. 16행에서 새로운 노드를 만들고 18행에서 scanf() 함수로 이름과 나이를 입력받습니다. 19행에서 np->link에 NULL을 대입합니다.

**Do it! 실습** 역순 연결 리스트 삽입    1604_dynamic4.c

```c
#include <stdio.h>
#include <stdlib.h>
#include <string.h>

typedef struct node {
    char name[10];
    int age;
    struct node *link;
} node;

int main() {
    node *head = NULL, *np, *tp;
    int k;

    for (k = 0; k < 3; k++) {
        np = (node *)malloc(sizeof(node));
        printf("이름 나이 입력: ");
        scanf("%s %d", &np->name, &np->age);
        np->link = NULL;

        if (head == NULL)        // head가 처음 연결이면
            head = np;           // head = np
        else { np->link = head;  // head가 노드가 있으면 np->link = head
            head = np; }
    }
    tp = head;
    while (tp != NULL) {
        printf("[%s:%d] -> ", tp->name, tp->age);
        tp = tp->link;    // tp를 다음 노드로 이동
    }
    printf("NULL\n");
    return 0;
}
```

> 실행 결과
>
> 이름 나이 입력: gildong 22 [Enter]
> 이름 나이 입력: hyungwook 28 [Enter]
> 이름 나이 입력: hosik 29 [Enter]
> [hosik:29] -> [hyungwook:28] -> [gildong:22] -> NULL

21~24행은 새로 만든 노드를 head에 연결하는 코드입니다. 21행에서 head가 아무것도 가리키고 있지 않을 때에(if (head == NULL))는 바로 연결(head = np)하면 됩니다. 그리고 head에 노드가 연결되어 있을 때는 23~24행이 실행됩니다. np->link는 head가 가리키는 곳을 연결하고, head는 np를 연결합니다. 이를 그림으로 나타내면 다음과 같습니다.

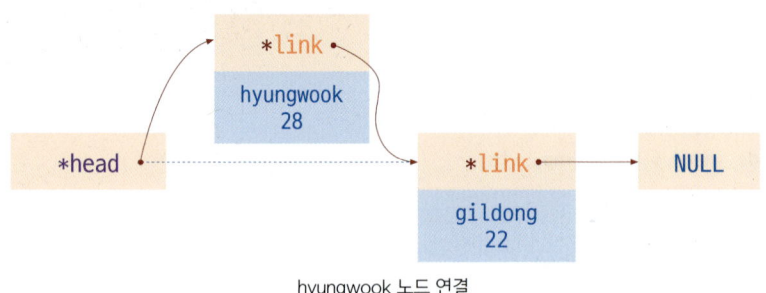

hyungwook 노드 연결

26~31행은 연결 리스트를 출력하는 코드입니다. 출력 결과를 보면 데이터를 입력한 순서와 반대로 연결 리스트가 만들어집니다.

### 실력 향상 프로젝트 29 | 입력한 순서대로 연결 리스트 만들기
📄 1605_dynamic5.c

앞에서는 데이터를 입력한 순서와 반대로 연결 리스트가 만들어졌습니다. 이번에는 입력한 순서대로 연결 리스트를 만들어 보죠. 순방향 연결 리스트를 만드는 핵심은 맨 마지막 노드를 가리키는 tp입니다.

```c
01  #include <stdio.h>
02  #include <stdlib.h>
03  #include <string.h>
04
05  typedef struct node {
06      char name[10];
07      int age;
08      struct node *link;
09  } node;
10
11  int main() {
12      node *head = NULL, *np, *tp;
13      int k;
14
15      for (k = 0; k < 3; k++) {
16          np = (node *)malloc(sizeof(node));
17          printf("이름 나이 입력: ");
18          scanf("%s %d", &np->name, &np->age);
19          np->link = NULL;
20          if (head == NULL) {
21              head = np;
22              tp = head; }
23          else { tp->link = np;     // head가 NULL이 아니면 np->link = head
24              tp = tp->link; }
25      }
26      tp = head;
27      while (tp != NULL) {
28          printf("[%s:%d] -> ", tp->name, tp->age);
29          tp = tp->link;
30      }
31      printf("NULL\n");
32      return 0;
33  }
```

**실행 결과**

```
이름 나이 입력: gildong 22 [Enter]
이름 나이 입력: hyungwook 28 [Enter]
이름 나이 입력: hosik 29 [Enter]
[gildong:22] -> [hyungwook:28] -> [hosik:29] -> NULL
```

16~19행은 새로운 노드를 만들고 사용자에게 입력받은 값으로 초기화합니다. 그리고 20~22행은 head가 NULL일 때 head와 tp가 새로운 노드를 가리키도록 합니다. 만약 head가 NULL이 아니면 23~24행에서 `tp->link`가 가리키는 곳, 즉 이전 노드가 가리키는 곳에 새 노드를 연결합니다. 그리고 `tp = tp->link` 코드로 tp가 새 노드를 가리키도록 합니다.

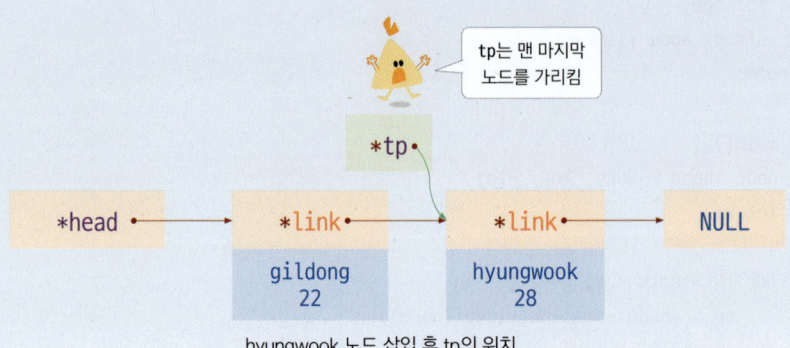

hyungwook 노드 삽입 후 tp의 위치

이렇게 tp를 계속 이동하면서 노드를 삽입하면 순방향 연결 리스트가 만들어집니다.

## 확실하게 내 것으로! 16장 마무리 문제

1. 동적 메모리 할당 함수 중 초기화되지 않은 상태로 메모리를 할당받는 함수는 _____ 입니다.

2. 동적 메모리 할당 함수를 사용하기 위해 포함해야 하는 헤더 파일은 _____ 입니다.

3. 동적 메모리 할당 함수 중 초기화된 상태로 메모리를 할당받는 함수는 _____ 입니다.

4. 동적 메모리 할당 함수 중 할당된 메모리를 해제할 때 사용하는 함수는 _____ 입니다.

5. 동적 메모리 할당 함수 중 할당된 메모리의 크기를 변경할 때 사용하는 함수는 _____ 입니다.

6. `malloc()` 함수를 사용해 정수 1개를 저장할 메모리를 동적으로 할당받으려면 _____ 처럼 작성해야 합니다.

7. `calloc()` 함수를 사용하여 정수 3개 배열을 저장할 메모리를 동적으로 할당받으려면 _____ 처럼 작성해야 합니다.

8. 동적으로 할당받은 메모리 dmp의 크기를 5로 늘리고자 `realloc()` 함수를 사용하는 경우 dmp = _____ 처럼 작성해야 합니다.

9. 연결 리스트의 구조체에서 맨 앞을 가리키는 것은 _____ 입니다.

10. `malloc()` 함수가 반환하는 자료형은 _____ 입니다.

▶ 다음 쪽에 계속

**11** 다음은 malloc() 함수를 사용한 코드입니다. 빈칸에 알맞은 코드를 작성하세요.

```c
01  #include <stdio.h>
02  #include <stdlib.h>
03
04  int main() {
05      int max, k;
06      double *dmp, sum = 0.0;
07
08      printf("입력하는 숫자는 몇 개? ");
09      scanf("%d", &max);
10      dmp = _____;
11
12      printf("%d개 값을 입력하시오: ", max);
13      for (k = 0; k < max; k++) {
14          scanf("%lf", _____);
15          sum = sum + dmp[k];
16      }
17      free(dmp);
18      printf("평균 = %.1lf", sum / max);
19
20      return 0;
21  }
```

**12** 다음은 연결 리스트를 구현한 코드입니다. 빈칸에 알맞은 코드를 작성하세요.

```c
01  #include <stdio.h>
02  #include <stdlib.h>
03  #include <string.h>
04
05  typedef struct node {
06      char name[10];
07      int age;
08      struct node *link;
09  } node;
10
11  int main() {
12      node *head = NULL, *np, *tp;
13
14      np = (node *)malloc(sizeof(node));
15      strcpy(np->name, "gildong");
16      np->age = 22;
17      np->link = NULL;
18      head = np;
19
20      np = (node *)malloc(sizeof(node));
21      strcpy(np->name, "hyungwook");
22      np->age = 28;
23      np->link = NULL;
24      _____ ;
25
26      tp = head;
27      while (tp != NULL) {
28          printf("[%s:%d] -> ", tp->name, tp->age);
29          _____ ;
30      }
31      printf("NULL\n");
32      return 0;
33  }
```

▶ 모범 답안: 425쪽

## 마무리 문제 모범 답안

**01장**

1) 프로그램 2) 프로그래밍 3) 기계어 4) 디버깅 5) 컴파일러 6) C 7) 01행 #include (stdio.h)에서 소괄호를 #include <stdio.h>처럼 수정한다.

**02장**

1) 주석 2) 헤더 파일 3) stdio.h 4) \n 5) \t 6) %% 7) \" 8) B 9) D 10) AND
11)
```
01  #include <stdio.h>
02  int main()
03  {
04      printf("\t12\n48\n\t32\n");
05      return 0;
06  }
```

**03장**

1) int 2) float 3) char 4) %d 5) %f 6) %c 7) = 8) , 9) & 10) %d %f
11) int age = 10;

**04장**

1) 정수 2) unsigned 3) 실수 4) 문자 5) 작은따옴표('') 6) 큰따옴표("") 7) %c
8) %lu 9) %ld 10) %d 11) %u 12) %f 또는 %lf 13) %10d 14) %10.2lf 15) const
16) #define 17) 05행: double, 07행: %.9lf

**05장**

1) = 2) == 3) 0 4) 1 또는 0이 아닌 수 5) &&(논리곱) 6) ||(논리합) 7) 산술, 비교, 논리
8) 형 변환 9) 1 0 1 0 10) 0 1 0

**06장**

1) if 2) else if 3) 중괄호 {} 4) stdlib.h 5) srand() 6) rand() % 21 7) rand() % 9 + 2 8) : 9) default : 10) break 11) if와 else에 속한 코드가 2줄인데 중괄호를 사용하지 않았으므로 오류다. 12) 1 입력: 돌고래 10종 , 2 입력: 10종 , 3 입력: 입장권

**07장**

1) 초기식, 조건식, 증감식 2) A <= 0 3) 5, 7 4) system("cls") 5) while 6) break
7) do while 8) continue 9) while (1) 10) while 문에 속한 코드가 2줄인데 중괄호를 사용하지 않았으므로 오류다. 11) for 문에서 증감식 다음에는 세미콜론(;)을 사용하면 안 된다. 12) num < 1 || num > 2

## 08장

1) 호출  2) 매개변수  3) void  4) 지역 변수  5) 전역 변수  6) 값에 의한 호출  7) 참조에 의한 호출  8) 값 반환  9) 참조에 의한 호출  10) *  11) 사용자 정의 함수는 사용하기 전에 정의해야 한다. 따라서 10~15행을 main() 함수 위쪽으로 옮기거나, main() 함수 위쪽에 void fry(int min, double milk); 코드를 삽입한다.

12)

```
03    void swap (int *one, int *two) {
04        int temp;
05        temp = *one;
06        *one = *two;
07        *two = temp;
08    }
```

## 09장

1) 대괄호 [ ]  2) 인덱스  3) 중괄호 { }  4) 0  5) k - 1  6) {0}  7) 널문자(\0)  8) 0  9) 작은따옴표(' ')  10) 큰따옴표(" ")  11) %s  12) %c  13) 05행의 str[3]을 str[4]로 수정해야 한다.  14) 03행: score[], 17행: score

## 10장

1) *  2) 간접  3) *  4) &  5) *  6) 주소  7) &  8) *  9) 1  10) 배열의 시작 주소(포인터)  11) NULL  12) 08행 num 앞에 & 기호를 붙여야 하며, 09행 p_num 앞에 * 기호를 붙여야 한다.

12)

```
01    #include <stdio.h>
02
03    int main() {
04        char str[255], *p;
05
06        p = str;
07        printf("소문자 입력: ");
08        scanf("%s", str);
09
10        while (*p != '\0') {
11            if (*p >= 97 && *p <= 122)
12                printf("%c", *p - 32);
13            else printf("%c", *p);
14            p++;
15        }
16        return 0;
17    }
```

## 마무리 문제 모범 답안

**11장**

1) EOF 또는 -1  2) 버퍼  3) _getch()  4) conio.h  5) conio.h  6) _putch()
7) putchar()  8) gets()  9) ctype.h  10) string.h  11) atoi()  12) atof()
13) *p != 0
14)

```c
#include <stdio.h>
#include <stdlib.h>
#include <ctype.h>
#include <string.h>

int main() {
    char pwd[20];
    int low = 0, upp = 0, dig = 0, pct = 0, k;

    printf("사용할 암호 입력: ");
    scanf("%s", pwd);

    if (strlen(pwd) < 8) {
        printf("암호가 너무 짧아요!\n");
        break;
    }
    for (k = 0; pwd[k] != 0; k++) {
        if ( islower(pwd[k]) ) low = 1;
        else if ( isupper(pwd[k]) ) upp = 1;
        else if ( isdigit(pwd[k]) ) dig = 1;
        else if ( ispunct(pwd[k]) ) pct = 1;
    }
    if ((low + upp + dig + pct) > 2) printf("사용 가능한 암호!\n");
    else printf("사용 불가능 암호!\n");
    return 0;
}
```

**12장**

1) 구조체  2) 정의  3) 구조체 멤버  4) 점(.)  5) struct  6) typedef  7) h1 = h2
8) 화살표(->)  9) 14행: (*sp).name, (*sp).age, (*sp).grade, 15행: sp->name, sp->age, sp->grade  10) 09행: f1->grade > f2->grade, 17행: &h1, &h2

**13장**  1) 스트림  2) 파일 디스크립터  3) open()  4) close()  5) EOF  6) r  7) w  8) a  9) r  10) w  11) a  12) SEEK_SET  13) SEEK_CUR  14) SEEK_END  15) 14행: (c = fgetc(fpr)) != EOF, 15행: fputc(c, fpw)

**14장**  1) #  2) 세미콜론(;)  3) #define  4) #  5) obj  6) 목적(오브젝트) 파일  7) 목적(오브젝트) 파일  8) <>  9) ""  10) static  11) extern  12) static  13) #define MUL(a, b) (a) * (b)  14) 3 7

**15장**  1) 이중 포인터  2) **dp  3) int argc  4) char *argv[]  5) *env[]  6) void 포인터  7) 함수 포인터  8) 08행: dp = &p, 10행: **dp  9) 03행: **p, 10행: &words

**16장**  1) malloc()  2) stdlib.h  3) calloc()  4) free()  5) realloc()  6) (int *)malloc(sizeof(int))  7) (int *)calloc(3, sizeof(int))  8) realloc(dmp, sizeof(int) * 5)  9) *head  10) void 포인터  11) 10행: (double *)malloc(sizeof(double) * max), 14행: &dmp[k]  12) 24행: head->link = np, 29행: tp = tp->link

## 찾아보기

### 한글

#### ㄱ~ㄴ

| | |
|---|---|
| 가수 | 81 |
| 간접 접근 | 226 |
| 값 반환 | 191 |
| 값에 의한 호출 | 188 |
| 거짓 | 45 |
| 경고 | 111 |
| 고급 언어 | 14 |
| 구조체 | 288 |
| 구조체 반환 | 316 |
| 구조체 배열 | 303 |
| 구조체 변수 선언 | 289 |
| 구조체 복사 | 296 |
| 구조체 정의 | 289 |
| 구조체 포인터 | 306 |
| 기계어 | 14 |
| 나열 연산자 | 104, 110 |
| 널 문자 | 215 |
| 노드 | 411 |
| 노드 삽입 | 415 |
| 논리 연산 | 45 |
| 논리 연산자 | 102 |
| 논리곱 | 45 |
| 논리합 | 45 |

#### ㄷ~ㄹ

| | |
|---|---|
| 다중 소스 파일 | 361 |
| 다중 조건문 | 125 |
| 단정밀도 실수 | 78 |
| 대입 연산자 | 54, 96, 104 |
| 동적 링크 | 365 |
| 동적 메모리 할당 | 402 |
| 들여쓰기 | 36 |
| 디버그 콘솔 | 30 |
| 디버깅 | 18 |
| 띄어쓰기 | 35 |
| 라이브러리 | 35, 38 |
| 라이브러리 함수 | 168 |
| 리터럴 | 89 |
| 링크 | 363 |

#### ㅁ

| | |
|---|---|
| 매개변수 | 169, 173, 341, 381 |
| 매크로 | 88 |
| 멤버 | 290 |
| 멤버 구조체 | 298 |
| 명령 줄 인수 | 385 |
| 명시적 형 변환 | 111 |
| 모듈화 | 171 |
| 몸체 | 173 |
| 무작위 수 | 127 |
| 문자 | 49 |
| 문자 리터럴 | 90, 254 |
| 문자 처리 함수 | 268 |
| 문자열 | 206, 254 |
| 문자열 단위 입출력 | 336 |
| 문자열 리터럴 | 90, 254 |
| 문자열 매개변수 | 215 |
| 문자열 묶음 | 278 |
| 문자열 복사 | 271 |
| 문자열 비교 | 273 |
| 문자열 처리 함수 | 270 |
| 문자열 초기화 | 209 |
| 문자열을 숫자로 변환 | 274 |
| 문자형 | 84 |
| 문자형 배열 | 206 |

#### ㅂ

| | |
|---|---|
| 바이트 | 44 |
| 반복 구조 | 120 |
| 반복문 | 144 |
| 반환 자료형 | 173 |
| 반환형 | 189 |
| 배열 | 198 |
| 배열 매개변수 | 212 |
| 배열 선언 | 198 |
| 배열 초기화 | 203 |
| 배열과 포인터 | 238 |
| 배열의 대표 이름 | 238, 243 |
| 배정밀도 실수 | 78 |
| 배타적 논리합 | 45 |
| 백스페이스 | 41 |
| 버퍼 | 255, 322 |
| 변수 | 49 |
| 변수 선언 | 50 |
| 변수의 생존 범위 | 180 |
| 복합 대입 연산자 | 105 |
| 부동 소수점 | 80 |
| 부정 | 45 |
| 부호 연산자 | 97 |
| 블록 | 35, 124 |
| 비교 연산자 | 100 |
| 비주얼 스튜디오 | 19 |
| 비주얼 스튜디오 코드 | 22 |

| | | | | | |
|---|---|---|---|---|---|
| 비트 | 44 | **ㅇ** | | 전처리 | 350 |
| 비트 논리곱(AND) | 113 | 아스키코드 | 84 | 점(.) 연산자 | 292 |
| 비트 논리합(OR) | 113 | 언더플로 | 73 | 접근 모드 | 329 |
| 비트 배타적 논리합(XOR) | 113 | 엑스코드 | 21 | 정밀도 | 78 |
| 비트 부정(NOT) | 113 | 역슬래시 | 42 | 정수 | 49 |
| 비트 연산자 | 113 | 역참조 연산자 | 230, 247 | 정수 리터럴 | 90 |
| 비트 오른쪽 이동 | 113 | 연결 리스트 | 310, 411 | 정수 자료형의 크기 | 75 |
| 비트 왼쪽 이동 | 113 | 연산자 | 96 | 정수형 | 69 |
| 빌드 | 29 | 연산자 우선순위 | 97, 115 | 정적 변수 | 368 |
| | | 열거형 | 355 | 정적 링크 | 365 |
| **ㅅ** | | 열의 크기 | 220 | 제곱근 | 58 |
| 사용자 정의 자료형 | 295 | 오류 | 18, 30 | 제어 문자 | 39 |
| 사용자 정의 함수 | 169 | 오버플로 | 73 | 제어문 | 120 |
| 산술 연산자 | 99 | 오브젝트 파일 | 362 | 조건 선택 구조 | 120 |
| 삼항 조건 연산자 | 137 | 온라인GDB | 23 | 조건식 | 145 |
| 상수 | 88 | 외부 변수 | 371 | 주석 | 37 |
| 색인 | 199 | 유니코드 | 86 | 주소 대입 | 232 |
| 서식 문자 | 52 | 음수 표현 | 71 | 주소 변환 연산자 | 61, 228, 243 |
| 세미콜론 | 35 | 이름 규칙 | 51 | 줄 바꿈 | 40 |
| 소괄호 | 98 | 이벤트 기반 함수 | 393 | 중괄호 | 28, 124 |
| 소스 코드 | 18, 34 | 이스케이프 문자 | 40 | 중첩 반복문 | 149 |
| 솔루션 | 27 | 이중 포인터 | 376 | 증감 연산자 | 105, 247 |
| 수 표현 범위 | 74 | 이진 파일 | 326 | 증감식 | 145 |
| 순차 구조 | 120 | 이진법 | 44 | 지수 | 81 |
| 스네이크 표기법 | 52 | 이차원 배열 | 217, 278, 379 | 지수 표기법 | 90 |
| 스트림 | 322 | 이차원 배열 초기화 | 218 | 지시문 | 350 |
| 시작 주소 | 239 | 이항 연산자 | 97 | 지역 변수 | 179 |
| 시프트 연산자 | 114 | 인덱스 | 199 | 직접 접근 | 226 |
| 실수 | 49 | 일반형 | 189 | 진법 | 44 |
| 실수 리터럴 | 90 | 일항 연산자 | 97 | | |
| 실수 저장 방식 | 80 | 읽기 모드 | 329 | **ㅊ~ㅋ** | |
| 실수형 | 78 | | | 참 | 45 |
| 실수형의 크기 | 81 | **ㅈ** | | 참조 연산자 | 228 |
| 실행 오류 | 18 | 자료형 | 49, 245 | 참조에 의한 호출 | 189, 212, 232, 315 |
| 실행 파일 | 17 | 자료형의 크기 | 74 | 참조와 역참조 | 234 |
| 십육진법 | 44 | 작은따옴표 | 85, 254 | 참조형 | 189 |
| 십육진수 | 89 | 저급 언어 | 14 | 초기식 | 145 |
| 십진법 | 44 | 전역 변수 | 182 | 초기화 | 55 |
| 쓰기 모드 | 329 | 전위 증감 연산자 | 106 | | |

| | | | | | |
|---|---|---|---|---|---|
| 최상위 비트 | 72 | 피연산자 | 96 | comment | 37 |
| 추가 모드 | 329 | 함수 | 37, 381 | compile | 17 |
| 카멜 표기법 | 52 | 함수 매크로 | 351 | compiler | 17 |
| 캐리지 리턴 | 41 | 함수 이름 | 172 | const | 88, 236 |
| 컴파일 | 17, 29 | 함수 포인터 | 392 | constant | 88 |
| 컴파일 오류 | 18 | 함수 포인터 배열 | 395 | continue | 161 |
| 컴파일러 | 17 | 함수 호출 | 169 | ctype.h | 268 |
| 코드 | 18 | 헤더 파일 | 35, 168 | | |
| 콜론 | 133 | 형 변환 연산자 | 110 | D~G | |
| 큰따옴표 | 85, 254 | 화살표 연산자 | 306 | data type | 49 |
| 키보드 입력 | 60 | 확장 배정밀도 실수 | 78 | debugging | 18 |
| | | 후위 증감 연산자 | 106 | default | 132 |
| ㅌ~ㅎ | | | | do~while 문 | 156 |
| 타입 캐스팅 | 110 | | | double | 78 |
| 탭 | 41 | | | double pointer | 376 |
| 텍스트 파일 | 326 | 영문 | | dynamic memory allocation | 403 |
| 통합 개발 환경 | 17 | | | else if 문 | 125 |
| 특수 문자 | 42 | A~C | | else 문 | 123 |
| 파일 | 324 | AND | 46 | end of file | 258, 332 |
| 파일 내용 복사 | 335 | array | 198 | enum | 355 |
| 파일 닫기 | 330 | ASCII | 84 | enumeration | 355 |
| 파일 디스크립터 | 325 | assignment operator | 54 | EOF | 258, 332 |
| 파일 쓰기 | 332 | atof | 274 | error | 18 |
| 파일 열기 | 328 | atoi() | 274 | extern | 371 |
| 파일 읽기 | 334 | bit | 44 | false | 45 |
| 파일 위치 지시자 | 326, 340 | block | 35, 124 | fclose() | 330 |
| 팔진수 | 89 | break | 132, 159 | fgetc() | 334 |
| 포인터 | 226 | buffer | 255 | fgets() | 265, 336 |
| 포인터 배열 | 280 | buffer overflow | 264 | file descriptor | 325 |
| 포인터 변수 선언 | 227 | build | 29 | file position indicator | 326, 340 |
| 포인터 상수화 | 236 | byte | 44 | FILE 구조체 | 328 |
| 포인터 연산 | 245 | C 언어 | 16 | float | 49, 78 |
| 포인터와 매개변수 | 243 | call by reference | 189 | floating point | 80 |
| 표준 라이브러리 | 168 | call by value | 188 | fopen() | 328 |
| 표준 라이브러리 헤더 | 127 | calloc() | 407 | for 문 | 146 |
| 표준 입출력 | 168 | case | 132 | fprintf() | 338 |
| 프로그래밍 | 14 | char | 50, 254 | fputc() | 332 |
| 프로그램 | 14 | character | 49 | fputs() | 336 |
| 프로젝트 | 24 | close() | 325 | | |
| | | code | 18 | | |

| | | | | | |
|---|---|---|---|---|---|
| fscanf() | 339 | NULL | 227, 411 | strcat() | 270 |
| fseek() | 341 | | | strchr() | 270 |
| ftell() | 343 | ——— O~R ——— | | strcmp() | 270 |
| function | 37 | open() | 325 | strcpy() | 270 |
| function call | 169 | operand | 96 | stream | 322 |
| function pointer | 392 | operator | 96 | string | 206, 254 |
| getchar() | 258 | OR | 46 | string.h | 270 |
| gets() | 264 | overflow | 73 | strlen() | 270 |
| gets_s() | 264 | parameter | 169 | strncat() | 270 |
| global variable | 182 | pointer | 226 | strncmp() | 270 |
| | | predefined macro | 354 | strncpy() | 270 |
| ——— H~N ——— | | preprocess | 350 | strstr() | 270 |
| header file | 35, 168 | printf() | 39, 52, 257 | struct | 290 |
| IDE | 17 | programming | 14 | structure | 288 |
| if 문 | 121 | project | 24 | switch 문 | 132 |
| if~else 문 | 123 | putchar() | 258 | system() | 150 |
| index | 199 | puts() | 264 | | |
| initialization | 55 | rand() | 127 | ——— T~X ——— | |
| int | 50, 69, 76 | random number | 127 | time() | 129 |
| integer | 49 | realloc() | 408 | time.h | 129 |
| isalpha() | 268 | return | 35 | timeout | 151 |
| islower() | 268 | return 0 | 173 | toascii() | 268 |
| isupper() | 268 | return value | 191 | tolower() | 268 |
| library | 35 | | | true | 45 |
| link | 363 | ——— S ——— | | typedef | 295 |
| linked list | 310, 411 | scanf() | 60, 256 | underflow | 73 |
| literal | 89 | scanf_s() | 63 | unsigned | 72 |
| local variable | 180 | scope | 180 | unsigned int | 76 |
| long | 69, 76 | SEEK_CUR | 342 | unsigned long | 76 |
| long double | 78 | SEEK_END | 342 | unsigned long long | 76 |
| long long | 69, 76 | SEEK_SET | 342 | unsigned short | 76 |
| macOS | 21 | short | 69, 76 | Visual Studio | 19 |
| macro | 88 | sizeof | 74, 110 | void | 173 |
| main() | 34, 173, 384 | Sleep() | 265 | void 포인터 | 389 |
| malloc() | 403 | source code | 18 | warning | 111 |
| member | 290 | srand() | 129 | while 문 | 144, 154 |
| Most Significant Bit, MSB | 72 | static | 368 | windows.h | 265 |
| node | 411 | stdio.h | 38, 168 | XOR | 46 |
| NOT | 45 | stdlib.h | 127, 168, 274 | | |

## 기호 및 숫자

| | | | | | |
|---|---|---|---|---|---|
| #define 지시문 | 88 | %lld | 76 | \_\_LINE\_\_ | 354 |
| #include | 35 | %llu | 76 | \_\_TIME\_\_ | 354 |
| #pragma once | 366 | %lu | 76 | \_\_TIMESTAMP\_\_ | 354 |
| %c | 53 | %o | 89 | {0} | 209 |
| %d | 53, 76 | %u | 76 | \b | 41 |
| %e | 90 | %x | 89 | \n | 40 |
| %f | 53, 81 | %X | 89 | \r | 41 |
| %ld | 76 | *head | 411 | \t | 41 |
| %lf | 81 | /* */ 주석 | 37 | 1의 보수 | 71 |
| %Lf | 81 | // 주석 | 37 | 2의 보수 | 72 |
| | | \_\_DATE\_\_ | 354 | | |
| | | \_\_FILE\_\_ | 354 | | |

# 기초 프로그래밍 코스

Basic Programming Course

파이썬, C 언어, 자바로 시작하는 프로그래밍!
기초 단계를 독파한 후 응용 단계로 넘어가세요!

## 기초 단계

박응용 | 432쪽

조성호 | 432쪽

박은종 | 632쪽

시바타 보요 저, 강민 역 | 408쪽

시바타 보요 저, 강민 역 | 452쪽

시바타 보요 저, 강민 역 | 424쪽

## 응용 단계

김창현 | 384쪽

강성윤 | 740쪽

김종관 | 616쪽

---

나는 어떤 코스가 적합할까?

**A** 파이썬 개발자가 되고 싶은 사람

- Do it! 점프 투 파이썬
- Do it! 점프 투 파이썬 — 라이브러리 예제 편
- Do it! 파이썬 생활 프로그래밍 with 챗GPT
- Do it! 장고 + 부트스트랩 파이썬 웹 개발의 정석
- Do it! LLM을 활용한 AI 에이전트 개발 입문

**B** 자바 개발자가 되고 싶은 사람

- Do it! 자바 프로그래밍 입문
- Do it! 점프 투 스프링 부트 3
- Do it! 점프 투 자바
- Do it! 자바 완전 정복

## AI & Data Analysis Course
## 인공지능 & 데이터 분석 코스

인공지능, 데이터 분석도 Do it! 시리즈와 함께!
주어진 순서대로 차근차근 독파해 보세요!

**인공지능**

이성용 | 504쪽

윤성진 | 432쪽

이기창 | 256쪽

**데이터 분석**

김영우 | 376쪽　　김영우 | 344쪽

김영우 | 472쪽

다니엘 첸 | 시진 | 400쪽

나는 어떤 코스가 적합할까?

**A** 인공지능 개발자가 되고 싶은 사람

- Do it! 점프 투 파이썬
- Do it! LLM을 활용한 AI 에이전트 개발 입문
- Do it! 딥러닝 교과서
- Do it! BERT와 GPT로 배우는 자연어 처리

**B** 데이터 분석가가 되고 싶은 사람

- Do it! 쉽게 배우는 파이썬 데이터 분석
- Do it! 쉽게 배우는 R 데이터 분석
- Do it! 쉽게 배우는 R 텍스트 마이닝
- Do it! 데이터 분석을 위한 판다스 입문
- Do it! R 데이터 분석 with 샤이니
- Do it! 첫 통계 with 베이즈